国家社科基金项目"科举与文学视野下的明代会元别集研究"(13CZW042)结项成果

洞庭湖生态经济区建设与发展湖南省协同创新中心"人文洞庭"项目(湘教通〔2015〕351号)研究成果

湘西北文化与文艺发展研究中心(湘教通〔2012〕311号)研究成果

湖南文理学院优秀学术著作出版资助

周 勇／著

科举与文学视野下的明代会元及其别集研究

中国社会科学出版社

图书在版编目(CIP)数据

科举与文学视野下的明代会元及其别集研究 / 周勇著. —北京：中国社会科学出版社，2020.10
ISBN 978-7-5203-7367-8

Ⅰ.①科… Ⅱ.①周… Ⅲ.①状元—研究—中国—明代②科举制度—研究—中国—明代③中国文学—古典文学研究—明代　Ⅳ.①D691.46②D691.3③I206.48

中国版本图书馆 CIP 数据核字(2020)第 187303 号

出 版 人	赵剑英
责任编辑	慈明亮
责任校对	夏慧萍
责任印制	戴　宽

出　　版	中国社会科学出版社
社　　址	北京鼓楼西大街甲 158 号
邮　　编	100720
网　　址	http：//www.csspw.cn
发 行 部	010-84083685
门 市 部	010-84029450
经　　销	新华书店及其他书店

印刷装订　北京君升印刷有限公司
版　　次　2020 年 10 月第 1 版
印　　次　2020 年 10 月第 1 次印刷

开　　本	710×1000　1/16
印　　张	22.75
插　　页	2
字　　数	373 千字
定　　价	128.00 元

凡购买中国社会科学出版社图书，如有质量问题请与本社营销中心联系调换
电话：010-84083683
版权所有　侵权必究

目 录

序一 ··· 陈文新（1）
序二 ··· 刘上生（4）

第一章 绪论 ··（1）
  第一节 理解文学的科举视角 ···································（1）
  第二节 关注科举的文学层面 ···································（3）
  第三节 群体身份与个体创作 ··································（12）

第二章 会元——值得关注的科举群体 ·························（17）
  第一节 会元的来历 ··（17）
    一 科目众多的唐代科举 ·····································（18）
    二 出现"三元"的宋代科举 ·································（20）
  第二节 明代科举的特点 ···（24）
    一 考试体系和科名体系 ·····································（25）
    二 科目设置和评价标准 ·····································（30）
  第三节 明代会元的整体考察 ··································（37）
    一 生卒与中式之年龄 ··（44）
    二 出身之籍贯地域 ···（46）
    三 科第名次与所习经典 ·····································（48）

第三章 会元别集存佚考 ···（54）
  第一节 明前期会元别集 ···（54）
    一 黄子澄 ···（54）
    二 黄观 ··（55）
    三 吴溥 ··（56）
    四 林志 ··（56）
    五 刘定之 ···（57）

六　姚夔 …………………………………………………（60）
　　七　商辂 …………………………………………………（60）
　　八　岳正 …………………………………………………（62）
　　九　彭华 …………………………………………………（64）
　　十　陈选 …………………………………………………（66）
　　十一　陆钶 ………………………………………………（66）
　第二节　明中期会元别集 ……………………………………（67）
　　一　章懋 …………………………………………………（67）
　　二　吴宽 …………………………………………………（69）
　　三　王鏊 …………………………………………………（70）
　　四　梁储 …………………………………………………（72）
　　五　赵宽 …………………………………………………（73）
　　六　储巏 …………………………………………………（74）
　　七　钱福 …………………………………………………（76）
　　八　鲁铎 …………………………………………………（77）
　　九　董玘 …………………………………………………（78）
　　十　邹守益 ………………………………………………（79）
　　十一　霍韬 ………………………………………………（81）
　　十二　张治 ………………………………………………（82）
　　十三　李舜臣 ……………………………………………（84）
　　十四　赵时春 ……………………………………………（84）
　　十五　唐顺之 ……………………………………………（86）
　　十六　林春 ………………………………………………（88）
　　十七　许谷 ………………………………………………（88）
　　十八　袁炜 ………………………………………………（90）
　　十九　陆树声 ……………………………………………（90）
　　二十　瞿景淳 ……………………………………………（91）
　　二十一　傅夏器 …………………………………………（92）
　　二十二　曹大章 …………………………………………（93）
　　二十三　王锡爵 …………………………………………（94）
　第三节　明后期会元别集 ……………………………………（95）
　　一　田一俊 ………………………………………………（95）

目　　录

　　二　邓以赞 ································· (96)
　　三　孙鑛 ··································· (97)
　　四　冯梦祯 ································· (98)
　　五　萧良有 ································· (99)
　　六　李廷机 ································ (101)
　　七　袁宗道 ································ (102)
　　八　陶望龄 ································ (102)
　　九　汤宾尹 ································ (104)
　　十　顾起元 ································ (105)
　　十一　许獬 ································ (106)
　　十二　杨守勤 ······························ (107)
　　十三　曹勋 ································ (108)
　　十四　吴伟业 ······························ (109)
　　十五　陈名夏 ······························ (110)

第四章　会元别集中的科举事象 ············· (116)
　第一节　考试仪注与社会关系 ················· (116)
　　一　国考朝仪 ······························ (117)
　　二　杏园恩宴 ······························ (121)
　　三　一生世缘 ······························ (125)
　第二节　耳目闻见与理性审思 ················· (135)
　　一　坊牌虚名与功名实效 ···················· (135)
　　二　外在设计与内在超越 ···················· (143)
　第三节　教职崇卑与师道存丧 ················· (151)
　　一　举人的选择 ···························· (151)
　　二　朝廷的态度 ···························· (156)

第五章　会元别集的文体问题 ················ (164)
　第一节　文类体系与编集体例 ················· (166)
　　一　文类体系与文学观念 ···················· (166)
　　二　编集体例与文体意识 ···················· (173)
　第二节　文体数量与分布 ····················· (176)
　　一　诗文分体数量统计 ······················ (177)
　　二　数据形态之启示 ························ (180)

第三节　会元别集中的科举文体 …………………… (185)
　　　　一　别集中科举文体的种类和数量 …………… (186)
　　　　二　策文：具有象征意义的考试文体 ………… (191)
第六章　时文语境下的古文之作 ……………………… (199)
　　第一节　明代时文与古文之关系 …………………… (200)
　　　　一　同质异用的文体性质 ……………………… (201)
　　　　二　同步异构的文体形态 ……………………… (208)
　　第二节　时文正宗与古文正统 ……………………… (214)
　　　　一　守正与融通 ………………………………… (215)
　　　　二　"以时为古"与"以古为时" …………… (223)
　　第三节　时文之变与古文之变 ……………………… (231)
　　　　一　立意驳杂与求奇厌平 ……………………… (232)
　　　　二　机法圆熟与藻思清隽 ……………………… (238)
第七章　科名仕宦与文学写作 ………………………… (245)
　　第一节　会元之任职与"馆阁写作" ……………… (246)
　　　　一　明代会元的任职情形 ……………………… (246)
　　　　二　馆课与讲章：君、臣与治、道之间 ……… (250)
　　第二节　主导文风的馆阁之臣 ……………………… (257)
　　　　一　学养、性情与政事的不同倾斜 …………… (259)
　　　　二　馆阁与山林的平衡 ………………………… (265)
　　第三节　应和潮流的清华之士 ……………………… (271)
　　　　一　在茶陵与前七子之间徘徊 ………………… (274)
　　　　二　名士名师两不妨 …………………………… (282)
第八章　明代中期科举的个案研究 …………………… (289)
　　第一节　王鏊的意义 ………………………………… (289)
　　　　一　科举之制 …………………………………… (290)
　　　　二　科举之事 …………………………………… (294)
　　　　三　科举之文 …………………………………… (300)
　　第二节　弘治朝之科举与会元 ……………………… (303)
　　　　一　弘治朝之科举史事 ………………………… (303)
　　　　二　钱福与董玘：从弘治会元看时文风尚 …… (308)
　　　　三　举业与宦业的关联：以会元汪俊为例 …… (313)

结　语	(316)
附录一　《全明词》及《全明词补编》失收会元词作辑录	(323)
附录二　《钦定四书文》所选	(325)
附录三　《制义丛话》卷末《题名》所列	(326)
附录四　明代会元仕宦简况	(327)
主要参考文献	(333)
后　记	(345)

序 一

周勇经十年打磨完成的《科举与文学视野下的明代会元及其别集研究》即将由中国社会科学出版社出版，他嘱我作序，遂欣然命笔。

2008年9月，周勇考入武汉大学中国古代文学专业攻读博士学位，学位论文以《明代会元别集考论》为题，2011年6月圆满完成学业。2013年，周勇以博士学位论文为基础，申报国家社科基金青年项目，获批立项。按照项目的要求，周勇进一步拓展研究范围，深化研究题旨，结项成果获得匿名评审专家的好评。

明代科举与文学研究是近二十年来的学术热点之一，成果丰硕，但依然存在不足之处。一是重视专门的科举文献，而对于散见于明人别集中的科举资料较少挖掘利用；二是对科举文体与文学文体的相关性研究，不够深入；三是对科举群体的研究多关注地域群体，对功名群体的关注不多。基于这一现状，周勇选择了明代会元群体作为研究对象，就明代会元群体的科举经历、会元别集的版本流传存佚情况、别集文体的社会性与文学性、明代时文与古文的发展关系、会元的科举仕宦与文学写作等问题展开深入探讨，其研究内容和方法具有跨学科性质和显著的创新意义。

周勇详细考察了明代87名会元的科举、仕宦等信息。在中式年龄方面，会元中举的平均年龄为25.9岁，中进士的平均年龄为32.8岁，较明代举人、进士的平均中式年龄为小。会元及第后平均的生存年龄为30年，有较长时间从事举业之外的文学创作，但他们此前二十年左右的举业训练，对其思维习惯和语言表达习惯都已打上深刻烙印。明代会元的地域分布说明了科举中心与教育中心、人才中心、文化中心的高度叠合。在87名会元中，有别集存世者为49人，其中，明中期会元别集存世尤多。

会元别集中包含了不少科举史料，既有考试录序、学校碑记、举业出版物序跋、科举诗文等专门文献，也有一般社交文字所涉及的科举内容。

周勇以文史互证方法，考证分析了明代会试、殿试的仪注事务，对座主、门生、同年等因考试而缔结的社会关系作了系统梳理，并以功名牌坊和举业出版物为例说明了科举深入社会生活的具体情形。会元别集中还有不少涉及科举时代教育教官的材料，周勇从明代举人普遍不愿就任教职的现象入手，确认"政教一统、官师一体"的科举教育体制是造成教职地位卑下的主要原因，这一状况导致儒家倡导的"师道尊严"在明代科举教育体制中的萎缩。

存世会元别集总计约有诗文32000余篇，所涉文体不下百种，表明人文性乃是中国古代文学观念的核心要义。由会元功名及仕宦特点来看，别集中的翰林馆课和经筵讲章两类职业性写作，反映了明代精英士人的知识结构、习文取向和君臣交际的现实状态，对明代台阁文学具有深度影响。在对刘定之、岳正、商辂、彭华、吴宽、储巏、鲁铎、许谷、冯梦祯等多位会元的诗文作个案分析的基础上，周勇得出结论：弘治之前，居于庙堂之上的会元以馆阁手笔主导着王朝的主流文风；而此后，作为文学侍从的会元对文坛的影响力大降，成为文权下移的表征。在晚明文化中比较知名和活跃的会元如冯梦祯、袁宗道、陶望龄、顾起元、吴伟业等人，均淡化了其朝廷文臣身份而突显的是其文化名流的姿态。这一结论是切实可靠而有启发意义的。

对于古文与时文的性质，周勇提出了两个基本判断，即"传统古文是儒家之道的人格化、社会化、日用化文本""八股时文是理学之道的国家化、考试化、程式化文本"。古文与时文两种文章体式的同与异，都能从这两个命题得到解释。就内在精神而言，古文与制义时文均为儒家之道的载体，但因适用场合不同，便在发生机制、做法要求、评价标准等方面有所区别。内在精神之同与外在表现之异，导致了富于张力的互动关系。作为科举和文学精英的会元，其笔下的举业之文和日用之文都具有较高水准，是明代文脉传承的典型。如王鏊、唐顺之之文，既是八股制义的典范，也是明代古文的代表。而明代后期制义的思想奇谲、才藻妙丽等，亦正与彼时古文创作的作风同趋，代表者有李廷机、陶望龄、顾起元、许獬、吴伟业、陈名夏等。由此可见这两个判断的理论意义和实践指向。

在书稿的结束语中，周勇指出："明人文集之多，的确数倍于前代，三十二卷的《千顷堂书目》中，别集即占十二卷，共著录约4000余种，今人所辑《明别集版本志》著录3600余种，已失传而不可考知者尚不在其列。在如此之多的明人别集中，我们考察的四十余家会元之作实在不多，但其典型价值和意义不容忽视。以科举和文学的眼光来看，它们是独特的文本，对于深化和开掘相关领域的研究颇具启发意义，本文所作的努力，只是一种尝试而已。"这一段话，既是对其研究范围的再度提示，也说明这部书稿还只是他的学术起点。周勇年富力强，做人踏实，做事用功，相信他一定会百尺竿头，更进一步。眼前的山水不是歇脚之地，远方还有更为动人的风景。

陈文新

2020年7月15日于珞珈山麓寓所

序　二

周勇把他的《科举与文学视野下的明代会元及其别集研究》书稿寄来，请我作序。这是他主持的国家社科基金青年项目的结题成果，也是他读博以来的心血结晶，值得热烈祝贺。我知道陈文新先生会为他写序，因为陈先生是他的博导，又是这个方面的专家，他的序言会有足够的权威和分量。但我没有理由推辞，因为我知道周勇这样做，是由于在湖南师范大学三年读硕的师生情谊。他珍惜这种情谊。我曾因视力衰退辍笔十年，前几年做了白内障手术后视力恢复，我把新写的文稿寄给门下弟子听取意见，他总是最早回复并详尽直言。他的诚挚令我感动。在当前由于各种复杂原因，师道受到严重冲击或扭曲的情况下，这种情谊尤其可贵。虽然我对于他所论述的问题素无研究，只能抱着学习的态度谈点感想，但我想，作序本身就是一种支持，一种对"师道"和师生情谊的张扬。

周勇是进入新世纪以后我带的第一个硕士生，也是那年我招的唯一非应届毕业生。他是以同等学力应考的，在与众多本科生竞争中脱颖而出。在以后的几年学习中，他都显示出一种很强的独立自学能力和进取钻研精神。他既虚心学习，接受指导；又决不盲目步趋，放弃独立思考。我的《中国古代小说艺术史》，虽然涉猎颇广，但重点仍放在名著上，对《红楼梦》更是情有独钟。但周勇的硕士论文，却选了《野叟曝言》这部既冗长又以其道学气和炫耀才学为人所疵议的小说，他从文人创作时代风气入手，进行叙事艺术研究。而这正是我想做而没有做好的事情。特别是对叙事结构和叙事操作的分析，言人之所未言，揭示了这部小说的独特价值。由于对文本缺乏研究，我并不能给予他多少切实的指导，在很大程度上都是他独立完成的，论文得到硕士答辩老师的高度评价。他在《前言》中说，小说史上的"孤峰现象"造成研究格局极不平衡的现象应该改变："孤峰并非绝壁，质量平平也不表明毫无价值。本文不求与前贤立异，只希望在史的观照下进行个案的研究，又通过个案研究加深对史的认识。"作为一位硕士生，能够具有这种科学态度和开阔视野是难能可贵的。

今天，在他的《科举与文学视野下的明代会元及其别集研究》著作中，我看到了这种科学态度和开阔视野经过几年博士攻读和导师指引下令人刮目相看的进步，并获得了可喜的硕果。

选题别开生面。当科举与文学、包括明代科举与文学逐渐成为研究热点的时候，如何找到自己的突破口？经过对以往研究材料和成果的爬梳，他的发现是："对明代会元群体及其别集进行深入的研究，是对现有明代科举与文学研究不足的回应。这些不足之处主要在于：一是较重视专门的科举与文学文献，而对于散见于明人别集中的科举与文学资料还挖掘得不够；二是对科举文体与文学文体相关性研究略显表面化，欠深入；三是对科举群体的研究多局限于地域群体，对科举功名群体的关注不多。"（第一章《绪说》）这样，他不但发现了"热"中之"冷"，找到了会元这个汇聚着政治精英、科举精英和文化文学精英等多重焦点却长期被冷落的群体，而且发现了处于国家政治、意识形态、考试制度和文化文学交集点上的这个群体的多面辐射功能，其意义考察，既可贯通明代历史乃至整个封建社会史的认知，又可获得观照现实的有益启示。这就使论题具有足够的学术张力。从这里，人们不但看到了著者发现问题的能力，而且看到了他分析和解决问题的理论修养和宏通眼光。

周勇是勤奋、扎实而执着的。他在给我的信中，提到当年我勉励他的"旁搜远绍，笃学精思"之语，他说。二十多年来，"老老实实，只在精笃上用功，不敢投机取巧"。他的教学科研工作成绩和这本厚重著作，就是见证。明代会元共87人，现存传世别集49部，重点考察39部，诗文共32000余篇，不说有关文史资料的搜集考证，单是前人从未研究的这一群体自身，就可以想知其任务之艰难繁杂。但他不满足于这种筚路蓝缕之功对文史学科建设缺陷的弥补，他更渴望有所创造，用他自己的话，就是找到"新的学术增长点"。就这本著作而言，科举文化与文学表现的双重视野，将大量非纯文学文字作品作为研究对象，尝试突破近代以西方文学观念为主导建构起来的文学理论和方法，综合采用历史考证、文学赏析、社会统计、思辨索原等多学科多元化的方法进行研究，具有一定的跨学科性质，就是其创新特色。

如何实现现代文学观念与传统文学观念的对接，已成为学界普遍重视的课题。这里需要的不是大而无当的空论，而是爬梳剔抉的研读和鞭辟入里的辨析。读《会元别集的科举事象》《会元别集的文体问题》《时文语境下的古文之作》《科名仕宦与文学写作》等几章，我有一种山阴道上，目不暇接、美不胜收的感觉。著者善于从材料中发现问题，由近及远，进行理论升华；或由小至大，进行理论概括。在《文体问题》"文类体系和编集体例"一节中，著者详细考察会元别集的文类体系，敏锐地发现其"文体部类溢出集部的核心范围而涵括了经、史、子方面的论述"。随即指出，这种渗透性和涵容性"提醒我们，在研究古代文学相关问题时，有必要扩大视野，调整角度，中国古代所谓'文'或'文学'观念与现代相去甚远"。在进一步的历史溯源后，著者分析道："即使是古人眼中的狭义的'文学'——文章之学的概念，仍远大于当今纯文学的义界，更何况古人还常以广义的文学观念来规范、引导、支配狭义的文章写作，所以用纯文学观念来筛选和研究中国古代文学只能是削足适履，将大量的文学现象和文学作品排斥于论域之外。"明代会元别集绝大多数刊行于嘉靖之后还表明，即使经过魏晋六朝的文学自觉和明代中后期的思想启蒙，中国传统文学观念和文学实践依然有一以贯之的线索存在。他充分运用材料数据和统计方法，就会元别集的文类体系、各类文体数量、各体诗歌数量、科举文体的种类和数量、策文分布情况等，制作五表，极大地发挥量化分析的优长，但著者更重视数据理论意义的阐发。在"文体数量与分布"一节中，专论"数据形态之启示"，例如就"公用性文体数量极大，占百分之五十四"等统计，印证下述基本判断："中国古代文学实践是在很强的社会性、世俗性环境下发生的，因而文学作品具有相当明显的用世功能。传统的文学观念、文论范畴也是在这样的文学实践中产生的。所以我们的文学史研究，要成为'中国的文学史研究'，而不是'在中国的文学史研究'，就一定要把握中国固有的文学实践特点。在文学研究领域，应该由既有作品概括、提炼、升华至理论，而不应以现有理论来规范、淘选作品。"在会元别集论题中，著者从大量文本材料数据的统计和分析中强化这一结论，表现了从中国古代文学实际出发拓展现有研究边界的顽强努力，这正是本著作的重要意图。我相信这种努力必将引起学界重视。著者还对会元别集科举类文章的存在形态进行了分析，从单独编次、重视策文和翰林馆课、较少收入八股制艺等现象中，敏锐地揭示出会元的双重心理：既醉心功名富贵，又从内心鄙视八股制艺；既重视会元身份地位的标识意义，又渴望获得传统文人美誉。更值得深思的是，他们所鄙视的八股制艺，已在长期的耳濡目染和操作习练中内化为文化与文学隐性基因，深深渗入其文学写作之中。在《时文语境下的古文之作》一章就此阐述明代时文与古文的关系时，著者从"古文是'道'的人格化、社会化、日用化文本"的论断入手，通过具体分析作出"明代正统古文，是理学的人格化、社会化、日用化文本"，"明代八股文，则是理学的国家化、制度化、程式化文本"两个重要判断，其生发路径，前者是内在生发主导，而后者是外在规定主导。由此指出："明代时文与古文在精神本质上具有趋同性，在表现、功能、作法上具有互异性，在发展演变上具有一定的同步性，在创作主体的实践方面具有互涉性和分层性。两者的关系是紧密而复杂的。要探讨时文语境下的古文写作，会元别集提供了合适的典型文本。"这些理论概括性极高的结论完全建立在极为丰富的材料论证基础上，超越了传统的批判话语而进入较高的学术层次，具有可资借鉴的启示意义。至于《科举事象》章论及由于理学国家化，儒学教育功利化、形式化、行政化，扼杀教育生机，导致明代教官地位低下和师道尊严沦丧的论述，联系古今教育史，更给人以现实警悟。

科举与文学双重视野观照，研究者的审美感悟和鉴赏能力同样至关重要。在这方面，著者也显示了其特点和优长。在第五章《科名仕宦与文学写作》里，著者不但以出色的理性思辨从几十部会元文集梳理出一条与明代思想文化变迁相联系的从馆阁写作到文权下移、文风嬗变的清晰线索，而且发掘出许多会元文士的佳作和文学成就，文心之细，令人击节。如论储巏"诗力雄厚，迥异于台阁之体"，评点其《送杭东卿》"清商掠树惊秋到，明月向人奈别何"二句，"用极富感染力的动词，如'掠''惊'加以点化，令人耳目一新。尤其是'明月向人奈别何'一句，不言人看月，反言月窥人，情怀随视角而能跳脱，愈见扩散"。又如评许谷《不寐》一诗"角声风外断，蛮语耳边多"二句，"此诗颔联极意锤炼，'断''多'等字惊警地传达出由近及远此起彼伏的声响所引起的心理感受，整体情调格局都与中唐钱刘一派诗风相近"。而指其《无题四首次玉泉韵》"意象繁复绵密，遣词清丽，颇具形式美"，颇似六朝初唐。论《无题》诗，不提晚唐李商隐，没有极细微的鉴赏能力，不敢如是。论冯梦桢写所饲雌鹤的《羽童墓志铭》，谓："鹤向为仙家所好。蓄鹤当是清雅之举。而妇为器食、啄伤童竖等细节又不乏人间情味。这是一篇既真实又超拔的佳作。它以形象化的叙述表达了晚明士人在俗世中寻求超脱的价值取向。"可谓独具只眼。在所引时文、古文、诗词例证中，类似精彩评述不胜枚举。

周勇能够做到这一步，与他独有的古典文学禀赋和修养分不开。我读过他为数不多的诗词作品，都写得很有情韵。十年前离别留在海南的妻儿家人赴汉读博写的《四月十四日夜渡海，时犬子方诞，尚未足月》："又于暮色渡天涯，别妇抛雏何处家？忍看慈亲添白发，暗听浊浪涌黄沙。云山无计留行客，去水有情送落花。总为浮名轻离别，三春已自误蒹葭。"（2010年4月16日）多年前写给我的唱和诗："不似程门立雪中，和颜温语坐春风。芙蕖未解拈花意，也放莲心彻底红。"（2012年8月9日）。还有今年他为完整带过的第三个毕业班学生，疫情下特殊毕业告别时写的《采桑子》词："荼蘼香尽春无处，咫尺重关。却上云端，举目窗间月半弯。　　独行莫道千山远，记取欢颜。惜取华年，须信人间有晴天。"（2020年5月24日）作者的重情品格、现实体验与古典形式的意象风韵融合一体，现代中青年很难做到的，周勇做到了，这恐怕不是得天独厚，而是学养积累后的灵犀独通。这种禀赋和修养，不但对于古代文学教学鉴赏大有裨益，而且可以成为理性研究的重要辅助手段。从周勇的厚重理性专著里，我看到了灵性才气的独特闪光。

击水潇湘浪淘沙，乘风江汉鹏添翼。滋兰树蕙，武陵周行。勇者行走在路上，前面是无限风光。

刘上生
6月15日于深圳

第一章

绪　论

在现代以来的中国文学史的主流书写中，明代文学的面目是比较晦暗的。主要表现在，以诗、文为主体的传统精英文学往往被置于模仿与创造的阐释模式之下，受到的负面评价比较多。传统诗文在明代的缺乏创造性，又往往被归因于科举对人才的牢笼、八股文对思想的束缚等因素。整体浸淫于举业语境中的明代士子，其思、其情、其言、其行受到科举之制的影响，这是毋庸置疑的。但此一影响到底以何种性质、何种方式、何种程度发生着，恐怕并不简单，大量具体而鲜活的写作个体、写作情境应该进入研究者的视野。而从诗言志、文载道的传统来看，诗文仍然是明代士人抒写主体情怀、表达个人见解、反映时代风貌的首要载体。选择怎样的创作主体以及何种创作形态进行研究，是进入文学史现场的关键。

第一节　理解文学的科举视角

就明代文学研究而言，如果仅以小说、戏曲作为"一代之文学"来衡估此一时期的文学成就，恐怕不会为古人所认可；如果仅以现代的文学观念、文学理论来汰选和论析明代文学作品，恐怕就会有相当部分的文字得不到文学的承认；而如果不深入理解产生明代文学的文化土壤，不深入体会甚至介入明代文学存在的生态环境，我们的认识恐怕就会与明代的文学实际相去甚远。

基于这样的理念，笔者引入了科举视角。在这一视角下，把明代会元群体的别集作为明代文学研究的个案性尝试，其理由有以下三点。

1. 科举作为从整体上影响了中国历史、中国文化和中国学术长达一千多年的一项国家制度，它对传统中国尤其是帝制晚期的政治生态、文化生态、文人心态具有不可估量的重要影响。明代文学的创作主体是在明代科举的环境中生活、写作的，明代文学是明代科举或直接或间接的反映，深刻理解明代文学不能抛开科举这一要素。

2. 科举对明代文学的发展具有重要作用和影响，这已经成为学界普遍的共识，具体落实到这种作用和影响的细部、微观，才是进一步研究需要解决的问题。属于历史学科的科举研究，其关注重点在于"制度"，属于人文学科的文学研究，其关注重点在于"人"。所以，在进行科举与文学关系的研究中聚焦于"制度中的人"，便顺理成章地成为题中之义。在中国传统社会的语境下探讨"制度中的人"，其最基本的特性有两个，一是阶层性，二是群体性，前者导致了人与人之不同，后者确认了人与人是否是同类。在科举制度下，阶层性的区分基于科举功名的差异，群体性的确认源于功名内涵与效用的不断生发。因此，科举功名群体是典型的"制度中的人"，对功名群体进行整体关注和个体分析有益于深化和活化科举与文学研究，进而为明代文学研究开拓新的空间。有学者认为，目前明代文学研究有两个学术增长点，一是"适当加强对某些文体类型，如策论、八股文的研究"，二是"重视对科举时代作家的创作生态的整体还原研究"。① 笔者提出关注"制度中的人"，即是对作家在科举文化生态中的创作进行还原研究。

3. 学界对明代科举群体已经有所研究，涉及的主要科举群体有状元、解元、进士、庶吉士、监生、生员、儒学教官等，但大多数研究属于史学和教育学范畴，所使用的材料也主要是史部文献，从文学角度进行探讨的较少，大量集部文献也没有充分利用。本书注目于明代会元群体，因其具有科举精英、政治精英、学术文化精英、文学精英等多重身份，在科举文化生态中扮演了多重角色，有着广泛而复杂的社会联系。对于科举与文学的关系而言，会元群体的典型性是明显的。笔者主要关注集部文献，因其最能代表个人创作的丰富性，所谓"四部之书，别集最杂"②，别集是个案性研究最鲜活的资料，也是贴近和理解古代文学观念与文学实践的最佳载体。

---

① 江俊伟、徐薇：《从文体类型和创作生态看明代文学研究的两个学术增长点——以〈明代科举与文学编年〉为例》，《武汉大学学报》（人文科学版）2010 年第 5 期。

② （清）永瑢等：《四库全书总目提要》，中华书局 1965 年版，第 1267 页。

第二节 关注科举的文学层面

由于引入科举的视角和方法，文学研究的深度和广度都大为扩展，在唐宋文学研究方面尤其如此，程千帆先生《唐代进士行卷与文学》[①]、傅璇琮先生《唐代科举与文学》[②]、祝尚书先生《宋代科举与文学》[③] 堪称力作，在研究领域的拓展和研究方法的更新方面令人耳目一新。此外如陈飞《唐诗与科举》[④] 和《文学与制度：唐代试策及其他考述》[⑤]、王勋成《唐代铨选与文学》[⑥]、俞钢《唐代文言小说与科举制度》[⑦]、林岩《北宋科举与文学之研究》[⑧]、姚红与刘婷婷《两宋科举与文学研究》[⑨]、杨春俏《诗赋取士背景下的诗国风貌》[⑩]、彭红卫《唐代律赋考》[⑪]、吴建辉《宋代试论与文学》[⑫]、高孝津《科举与诗艺》[⑬]、汤燕君《唐代试诗制度研究》[⑭]、徐晓峰《唐代科举与应试诗研究》[⑮]、詹杭伦《唐代科举与试赋》[⑯]、许瑶丽《宋代进士考试与文学考论》[⑰] 和《宋代律赋与科举：一种文学体式的制度浮沉》[⑱] 等，都将科举制度作为切入文学研究的重要

[①] 程千帆：《唐代进士行卷与文学》，上海古籍出版社1980年版。
[②] 傅璇琮：《唐代科举与文学》，陕西人民出版社2003年版。
[③] 祝尚书：《宋代科举与文学》，中华书局2008年版。
[④] 陈飞：《唐诗与科举》，漓江出版社1996年版。
[⑤] 陈飞：《文学与制度：唐代试策及其他考述》，商务印书馆2015年版。
[⑥] 王勋成：《唐代铨选与文学》，中华书局2001年版。
[⑦] 俞钢：《唐代文言小说与科举制度》，上海古籍出版社2004年版。
[⑧] 林岩：《北宋科举与文学之研究》，上海古籍出版社2006年版。
[⑨] 姚红、刘婷婷：《两宋科举与文学研究》，浙江人民出版社2008年版。
[⑩] 杨春俏：《诗赋取士背景下的诗国风貌》，光明日报出版社2009年版。
[⑪] 彭红卫：《唐代律赋考》，社会科学文献出版社2009年版。
[⑫] 吴建辉：《宋代试论与文学》，岳麓书社2009年版。
[⑬] 高孝津：《科举与诗艺》，上海古籍出版社2013年版。
[⑭] 汤燕君：《唐代试诗制度研究》，中国社会科学出版社2014年版。
[⑮] 徐晓峰：《唐代科举与应试诗研究》，北京大学出版社2015年版。
[⑯] 詹杭伦：《唐代科举与试赋》，武汉大学出版社2015年版。
[⑰] 许瑶丽：《宋代进士考试与文学考论》，上海古籍出版社2015年版。
[⑱] 许瑶丽：《宋代律赋与科举：一种文学体式的制度浮沉》，人民出版社2016年版。

视角。

　　相对而言，明代科举与文学的研究则显得较为薄弱，尚待探讨的问题不少。其主要原因与明代科举研究本身有关，也与长期以来明清科举对文学的影响偏于负面的评价有关。就前一个方面而言，回顾20世纪以来的明代科举研究，由于先入为主的负面价值评断曾长期代替了客观、具体的学术研讨，此一领域的成果寥寥。可喜的是，自20世纪80年代后，这一情况有了很大的改变。据不完全统计，近40年来，国内学界发表的专门研究明代科举的论文约有440篇，其中1980—1990年约10篇，1991—2000年约18篇，2001—2010年约180篇，2011—2018年约230篇；公开出版的研究著作有30余部，多数出版于2000年以后；21世纪以来，有关明代科举的博士学位论文有16篇，硕士学位论文有79篇。

　　这些论著中的相当一部分致力于对明代科举制度各环节的考证和探讨。代表性著作有：黄明光《明代科举制度研究》① 对科举考官、试卷分析、制度特点和明代科举制度的国际影响等方面作了较为系统的研究；王凯旋《明代科举制度研究》② 从考试思想、学校教育、三级考试特点、分卷制度、武举和防弊惩弊几方面展开论述；钱茂伟《国家、科举与社会——以明代为中心的考察》③ 主张将科举制度置于"国家—社会"视野中，并提出"国家—科举—社会"的分析模式，把"国家设计科举的理念"和"科举社会化后对中国社会所产生的影响"作为分析的重点，在此独特视角的导引下，钱氏对明代科举的许多具体问题进行了专门探讨，其视野拓展和方法更新的意义十分明显；郭培贵《明史选举志考论》④ 和《明代科举史事编年考证》⑤ 建立在扎实、系统的史实考辨基础之上，尽可能地揭示出明代科举发展的阶段性、原因、趋势和局限性，兼具学术性和工具性的价值；赵子富《明代学校与科举制度研究》⑥、吴智和《明代

---

① 黄明光：《明代科举制度研究》，广西师范大学出版社2000年版。
② 王凯旋：《明代科举制度研究》，万卷出版公司2012年版。
③ 钱茂伟：《国家、科举与社会——以明代为中心的考察》，北京图书馆出版社2004年版。
④ 郭培贵：《明史选举志考论》，中华书局2006年版。
⑤ 郭培贵：《明代科举史事编年考证》，科学出版社2009年版。
⑥ 赵子富：《明代学校与科举制度研究》，燕山出版社1995年版。

的儒学教官》①、吴宣德《中国教育制度通史·明代卷》②、侯美珍《明代乡、会试〈诗经〉义出题研究》③、郭培贵《明代学校科举与任官制度研究》④、支敏《明清科举制度与屯堡文化》⑤、冯建超《中国古代人才培养与选拔研究：以明代科举官学为中心的考察》⑥ 等都从某个环节和方面对明代科举制度进行了探讨。关于明代科举制度的单篇论文较多，在此不一一缕述。

从社会学、文化学角度对明代科举进行研究也是一个热点。在这方面，美籍学者何炳棣《明清社会史论》⑦ 和艾尔曼《帝制晚期中国科举考试的文化史》《经学·科举·文化史——艾尔曼自选集》⑧ 被视为经典之作。何炳棣认为，科举制度有效地促进了社会的垂直流动，艾尔曼的社会性视角相当广泛，令人眼界一开。

地域性、家族性科举群体是科举社会学研究的关注重点，这方面的论著有多洛肯《明代浙江进士研究》⑨ 和《明代福建进士研究》⑩、庞思纯《明清贵州700进士》⑪、曹立会《临朐进士传略》⑫、朱东根《海南历代进士研究》⑬、吴宣德《明代进士的地理分布》⑭、张国琳《惠安历代科举人物简介》⑮、龚延明与祖慧《鄞县进士录》⑯、刘宗彬《吉安历代进士

---

① 吴智和：《明代的儒学教官》，台湾学生书局1991年版。
② 吴宣德：《中国教育制度通史·明代卷》，山东教育出版社2000年版。
③ 侯美珍：《明代乡、会试〈诗经〉义出题研究》，学生书局2014年版。
④ 郭培贵：《明代学校科举与任官制度研究》，中国大百科全书出版社2014年版。
⑤ 支敏：《明清科举制度与屯堡文化》，天津人民出版社2014年版。
⑥ 冯建超：《中国古代人才培养与选拔研究：以明代科举官学为中心的考察》，浙江工商大学出版社2016年版。
⑦ ［美］何炳棣：《明清社会史论》，徐泓译，联经出版事业公司2013年版。
⑧ ［美］艾尔曼：《经学·科举·文化史——艾尔曼自选集》，中华书局2010年版。
⑨ 多洛肯：《明代浙江进士研究》，上海古籍出版社2004年版。
⑩ 多洛肯：《明代福建进士研究》，上海辞书出版社2004年版。
⑪ 庞思纯：《明清贵州700进士》，贵州人民出版社2005年版。
⑫ 曹立会：《临朐进士传略》，齐鲁书社2002年版。
⑬ 朱东根：《海南历代进士研究》，南方出版社2008年版。
⑭ 吴宣德：《明代进士的地理分布》，香港中文大学出版社2009年版。
⑮ 张国琳：《惠安历代科举人物简介》，中国文联出版社2009年版。
⑯ 龚延明、祖慧：《鄞县进士录》，浙江古籍出版社2010年版。

录》①、叶兴松等《闽侯进士录》②、王坤英《日照进士录》③、杨大业《明清回族进士考略》④、王楚平《黄冈历代进士考略》⑤、毕义星《临淄进士》⑥和《毕氏进士》⑦、丁辉与陈心蓉《嘉兴历代进士研究》⑧和《明清嘉兴科举家族姻亲谱系整理与研究》⑨、蒋朝仲《痕迹：全州进士门第踪影录》⑩、张朝瑞《南国贤书》⑪、崔来廷《明清甲科世家研究》⑫、林祖泉《莆阳进士录》⑬、章百成《淳安进士》⑭、钱茂伟《明代的科举家族：以宁波杨氏为中心的考察》⑮、龚延明《义乌历代登科录》⑯、刘廷銮与孙家兰《山东明清进士通览》⑰、严其林《镇江进士研究》⑱、黄阿彩《黄骧云进士家族》⑲、吕伟达《福山明清举人传》⑳、沙宝楚《明代浙江进士录》㉑、邱进春《明代江西进士考证》㉒、黄志环《大埔进士录》㉓、吕

---

① 刘宗彬：《吉安历代进士录》，江西人民出版社2010年版。
② 叶兴松等：《闽侯进士录》，福建美术出版社2010年版。
③ 王坤英：《日照进士录》，中国文史出版社2010年版。
④ 杨大业：《明清回族进士考略》，宁夏人民出版社2011年版。
⑤ 王楚平：《黄冈历代进士考略》，国家图书馆出版社2011年版。
⑥ 毕义星：《临淄进士》，现代教育出版社2011年版。
⑦ 毕义星：《毕世进士》，山东人民出版社2013年版。
⑧ 丁辉、陈心蓉：《嘉兴历代进士研究》，黄山书社2012年版。
⑨ 丁辉、陈心蓉：《明清嘉兴科举家族姻亲谱系整理与研究》，中国社会科学出版社2016年版。
⑩ 蒋朝仲：《痕迹：全州进士门第踪影录》，中国民族摄影艺术出版社2012年版。
⑪ 张朝瑞：《南国贤书》，南京出版社2013年版。
⑫ 崔来廷：《明清甲科世家研究》，知识产权出版社2013年版。
⑬ 林祖泉：《莆阳进士录》，海峡文艺出版社2013年版。
⑭ 章百成：《淳安进士》，浙江工商大学出版社2013年版。
⑮ 钱茂伟：《明代的科举家族：以宁波杨氏为中心的考察》，中华书局2014年版。
⑯ 龚延明：《义乌历代登科录》，浙江古籍出版社2014年版。
⑰ 刘廷銮、孙家兰：《山东明清进士通览》，山东文艺出版社2014年版。
⑱ 严其林：《镇江进士研究》，复旦大学出版社2014年版。
⑲ 黄阿彩：《黄骧云进士家族》，黄阿彩出版2014年。
⑳ 吕伟达：《福山明清举人传》，中国文联出版社2014年版。
㉑ 沙宝楚：《明代浙江进士录》，中国文史出版社2015年版。
㉒ 邱进春：《明代江西进士考证》，中国社会科学出版社2015年版。
㉓ 黄志环：《大埔进士录》，中国文史出版社2015年版。

贤平《明清时期全椒吴敬梓家族及其文学风貌：以科举与文学为研究中心》①、郑翔《江西历代进士全传》② 等。

特定的科名群体也是学界关注较多的研究对象，除了上述与地域性相关联的进士科名外，这方面的论著还有不少。张仲礼先生《中国绅士研究》③ 是一本经典的学术著作，此书全面探讨了19世纪绅士阶层的构成、特征及社会作用，虽然所论为晚清情性，但对于明代科名群体的研究具有范式意义。王尊旺《明代庶吉士考论》对庶吉士的创立、选拔、学习、考试和授职等基本情况作了梳理，并对庶吉士制度的发展划分成三个阶段。④ 郭培贵对庶吉士群体的系统考证和确认颇见史学功力，方法值得肯定⑤。黄明光对明代一甲进士进行了集中扫描，对其在科场中的特征作了说明。⑥ 无论是在学界还是一般民众中，状元群体历来是人们感兴趣的话题，这方面的成果众多，如周腊生《明代状元奇谈》⑦、朱焱炜《明清苏州状元与文学》⑧、郭皓政《明代状元与文学》⑨、王离京《大明状元》⑩ 等，一些通俗普及性的状元传记、逸闻也独具一格，如《流放状元杨升庵》⑪《鄂东状元陈沆研究》⑫《武状元汪道诚》⑬ 等。陈宝良则把研究的重点投向了基层科名群体——生员，其《明代儒学生员与地方社会》一书从不同角度对生员群体进行了全方位的研究，资料翔实，视野开阔，尤具开拓性。⑭

---

① 吕贤平：《明清时期全椒吴敬梓家族及其文学风貌：以科举与文学为研究中心》，中国社会科学出版社2016年版。

② 郑翔：《江西历代进士全传》，上海古籍出版社2016年版。

③ 张仲礼：《中国绅士研究》，上海人民出版社2008年版。

④ 王尊旺：《明代庶吉士考论》，《史学月刊》2006年第8期。

⑤ 郭培贵：《明代各科庶吉士数量、姓名、甲第、地理分布及其特点考述》，《文史》2007年第1期。

⑥ 黄明光：《明代科举鼎甲研究》，《南京理工大学学报》2004年第4期。

⑦ 周腊生：《明代状元奇谈·明代状元谱》，紫禁城出版社1993年版。

⑧ 朱焱炜：《明清苏州状元与文学》，中国言实出版社2008年版。

⑨ 郭皓政：《明代状元与文学》，齐鲁书社2010年版。

⑩ 王离京：《大明状元》，齐鲁书社2013年版。

⑪ 张承源：《流放状元杨升庵》，云南人民出版社2016年版。

⑫ 刘飙：《鄂东状元陈沆研究》，武汉大学出版社2015年版。

⑬ 汪济：《武状元汪道诚》，武汉出版社2015年版。

⑭ 陈宝良：《明代儒学生员与地方社会》，中国社会科学出版社2005年版。

纵观既有的明代科举研究可见，对政治、制度的研究仍然是重点，但是对制度的关注往往超过了对人本身的关注，因此，社会学、文化学的多重视角的研究尚有较大的空间可待开拓。探讨科举中的人，是笔者切入明代科举与文学关系的一个出发点，而需要确认的前提是：科举应试的主体和文学创作的主体是相互重合的同一个群体，都是那个时代读圣贤之书、作八股文章、求经济功名的儒家士人。而且，就流传至今的诗文创作而言，其作者大多数都是取得了举人以上较高功名的士人，科举对文学的影响在他们身上应有较为集中而典型的体现，笔者选择某一科举群体作为研究对象，正是基于此一考虑。与已有的科举群体研究略有不同，笔者不是从地域性的角度选择群体，而是关注科名本身的特殊性给科举群体带来的影响，笔者相信这种特殊性会对他们的心理和行为产生作用，进而表现于文学创作之中，通过对其作品的具体分析，有助于把握科举与文学相互作用的某些机制。

另外，既有的科举研究主要还是史学的研究，史学方法和史部材料的运用是首要的，基本的史料如《明实录》《明会典》《明史》等具有信实可靠的特点，利用这些史料可以搭建起明代科举的基本叙述框架。但是，史部材料详确于"事"却简略于"态"，在复现历史的鲜活面貌方面是有欠缺的，而大量的明人别集和笔记正好可以弥补这方面的不足。可以举两个例子稍加说明。明代对各地方儒学中增广生员的额数几经变迁，最初并无一定的限制，至宣德三年方才定额为"在京府学六十名，在外府学四十名，州学三十名，县学二十名。若民少之处，不拘此例"①。景泰元年又加废止，成化三年，会元出身、时任礼部尚书的姚夔上奏学政十事，又再次定额。《明宪宗实录》卷40载有姚夔奏疏，末云"夔上此奏，上是之，皆准行"②，定额之令似乎没有遇到什么阻力。但是，在吴翌凤的《逊志堂杂钞》中却记有当时京师俗语云："和尚普度，秀才拘数。礼部姚夔，颠覆国祚。"③ 可见，这一规定为众多下层生员所不满。又如，明代自中叶之后，选官独重科目，由它途所进者官卑势轻，这就造成了整个

---

① （明）杨士奇等：《明宣宗实录》卷40 "宣德三年三月戊戌"条，"中研院"史语所1962年校印本，第980页。本书凡引明代历朝《实录》皆据此版本，此后注释从略。

② （明）刘吉等：《明宪宗实录》卷40 "成化三年三月甲申"条，第821页。

③ （清）吴翌凤：《逊志堂杂钞》丁集，《清代学术笔记丛刊》第28册，学苑出版社2005年版，第278页。

社会极重科名和资格的等级心理，而是否具有真实才干反倒并不是决定士人仕途通塞的主要因素了。明末八股文名家艾南英长期失利于科场，对此他甚感不平云：

> 每一试已，则登贤书者虽空疏庸腐、稚拙鄙陋，犹得与郡县有司分庭抗礼。而予以积学二十余年……顾不得与空疏庸腐、稚拙鄙陋者为伍。入谒上官，队而入，队而出。①

举人即便是"空疏庸腐"也可与郡县有司分庭抗礼，而积学20年的一介青衿在入谒上官时只能列队进出，犹如鱼虾，不足齿数，生员与举人之间便有如此大的礼遇差异。读书人一旦中举，便有选官资格，进入统治阶层，即便没有居官，社会地位和经济状况也会很快得到改善。明人陈益祥言：

> 今吴越士子才得一第，则美男鬻为仆、美女鬻为妾者数百。且厚赀以见，名曰靠身，以为避征徭、捍外侮之计，亦有城社为奸者。故今一趾贤科，不得入官，便自足润。②

这些材料不禁让人联想起《儒林外史》中范进中举、周进撞号板等场面，它们非常生动地展现了科举社会中士人的生存状态，具有史部材料尤其是官方史料所不具备的现场感。所以，在科举与文学的研究中，应当充分注意子部、集部文献的价值，这也是笔者选择会元的诗文别集进行专题研究的用意所在。

现在，我们回过头来再检视一下近年来明代文学与科举关系的研究。虽然不像唐宋科举与文学研究那样受到重视，但也逐渐呈现出客观理性、多元诠释的研究态势，逐渐成为科举研究和古代文学研究两个领域的新的学术增长点。正如刘海峰先生所说："科举与中国古代文学息息相关，当今科举研究也与古代文学研究密切相关，两者关联互动。从科举学进入文学，主要是为科举制平反的大环境，为重新认识科举文学的价值提供了舆

---

① （明）艾南英：《艾千子先生全稿》卷首《历试卷自叙》，《明代论著丛刊》本，伟文图书出版社1976年版，第58—60页。

② （明）陈益祥：《陈履吉采芝堂文集》卷13《木铖》，齐鲁书社1997年影印四库全书存目丛书集部第195册，第552页。

论与理论支撑。由文学进入科举学，则是从文学领域为科举学开拓一个广阔的学术空间，使科举学更为繁荣。"① 这一局面在明代科举与文学研究方面表现得尤为突出，充满了生机。

有关明代科举与文学的研究可大致分为专论和总论两类。专论方面主要集中在八股文研究和科举与明代小说、戏曲研究。自从废止科举取士之制后，八股文曾长期受到世人诟病，几乎成为保守、僵化的代名词，意气化的否定、批判代替了冷静的学理思考。平心而论，让一种专门用于考试的文体去承担科举制度甚或专制政体的种种消极后果，是不够客观和公平。20 世纪 90 年代以来，这种偏见有所改变，学界日渐认识到八股文对于深入认识明清社会的重要性。一些学者开始关注这一领域，主要的论文有刘海峰《八股文为什么沿用了五百年——略谈八股文在当时的功用》②、田澍《明代八股文略论》③ 和《明代八股文文体述论》④、高寿仙《明代制义风格的嬗变》⑤、吴承学《明代八股文文体散论》⑥、李光摩《八股四题》⑦《八股文与古文谱系的嬗变》⑧、刘尊举《明代选举制度与八股文的文化职能》⑨ 等。相关论著则主要有启功等《说八股》⑩、张中行《闲话八股文》⑪、王凯符《八股文概说》⑫、龚笃清《明代八股文史》⑬、黄强《八股文与明清文学论稿》⑭、孔庆茂《八股文史》⑮、吴伟凡《明清制义

---

① 刘海峰：《科举学与科举文学的关联互动》，《厦门大学学报》（哲学社会科学版）2012 年第 6 期。
② 刘海峰：《八股文为什么沿用了五百年——略谈八股文在当时的功用》，《文史知识》1989 年第 2 期。
③ 田澍：《明代八股文略论》，《明史研究》第 7 辑，黄山书社 2001 年版。
④ 田澍：《明代八股文文体述论》，《西北师范大学学报》2004 年第 6 期。
⑤ 高寿仙：《明代制义风格的嬗变》，《明清论丛》2001 年第 2 辑。
⑥ 吴承学：《明代八股文文体散论》，《中山大学学报》2000 年第 6 期。
⑦ 李光摩：《八股四题》《文学评论》2004 年第 2 期。
⑧ 李光摩：《八股文与古文谱系的嬗变》，《学术研究》2008 年第 4 期。
⑨ 刘尊举：《明代选举制度与八股文的文化职能》，《北方论丛》2009 年第 6 期。
⑩ 启功、金克木、张中行：《说八股》，中华书局 2000 年版。
⑪ 张中行：《闲话八股文》，辽宁教育出版社 1998 年版。
⑫ 王凯符：《八股文概说》，中华书局 2002 年版。
⑬ 龚笃清：《明代八股文史》，岳麓书社 2015 年版。
⑭ 黄强：《八股文与明清文学论稿》，上海古籍出版社 2005 年版。
⑮ 孔庆茂：《八股文史》，凤凰出版社 2008 年版。

今说：八股文的现代诠释》①、王炜《明代八股文选家考论》②。就文学史而言，多数文学史对八股文都略而不谈，只有少数几部列为专章论述，如黄摩西《中国文学史》③、吴志达《明清文学史》④和《明代文学与文化》⑤、刘麟生《中国骈文史》⑥、袁行霈主编《中国文学史》⑦、袁世硕主编《中国古代文学史》⑧。这些论文和著作涉及八股文文体论、八股文史论、八股文批评论、八股文影响论几个方面，取得了一定的成果。在文体论方面，对八股文的文题、种类、体制等有了初步的认识，但多数研究还是在描述层面，真正的探本之论不多。在史论方面，大家基本上将明代的八股文发展划分为成化以前、成弘、正嘉、隆万、启祯等几个阶段，对每个阶段的文风特点有了大致相同的看法，但对导致风格嬗变的原因则探讨得尚不深入。八股文的批评理论是最为薄弱的研究环节，尤其是关于八股文评点的研究，这与批评材料的不易获得有关，更与批评话语的古今差异有关，这也反映了包括八股文在内的整个古代文学批评研究的现实处境。八股文的影响研究是在前几个方面研究基础之上的一种延伸，对于开拓明代诗文尤其是古文研究具有重要作用。但是，在八股文文体内部研究诸环节没有弄清楚之前，外部研究也不易取得突破。

明代科举与小说、戏曲研究是学界关注较多的另一个领域。研究者主要从制度或文化方面来探讨明代科举与小说、戏曲之关系，如叶楚炎《明代科举与明中期至清初通俗小说研究》将科举制度的影响深入到对小说情节、人物、结构等文本内部的细致分析之中，以具体案例证实明中期之后通俗小说已经广泛地表现了科举制度的各个方面，并认为注重个体对于科举的感知是勾连科举与小说的中心环节⑨。胡海义认为科举文化对明清小说的正面影响大于其负面⑩。王玉超也认为八股文要素融入小说的结

---

① 吴伟凡：《明清制义今说：八股文的现代诠释》，学苑出版社2009年版。
② 王炜：《明代八股文选家考论》，武汉大学出版社2015年版。
③ 黄摩西：《中国文学史》，国学扶轮社铅印本。
④ 吴志达：《明清文学史》，武汉大学出版社1991年版。
⑤ 吴志达：《明代文学与文化》，武汉大学出版社2010年版。
⑥ 刘麟生：《中国骈文史》，台湾商务印书馆1980年版。
⑦ 袁行霈主编：《中国文学史》，高等教育出版社1999年版。
⑧ 袁世硕主编：《中国古代文学史》，高等教育出版社2014年版。
⑨ 叶楚炎：《明代科举与明中期至清初通俗小说研究》，百花洲文艺出版社2009年版。
⑩ 胡海义：《科举文化与明清小说研究》，博士学位论文，暨南大学，2009年。

构和行文之中，促进了明清小说的繁荣。① 江俊伟等人则别具匠心地从创作生态的角度注意到，"明代相对重要的戏曲作者，尤其是一流的戏曲家，大多拥有进士、举人等科名……而那些科举失意、沦落下尘之人，即使有创作戏曲的念头，也没有排演的实力"，往往成为话本等通俗小说的编撰者。② 这一观点视角独特，令人耳目一新。

从总体上论析明代文学与科举之关系的成果，有四部专著值得注意。按出版时间先后，依次为陈文新等主撰《明代科举与文学编年》③、余来明《元明科举与文学考论》④、郭万金《明代科举与文学》⑤、陈文新等《明代文学与科举文化生态》⑥。《明代科举与文学编年》规模宏大，立足于对基本史料尤其是集部史料、稀见史料进行梳理和利用，以编年方式系统展示明代科举与文学的发展历程，为此一领域更为深入的研究提供了较为翔实的史事框架和文献基础。《元明科举与文学考论》分上、下编，上编考证元明科举人物，下编论述元明科举与文学的具体问题。涉及明代的部分主要探讨了唐宋派、吴中诗派的创作与科举之关系，实际上是从诗、文两方面入手剖析明代科举及于文学的影响。郭万金从科举的知识要求、思想范式、社会氛围、文体渗透等方面勾画了明代科举的面貌，又从士人境遇和心态方面分析了科举背景下的文学创作，论述角度较为新颖。《明代文学与科举文化生态》则通过具体考察传统集部与科举文化生态的密切关联，对在明代科举生态中存在的"人""事"和产生的"文"予以理解之同情。该书对倡导大文学观的回归和提升相关研究水准具有重要意义。

第三节　群体身份与个体创作

正如陈文新先生所指出，明代文学与科举关系研究已渐入佳境，但也

---

① 王玉超：《明清科举与小说》，商务印书馆2013年版。
② 江俊伟、徐薇：《从文体类型和创作生态看明代文学研究的两个学术增长点——以〈明代科举与文学编年〉为例》，《武汉大学学报》（人文科学版）2010年第5期。
③ 陈文新等：《明代科举与文学编年》，武汉大学出版社2009年版。
④ 余来明：《元明科举与文学考论》，武汉大学出版社2015年版。
⑤ 郭万金：《明代科举与文学》，商务印书馆2015年版。
⑥ 陈文新等：《明代文学与科举文化生态》，高等教育出版社2016年版。

存在显而易见的不足,即"未能着眼于明代的科举文化生态对明代文学的复杂而多元的影响,往往过多关注直线的因果联系,有时不免把问题简单化"①。笔者认为,科举文化生态的核心要素是人,是由科举考试所遴选、认定和规约的士人,是在科举制度所建构的各种社会关系中生存的人。这样的人既具个体性,同时也体现着群体特征。所以,对特定的科举群体及其文学加以考察,是把握明代科举与文学关系的合适的选择。既往的研究较多聚焦于明代状元群体,对于作为会试榜首的会元关注不多。其实,这一功名群体具有的特殊性、典型性并不亚于状元,甚至更高。

会元作为顶级的科举功名之一,是到明代才日益显耀的,它比较典型地体现了明代科举的精神和水平。相对于各直省乡试的榜首解元来说,会元是经过更为激烈的全国性竞争而产生的,具有竞争的广泛性。较之世人艳羡的状元而言,会元则具有竞争的全面性,会试需要考试三场,而此后的殿试只根据一篇策论来决定排名,就对科举文体的全面掌握和写作水平而言,会元无疑要优于状元。从这一角度来看,会元才是最具实力的科举应试者,他们最能代表科举文体尤其是八股文的写作水平,最能体现科举择优取士的公平性原则。同时,作为文化精英,明代会元在国家政治、思想、文学、艺术、出版等诸多社会生活领域中都有较杰出的表现。在明代会元的名单中,我们可以看到这些熟悉的名字:黄子澄、刘定之、姚夔、章懋、吴宽、王鏊、钱福、邹守益、霍韬、唐顺之、瞿景淳、王锡爵、袁宗道、陶望龄、顾起元、周延儒、吴伟业、陈名夏,与同期的状元群体相较,他们各方面的成就是毫不逊色的。

所以,笔者相信,通过对明代会元群体的研究,不仅可以较方便、较具体地切入明代科举与文学的实际语境,还可以旁涉较为广泛的文化领域。另外,虽然小说、戏曲等叙事文学在宋代以后日渐得到重视并获得很大发展,但是直至帝制社会解体,诗文创作始终是儒家读书人尤其是精英士人抒发性情的主要形式,至于其总体的创作成就不如前代,那是另外一个问题。因此,以诗文为主体的别集仍然是走进文人内心、了解时代风貌的最主要材料。同时,也应看到,别集虽以诗文为主体,却又不限于现代文学观念下的文学作品,情况比较复杂。这给研究增加了丰富的内涵,也带来了相当的难度和挑战,而正是这种难度和挑战迫使笔者思考恰切的研

---

① 陈文新、付一冰:《明代文学与科举关系研究述评》,《教育与考试》2015 年第 1 期。

究方法、调整合适的处理角度,并进而突破一些固有的观念。

就方法而言,除了一般学术研究所运用的比较、联系、分析、归纳、考证等方法外,还强调方法的多样性,这是研究对象本身的跨学科性质决定的。对科举制度的考察,笔者遵循史学研究求真求实的原则,在充分掌握第一手资料的基础上进行梳理和考辨,但是不追求面面俱到,着重抓住与所论对象关系紧密的科举考试和馆阁制度等方面进行分析。对文学创作的研究则尊重文学自身的特点和发展规律,立足于文本的细读和分析,不尚空论,不作惊人之语,不一味追求理论的新颖构建,力求将科举与文学的关系落实到对具体作品的分析之中,突出文学研究的特性,尤其注重运用文史互证的研究方法。对于可能旁涉的政治、社会、思想等方面的问题,则根据实际情况,有选择地借鉴一些其他学科的研究方法如统计法、图表法等。但多样的方法统摄于一个原则,即将科举的视野和文学的本位相结合。所谓科举的视野,就是将文学置以科举考试为中心的科举文化中加以观照,让文学的意味得到更为立体的社会性阐发;所谓文学的本位,就是将科举作为文学反映的对象和借鉴,在突出文学本性的同时,拓展文学的边界。这里就牵涉到研究者的文学观念问题,需略作解说。

现代意义上的中国古典文学研究建立于 20 世纪初,在政治剧烈变革、社会急剧变迁和古今文化裂变的大背景下,引进西方的文学观念和学术方法在当时具有历史的必然性,是传统中国走向现代的文化表征之一。但是,"这种变化在带来显而易见的好处的同时,也带来了显而易见的缺憾"①。与中国传统的文学观念不同,西方文学观念强调文学本体的纯粹性,大致以形象性、情感性、形式性作为文学的主要内涵,若以此为标准来挑选中国文学研究的对象,便往往造成对古典文学的任意裁剪甚至阉割。比如以形象性为标准,我们突出了白话小说、传奇小说和戏曲的文学地位,但可能忽视大量笔记小说的文体价值;以情感性为标准,我们肯定诗词、散曲的巨大成就,但对民间叙事长诗可能注意不够;以形式性为标准,我们不妨将骈文、律赋、八股文等纳入研究视野,但对形式性不那么明显的古代散文则往往无话可说。所以,以西方文学观念来建构中国文学史的叙述框架,是与中国文学史的实际存在着差距的。

---

① 陈文新:《编年史:一种应运而生的文学史范型》,《中国文学编年史研究》,中华书局 2009 年版,第 139 页。

这一现象并不奇怪，中西方文学观念和文学实践生长于各自的文化土壤之中。对形象性的强调体现的是西方叙事文学发达较早的事实，而情感性和形式性则与西方哲学精神中感性与理性的分化较为彻底有关。中国文学的精神土壤则完全是另一番景象，中国哲学的基本精神是和合统一的，在自然观方面，信仰天人合一；在人性观方面，认为性情合一；在实践观方面，讲究道器合一。它从不追求过于极端的、局部割裂的表现，而总是在对立中寻求统一，虽然"极高明"却总是体现为"道中庸"。因此，作为中国传统文化重要内容的中国古代文学就表现为一个杂多而统一的整体，它既反映人事，又涵容天道；既恪守性、理，又传达情、欲；既是形下之器（语言文字），又以形上之道为旨归，特别注重本末、体用的相互依存关系。所以，中国古代文学并不是没有形象性，但我们更在意那些超于"象"外又寓于"象"中的意境和神韵；中国古典诗词始终以抒情性为重要传统，但又特为推崇那种经由理性节制后的情感，讲究"乐而不淫，哀而不伤"的中和之美，绝不鼓励过于极端、过于个人化的情感表达；中国的近体诗、词、骈文等将汉语的形式之美发挥到了极致，但过于讲求形式化、技巧化的文风一般被主流的文学观念认为是本末倒置，不能取得最高的艺术成就。

　　所以，以形象性、情感性、形式性的文学观念来看待和研究中国古代的文学现象，往往不能尽合历史的实际，或者只能削足适履。对于有些文体而言，便可能是说得越多反而离得越远，而有些文体则可能根本无法进入关注的视野。其中错位最为严重的是中国古代的文章，尤其是散文，"中国古代文学和文学观的'杂'，大半就是由于这一文体"①。传统的古文既不追求形象的塑造，又主要以说理叙事为表达方式，情感的抒发相当克制，在形式上则较为松散，强调"大体则有，定体则无""有法而寓于无法之中"，以现代的文学观念看来，其文学价值就很难把握和言说了。但在古人眼中，"载道"之文正是"经国之大业，不朽之盛事"，是实现生命价值的"立言"之体，至于诗词歌赋，倒在其次。古今（中西）文学观念之歧异，在古文领域里表现得最为突出，古代散文研究之所以较为薄弱，原因也主要在此。我们的研究对象中涉及大量古文之作，所以，我们特别强调要把坚持文学本性和拓展文学边界相结合，要把科举视野和文

---

① 董乃斌：《近世名家与古典文学研究》，上海大学出版社2005年版，第267页。

学本位相结合,就是试图在回归传统文学观念、贴近古代文学实际方面找到自己的进路,说出自己的话语。至于实际上做得如何,那是另外的问题。

  总之,本书不是一般性地论述明代会元的诗文别集,而是试图从会元身份的特殊性入手,将会元别集置于科举与文学的总体格局中来观照,从一个侧面来展示科举社会下的文人创作活动。

第二章

会元——值得关注的科举群体

乡试的榜首"解元"、会试的榜首"会元"和殿试的榜首"状元",都是科举功名中极为令人艳羡的头衔,即所谓"巍科"。它们的拥有者既具有最高文化学术水平的官方学衔,也具有入仕后较为光明的升迁前景,"三元"无疑是科举时代的宠儿,是科举精英中的精英。但相对而言,会元的声名却不如解元和状元那么响亮。状元固因其极为稀缺难得且享有朝廷的一系列特殊褒崇,在整个社会中具有较高的知名度和认同度,进而形成了社会崇拜心理,成为最为人熟知的功名头衔,并泛化为对所有领域第一名的代称。解元似乎也比会元更为人所知,或许是因为唐伯虎这位大才子就曾拥有解元的名号,也或许是因为《西厢记诸宫调》的作者仅以这一名称留名于文学史。① 但考试体制上的特点使会元所具有的代表性比状元和解元更为典型,这是笔者关注会元群体的理由。

第一节 会元的来历

"科举是中国古代最为健全的文官制度。它渊源于汉,创始于隋,确立于唐,完备于宋,兴盛于明、清两代。"② 纵观一千多年的科举发展史,在科举考试方面,有一个值得注意的趋势,即由注重横向的科目广泛性向注重纵向的层级严密性转变;相应地,在士人的知识结构方面,由多元化

---

① 以"解元"指称乡试第一名,是到明代才确立的,《明史·选举志二》云:"士大夫又通以乡试第一为解元。"明以前,地方科试第一名多称"解首"或"解头",而"解元"在宋元的戏曲、鼓词、小说、别集中多泛指一般士子,含有尊敬之意,因其时考试等级尚不严密,"董解元"即是这种用法。

② 陈文新:《历代科举文献整理与研究丛刊·总序》,武汉大学出版社2009年版,第1页。

的才能表现逐渐向单一化的文本阐释转变；而在社会心理方面，则由多元的价值认同向较为单一的功名崇拜转变。这一趋势开始于宋，至明清发展到极端。

一　科目众多的唐代科举

唐代科举考试只有两级，即地方上的发解试和由中央的尚书省（前期是吏部考功司，开元以后是礼部）主持的省试。发解的"解"，意谓士子像贡品一样被解送至京参加省试，故通过解试而获得省试资格者，谓之乡贡（明清沿用乡贡进士之名指称举人，即源于此），发解试的头名为解首，亦称为"解头"，也就是后来的"解元"。参加解试者，一般由自学或民间私塾学成，"皆怀牒自列于州县"（《新唐书·选举志》），并未进入中央和地方各类学校（这是因为唐代的门阀贵族势力尚强，各级学校以招收贵族子弟为主，他们经过学业考试可以直接参加省试，成为省试应试者的另一种来源，叫作生徒）。关于乡贡考试的情况，韩愈在《赠张童子序》中说：

> 始自县，考试定其可举者，然后升于州若府，其不能中科者，不与是数焉。州若府总起属之所升，又考试之如县，加察详焉，定其可举者，然后贡于天子而升之有司，其不能中科者，不与是数焉。①

据此，解试似可分为县和州府两级，但统谓之乡贡，也未有与州、县考试相应的功名称号。另一方面，唐代的省试，科目设置较多，《新唐书·选举志》概括云：

> 由学馆者曰生徒，由州县者曰乡贡，皆升于有司而进退之。其科之目，有秀才，有明经，有俊士，有进士，有明法，有明字，有明算，有一史，有三史，有开元礼，有道举，有童子。而明经之别，有五经，有三经，有二经，有学究一经，有三礼，有三传，有史科。此岁举之常选也。其天子自诏者曰制举，所以待非常之才焉。②

---

① （唐）韩愈著，马其昶校注：《韩昌黎文集校注》卷4，上海古籍出版社1986年版，第249—250页。

② （宋）欧阳修等：《新唐书》卷44《选举志上》，中华书局1975年版，第1159页。

从以上的叙述中可以看出，唐代尤其是唐初，科目设置繁多，剔除属于临时和重复的，唐代科举的常选项目大致以秀才、明经、进士、明法、明书、明算6科为主。其中秀才科极难，登第者极少，使得敢于应试的举子亦逐渐稀少，此科遂于高宗初年废止。明法、明书、明算等科选拔的是专门人才，名额不多，故只有明经和进士两科成为唐代科举常选的主体。至于不定期的制举，科目则更为繁多，见于记载的，如《玉海》作59科，《困学记闻》作86科，《云麓漫钞》则记有108科之多。傅璇琮先生据《唐会要》卷76《制科举》的记载，统计为63个科目。① 这些科目有考试文学辞藻的，有考试经学造诣的，有考试吏治才能的，有考试军事韬略的，有考试品行操守的，如《新唐书》所说："天子又自诏四方德行、才能、文学之士，或高蹈幽隐与其不能自达者，下至军谋将略、翘关拔山、绝艺奇伎，莫不兼取。其为名目，随其人主临时所欲。"② 其名目之繁多，真可谓"按科目举人"了。由此可见，唐代士人的入仕之途和人生价值的实现方式是较为宽泛的，士具一长，一般都能寻求到某个安身立命的合适定位。再加之唐代科举考试并不糊名，又有行卷之风，所以举子平日的品行、才华甚至社会关系对于其登第具有一定的作用，而考试本身在决定士子未来命运的过程中不至于占有过于绝对的比重。

唐代状元并未取得后世那样令人艳羡的地位，其原因在于：（1）唐代科举名目繁多，各科均有头名产生，状元作为进士一科的头名，虽较他科更为重要和显赫，但并非唯一。（2）唐代状元多由知贡举官以"京兆府解头"为之，受人请托和接受推荐属正常现象，且未经过殿试"钦点"的权威认证，没有高于一般进士之上的特殊荣耀，光环不够强烈。（3）进士及第者还需参加制举考试方能授官，故状元与仕宦之间的联结不如后世那样直接而重要。因此，史书中并不特意强调某人的状元头衔，如两《唐书》里有传的王维、柳公权等，只称"中进士第"，后人熟知的是他们的文学家和书法家身份，却较少提及他们的状元功名。

总体来看，唐代的科举考试科目设置多而级别少，考试的主观性和素

---

① 傅璇琮：《唐代科举与文学》，陕西人民出版社2007年版，第138页。
② （宋）欧阳修等：《新唐书》卷44《选举志上》，中华书局1975年版，第1169页。

质测试性强，它为士人提供了较为广阔的进身途径。唐代的贡士①、进士功名并非选官的资格，进士及第后还需要参加吏部组织的铨试，才算释褐入仕。唐代解试和省试两级考试的头名——解元和状元并没有过于荣宠的地位。

二 出现"三元"的宋代科举

会元的功名是宋代出现的，它是科举考试制度在宋代日渐完备的产物。宋代尤其是北宋是科举制度发展变化最为频繁的时期，这与当时的党争有一定关系，但主要还是制度本身发展完善的需要。首先，是考试层级的增加，由唐代的解试、省试二级变为解试、省试、殿试三级。出于崇古的心理，人们常将殿试的源头追溯至武则天亲自试士于东都洛阳或玄宗试士于花萼楼等事，其实那只不过是皇帝一时兴起的举动，并非定制。殿试始于宋初的一次意外的覆试。开宝六年（973），下第举子徐士廉以知贡举官李昉取士不公而击鼓自讼，对此，《宋会要辑稿·选举一之二》记载云：

> （开宝）六年二月二十八日，翰林学士李昉权知贡举，合格进士宋准以下十一人。系下第人徐士廉打鼓论榜，诏于讲武殿重试，通放二十六人，贬试官李昉秩。御试自此始。②

一次似乎偶然的科场纷争，却引发了制度的变革，科举考试从此在省试之后加试一场，由皇帝亲自主持。其后虽曾于太宗端拱元年（988）罢

---

① "贡士"之名为古称，可作动词和名词用。《礼记·射义》云："古者天子之制，诸侯岁献贡士于天子。"贡士是西周地方诸侯向周天子荐举人才的制度，后又以之指代所荐之人，如《后汉书·左雄传》："郡国孝廉，古之贡士。"隋唐实行科举之后，贡士指通过地方解试而至京城应省试者，亦称乡贡，大致相当于明清时的举人。但唐宋贡士不能选官，其身份也不具有延续性，如果省试落第，次年还需再次参加解试，以重新取得省试的应试资格，这又与明清的举人不同。明人好用古称，故亦用贡士或乡贡进士称举人，用例繁多，不详举。（至清，贡士开始变为专指会试中式者，以与秀才、举人、进士形成四级科名，如《清史稿·选举三》："次年试举人于京师，曰会试，中式者为贡士。"在会试之后殿试之前，新进士尚未被最后确认，其身份实际上仍为举人，故用贡士称之有一定合理性，但不是所有举人皆是贡士，意义缩小了。）关于明代"贡士"一名的考辨，可参见邱近春《明代"贡士"小考》一文，《武汉大学学报》2006年第1期。

② （清）徐松辑：《宋会要辑稿·选举一之二》，中华书局1957年版，第4231页。

行殿试，但哗声随起，说明省试已不足以餍服人心，殿试已不可或缺。《文献通考》卷32《选举五》概述殿试确立之过程云：

> 国初殿试，本覆试也。唐以来，或以礼部所取未当，命中书门下详覆。至宋，艺祖、太宗重其事，故御殿覆试。至雍熙四年，宰相请如唐故事，以春官之职归有司，上从之。次年，命宋知白知举，榜出而谤议蜂起，或击登闻鼓求别试，于是再行覆试，凡得数百人。又明年，则知贡举苏易简等不敢专其事，固请御试，上从之。自此遂为定例。①

殿试施行之初，一方面，它确有公定去取，稳定人心的实际作用。如《燕翼诒谋录》卷5云："旧制，殿试皆有黜落，临时取旨，或二人取一，或三人取二，故有累经省试取中，屡摒弃于殿试者。"② 又《邵氏闻见录》卷2云："本朝自祖宗以来，进士过省赴殿试，尚有被黜者。远方寒士殿试下第，贫不能归，多致失所，有赴水而死者。"③ 这说明，殿试不是省试之后的走过场，而是确具选拔、淘汰功能的最高一级考试。另一方面，殿试是皇权在科举考试中地位加强的表现，它将举子由"座主门生"转换为"天子门生"，可以在一定程度上防止朝廷中出现因"恩出私门"而结党互争的现象。不过，出于现实利益的考虑，宋代自仁宗嘉祐二年（1057）之后，殿试便不再黜落，于是殿试的实际选拔功能丧失而皇权象征功能凸显，这一状况直至清末未有改变。④

殿试成为定制对高端功名的影响有两方面。一方面，状元获得了来自皇权的神圣加冕，光环倍增。宋代状元的荣显便远非唐代状元可比，宋太宗亲自写诗赐给吕蒙正、胡旦、陈尧叟等状元，以示嘉奖，宋真宗亲选蔡齐为状元，诏令金吾卫清道传呼以宠之（此即所谓"跨马游街"）。状元及第后，可以被立即授予优厚的官职，成为文学侍从之臣，而且往往很快就升任宰执大员。在宋代优礼文臣的政治环境中，状元更易获得朝野上下

---

① （元）马端临：《文献通考》卷32《选举五》，中华书局1986年版，第307页。
② （宋）王栐：《燕翼诒谋录》卷5，上海古籍出版社1987年影印文渊阁四库全书第407册，第751页。
③ （宋）邵伯温：《邵氏闻见录》卷2，中华书局1983年版，第14页。
④ 关于殿试不行黜落的原因，祝尚书先生有较详细的考辨，参见《宋代科举与文学考论》，大象出版社2006年版，第93—96页。

的普遍认同和追捧，其例甚多，无须枚举。另一方面，增加殿试之后便产生了"省元"（后世称为会元）的名衔。开宝六年的首次殿试基本只是省试的一次覆试，对礼部原取进士除一人被黜外，高下悉依原来次第。而开宝八年的殿试，不仅有黜落，而且名次亦有变动，"以王嗣宗为首，礼部所定合格第一人则居其四。盖自是年御试，始别为升降，始有省试、殿试之分，省元、状元之别云"①。原先省试的头名称为状元，现在则称为省元，但省元在其后的殿试中一般也能够位居前列，《文献通考》卷32《选举五》云："景德以后，多别取状元，然省元亦皆置之龟列。……仁宗时，省元亦例在前列。盖当时殿试虽曰别命试官糊名考较，然赐第之时往往亦采誉望，乃定抡魁。"② 这说明，宋代开始的糊名誊录之制主要在举子初录时起到防弊的关键作用，而在决定高端功名的升降时，则往往还要结合其他因素加以综合考察，这一录取方式有其合理性。

自此，地方一级的解试（后为乡试）、中央一级的省试（后为会试）和皇帝亲自主持的殿试（亦称廷试）成为宋代以后科举考试的主干层级，解元、省（会）元、状元成为科举功名中的高端头衔。省（会）元与状元共享全国第一的荣耀，但省（会）元没有来自朝廷的尊荣，故低状元一头。而或许值得一提的是，宋代省元中最有名的正是对明代的文章产生重大影响的欧阳修。

与考试层级的变化相应，宋代科举考试科目的变化也同样值得注意。宋代的考试科目，据《宋史·选举志一》云：

> 宋之科目，有进士，有诸科，有武举。常选之外，又有制科。……初，礼部贡举，设进士、九经、五经、开元礼、三史、三礼、三传、学究、明经、明法等科，皆秋取解，冬集礼部，春考试。合格及第者，列名放榜于尚书省。③

与唐代相比，宋代的科目体系亦有常选和制科之别，常选中又有进士和诸科之分，其新的变化有两个方面。一是，制科和常选的诸科丧失应有的体系价值。宋代制科虽然重要，但却远不及唐代发达，且时置时罢，应试者

---

① （元）马端临：《文献通考》卷30《选举三》，中华书局1986年版，第284页。
② （元）马端临：《文献通考》卷32《选举五》，中华书局1986年版，第307页。
③ （元）脱脱等：《宋史》卷155《选举一》，中华书局1977年版，第3604页。

和所取者皆不多。据聂崇岐《宋代制科考略》统计，有宋一代，御试仅22次，入等者不过41人。① 制科衰落的主要原因在于科目减少以及取法单一而僵化，制科有向常科靠拢之趋势，不能体现拔取非常之才的作用。宋代制科的名目，在太祖时有3科，真宗朝一度设置为6科，仁宗朝最多，为10科，至南宋高宗时，减少到只有"贤良方正能直言极谏"一科。科目太少，便不能广罗人才，不能发挥其鼓励士人多方面才能表现的功能。而更重要的是，制科的衡量标准也逐渐由考察应试者的识见，向考察记诵能力转变。制科策论的题目往往取自经典原句，内容多关涉名数典章，较为细碎，这就逐渐与明经科的墨义以及后来的经义无别了。宋人对此多有不满，如李焘云："盖古之所谓贤良方正者，能直言极谏而已，今则惟博习强记也，直言极谏则置而不问，甚至恶闻而讳听之。逐其末而弃其本，乃至此甚乎？此士所以莫应也。"② 朱熹亦曾批评道："至于制举，名为贤良方正，而其实但得记诵文词之士。其所投进词业，亦皆无用之空言，而程式论策，则又仅同覆射儿戏，初无益于治道，但为仕宦之捷径而已。"③ 至于宋代常选中的诸科，地位一向较进士科为低，其考试方法一般都是"帖书"和"墨义"，相当于今天的填空和默写，考察的都是记忆能力，宋人称之为"记诵"或"记问"之学。不可否认，记忆能力也是人的一种才能，但却与国家治道关系不大。神宗熙宁四年（1071），因进士科考试罢诗赋而改试经义，与诸科及明经重叠，明经等诸科遂被废罢。

二是，宋代在进士科的考试方法方面，诗赋与经义之争，最终导致经义取士占据上风，开启了明清两代八股化经义文的先河。关于北宋进士科考试的诗赋、经义之兴废，其间所牵涉的党派政治和学术文化之争相当复杂，宋人围绕此一问题的论议亦特别繁多，对此，学界已经有较多的研究成果。大体而言，熙宁以前，沿唐五代之旧，以诗赋取士，兼试论、策以及帖经、墨义。④ 熙宁时改试经义而罢诗赋，后历经元祐时的诗赋、经义

---

① 聂崇岐：《宋史丛考》，华世出版社1986年版，转引自祝尚书《宋代科举与文学考论》，大象出版社2006年版，第151—152页。

② （元）马端临：《文献通考》卷33《选举六》，中华书局1986年版，第316—317页。

③ （宋）朱熹：《晦庵先生朱文公文集》卷69《学校贡举私议》，北京图书馆2006年《中华再造善本》据宋咸淳元年建安书院刻宋元明递修本影印。

④ 《宋史》卷155《选举志一》云："凡进士，试诗、赋、论各一首，策五道，帖《论语》十帖，对《春秋》或《礼记》墨义十条。"（第3604页）。

兼收和绍圣时的罢诗赋而用经义的反复，至南宋初才定为诗赋、经义两科分立。王安石变法的其他举措逐渐被废止后，唯有科举方面的改革因符合统治阶层的根本利益而被继承下来。对于诗赋和经义取士的论争，祝尚书先生指出："双方都没有注意到社会对人才多样性的需求（比如人文科学和社会科学），没有认识到知识结构的多样化特征、文化的多层面性，更没有看到人的兴趣、爱好、能力的丰富与差异。"① 笔者认为，理学思想和政权的逐渐结合并日益强势，使道德思想的纯正这一政治要求在科举取士中压倒了其他因素，这是最终确立以经义取士并主导其后七百余年的科举考试的主要原因。

总之，宋代是中国科举史上的转折时期，这表现在：评价指标的单一化和评价标准的程式化使士人群体的知识结构逐渐失衡；考试层级的严密性、权威性逐渐拉大了功名之间的高卑差异，滋生了功名崇拜的社会心理。会元功名在这样的文化机制中产生，并在明代进一步被强化、被凸显。

第二节 明代科举的特点

明代科举，处于千余年科举发展史的鼎盛时期。在定鼎之初，朱元璋即极力推崇文治，以儒立国，但在取士方式上，朱元璋却经过了一番探索和反复。洪武三年至五年，明廷连开三年乡试，表现出汲汲求贤的热望。但因元末之士多不愿投名应试，故前几次考试的结果并不理想，"今有司所取，多后生少年，观其文词若可与有为，及试用之，能以所学措诸行事者甚寡"，朱元璋不无失望地说："朕以实心求才，而天下以虚文应朕，非朕责实求贤之意也。"② 于是朱元璋停开科举，仍以荐举、征召、监生入仕等途径来选拔所需官员，但效果均不甚理想，这说明，科举制度相对于其他官员选拔制度而言，具有相当的优越性。另外，经过十多年的教育，出生于元末或明初的年轻一代已经成长起来，对新王朝建立了较强的认同感。所以，朱元璋于洪武十七年复开科举并颁布《科举成式》，自此

---

① 祝尚书：《宋代科举与文学考论》，大象出版社2006年版，第208页。
② （明）胡广等：《明太祖实录》卷79 "洪武六年二月乙未"条，第1443页。

直至明亡，明代的科举取士之制未有动摇。明代科举继承了前代尤其是宋代科举的发展方向①，而又有自己新的特点，如将科举与完备的官学教育体系紧密结合，取士地域广泛且兼顾地区之平衡，创建了进士观政、翰林院庶吉士等见习培训制度等。这些特点保证了明代科举在相当长的时期内具有活力，为王朝各级政府部门源源不断地提供了高素质的人力资源。以下仅对其最突出的两个方面加以介绍。

一 考试体系和科名体系

关于明代科举考试的级别，学术界有三级、四级、五级等几种说法，较通行的观点认为，明代实行乡试、会试、殿试三级考试，如吴宣德《中国教育制度通史·明代卷》、王凯旋《明代科举制度考论》等均持三级说。而刘海峰先生认为"明清时期科举大体分为童生试、乡试、会试和殿试四级"②。郭培贵先生则将科考、乡试、会试、殿试和庶吉士考试并列为明代科举考试的五级体系③。笔者认为，在考试体系中是否构成一个独立的层级，主要看是否因此获得某种科名或者获得某种应试资格。基于此一认识，科名的概念便应首先加以界定。齐如山在《中国的科名》中说："（科举）造成了一项科名的阶级，由秀才到状元，共有十几种名词，这些名词既非官衔，又非功名，特别起了个名词曰科名……中国的这个科名阶级，则既非官员，又非平民，乃特殊的一种性质。"④ 齐如山未对科名概念作正面定义，只用举例法和排除法说明了它的部分内涵。翟国璋主编的《中国科举辞典》将科名解释为"经科举考试所取得之各级名次"⑤，这一释义并不准确，因为只有解元、会元、状元、传胪、经魁这

---

① 朱元璋能够在不长的时间内取得政权，一个重要的原因是，元王朝实行了不适当的民族政策，民族矛盾相当尖锐，朱元璋驱逐胡元、兴复汉民族统治的举动因而颇得人心。《明太祖实录》卷30"洪武元年二月壬子"条云："初，元世祖起自朔漠，以有天下，悉以胡俗变易中国之制，士庶咸辫发椎髻，……无复中国衣冠之旧，甚者易其姓氏为胡名，习胡语，俗化既久，恬不知怪。上久厌之，至是悉命复衣冠如唐制。……于是百有余年，胡俗悉复中国之旧矣。"（第525页）所以，在确立取士之法时，朱元璋也力求接续赵宋之脉，或者遥取汉王朝的遗意（如行荐举）。
② 刘海峰：《科举制与"科举学"》，贵州教育出版社2004年版。
③ 郭培贵：《明代科举的发展特征与启示》，《清华大学学报》2006年第6期。
④ 齐如山：《中国的科名》，辽宁教育出版社2006年版，第1页。
⑤ 翟国璋主编：《中国科举辞典》，江西教育出版社2006年版，第128页。

样的特殊名次才成为科名之一种,并非"各级名次"都是科名。

笔者认为,科名就是科举功名,虽然功名一词含有功业的内涵,而生员、举人、进士等在出仕之前都还没有建立功业,但作为社会上带有期许和艳羡意味的称呼,则未尝不可。如果要正面对科名给出定义,则大致可以说:科名是通过各级科举考试而取得的、为社会普遍认同的科举功名头衔,它不是官位,而是带有政治性、学术性、等级性的身份符号,其拥有者在政治上享有准官僚的待遇,在司法、礼仪、经济上享有相应的特权,在学术文化上具有一定造诣,读书士人取得了科名即属于士大夫阶层。①如果列举唐宋以来对科名一词的使用情况,可以看到如:

> 丽句传人口,科名立可图。(贾岛《长江集》卷7《酬胡遇》)
> 以诗赋记诵求天下之士,而无学校养成之法;以科名资历叙朝廷之位,而无官司课试之方。(王安石《临川文集》卷41《本朝百年无事劄子》)
> 襄府纪善三衢江秉心,录其先世科名并所受赐诗及行实遗文,而附以当时名胜之文有关于江氏者,为一巨册。(杨士奇《东里文集》卷3《桂岩集序》)

在明代,科名通过科举考试而获得,考试的层级决定了科名的等级,两者具有直接关联,故我们可以根据科名的内涵来判断考试的层级。为免叙述之词费,我们将明代科举考试的层级列表,见表2-1。

表 2-1　　　　　　　明代科举考试的主干层级

应试者	考试级别	主试者	考试时间	功能	备注
童生	县试	知县	每年	汰选	
	府试	知府	每年	汰选	第一名必定入学为生员
	岁考（院试）	提学官	每年	选拔生员	与生员之岁考同时举行

---

① 士大夫与绅士两个概念大致等同,都是指传统中国社会的知识阶层,又以是否任官而区分为士和大夫(绅)两层。比如生员,就属于士阶层中较低的部分,但却是四民之首。

续表

应试者	考试级别	主试者	考试时间	功能	备注
生员	日课	教官	每日或间日不等	考课	
	月考	教官	每月	考课	
	季考	提调官	季月	考课	提调官即州县守令官
	岁考	提学官	每年	考课、汰选	
	科考	提学官	乡试前	确认乡试资格	始于正统九年
生员①	乡试	朝廷委任②	子午卯酉年之八月	选拔举人	亦称秋闱、大比
举人	会试	礼部	乡试之次年二月	选拔进士③	亦称春闱、礼闱
准进士④	殿试	皇帝	乡试之次年三月	确认进士	
二、三甲进士	馆选	内阁会同吏、礼二部	殿试后	选拔庶吉士	并非每科皆选

表2-1仅列出了明代科举考试纵向的主干层级，因为贡生、监生系统尚有许多科名类别，其中有些科名亦通过考试获得，为了简化，在此不列。因此，我们以是否获得科名或上一级考试的应试资格为标准，将明代科举考试分为六个层级，即童生试、科考、乡试、会试、殿试和馆选，对应的科名为生员、举人、进士、庶吉士。其中科考和会试是为上一级考试确认应试资格的考试，其他四种是直接获得科名的考试。应该指出的是，生员是科名的起点，获得了生员的资格便算是跨入了"士"的行列而与一般平民有了区别，正如明人所云："一入庠序，便自清高。乡邻敬重，

---

① 可以参加乡试的并非所有在学的生员，而是经过科考选拔的生员，一些学者称之为"科举生员"。同时，其他杂色人等亦可参加科考，从而取得乡试资格，如《明英宗实录》卷118"正统九年秋七月丙辰"条云："上曰：'求贤之路，不宜阻塞。生员、儒士、军生，还着提督学校御史考察入试。其吏典、承差人等，礼部严切考察，果通经无过犯，俱容入试。'"（第2379页）可知，通过科考的生员只是乡试应试者的主体，此外尚有儒士等各类应试身份。

② 乡试主考官，明初俱于儒士、儒官内选聘，永乐十二年甲午科始命翰林官主试应天府及北京行部（即后之顺天府）乡试，至嘉靖六年方如两京之例，委任京官二员主试各布政司乡试。

③ 明清会试之功能可视作选拔进士，因为殿试不再黜落，会试中式便算是已中进士。另外，会试亦可视作确认殿试资格之考试，因为会试中式者若不参加殿试，仍不能称作进士。

④ 乡试中式者为举人，而举人经过殿试才成为进士，会试中式者并没有相应的名号。故明人在指称会试中式举人者时，往往仍沿用贡士之古称，但明代落第之举人也仍是贡士，这与清代以贡士专指会试中式者不同，为便于区别，在此姑以"准进士"称之。

不敢欺凌；官府优崇，不肯贱辱；差徭概州县包当，词讼各衙门存体。"①生员所享有的诸如役税豁免、司法减责等特权，正是科名身份带来的，所以，我们把获得生员科名的童生试算作考试体系中的独立一级。②

我们所关注的会元，是会试产生的榜首，但会试的功能在于进士的初选，其后的殿试不再黜落，这就使会试在考试体系中的独立性较乡试和殿试为弱。会试与殿试之间相距不到一月时间，为时甚短，殿试的庄严隆重、状元的荣耀显赫、金榜题名的哄传天下，都不免令会试有些黯然，因此，会试中式与会元科名竟不大为人所注意了。虽如齐如山所云，"以后为官之履历中，倘非翰林以上之科名，则他永远会写会元，不写进士"③，但这主要是清代的情况。在明代，会元多入翰林院，所以在明人的文集中较少提及会元这一名衔，多以"捷南宫""为南宫第一人"等代指，只是在隆万以后，为着科举用书的销路起见，书商们多在书名上冠以会元的名头，以耸动视听，如《新刻陶顾二会元类编苏长公全集》《新刻汤会元辑注国朝群英品粹》等，这些出版物主要供士子揣摩举业之用，其敲门砖的性质显而易见。可见，"会元"这一名称在非正式的、世俗化的场合才较多使用，较之状元，一般不读书的民众对会元之名或许不大知晓。

会元名声甚至不如解元，获取的难易度是其主要原因。一个读书人从童生开始，要达到最高层的进士或庶吉士，其难度之大、关口之多可想而知。清末梁启超的描述是："邑聚千数百童生，拔十数人为生员；省聚万数千生员，拔百数十人为举人；天下聚数千举人，拔百数十人为进士。复于百数十进士，拔十数人入于翰林。"④梁启超是取概数而言的，学界则有更为精确的录取率统计⑤，大致而言，明代童生进学成为生员的录取率

---

① （明）吕坤：《实政录》卷1《贡士出身》，四库全书存目丛书子部第164册，第339页。
② 在表中，我们将县试、府试和岁考逐一列出，实际上它们可以算作童生试的三个环节，因其功能是逐级选汰童生，最终产生生员。杨学为总主编的《中国考试通史》即认为："正统以后，各省设专理学政的提学官，逐渐形成包括县试、府试、院试三级考试在内的童试，层层筛选，生员录取正规化。"首都师范大学出版社2004年版，第9页。
③ 齐如山：《中国的科名》，辽宁教育出版社2006年版，第122页。
④ 梁启超：《饮冰室合集》，中华书局1989年版，第26页。
⑤ 对明代科举考试录取率的研究，参见钱茂伟《国家、科举与社会》第三章（北京图书馆出版社2004年版）、陈宝良《明代儒学生员与地方社会》第三章及附录（中国社会科学出版社2005年版）、郭培贵《明代科举各级考试的规模及其录取率》（《史学月刊》2006年第12期），笔者主要采用郭说。

在 5% 左右，科考的录取率在 10% 左右，乡试录取率在明初稍高，中期之后低至 3%—4%（即所谓的"三十取一"），会试录取率平均为 8%—9%，殿试因不再黜落，其录取率等于会试，而各科庶吉士的平均录取率为 8.5%。我们注意到，乡试的录取率不仅在各级别的录取率中最低，而且若算上科考 10% 的因素，那么生员成为举人的最终比率可能在 4‰ 上下。也就是说，中举较之中秀才和中进士都要难很多，无怪乎明代久困诸生的例子极多，如归有光、文徵明、艾南英、徐渭等都是以高才而久困于有司的。相对而言，会试的录取比率接近 10%，比中举容易许多，故当时有"金举人，银进士"之说。① 科名获取的相对困难，是解元受人重视的原因之一，解元之后再连捷于会试，则似乎是件顺理成章的事。

明代多级别、连续性的考试体系和科名体系，形成了士人群体自下而上、人数逐级递减的金字塔形的尊卑等级。等级与权益挂钩，遂形成了弥漫于整个社会的功名崇拜现象和社会心理。各种科名因其获得的难易度和稀缺度的不同，分别享有不等的获利机会。在政治权力方面，贡生、监生、举人、进士之间的差别很大，且越到明代后期这种差别越大，以至形成"非进士不入翰林，非翰林不入内阁，南北礼部尚书、侍郎及吏部右侍郎，非翰林不任"的选官惯例②，京官要职由进士居其大半。万历以后更成为定例，"州县印官以上、中为进士缺，中、下为举人缺，最下乃为贡生缺。举贡历官虽至方面，非广西、云贵不以处之"③。明人颜廷榘云："今世学校之设同，而取士之制异。所习者词章，所重者科目，故其授职进秩，岁贡士（贡生）不得与乡贡（举人）齿，乡贡不得与进士齿。其间得列于缙绅者，乡贡百而一，岁贡千而一耳。"④ 在这样的等级体制中，状元、会元、庶吉士等高端科名当然也就享有最为丰厚的政治资源、社会资源和文化资源。纵观明代会元群体，除像黄子澄、周延儒、陈名夏那样卷入激烈的政争之中而不得善终者外，其他绝大多数都是平步青云，宦途较为显达的。会元由科举精英自然地成了政治精英，进而也成为社会的文

---

① （明）顾公燮：《丹午笔记》，江苏古籍出版社 1999 年版，第 67 页。
② （清）张廷玉等：《明史》卷 70《选举志二》，中华书局 1974 年版，第 1702 页。
③ （清）顾炎武著，黄汝成集释：《日知录集释》卷 17《进士得人》，上海古籍出版社 1985 年版，第 1303 页。
④ （明）颜廷榘：《丛桂堂全集》卷 1《定兴崔明府膺台荐序》，四库全书存目丛书集部第 193 册，第 69 页。

化精英。他们是明代正统文化、精英文化的代表，在其创作中留下深刻的身份痕迹。在后面的讨论中，我们将从会元的政治身份这一视角来观照其集部创作中的某些特点。

二 科目设置和评价标准

与考试层级的纵向伸展相应，明代科举的另一特点是表现在科目种类和考评标准上的横向收缩，这可以通过三个递进的环节来说明。

首先，制科在明代完全消失，进士科一家独重，"科举"之名实际上已无科目之实。《明史·选举志》一开篇就说：

> 明制，科目为盛，卿相皆由此出，学校则储才以应科目者也。其径由学校通籍者，亦科目之亚也，外此则杂流矣。然进士、举贡、杂流三途并用，虽有畸重，无偏废也。荐举盛于国初，后因专用科目而罢。①

此中所谓的"科目"，仅指进士一科，所谓"科目为盛"并非科目众多，而是指"卿相皆由此出"的显赫而言。而直接由学校进入仕途的举贡（举人、贡生）和杂流入仕者，虽也说是"并用"，但他们在选官时与进士出身者的高下差别，可谓判若云泥。至于在唐宋时期"待非常之才"的制科一目，在明代则完全废止，稍存孑遗者有二，一是进士考试中第二场的考试内容，明末顾炎武指出：

> （宋）高宗立博学宏辞科，凡十二题，制、诰、诏、表、露布、檄、箴、铭、记、赞、颂、序，内杂出六题，分为三场，每场体制，一古一今。南渡以后，得人为盛，多至卿相翰苑者。今之第二场诏、诰、表三题，内科一道，亦是略仿此意，而苟简滥劣，至于全无典故，不知平仄者，亦皆中式，则专重初场之过也。②

明代乡、会试第二场考试诏、诰、表、判等文体，与前代制科所试略

---

① （清）张廷玉等：《明史》卷69《选举志一》，中华书局1974年版，第1675页。
② （清）顾炎武著，黄汝成集释：《日知录集释》卷16《制科》，上海古籍出版社1985年版，第1242页。

为相似，但又因明代科举特重首场的经义八股之文，致使士子们用心钻研这类文章的时间不会太多，多数考生学既不博（拘于理学），辞亦不宏（拘于八股格套），博学宏辞自然难当其称了。

另一稍具制科遗意的形式是庶吉士考选。庶吉士和进士观政制度都具有官员的岗前见习、培训性质，其创设的目的，在于弥补新科进士在实际办事能力方面的不足，是对单一科目取士的某种纠偏。但明代庶吉士久居馆阁，以文辞之业侍从君主，远不能和唐宋时制科所取各类才士相比。成化乙未科会元王鏊便说：

> 宋时两制，皆文学名天下者始应其选，虽一甲三人，亦出知外任，然后召试，欲其知民事也，其余应试，率皆一时赫然有名中外，所谓制科是也。故文学之士不至遗弃，又通知民间利病，以其曾试于外也。国家翰林侍从亦两制之类，率用高科，其余则用庶吉士，一甲三人终不外任。庶吉士者每科或选或不选，留者或多或少，国家之意本欲使之种学绩文，以为异日公卿之储。士既与此选，自可坐致清要，不复苦心于学，又不通知民事。天下以文学名者，不复得预，遗才颇多，故不若制科之为得也。制科行，人人自奋于学，以求知于上，不待督责矣。①

王鏊通过比较指出，科目设置的单一是造成"遗才颇多"的原因，虽然明代大多数文学家、史学家、哲学家、自然科学家都具有举人以上的科名，但经义文章的确不是衡量他们各方面才能的标准。在明初尤其是洪武朝的一段时间内，曾以荐举取代科举作为选官的主要途径，当时所举亦有贤良方正、聪明正直、孝弟力田、精通术数等几种名目，似乎取径较宽。不过，那是朱元璋效法前代乡举里选的用人方式而暂行的复古②，行之不久，朱元璋就认识到，对于自己的统治而言，思想的纯正和德行的忠贞远比才能的多样和高超更为重要，于是，理学的国家意识形态化便因有了最高统治者的强力推动而借由科举考试成为现实。唐宋的制举在明代便

---

① （明）王鏊：《震泽长语》卷上，影印文渊阁四库全书第867册，第203页。
② 《明太祖实录》卷106"洪武九年五月戊午"条记朱元璋与宋濂等论用人之道，宋濂进言云："'取士莫善于乡举里选，用人莫善于因能任官，任官莫善于久居不迁。古有是论，而陛下行之，得才之效，无过此矣。'上善其言。"（第1764页）

完全成为了历史。

其次,在进士科的考试内容方面,明代科举逐渐凝定于宋元以来基本定型的新儒学——理学。表2-2简要排列了宋以来进士科考试的场次和内容。

表2-2　　　　　　　北宋至明代进士科会试场次及内容

时期		第一场	第二场	第三场	第四场
宋初		诗、赋各一首	策五道	帖经、墨义	
熙宁变法后		本经义五道	论、孟义各二道	论一道	时务策三道
元祐间	经义兼诗赋进士	本经义二道,论语或孟子义一道	诗、赋各一首	论一道	子史时务策二道
	经义进士①	本经义三道,论语义一道	本经义三道,孟子义一道	论一道	子史时务策二道
绍圣后②		本经义三道,论语义一道	本经义三道,孟子义一道	论一道	子史时务策二道
建炎后	诗赋进士	诗、赋各一首	论一道	策三道	
	经义进士	本经义三道,论孟义各一道	论一道	策三道	
元	蒙古色目人	经问五条(四书内出题)	时务策一道		
	汉人南人	明经、经疑二问(四书内出题),本经义一道	古赋、诏、诰、章、表内科一道	经史时务策一道	
明	洪武三年	本经义一道,四书义一道	礼乐论、诏、诰、表、笺	经史时务策一道	面试:骑、射、书、算、律
	洪武十七年	四书义三道,本经义四道	论一道,判语五条,诏、诰、表内科一道	经史时务策五道	

(资料来源:《宋会要辑稿·选举》,《文献通考》卷31《选举考四》,《宋史》卷155《选举志一》,《元史》卷81《选举一》,王世贞《弇山堂别集》卷81《科试考一》,《明太祖实录》卷160,正德《明会典》卷77)

表2-2列出了宋代以来进士科考试的内容变化,值得注意的趋势有:(1)诗赋杂学被排除在考试范围之外,论、策等考察才学、见识的内容分量也在逐渐降低,对儒家经典的掌握成为考试的主要内容,始终被置于

---

① 经义进士要求习两经,一大经、一中经或者两大经,故本经义有两场考试。
② 绍圣后实即取消"经义兼诗赋进士"而独存"经义进士"。

第一场。(2) 经学更加专门化，士子诵习一经即可应试，知识结构日趋单一。经学研究方向也由汉、唐的章句之学向宋、明的义理之学转变。(3) 自元代开始，理学最重要的经典"四书"被提到极高的地位，在考试中的重要性超过"五经"，理学成为官方学术。

  反映在科举考试中的这些变化，实际上是理学的国家意识形态化和专制统治的日渐精密化、内在化相结合的结果。就前者而言，早期理学家们如周敦颐、邵雍、张载等注重对儒学的本体论提升，内在的修养论（内圣）是其理论中很重要的方面，而南宋后的理学家则于外在的政治论（外王）方面着力较多，这表现在对《大学》一篇的发挥上。① 朱熹以《大学》为"四书"之首，认为"学问须以《大学》为先，次《论语》，次《孟子》，次《中庸》"②，看重的是其内圣外王之道与治国理论的内在沟通。南宋真德秀作《大学衍义》，首次系统论述了理学家的治国纲领，此书成为明清帝王经筵学习的必用教材，《四库提要》誉之为"自古帝王正本澄源之道，实亦不外于此"③。可见，由于儒学本身的用世品格，儒家思想国家化的历程是其发展的必然要求，理学思想的国家化、社会化有其必然性，由"学"向"术"的转变是其自身学理发展的要求。从专制统治一方面言，政治、经济、军事高度统一的君主专制政体也要求文化思想的高度统一，实现对思想的统治乃是最高层次的专制需要，相比于严刑峻法和经济剥削而言，它更为精密和内在化，宋明理学恰好顺应和论证了这种专制的合理性合法性，因此它通过科举而迅速地被国家化。这是明代考试科目和取士标准逐渐单一的思想原因和政治原因，也是最重要的动因。

  事实上，这一历史的要求不以任何个人的意志为转移，它是一种社会思潮、氛围和惯性的力量。朱元璋作为元末的乱世枭雄，其身世、个性决定了他虽以儒治国，但并不是衷心归附，对此，其身边的儒臣多有批评和

---

  ① 周予同先生云："《中庸》别行，古已有之，惟《大学》一篇，向附《戴记》，李唐以前，未有别行之本。自宋儒性理之学兴，于是升《孟子》以配《论语》，出《学》、《庸》以别《戴记》。……朱熹承小程之学，以《四书》为其哲学上之论据，于是殚精悉虑，从事训释。"参见朱维铮编校《周予同经学史论》，上海人民出版社2010年版，第111页。
  ② （宋）朱熹：《朱子语类》卷14《大学一》，影印文渊阁四库全书第700册，第219页。
  ③ （清）永瑢等：《四库全书总目提要》卷92《大学衍义》提要，中华书局1965年版，第785页。

匡正。如朱元璋颇好释教，李仕鲁曾屡屡上疏，称："陛下建极之初，意所祈向，便为后世子孙、天下臣民标的，即奈何不崇圣学，而骛外道？"①朱元璋拒谏不纳，李仕鲁便不惜以身殉道。又如，明初科举教材尚未统一，士子所习除"四书"和本经外，还有刘向的《说苑》，这源自朱元璋个人的爱好，他认为"若《说苑》一书，刘向之所论次，多载前言往行，善善恶恶，昭然于方册之间。朕尝于暇时观之，深有劝戒"②，但年纪轻轻的解缙却进言说：

> 臣见陛下好观《说苑》、《韵府》杂书与所谓《道德经》、《心经》者，臣窃谓甚非所宜也。《说苑》出于刘向，多战国纵横之论。《韵府》出元之阴氏，抄辑秽芜，略无可采。陛下若喜其便于检阅，则愿集一二志士儒英，臣请得执笔随其后，上溯唐、虞、夏、商、周、孔，下及关、闽、濂、洛，根实精明，随事类别，勒成一经，上接经史，岂非太平制作之一端欤？③

解缙说得很分明，刘向之学不够纯正，只有关、闽、濂、洛之学才是"根实精明"的儒学正宗。儒臣们的不断"吹风"，说明理学思想对包括帝王在内的整个王朝，都具有强大的约束力量。大致到永乐年间，理学的国家化基本完成，标志之一便是《四书》《五经》《性理》三部"大全"的编纂颁布，科举教育和考试有了统一而权威的教科书和评价标准，当道者以此口径来裁量思想，判定异端。④ 相对于乃父而言，明成祖对于国家的管理虽然也不乏血腥杀戮的粗放手段，但其统治无疑更为精密和内在化了，这是理学的功效，也是科举发展的效果。

再者，思想的统一必然要求文体和语言的形式单一。明代科举在考

---

① （清）查继佐：《罪惟录》列传卷10《李仕鲁传》，浙江古籍出版社1986年版，第1579页。
② （明）胡广等：《明太祖实录》卷137"洪武十四年夏四月丙辰朔"条，第2159页。
③ （清）张廷玉等：《明史》卷147《解缙传》，中华书局1974年版，第4115—4116页。解缙为洪武丁卯江西解元，戊辰中进士，年仅十九，授监察御史，此疏为当年七月在明太祖的鼓励下所上。
④ 明代压制异端思想的事件时有发生，王学传播之后更为频繁，《万历野获编》卷25"献书被斥"条记有数则，可参看，中华书局1959年版，第633—634页。

试形式和文体标准方面也日益规范化、程式化，即由宋元时期初具格式的经义论体之文，逐渐定型为讲求结构、对偶、修辞的八股文，对文风的要求则是文理通达、平正醇厚，力戒浮辞滥藻，排斥险怪之风。对这一方面，我们在后面的论述中还将详细涉及，在此只想强调的是，文体格式和文风方面的程式化，还有其他的原因，这就是大规模的选拔考试所必然要求的客观性、标准化和可操作性。客观的标准是公正性的保证，但是客观的、可操作的考试形式和内容也必然对多样化的才能表现造成相当的限制，这一矛盾其实是带有辩证性的考试学原理。王安石以经义取代诗赋来取士并亲自创作范文多篇，但据说其暮年乃有悔意，曾云："欲变学究为秀才，不谓变秀才为学究也。"[1] 面对公平性所要求的考试文体的标准化、程式化，王安石是无奈的。换句话说，诗赋也好、经义也罢，只要将其作为衡量高下的考试文体，格式的规范就将逐渐压倒其他因素而优先发展，成为该文体的主导要素，一味批评八股文形式的僵化、单一，其实并不是公允的态度。我们不妨比较一下明廷于洪武三年和洪武十七年颁布的两份《科举成式》，后者加大了书面文字考察的题量，却取消了对骑、射、书、算、律等实际能力的面试。顾炎武认为这是"文辞增而事实废"[2]，但不要忘了，洪武六年朱元璋之所以废止科举，不正是由于后生少年只是虚应文词，多不切实用吗？怎么十一年后新订的科举法规反而取消了对实用性内容的考察呢？一个可能的解释是，这些项目的考察缺乏客观性的衡量标准，不易把握。比如"骑，观其驰骤便捷""书，观其笔画端楷""律，观其讲解详审"等，都是比较灵活的描述性评价，远比破题、承题、起讲、分股等一节节的判定标准要模糊得多。主观性的增强就有可能妨害公正性的贯彻，所以极为重视实用的朱元璋也不得不稍作变更，以保证公正性这一科举制的最大优长。面对考试规律，朱元璋和王安石一样，也是无奈的，我们对于古人应该抱有理解之同情。

由此，还可以联系到另一个问题。相对于文科举的显耀风光而言，我国的武举却有些边缘化，其原因何在？诚然，在儒家政治文化的笼罩下，历代王朝（除各别少数民族政权外）都以文（儒家思想）立国，以文官

---

[1] （宋）陈师道：《后山谈丛》卷1，影印文渊阁四库全书第1037册，第66页。

[2] （清）顾炎武著，黄汝成集释：《日知录集释》卷16《经义论策》，上海古籍出版社1985年版，第1252页。

治国，武事虽然重要但政治地位并不高，加之帝王对武将始终难免有猜忌、防范之心理，故而整个社会在价值取向上形成了重文轻武的偏向，武举自然不受重视了。但除此之外，武举的考试形式缺乏客观评价标准，恐怕也是重要的原因之一。明代武举要求应试者"先之以谋略，次之以武艺，俱求实效，不尚虚文"①，如果说骑射尚可以通过中矢数目来判定高下的话，那么更为重要的谋略又如何通过纸上的文字而见出实际的效果呢？除了文教立国的基本政策之外，武举之不兴，也有其不适应考试的一面。

以上，我们从纵向和横向两方面考察了明代科举的一些特点。纵向层级的增多拉大了科名体系的等级差别，进而影响到士人仕途的起伏升沉，而不同层级的考试均采用同样的内容和形式，又使得应试者之间具有直接的可比性，进一步加剧了功名等级对人的心理冲击。考试科目和评价标准的横向收缩，表现在剥离制科、突出程朱义理、规范文体格式三个环节，最终凝聚为八股文这一形式化的理学文本，实现了经学（理学）考试与文学写作考试的结合。纵、横两个向度的变化对应试者的思维方式、行为方式和写作方式都产生了深远的影响。明代科举的这些特点决定了明代会元群体的整体特点，换言之，会元是最能体现明代科举特点的功名群体。会元是通过全国性考试竞争（会试）而产生，因而比解元更具广泛性、级别更高；会元通过三场考试而产生，因而比状元更具全面性、更少偶然性。因此可以说，会元是明代科场竞争中的实力最强者，明代即有"会元天下之才，状元天下之福"的说法②，强调的是会元的实力和状元的幸运。基于此，会元自然成为明代八股文风的代表者，被誉为明代制义"四大家"的王鏊、钱福、唐顺之和瞿景淳③，就都是会元出身，这绝不是偶然。他们对当时科场内、外的文学风尚和文学形象（不是指文学作品中的形象，而是指文学在整个社会中发挥的功能和扮演的角色）都具有重要影响。作为科名体系中的高端群体，会元享有优厚的政治、文化资

---

① （明）胡广等：《明太祖实录》卷 22 "吴元年三月丁酉"条，第 323 页。

② （明）张朝瑞：《皇明贡举考》卷 5 "弘治九年丙辰科"，明万历刻本。

③ 关于明代八股文 "四大家"，说法每有不同，有以王鏊、钱福、唐顺之、瞿景淳为四家者，有以王鏊、唐顺之、瞿景淳、薛应旂为四家者，有以王鏊、唐顺之、归有光、胡友信为四家者。梁章钜《制义丛话》卷 12 还有 "八大家"之目，即王鏊、唐顺之、瞿景淳、薛应旂、归有光、胡友信、杨起元、汤显祖。但无论哪种说法，会元在其中均占有显要位置。

源，可以衣食无忧的进行文化活动，但又必须注意自己的政治身份。所有这些都或隐或现地体现在其创作之中，因而可以说，会元群体是科举社会的重要群体，会元别集是科举文化的典型文本。

第三节 明代会元的整体考察

有明一代277年间，共计开科取士89次①，理论上应产生89名会元，但是有两科的情况较为特殊：一是洪武三十年丁丑科，此科会试以翰林院学士刘三吾、纪善白信蹈为考试官，取宋琮等52人，殿试取陈䢿为状元。但落第举子上书说刘三吾徇情而"私其乡"，故所取皆为江南士子。朱元璋令人再于落第之卷中取文理优长者，但亦无所得，或言刘、白嘱人以陋卷进呈②，朱元璋遂亲试于廷，取任伯安等61人，皆为北方士子，又殿试取中韩克忠为状元，故丁丑科有春、夏两榜（亦称南、北榜），产生了两名状元。"夏榜"虽也经过两次考试，但任伯安等人是由朱元璋亲自审阅落第试卷所取的，且似乎也没有排名，不能算是一次独立的会试，《皇明贡举考》《皇明三元考》等明代科举专书也都未将任伯安视为会元，所以"夏榜"有状元而无会元。二是万历四十四年丙辰科，此科会试第一名沈同和的试卷乃是通过怀挟及他人代作而成，事发后沈被遣戍，代作者赵鸣阳亦被杖责和除名，《会试录》及进士题名碑上皆无沈同和之名，故此科会试无元。③ 除去这两科的特殊情况，明代科举共产生会元87名，

---

① 由于某些原因，明代乡、会、殿试的开科次数不一，实际共举行乡试90次，会试88次，殿试89次，此处姑以殿试次数作为取士次数。

② 当代研究者认为，对刘三吾"私其乡"的指控不能成立，北方士子无人登第的主要原因是南北教育水平的差距导致的科举实力悬殊。参见王凯旋《明代科举制度考论》（沈阳出版社2005年版）；郭培贵《明代科举史事编年考证》（科学出版社2008年版）。其实，朱元璋或许明知刘三吾等被诬，却仍坚持处置考官并重新录取，其出发点在于南北政治格局的均衡。这一事件对后来的会试录取分南、北卷有直接影响，实行定额录取，向教育落后地区倾斜名额，体现的是更高意义上的公平性原则，这也是明代科举的特点和创新之一。

③ 这一事件可谓明代科举史上最严重的科场舞弊案，目不识丁的沈同和居然打通层层关节，在最高一级的考试中获得榜首，可见明代的科举防弊制度虽然不断完善，但执行时仍有漏洞。

占整个明代录取进士总数 24599 人的 3.5‰①。他们因特殊的科名身份而进入我们的研究视野，所以在具体讨论他们的别集之前，有必要对他们的科第信息进行一些分析。为求醒目和突出可比性，我们通过表格的方式排列出相关信息（见表 2-3），然后再作分析。这些信息的资料来源颇为繁杂，其中主要的有《明史》《明史列传》《明书》《明史窃》《明儒学案》《列朝诗集小传》《明诗综》《明诗纪事》《国朝列卿记》《国朝献征录》《殿阁词林记》《明名臣言行录》《名山藏》《罪惟录》《续藏书》《吾学编》《皇明名臣墓铭》《皇明词林人物考》《内阁行实》《皇明三元考》《皇明贡举考》《明贡举考略》《明清进士题名碑录索引》《明代登科录汇编》《明代科举与文学编年》等，此外还参考了大量的明人笔记、别集、各地方志等，恕不一一具列。

表 2-3　　　　　　　　明代会元科第信息简表

姓 名	户籍②	生卒年	户役	学籍	本经	乡试 科次	乡试 年龄	会试 科次	会试 年龄	会试 主考官	殿试③ 名次
俞友仁	浙江杭州仁和			儒籍		易	洪武三年庚戌		洪武四年辛亥		陶凯 潘廷坚	三(26)
黄子澄	江西袁州分宜	1352—1402		监生		洪武十七年甲子(经魁)	33	洪武十八年乙丑	34	朱善 聂铉	一(3)
施显	南直苏州常熟			监生	书	洪武二十年丁卯(解元)		洪武二十一年戊辰		苏伯衡 李叔荆	二(9)
黄观	南直池州贵池	1364—1402		监生	书	洪武二十三年庚午	27	洪武二十四年辛未	28	钱宰	一(1)
彭德	陕西凤翔			监生	书	洪武十七年甲子		洪武二十七年甲戌		刘三吾	二(31)
宋琮	江西吉安泰和	1362—1437			易	洪武二十九年丙子	35	洪武三十年丁丑	36	刘三吾 白信蹈	春榜 二(6)

---

① 关于明代进士总数，各家研究者的统计数量不一，大致在 24600 人左右（不含崇祯十三年"赐特用"的 263 人），此处取郭培贵先生的统计数字，见《明代进士榜数及其进士数考辨》，《明清论丛》第 7 辑，紫禁城出版社 2006 年版。

② 进士题名中有户籍（现籍）与乡贯（祖籍）之不同，凡两者不同者，取前者即现籍作为统计信息，会元中有陈澜、蔡茂春、孙鑛、顾起元、庄际昌、曹勋等六人为此种情况，不一一注明。孙鑛现籍为锦衣卫官籍，计入北直顺天府。

③ 汉字数字表示一、二、三甲，括号内阿拉伯数字表示第几名。

第二章 会元——值得关注的科举群体

续表

姓名	户籍	生卒年	户役	学籍	本经	乡试科次	乡试年龄	会试科次	会试年龄	主考官	殿试名次
吴溥	江西抚州崇仁	1363—1426	民籍		春秋	洪武二十三年庚午	28	建文二年庚辰	38	董伦 高逊志	二(1)
杨相①	江西吉安泰和	1379—1412		监生	易	洪武二十九年丙子	18	永乐二年甲申	26	解缙 黄淮	二(1)
朱缙	江西吉安永丰			监生	易	永乐三年乙酉		永乐四年丙戌		王达 杨溥	二(1)
陈璲	浙江台州临海	1384—1465	民籍	县学生	诗	永乐六年戊子(解元)	25	永乐七年己丑	26	邹缉 徐善述	永乐九年殿试二(12)
林志	福建福州闽县	1378—1427	民籍	府学生	易	永乐九年辛卯(解元)	34	永乐十年壬辰	35	杨士奇 金幼孜	一(2)
洪英	福建福州怀安	1390—1453后	民籍	府学生	礼	永乐十二年甲午(经魁)	25	永乐十三年乙未	26	梁潜 王洪	二(11)
董璘	南直扬州高邮					永乐十五年丁酉		永乐十六年戊戌		曾棨 王英	二(3)
陈中	福建兴化莆田	1383?—1465?				永乐十八年庚子(经魁)	38	永乐十九年辛丑	39	杨士奇 周述	二(32)
叶恩	浙江台州临海					永乐十八年庚子		永乐二十二年甲辰		曾棨 余鼎	二(46)
赵鼎	浙江台州黄岩	?—1430				宣德元年丙午		宣德二年丁未		杨溥 曾棨	二(2)
陈诏	浙江处州青田	1392—1451	民籍	监生	书	永乐十八年庚子	29	宣德五年庚戌	39	王英 钱习礼	二(15)
刘哲	江西吉安万安	1395—1433	民籍	监生	易	永乐二十一年癸卯	29	宣德八年癸丑	39	黄淮 王直	二(34)

---

① （明）沈德符：《万历野获编》卷15《科场》"前甲申会元"条，中华书局1959年版，第396页。据钱习礼所作墓志云，永乐二年甲申科会元为吉水刘子钦，并引李贤《天顺日录》为证。沈氏又在此条之后列"现任大臣子弟登第"条，引据王世贞考证结果云"永乐二年甲申，会元又馆元杨相为辅臣士奇侄"。对此一矛盾，沈氏未作辨正，态度模糊。今查《明太宗实录》《皇明进士登科考》《皇明贡举考》《皇明三元考》等文献，均载是科会元为杨相，应无疑问。

续表

姓名	户籍	生卒年	户役	学籍	本经	乡试 科次	乡试 年龄	会试 科次	会试 年龄	会试 主考官	殿试 名次
刘定之	江西吉安永新	1409—1469	儒籍	县学增广生	易	宣德十年乙卯	27	正统元年丙辰	28	王直 陈循	一(3)
杨鼎	陕西西安咸宁	1410—1485	民籍	监生	易	宣德十年乙卯(解元)	26	正统四年己未	30	王直 蔺从善	一(2)
姚夔	浙江严州桐庐	1414—1473	民籍	监生	春秋	正统三年戊午(解元)	25	正统七年壬戌	29	王英 苗衷	二(6)
商辂	浙江严州淳安	1414—1486	民籍	监生	书	宣德十年乙卯(解元)	22	正统十年乙丑	32	钱习礼 马愉	一(1)
岳正	北直顺天漷县	1418—1472	军官籍	监生	书	正统三年戊午	21	正统十三年戊辰	31	高毂 杜宁	一(3)
吴汇	江西临江新喻			监生	诗	正统六年辛酉		景泰二年辛未		江渊 林文	二(1)
彭华	江西吉安安福	1432—1496	儒籍	县学增广生	春秋	景泰元年庚午	19	景泰五年甲戌	23	商辂 李绍	二(21)
夏积	江西吉安吉水	1425—天顺初	儒籍	监生	易	景泰四年癸酉(经魁)	29	天顺元年丁丑	33	薛瑄 吕原	二(20)
陈选	浙江台州临海	1429—1486	民籍	监生	礼	景泰元年庚午	22	天顺四年庚辰	32	吕原 柯潜	二(11)
陆釴	南直苏州昆山	1440—1489	军籍	卫学民生	诗	天顺三年己卯	21	天顺七年癸未	25	彭时 钱溥	天顺八年殿试一(2)
章懋	浙江金华兰溪	1436—1522	民籍	监生	易	天顺六年壬午(经魁)	27	成化二年丙戌	31	刘定之 万安	二(17)
费訚	南直镇江丹徒	1436—1493	民籍	监生	书	天顺六年壬午	27	成化五年己丑	34	刘珝 刘吉	二(2)
吴宽	南直苏州长洲	1435—1504	匠籍	监生	书	成化四年戊子(经魁)	34	成化八年壬辰	38	万安 江朝宗	一(1)
王鏊	南直苏州吴县	1450—1524	民籍	府学生	诗	成化十年甲午(解元)	25	成化十一年乙未	26	徐溥 丘濬	一(3)
梁储	广东广州顺德	1451—1527	军籍	监生	诗	成化十年甲午	24	成化十四年戊戌	28	刘吉 彭华	二(1)

第二章　会元——值得关注的科举群体　　　41

续表

姓名	户籍	生卒年	户役	学籍	本经	乡试科次	乡试年龄	会试科次	会试年龄	会试主考官	殿试名次
赵宽	南直苏州吴江	1458—1506	民籍	监生	书	成化十三年丁酉	20	成化十七年辛丑	24	徐溥 王献	二(9)
储罐	南直扬州泰州	1457—1513	民籍	州学生	书	成化十九年癸卯(解元)	27	成化二十年甲辰	28	彭华 刘健	二(1)
程楷	江西饶州乐平		军籍	监生	诗	成化十年甲午		成化二十三年丁未		尹直 吴宽	二(1)
钱福	南直松江华亭	1461—1504	匠籍	监生	书	成化二十二年丙午	26	弘治三年庚戌	30	徐溥 汪谐	一(1)
汪俊	江西广信弋阳		民籍	监生	书	弘治二年己酉(解元)	22	弘治六年癸丑	26	李东阳 陆简	二(42)
陈澜	北直顺天宛平	1473—1507	民籍	府学生	易	弘治八年乙卯(经魁)	23	弘治九年丙辰	24	谢迁 王鏊	一(3)
伦文叙	广东广州南海	1467—1513	民籍	监生	易	弘治二年己酉	23	弘治十二年己未	33	李东阳 程敏政	一(1)
鲁铎	湖广承天景陵	1461—1527	民籍	监生	书	成化二十二年丙午	26	弘治十五年壬戌	42	吴宽 刘机	二(5)
董玘	浙江绍兴会稽	1483—1546	军籍	监生	易	弘治十四年辛酉(经魁)	19	弘治十八年乙丑	23	张元祯 杨廷和	一(2)
邵锐	浙江杭州仁和	1481—1537	匠籍	监生	易	弘治十四年辛酉	21	正德三年戊辰	28	王鏊 梁储	二(2)
邹守益	江西吉安安福	1491—1562	军籍	儒士	春秋	正德二年丁卯	17	正德六年辛未	21	刘忠 靳贵	一(3)
霍韬	广东广州南海	1487—1540	民籍	府学生	易	正德八年癸酉(经魁)	27	正德九年甲戌	28	梁储 毛澄	二(1)
伦以训	广东广州南海	1498—1540	民籍	儒士	易	正德八年癸酉	16	正德十二年丁丑	20	靳贵 顾清	一(2)
张治	湖广长沙茶陵	1488—1550	民籍	州学生	易	正德十一年丙子	29	正德十五年庚辰	33	石珤 李廷相	正德十六年殿试二(60)
李舜臣	山东青州乐安	1499—1559	民籍	监生	书	正德十四年己卯	21	嘉靖二年癸未	25	蒋冕 石珤	二(1)

续表

姓名	户籍	生卒年	户役	学籍	本经	乡试		会试			殿试名次
						科次	年龄	科次	年龄	主考官	
赵时春	陕西平凉	1509—1568	匠籍	府学生	诗	嘉靖元年壬午(经魁)	14	嘉靖五年丙戌	18	贾咏 董玘	二(3)
唐顺之	南直常州武进	1507—1560	民籍	府学增广生	诗	嘉靖七年戊子	22	嘉靖八年己丑	23	张璁 霍韬	二(1)
林春	南直扬州泰州	1498—1541	军籍	监生	诗	嘉靖七年戊子	31	嘉靖十一年壬辰	35	张潮 郭维藩	二(7)
许毅	南直应天上元	1504—1586	匠籍	监生	书	嘉靖四年乙酉	22	嘉靖十四年乙未	32	张璧 蔡昂	二(11)
袁炜	浙江宁波慈溪	1508—1656	民籍	县学附学生	诗	嘉靖十六年丁酉(经魁)	30	嘉靖十七年戊戌	31	顾鼎臣 张邦奇	一(3)
陆树声	南直松江华亭	1509—1605	军籍	县学生	春秋	嘉靖十九年庚子(经魁)	32	嘉靖二十年辛丑	33	温和仁 张衮	二(4)
瞿景淳	南直苏州常熟	1507—1569	匠籍	县学生	诗	嘉靖二十二年癸卯	37	嘉靖二十三年甲辰	38	张潮 江汝璧	一(2)
胡正蒙	浙江绍兴余姚	1513—1566	民籍	监生	礼	嘉靖十六年丁酉	25	嘉靖二十六年丁未	35	孙承恩 张治	一(3)
傅夏器	福建泉州南安	1509—1594	军籍	监生	易	嘉靖十年辛卯	23	嘉靖二十九年庚戌	42	张治 欧阳德	二(9)
曹大章	南直镇江金坛	1521—1575	民籍	监生	书	嘉靖二十五年丙午	26	嘉靖三十二年癸丑	33	徐阶 敖铣	一(2)
金达	江西饶州浮梁	1499—1569	民籍	县学生	书	嘉靖二十五年丙午(经魁)	48	嘉靖三十五年丙辰	58	李本 尹台	一(3)
蔡茂春	北直顺天三河	1525—?	民籍	监生	诗			嘉靖三十八年己未	35	李玑 严讷	二(1)
王锡爵	南直苏州太仓	1534—1610	民籍	监生	春秋	嘉靖三十七年戊午(经魁)	25	嘉靖四十一年壬戌	29	袁炜 董份	一(2)
陈栋	江西南昌	1527—1572	军籍	县学附学生	诗	嘉靖四十年辛酉	35	嘉靖四十四年乙丑	39	高拱 胡正蒙	一(3)
田一俊	福建延平大田	1540—1590	民籍	县学生	诗	嘉靖四十年辛酉(经魁)	22	隆庆二年戊辰	29	李春芳 殷士儋	二(3)

续表

姓名	户籍	生卒年	户役	学籍	本经	乡试科次	乡试年龄	会试科次	会试年龄	会试主考官	殿试名次
邓以赞	江西南昌新建	1542—1599	民籍	县学生	诗	隆庆元年丁卯	26	隆庆五年辛未	30	张居正 吕调阳	一(3)
孙鑛	北直顺天	1542—1613	锦衣卫官籍	监生	易	隆庆四年庚午	29	万历二年甲戌	33	吕调阳 王希烈	二(4)
冯梦祯	浙江嘉兴秀水	1548—1605	匠籍	监生	书	隆庆四年庚午	2D3	万历五年丁丑	30	张四维 申时行	二(3)
萧良有	湖广汉阳	1550—1602	民籍	监生	春秋	嘉靖四十三年甲子	15	万历八年庚辰	31	申时行 余有丁	一(2)
李廷机	福建泉州晋江	1542—1616	民籍	监生	易	隆庆四年庚午(解元)	29	万历十一年癸未	42	余有丁 许国	一(2)
袁宗道	湖广荆州公安	1560—1600	民籍		书	万历七年己卯	20	万历十四年丙戌	27	王锡爵 周子义	二(1)
陶望龄	浙江绍兴会稽	1562—1609	民籍		易	万历十三年乙酉(经魁)	24	万历十七年己丑	28	许国 王家屏	一(3)
吴默	南直苏州吴江	1557—1637	军籍		易	万历十年壬午	26	万历二十年壬辰	36	陈于陛 盛讷	二(3)
汤宾尹	南直宁国宣城	1568—崇祯初	军籍		易	万历二十二年甲午	27	万历二十三年乙未	28	张位 刘元震	一(2)
顾起元	南直应天江宁	1565—1628	民籍	监生	诗	万历二十五年丁酉	33	万历二十六年戊戌	34	沈一贯 曾朝节	一(3)
许獬	福建泉州同安	1570—1606	军籍		易	万历二十五年丁酉	28	万历二十九年辛丑	32	冯琦 曾朝节	二(2)
杨守勤	浙江宁波慈溪	1567—1620	灶籍		诗	万历二十五年丁酉(经魁)	31	万历三十二年甲辰	38	朱赓 唐文献	一(1)
施凤来	浙江嘉兴平湖	1573—1642	民籍		易	万历二十二年甲午	22	万历三十五年丁未	35	杨道宾 黄汝良	一(2)
韩敬	浙江湖州归安	1584—1640	军籍		易	万历三十七年己酉	26	万历三十八年庚戌	27	萧云举 王国	一(1)
周延儒	南直常州宜兴	1589—1643	民籍		书	万历四十年壬子	24	万历四十一年癸丑	25	叶向高 方从哲	一(1)

续表

姓名	户籍	生卒年	户役	学籍	本经	乡试 科次	乡试 年龄	会试 科次	会试 年龄	会试 主考官	殿试 名次
庄际昌	福建泉州永春	1584—1635	民籍		易	万历四十三年乙卯	32	万历四十七年己未	36	史继偕 韩爌	一(1)
刘必达	湖广承天景陵		民籍					天启二年壬戌		何宗彦 朱国祚	二(11)
华琪芳	南直常州无锡		民籍					天启五年乙丑		顾秉谦 魏广微	一(2)
曹勋	浙江嘉兴嘉善	1589—1655	民籍					崇祯元年戊辰	40	施凤来 张瑞图	二(2)
吴伟业	南直苏州太仓	1609—1671	民籍		春秋	崇祯三年庚午	21	崇祯四年辛未	22	周延儒 何如宠	一(2)
李青	南直镇江金坛		民籍					崇祯七年甲戌		温体仁 吴宗达	二(4)
吴贞启	南直常州宜兴		民籍		礼			崇祯十年丁丑		张至发 孔贞运	二(11)
杨琼芳	南直应天句容		民籍					崇祯十三年庚辰		薛国观 蔡国用	三(1)
陈名夏	南直应天溧阳	1601—1655	民籍					崇祯十六年癸未	43	陈演 魏藻德	一(3)

表 2-3 主要反映会元的科第信息，至于同样重要的会元的仕途履历，我们将在后面的章节中介绍。从表 2-3 中，我们抽绎出如下几方面指标略加分析。

一　生卒与中式之年龄

在生、卒年可考知的会元中，生年最早的为洪武十八年会元黄子澄①，生于元至正十二年（1352），明王朝建立时他 17 岁，虽身际两代，但其学其仕皆在明朝，故对朱元璋忠心可鉴，靖难之役时他以身殉旧主，

---

① 首科会元俞友仁生卒年不详，但他比黄子澄早十四年登第，子澄登第时为 34 岁，估计俞友仁登第时不会小于 20 岁，故俞应为会元中生年最早者，但具体生年已不可详考。

便是明证。黄子澄之后的会元基本上出生于明朝建国之后，所以，如果单从会元来推测，明初科举的应试者可能多为20岁左右的青年人，元代遗民很少应试，无怪乎朱元璋要感叹有司所取多后生少年，不切实用了。与此形成对比的是，在清初却有大量的明末诸生应试于新朝，元明、明清之间的这种反差所映现的文化、政治心态颇值得玩味。有意思的是，卒年最晚的会元恰为明清之际名重东南的吴伟业，他去世时已是明亡27年后的康熙十年，其会元、榜眼的功名身份带给他的既有无上的荣耀，也有无奈的纠缠和沉重的包袱，使其终生难逃身仕二姓的心理拷问。黄子澄和吴伟业，都曾以他们的科场文章赢得盛名[1]，但前者在皇室争权的动荡中刚烈而死，后者在天下易主的兴亡里苟且偷生，会元科名赋予其人生的，是不同于一般士人的政治意义。其他非正常死亡的会元如黄观、周延儒、刘必达、陈名夏等人，亦莫不如此。

生卒年资料俱全的会元有71人，他们的平均生存年龄为60.2岁。这并不算高，看来巍科和膴仕带来的优裕生活与人的寿命不成正比，政治生活的紧张不利于养生，久居林下者反而可得永年，几位长寿的会元如陈璲（82岁）、陈中（83岁）、章懋（86岁）、许毂（83岁）等皆有长期闲居林下的经历，仕途时间不长。享寿最高的会元陆树声（97岁），最是淡泊荣利之人。会元中享年最短者为杨士奇族子杨相（34岁）。

乡试年龄可考的会元共70人，平均的乡试中式年龄为25.9岁，会试年龄可考者共73人，平均的会试中式年龄为32.8岁。中举和及第最早者为嘉靖丙戌科会元赵时春（14岁中举人，18岁中进士），中举和及第最晚者为嘉靖丙辰科会元金达（48岁中举人，58岁中进士）。明代士人大致从8岁开始读书启蒙，至十一二岁开始学做八股文章，顺利的话，大约能在弱冠前后进学成为生员。[2] 如此算来，会元们大致参加了两到三次乡试即考中举人，应该算是比较幸运和具有实力的，会元的平均中式年龄（26岁中举人，33岁中进士）较整个明代举人、进士的平均中式年龄

---

[1] 黄子澄的会试元墨《天下有道，则礼乐征伐自天子出》被誉为"开国第一篇文字"，吴伟业的会试墨卷得到崇祯帝"正大博雅，足式诡靡"的褒奖。

[2] 进学成为生员的年龄因人而异，差距很大。据现有资料看，年龄普遍偏小，如商辂说："今之府、州、县学生徒，率皆八岁十岁入居其中，正系古者小学之年。"（《商文毅公疏稿》卷2《政务疏》）商氏所云可能特殊了一点。陈宝良认为明代生员进学的平均年龄约为22岁，参见《明代儒学生员与地方社会》，中国社会科学出版社2005年版，第208页。

（30岁、35岁）为小，也正说明了这一点。①会元中举和进士及第之间平均相距为7年，大约为两科会试的时间。事实上，有21位会元于中举后的次年即进士及第，有25位会元中举后4年（即后一科）进士及第，两者共计46人，占会元总数的65.7%。但也有16人是在中举10年之后才考中进士的，间隔最久者为嘉靖庚戌科会元傅夏器（23岁中举人，42岁及第），其间相距19年。

总体而言，明代会元在场屋中是较为得意的群体，中举和及第年龄的较早使他们可以有较长时间从事于科举文体之外的文学创作，因此，以诗文著名的会元，及第时一般较年轻，如陆钎（25岁）、王鏊（26岁）、赵宽（24岁）、赵时春（18岁）、唐顺之（23岁）、冯梦祯（30岁）、袁宗道（27岁）、陶望龄（28岁）、吴伟业（22岁）。但是也应指出的是，会元们从十一二岁开始学习举业作八股文章，至三十二三岁进士及第，其间有20余年时间浸淫于其中，尤其是中举之前的10余年，更是无暇他顾，长期的时文训练与实践在他们的思维习惯和语言习惯中打下了较深的烙印，对他们文学创作的影响自然不可小视。

二 出身之籍贯地域

明代进士的地域分布属于科举地理学的范畴，用计量统计的方法对此进行研究的主要有何炳棣、沈登苗、吴宣德、钱茂伟、郭培贵等先生②，但是，对于巍科人群（会元、状元、榜眼、探花、传胪、庶吉士）的地域分布研究则尚少③。笔者认为，与乡试规定各省解额数量和会试分区分卷录取不同，包括会元在内的高端功名的竞争不受地区配额的制约，是更为自由的竞争，更能体现不同区域之间在经济发展、教育规模、文化水平方面的差别。因此，会元的地域分布更少人为因素的制约，更能说明社

---

① 据刘海峰先生的研究，明代举人的平均中式年龄为30岁，进士的平均中式年龄为35岁，参见《科举考试的教育视角》，湖北教育出版社1996年版，第214页。

② 相关成果有：何炳棣《明清社会史论》第六章，哥伦比亚大学出版社1962年版；沈登苗《明清全国进士与人才的时空分布及其相互关系》，《中国文化研究》1999年第4期；吴宣德《明代进士的地理分布》，香港中文大学出版社2009年版；钱茂伟《国家、科举与社会》第七章，北京图书馆出版社2004年版；郭培贵《明史选举志考论》，中华书局2006年版。

③ 沈登苗、杜士玮：《进士、巍科人物与人才》，《科举百年》，同心出版社2006年版。郭培贵：《明代各科庶吉士数量、姓名、甲第、地理分布及其特点考述》，《文史》2007年第1期。

会、文化的某些规律性问题。

明代87位会元来自9个省（直），按人数多少排名依次为：南直隶27人，浙江19人，江西16人，福建8人，湖广5人，广东4人，北直隶4人，陕西3人，山东1人。排在前6位的直省均属于南卷地区，共有79人，占90.8%，具有绝对优势；后3个省属于北卷地区，共8人，只占9.2%，而四川、云南、广西、贵州等中卷地区在明代近三百年间竟无一人成为会元，这充分说明了江南一带科举实力之雄厚。如果再考虑到南、北、中卷各占有55%、35%、10%的进士配额，南卷地区以55%的进士配额便取得了90%的会元比例，则南方士子在高端科名竞争中的优势就更为明显了。这说明，会试实行分卷录取的配额制度确有其必要，否则，所取进士将会如会元一般向南方地区一边倒。如果分时段来看，江西在明初百年间（成化前）占有优势（此期28科会元中有10名江西籍会元）；南直隶则在后期（嘉靖七年后）优势明显（38科会元中有17名江苏籍会元），尤其是天启五年后的7科之中，有6科的会元皆为江苏人。江右在明前期的政界和明中期后的学界皆引人注目，吴中在明代中叶以后引领文采风流，都不能不说与这两地的科举教育发达有关。另一方面，我们可以将各省拥有进士和会元的数量及占总数的比例作一比较，如表2-4所示。

表2-4　　　明代各直、省进士数、会元数及占比

	南直	浙江	江西	福建	北直	山东	河南	湖广	四川	山西	陕西	广东	云南	广西	贵州
进士	3825	3433	2729	2309	1923	1698	1657	1483	1408	1105	1011	857	244	202	89
比例	15.6	14	11.1	9.4	7.8	6.9	6.7	6	5.7	4.5	4.1	3.5	1	0.8	0.36
排名	1	2	3	4	5	6	7	8	9	10	11	12	13	14	15
会元	27	19	16	8	4	1	0	5	0	0	3	4	0	0	0
比例	31	21.8	18.4	9.2	4.6	1.1	—	5.7	—	—	4	4.6	—	—	—
排名	1	2	3	4	6	9	—	5	—	—	8	6	—	—	—

（资料来源：朱保炯、谢沛霖《明清进士题名碑录索引》，上海古籍出版社1985年版）

可见，不论进士数量还是会元数量，南直隶、浙江、江西和福建都居前四，这是明代科举人文最盛的地区。云南、广西和贵州都居后三，是科举相对落后的地区。值得注意的是，进士数排名第6的山东，却只有1名会元，排在第9（在产生会元的省份中居最末一名），河南、四川进士数亦不少，但无一会元，这可能说明当地科举教育基数虽大，但质量稍低。

而进士数排名靠后的广东（第12）却拥有4名会元，位居第6，说明该省科举质量较高，其中伦文叙、伦以训父子占有两席，科举家族之因素不容小视。如果再精确到府、州一级地区进行统计，可列出表2-5。

表2-5　　　　　　　　　明代会元所属府州分布表

苏州	吉安	应天	常州	台州	泉州	顺天	广州	嘉兴	扬州	绍兴	镇江	福州
9	8	4	4	4	4	4	4	3	3	3	3	2
杭州	严州	承天	饶州	宁波	南昌	松江	袁州	池州	凤翔	抚州	兴化	处州
2	2	2	2	2	2	2	1	1	1	1	1	1
西安	临江	金华	广信	长沙	青州	平凉	汉阳	荆州	宁国	湖州	延平	总计
1	1	1	1	1	1	1	1	1	1	1	1	87

可见，全国共有38个府（州）产生了会元，其中江苏苏州府（9人）和江西吉安府（8人）占有绝对优势，据何炳棣先生的统计，苏州和吉安两府在明代共产生进士970人和1020人[①]，则两府进士中的会元比例达9.3‰和7.8‰，这是相当高的。会元中较知名者如刘定之、王鏊、吴宽、赵宽、瞿景淳、吴伟业、邹守益等均出自这两个地区。

总体而言，明代会元的地域分布特点与进士的地域分布趋同，但由于没有配额的人为限制，更为突出地说明了科举中心与教育中心、人才中心、文化中心的高度叠合。这充分表明，科举制度的人才选拔功能是不容忽视的，在科举发达的地区，成才的机会远远大于其他地区，我们对科举教育和科举考试不应抱有偏见。

三　科第名次与所习经典

会元的科第信息，我们关注两个方面，首先是会元的乡试和殿试的名次特点。在87位会元中，有10人为解元出身，占11.5%，如果再算上经魁17人（乡试前五名，于五经内各取一人居之，称五经魁，头名为解元，经魁的实力和荣耀仅次于解元），则有多达27位会元曾名列各省考试的前茅，比例高达31%。这说明：（1）解元和经魁较易在会试中连捷，

[①]　何炳棣：《明清进士与东南人文》，《中国东南地区人才问题国际研讨会论文集》，浙江大学出版社1993年版。

科举并非"无凭"。解元和经魁的确是考试中的佼佼者，会试也的确是按照比较客观的卷面水平择优录取的。这与当今高考中，各省文、理科的头名主要被北大、清华等名校所录取具有相似性。（2）解元和经魁已经取得的文名亦有可能对其后的会试录取产生潜在的积极影响。比如，会试考官可能曾经读过解元的文章，对其文风有一定了解。此外，前文已经提到，在巍科名次的定夺方面，弥封之制可能执行得并不太严密，以此弥补单纯以卷面取人的不足①，这也有利于解元的连捷。如唐寅为江南才子，成为应天府解元后，声名更盛，以至唐寅本人亦将进士功名视作囊中之物。唐寅固然以自负著称，但也未尝没有舆论的声势在其中起一定的作用。

再看会元的殿试名次。会元为状元者有 9 人，占 10.3%，为一甲者（含状元）有 37 人，占 42.5%（在清代，这一比例只有 19.6%），为传胪者（二甲 1 名和三甲 1 名）有 13 人，占 14.9%。后两项合计即为会元在殿试中获得巍科的情况，其比例竟高达 57.5%，这亦印证了我们上面的两点结论。不过，由于状元的产生还受到更多卷面之外的其他因素的影响，故会元连中状元者较解元、经魁连中会元者为少，有几位会元本已拟定为状元，后因他故未果。② 一个值得注意的现象是，会元连中状元的情况较为集中地出现在万历后期，即有万历三十二年杨守勤、三十八年韩敬、四十一年周延儒、四十七年庄际昌登 4 人都是由会元连中状元，几乎是连续地出现，如果算上万历三十五年的施凤来（榜眼），则这几科的殿试在前几名的排列上，竟可以说是走过场而已。个中原因可能是，万历中期明神宗因在立储问题上与文臣关系紧张，长期以怠政相报复，万历二十九年被迫立储后尤甚。于是，殿试可能只是具文而已，殿试读卷官照例由

---

① 这可能只是不成文的做法，但确实存在。如正德初焦芳、刘宇之子中式，嘉靖间翟銮之子中式，万历初张居正二子中式等，都是影响较大的例子，其他见于史料记载的尚多。

② 明代状元的产生不乏人为甚至偶然性因素的介入。最不可思议的如永乐十九年辛丑科"廷试卷已拟（刘矩）状元矣，上梦鹤止殿上，翌日检卷得曾鹤龄，遂为第一，矩第二"（《皇明三元考》卷 2）。又如嘉靖二十三年甲辰科"读卷官已定吴情第一……上曰：'无情岂宜居第一？'遂置第三。而因殿旙结'雷'字，乃拔秦鸣雷云"（《皇明三元考》卷 11）。会元本拟状元而不终得者，如袁炜"廷试卷呈上览，已批第一，中言边将事过直，文华读卷后，易置第三"（吕本撰《袁公墓志铭》）；又"万历庚辰，申文定时行主会试，立限字令以正文体，得（萧）良有为第一。是时江陵当国，大珰冯保欲以状元私其子，时行争之不能得，殿试读卷置良有一甲二名，江陵子懋修竟元矣"（乾隆《汉阳县志》卷 20）。

内阁辅臣担任,他们亦曾主持会试工作,其所取的会元成为状元也就不足奇怪了。此一时期科场文风的险怪、衰敝,科场管理的混乱,所取会元的平庸,在整个明代科举史上都跌到了低谷,冯梦祯、袁宗道、陶望龄、汤宾尹、顾起元等人的别集中对此都有所反映。

其次,我们关注会元所习五经的特点。自北宋熙宁变法之后,虽以经义取代诗赋为取士之常法,但国家考试并没有促进经学本身的发展,士人为应考所准备的儒家经典基本上被专一化、单一化,通经者越来越少。相反,理学成为官方意识形态后,"四书"的地位实际上已超过"五经",在科考中占有明显优势,明代更将"四书文"作为衡量士子高下的主要考试标准。不过,孔子及《五经》仍然是门面上的招牌,故专习一经仍是士子必不可少的应试科目。从可以考知的会元习经情况来看,习《易》者人数最多,有27人,占35.5%;习《书》者20人,占26.3%;习《诗》者17人,占22.4%;习《春秋》者8人,占10.5%;习《礼记》者则最少,仅有4人,占5.3%。需要说明的是,由于阅卷方式的原因,会元所习各经的人数比例有一定的特殊性。会试采用分房阅卷,会元一般在各房的首卷中产生,故各房首卷皆有同等机会成为会元,从理论上说,房数多的经典出现会元的概率便大,会元中研习《易》经的人数特多,便是由于《易》经房数较多之故,而一直与《易》经房数基本相同的《诗》经房的会元却比《易》房少了13个百分点,这可能是因为统计数据不全之故(我们只考知了76名会元的习经信息),如统计更多的样本,可能会修正某些数值,但总体的格局不会相差太大。① 明代会试各经房数代有变化,所谓"十八房"是万历十四年形成的,此后亦有增减。② 房数反映了考生习经的人数差异,而每房都规定相同的录取比率,故会元中各经的人数比基本可以反映明代举子习经的选择倾向。我们根据现存的明代各科《登科录》抽样统计了明代进士习经的情况(表2-6),总体来看,习《易》《诗》《书》三经的人数最多,习《易》者尤多,而习《春秋》

---

① 经过统计明代89科殿试中鼎甲进士的习经情况发现,在可考知的202人中(鼎甲共计267人),习《易》者52人(25.7%),习《书》者56人(27.7%),习《诗》者54人(26.7%),习《礼》和习《春秋》者各20人(9.9%)。殿试不再分房阅卷,排除了这一因素,一甲进士中《诗》《书》《易》的比例便基本趋同了。

② 明代会试的房数变化参见顾炎武《日知录》卷16《十八房》,另外吴宣德《中国教育制度通史·明代卷》(山东教育出版社2000年版,第480页),亦有相关统计表。

《礼记》者最少。

表2-6 明代进士科举习经情况抽样统计

科次	各经研习人数及比例										人数总计
	易		书		诗		春秋		礼		
	人数	比例(%)	人数	比例(%)	人数	比例(%)	人数	比例(%)	人数	比例(%)	
洪武四年辛亥科	19	16.1	24	20.3	29	24.6	39	33.1	7	5.9	118
宣德五年庚戌科	21	21	31	31	24	24	12	12	12	12	100
正统十年乙丑科	26	17.3	45	30	41	27.3	19	12.7	19	12.7	150
景泰五年甲戌科	65	18.9	105	30.5	99	28.8	38	11	37	10.8	344
天顺八年甲申科	46	18.6	74	30	77	31.2	26	10.5	24	9.7	247
成化十一年乙未科	59	19.7	81	27	105	35	28	9.3	27	9	300
弘治三年庚戌科	66	22.2	76	25.6	107	36	24	8.0	24	8	297
弘治十五年壬戌科	74	24.9	71	23.9	110	37	21	7.1	21	7.1	297
嘉靖八年己丑科	88	27.2	70	21.7	118	36.5	26	8.0	21	6.5	323
嘉靖二十三年甲辰科	91	29.2	65	20.8	112	35.9	26	8.3	18	5.8	312
嘉靖四十四年乙丑科	121	31.1	78	20	140	26	29	7.5	21	5.4	389
万历十四年丙戌科	108	30.9	72	20.6	121	34.6	27	7.7	22	6.3	350
万历四十七年己未科	106	30.5	72	20.7	120	34.6	27	7.8	22	6.3	347
总人数及比例	890	24.9	864	24.2	1203	33.7	342	9.6	275	7.7	3574

值得探讨的是，为何专攻《易》《诗》《书》三经的人数要高于其他两经？这恐怕与明代经学的发展状况有关。明代虽以经义取士，但并没有促进经学的发展。官方颁布了统一的经典传注，规定了严格的阐释角度和立场，采取政治高压和功名利诱的手段消泯异端，故明儒既无汉儒那样的学术功力，亦无宋儒那样的疑经勇气。于是，明人便只剩下株守宋元遗说的条件和能力，思想也便愈益迂腐卑弱了。成化间，庄昶便感叹："杨墨之害，甚于申韩；佛老之害，过于杨墨；科举之学，其害甚于杨墨、佛老。"① 嘉靖间，杨慎形容当时的情形说："宋人曰是，今人亦曰是；宋人曰非，今人亦曰非。高者谈性命，祖宋人之语录；卑者习举业，抄宋人之

---

① （清）黄宗羲：《明儒学案》卷45，中华书局2008年版，第1081页。

策论。"① 明末顾炎武更愤激地指斥"八股行而古学弃,《大全》出而经说亡"②,皮锡瑞则从经学史的角度称明代为经学之"极衰时代"③。既然只能转述,那么,宋儒尤其是朱熹的经典研究成果便主导了明人研习经典的选择倾向。在"五经"中,程、朱用功最多的是《易》《诗》二经,程颐著《伊川易传》,朱熹著《周易本义》《易学启蒙》,两人对《易》学不乏新见,如程颐主张义理而朱熹则欲合义理与图书两派为一。至于《诗》,朱熹用功尤甚、心得尤多,仅次于他对"四书"的研究,其《诗序辩说》《诗集传》影响深远,元代诸儒都以此为依归。永乐间胡广辑《诗经大全》,所依据的元儒刘瑾《诗传通释》,即本于朱《传》。而对于《书》经,朱熹虽无专门著述,但其弟子蔡沉的《书经集传》乃祖述师说而成,亦被《五经大全》奉为功令。对于举业之学而言,程、朱发挥较多的《易》《诗》《书》三经是便于上手的,故而选择这几部经典的人自然就多,嘉靖首科会元李舜臣对此的描述是:"余年十二三时,先大夫议所读经,忆为三字,入覆皿中,默祷于庭,曰'《易》、《诗》、《书》,惟吾所当为'。手焚香,探得'书'字,余盖用《书》叨举进士。"④《春秋》和《礼记》两经的情况恰恰相反,这两部经典都较为难治,二者重在史实和典章制度的考辨,均不是凭借空疏学风所可把握的。在唐宋明经科考试中有大、中、小经之分,《礼记》和《春秋左氏传》均为大经⑤,其难度可知。朱熹于《春秋》无所发挥,他曾说:"《春秋》义例,时亦窥其一二大者,而终不能有以自信于其心,以故未尝敢辄措一词于其间。"⑥ 于《三礼》,朱熹更重视《仪礼》,以之为本经,而认为《礼记》乃为其枝叶⑦,只抽取《大学》《中庸》两篇入"四书",此外亦无所

---

① (明)杨慎:《升庵集》卷52《文字之衰》,影印文渊阁四库全书第1270册,第447页。
② (清)顾炎武著,黄汝成集释:《日知录集释》卷18《书传会选》,上海古籍出版社1985年版,第1390页。
③ (清)皮锡瑞著,周予同注释:《经学历史》,中华书局2004年版,第210页。
④ (明)李舜臣:《愚谷集》卷6《四经读自序》,影印文渊阁四库全书第1273册,第710页。
⑤ (元)马端临:《文献通考》卷41《学校考二》,中华书局1986年版,第393页。
⑥ (宋)朱熹:《晦庵集》卷82《书临漳所刊四经后》,影印文渊阁四库全书第1145册,第714页。
⑦ (宋)朱熹:《御纂朱子全书》卷38《论考礼纲领》,影印文渊阁四库全书第721册,第135页。

发挥。

明人习经既以宋儒为准的，反映到举业上便是求易避难，陈陈相因者居多，程朱诸儒发挥得少的经典，便难于措手了。此一倾向自明初即已形成，朱元璋注意到"近诸生专治他经者众，至于《春秋》，鲜有明之"，为此他专门要求国子生习读《春秋》，"以求圣人大经大法，他日为政临民，庶乎有本"①。但事实上无济于事，从表2—6的统计可见，洪武四年辛亥科进士中习《春秋》者尚占33%，到宣德五年庚戌科，这一比例已下降到12%，此后人数继续减少，至明中期大概稳定在7%—8%。习《礼》的人数则一直不多，平均只有7%左右。另一方面，受青睐的经典也没有因研习人数的众多而促进其本身学术研究的发展，治《易》经的万历乙未科会元汤宾尹就深有体会地说："今举业之家以书义（指四书义，引者按）行者病其太多，以经义（指五经义）行者绝寡……能治经者十不一也，以经名家者百不一也。以《易》名家者十百不一也。……余特为治《易》者创一说曰：以《易》治《易》莫《易》难，以举业治《易》莫《易》易。"② 汤氏明确地划分了对待经典的两种态度——学术研究的态度和举业功利的态度，大批举子选择经典的出发点无疑是后者，所谓"以举业治《易》"，当指按照程朱传注亦步亦趋地说解经典，所以治《易》者虽多，《易》学却反而衰弱了。顾炎武"八股行而古学弃，《大全》出而经说亡"的批评虽不免口气偏激，但识见却是深刻的。

会元作为知识阶层中的佼佼者，虽不至于太过于寡陋，但亦难以自外于时代文化的大格局。著录于《明史·艺文志》经部的著述中，会元之作只有李廷机、汤宾尹、唐顺之、岳正、袁宗道、吴默、程楷、王锡爵、章懋、顾起元10人的14部著述共计90卷，建树寥寥。总体来看，明代会元的经部、史部和子部的著述都不多，他们存留的文字主要还是表现为集部之书。

---

① （明）胡广等：《明太祖实录》卷239"洪武二十八年秋七月戊午"条，第3482页。
② （明）汤宾尹：《睡庵稿》卷3《韦编翼引》，北京出版社2000年版四库禁毁书丛刊集部第63册，第57页。

第三章

会元别集存佚考

摸清家底，熟悉对象，是研究工作的基础。明代会元——这些曾经名动一时的科举佼佼者的文字，究竟还有多少存留于世间？它们产生于何时，又经过了怎样的流传过程？这是我们首先要了解和解决的问题。

我们综合考虑明代文学与明代科举两个方面的因素并适当尊重惯例，将87位会元按照登第年代分为明前期（洪武至天顺朝）、明中期（成化至嘉靖朝）和明后期（隆庆至崇祯朝）三个阶段，分别对每一阶段会元别集的存佚、版本情况加以考述。需要说明的是，本部分所考述的版本以明刊本为主，清刊本亦有涉及，至于今人整理本一则不多，二则较易见，故一般只作简单介绍。各本根据条件尽量搜索原书或影印本，条件不具备者辅以其他资料。

第一节 明前期会元别集

从洪武至天顺朝共97年，明王朝共开科29次，产生会元28名（洪武三十年"夏榜"无会元），其中有集见存者为黄子澄、黄观、吴溥、林志、刘定之、姚夔、商辂、岳正、彭华、陈选、陆钶11人，有集见于著录而不存者为施显、杨相、陈璲、洪英、董璘、陈中、叶恩、陈诏、杨鼎、吴汇10人，无集可考者为俞友仁、彭德、宋琮、朱缙、赵鼎、刘哲、夏积7人，今考述见存会元别集如下。

一 黄子澄

子澄名湜，以字行，江西分宜人，洪武十八年会元、探花。及第后授翰林院编修，侍读东宫，累官至太常寺卿。建文帝即位，兼翰林学士，与齐泰等力主削藩。靖难役起，子澄为建文帝主要谋臣。成祖即位，不屈死，年五十一，族诛。终明之世，未予褒奖，直至南明弘光初，方追赠子澄为礼部尚书，谥节愍。乾隆四十一年，清廷诏赐黄子澄为忠愍公。

黄子澄诗文流传极少，主要原因当是朱棣高压厉禁所致，《明诗综》《明诗纪事》均只录其诗作一首，朱彝尊感叹："方（孝孺）、练（子宁）集已盛行，惟太常文章泯灭，单词片语流落人间。"① 可见，除传播受禁外，黄氏所作本就不如方、练等人为多。

今日可见的黄子澄别集为清人辑本，由光绪间江西分宜人袁玉麟搜集散乱而成，题为《黄忠愍公遗稿》，二卷，共收黄子澄古今体诗14首，古文2篇，制义2篇。袁氏另辑录同乡卢肇之集，将之与黄集合刻为《卢黄合编》。此编初印本不可见，今有民国谢寿如重印本，藏于江西宜春市图书馆。

二 黄观

观字澜伯，一字尚宾，安徽贵池人，初从母姓许，后复姓黄。以会、状二元授修撰，累迁至礼部侍郎，建文朝为侍中，与方孝孺等并见亲用。靖难之役中，黄观募兵于安庆，闻变，投江死国，妻女亦随之殉节。南明福王时，谥文贞。

黄观原有诗文集，见于明人记载的有郁衮《革除遗忠录》卷下、黄佐《革除遗事》卷4、朱国桢《皇明逊国臣记》卷2、查继佐《罪惟录》列传卷之12，皆云有集藏于泰州储罐家，后佚失不传，大概的确是由于储罐无子，家中旧藏遂至散失。黄观遗稿自此辗转残存于诸杂史之中，依先后为序，保存黄观作品的主要有：弘正间孙溥所编《阐幽录》②，隆庆末钟縠所编《显忠录》，明末刘诚所编《三忠录》，康熙三十一年柯良士所编《黄文贞公忠节纪略》。这些杂史均非专录诗文，而是以纪事为主，诗文为证。

今可见的黄观别集早非明清原本，而是民国七年胡子正据杂史野闻辑录刻印的《黄侍中遗集》，此集以光绪间刘瑞芬重刻之《忠节纪略》为基础辑录增订而成，虽为七卷，实际上黄观本人的作品只有卷2的"遗文"7篇

---

① （清）朱彝尊：《明诗综》卷18，影印文渊阁四库全书第1459册，第516页。
② 孙溥于弘治十八年作《阐幽录序》，而储罐卒于正德八年，可见孙录并非据储氏家藏本所编。

和卷3的"遗诗"19首而已，其余五卷皆为他人所作传赞、祭文、杂述、挽诗之类，搜罗尚称完备，研讨黄氏其人其作，此集可为主要资料。

三 吴溥

溥字德润，号古崖，江西崇仁人，理学家吴与弼之父。早年卒业太学，奉诏宣谕武臣于云南，校阅军士于福建。登第后，授编修，晋修撰，与修《太祖实录》，任《永乐大典》副总裁，升国子司业，在太学任职近20年，造士甚多，为诸生楷范。后卒于官，家贫，竟无以为敛，可见其清廉。

吴溥有集名为《古崖先生集》八卷，明刻本，每半页11行20字，黑口，四周双边，双黑鱼尾，卷端题"盱江张光启编集"，无序跋，现藏国家图书馆。从其行款可判断为明早期版本，《千顷堂书目》卷18、《国史经籍志》卷5皆著录为"古崖集一卷"，不知是否即此本，抑或另有文集为一卷者。

四 林志

志字尚默，号蔀斋、见一居士，福建福州人。以榜眼授编修，升修撰，与修《四书五经大全》《性理大全》《古今名臣奏议》，曾两度为京闱考试官。以劳绩擢为侍读，寻转右春坊右谕德，宣德初卒于官。

林志之集今存抄本和刻本各一。刻本题《续刻蔀斋公文集》十五卷，万历五年林□华活字本，每半页11行21字，白口，四周单边，单线鱼尾，有正统八年王用盛序、万历丁丑（五年）林□华序，现藏美国普林斯顿大学葛思德图书馆。《千顷堂书目》《明史·艺文志》所著录的即此刻本。抄本为《蔀斋先生文集》十二卷，本为天一阁旧藏，今归上海图书馆，仅存卷5至卷8，为蓝丝阑抄本，每页10行30字。据清范邦甸等编《天一阁书目》卷4引此本卷首正德五年林志曾孙林士昭序云："是集……原稿五十卷，大父助教公（指林志之子林云瀚，引者按）珍藏，尝欲板行，顾力有未逮。至正统八年春，巡按御史张处告恐散佚失传，特命四庠掌教先生选校其中深古者，录得三分之一绣梓。迄今七十余年，版遭朽落，得者亦鲜矣，兹以寻得旧本补完十二。"[①] 由此可知，林志之集

[①] 林夕主编：《中国历代著名藏书家书目汇刊》（明清卷）第3册，商务印书馆2005年版，第507页。

初刻于正统八年，有王用盛序，可能为十二卷，万历五年刻本之所以题为"续刻"，大概即因为有此本之故，万历本所续三卷为行状、挽诗等。范氏天一阁所藏抄本则产生于正德五年，估计万历本亦有可能根据此抄本为底本而刻印。

五 刘定之

定之字主静，号呆斋，江西永新人。自幼异禀，能日诵数千言，入仕后历任翰林院、春坊、通政司、太常寺等官职。成化二年，以工部侍郎入阁并兼翰林院学士。刘定之谦恭质直，以捷辩之才闻名一时，居官则以清正敢言著称。《明史》谓："吕原、岳正、刘定之虽相业未优，而原之行谊，正之气概，定之之建白，咸有可称。"（卷176定之本传）刘定之的父亲刘髦是明王朝第一代学者和文学家中的佼佼者，人称"石潭先生"。刘定之秉承家学，著述甚丰，成为杨士奇之后、李东阳之前较著名的文章家之一，在当时有一定影响。其别集有如下几种。

1.《呆斋存稿》二十四卷，明弘正间刻本。每半页16行28字，黑口，四周双边，双黑鱼尾，尾间镌"存稿"，现藏国家图书馆和美国普林斯顿大学葛思德图书馆。卷首有正德癸酉（八年）李东阳序，序云："是集先生之子府通判稼刻于庐州，本巨字细，弗便翻阅，其仲子南京太常寺少卿称重刻之。时先生门下士皆散去，东阳独谢政居京邑，谨为之序。"王重民先生据此断定："此本正是'本巨字细'之本，重刻本似不应复如此。且李序系钞写，疑或为后人据重刻本移录于此者，余未见他本，故述所疑，仍著重刻本之年代。"① 我们认为，刘定之次子刘称是否曾重刻还是一个问题，因为在万历二十一年浏阳知县杨一桂曾补刻过《呆斋稿》（此本情况详后），杨一桂在卷首针对李东阳序，有按语云："此序文缘改刻而请，然籍方就梓而少卿公（指刘称）遂即世矣，其序，先生嗣孙仍藏于家，而李西涯先生集中亦已载焉。"因此，刘称的重刻本可能并未付梓，且至今亦未见传本。如果此一猜测可以成立，那么国图和葛思德图书馆的藏本当为刘稼初刻本的后印本或覆刻本，只是在卷首加上了李东阳正德八年为重刻本而写的序言。

---

① 王重民：《中国善本书提要》，上海古籍出版社1983年版，第564页。崔建英辑《明别集版本志》亦据此注明此本为"钞配"，中华书局2006年版，第671页。

2. 《呆斋前稿》十六卷《存稿》十卷《续稿》五卷，明万历二十二年浏阳知县杨一桂补刻本。每半页16行28字，黑口，四周双边，双黑鱼尾。首有李东阳原序、杨一桂小引及刘氏裔孙刘而铉所作《补刻高王父呆斋府君家存稿记》一篇。据记云，刘稼刻板原藏于家，遭嘉靖十四年（1535）火灾焚毁，遂有此补刻之举，原来拟将字体扩大，但"工费繁巨，似难卒办"，故其版式与原刻相同。与刘稼刻本相比，杨一桂补刻本之变化大致为：增补了《前稿》十六卷，其前十卷为《文安策略》，是刘定之中举前揣摩对策的习作，分为十科，每科一卷。《前稿》的十一卷至十三卷为刘氏乡、会、殿试的全套试卷。十四卷至十六卷为《周易图释》。《存稿》十卷与刘稼刻本的前十卷基本相同，首为《奏稿》，次为《代祀录》，次经筵《周易讲章》，次《宋论》，次《永新人物论》，次行状、祝文，次赋、哀辞。① 《续稿》五卷则从成化元年至五年依年编次，所收篇什亦多见于刘稼刻本。不妨推测，刘称重刻本的刊刻计划即是如此，因李东阳序中已有"或以类析，或以岁次"之语。此本现藏上海图书馆。

3. 《呆斋藏稿》六卷，明倚云馆钞本。每半页10行20字。卷1为《否泰录》，卷2为《东阁录》，卷3为《史馆录》，卷4至卷6为《内阁录》，末附《祀灶文》一篇。卷内有"弱侯""谦牧堂藏书记""礼邸珍玩"等印记，现藏国家图书馆。据《呆斋续稿》卷5《第八子名字说》可知，《藏稿》为定之晚年所述，然观此本所收《否泰录》、《史馆录》及祀灶文等，皆非晚年之作，此集非刘氏自定无疑。

4. 《刘文安公呆斋先生策略》十卷附《年谱》一卷，清刘世选刻本。每半页9行20字，白口，四周单边，白鱼尾，卷端题"男稼、称注释，元孙而铉补注，八世孙世远、进、达编辑，世选重梓"。无序跋，年谱为周荣撰。现藏上海图书馆。

5. 《十科策略笺释》十卷附《年谱》一卷，清刘作梁笺释并撰年谱，清雍正四年刘廷琨积秀堂刻本。每半页9行20字，白口，四周单边，单黑鱼尾间杂单线鱼尾。有正德癸酉李东阳序、自序及刘作梁序，刘廷琨跋。作梁、廷琨皆刘定之裔孙。

---

① 刘稼刻本笔者未目见，但傅增湘《藏园群书经眼录》卷16著录了《呆斋存稿》二十四卷的目次，可参考。中华书局1983年版，第1402页。

6. 明清两代均有将刘定之数种著述合辑为一种以刊行或指称者。如明焦竑《国史经籍志》卷5著录"刘定之呆斋集四十五卷"①，明朱睦㮮《万卷堂书目》卷4"呆斋稿四十五卷"②，清徐世昌《书髓楼藏书目》卷4"刘文安公集四十五卷，咸丰刊本"③。《四库全书》别集类存目二亦收录《呆斋集》四十五卷，《提要》云："是集前稿十六卷，存稿二十四卷……续稿五卷"，共成此数。另外，清汪宪《振绮堂书目》卷4著录刘髦、刘定之父子合集"刘石潭呆斋合集十二册"，注云："石潭存稿三卷，呆斋前稿十六卷，存稿二十四卷，续稿二十五卷（恐为'五卷'之误，引者按）。"④刘氏之作中，《宋论》《否泰录》《易经图释》等都曾单行或汇刻于各种丛书，因非集部范围，故在此不详述。

值得提出略为讨论的是，刘定之著作的卷数，各家所记略有出入，兹将有代表性的列出如表3-1：

表 3-1　　　　　　　　刘定之著述卷数一览

刘定之著述名称	商辂撰《墓志铭》⑤	彭时撰《神道碑》⑥	黄虞稷《千顷堂书目》	《明史艺文志》	周荣撰《年谱》
《易经图释》	12	12	—	3	12
《宋　　论》	3	2	—	—	3
《策　　略》	10	10	10	8	10
《呆斋前稿》	6	6	—	—	6
《呆斋存稿》	11	21	21	21	21
《呆斋续稿》	5	5	5	5	5
《呆斋藏稿》	6	6	8	—	6

从表3-1可知，我们今天所见的刘定之著作并非其创作之全部，诚

---

① （明）焦竑：《国史经籍志》，书目文献出版社1994年版，第421页。
② 林夕主编：《中国历代著名藏书家书目汇刊》（明清卷）第7册，商务印书馆2005年版，第539页。
③ 林夕主编：《中国历代著名藏书家书目汇刊》（近代卷）第17册，商务印书馆2005年版，第260页。
④ 林夕主编：《中国历代著名藏书家书目汇刊》（明清卷）第22册，商务印书馆2005年版，第92页。
⑤ （明）商辂：《商文毅公集》卷8，万历三十年刘体元刻本。
⑥ （明）焦竑辑：《国朝献征录》卷13，明万历徐鉴刻本。

如李东阳所言"今存者不过十之四五而已"。刘氏学博才高，著述涉及经史子集四部，生前又未编辑定稿，故卷次分合往往随佚作之发见而互有不同，限于闻见，姑粗述如此，俟日后耳目增广，再行补苴。

六　姚夔

夔字大章，浙江桐庐人。乡、会试皆第一，与从弟姚龙同榜中进士。历任给事中，刑部、礼部侍郎，成化初为礼部尚书。在景泰复立太子、慈懿太后祔庙礼、谏斥法王佛子等事件中颇见大节。

姚夔所作生前即有结集，去世后稿藏于家，初名《蟗蠹堆稿》。弘治间，其子姚玺刊版以行，改题作《姚文敏公遗稿》十卷附录一卷，此本每半页10行22字，白口，三黑鱼尾，左右双边，上鱼尾下镌"文敏公集"，卷端题"南京翰林院学士张元祯校正，工部主事男玺刊"。首有成化十九年万安序和弘治三年丘浚序，序后附有姚夔像赞十篇，作者为薛远、王㒜、尹旻、叶盛、胡拱辰、翁世资、刘吉、刘福、丘浚、项忠，皆为一时名流。此集十卷，先诗后文，各占其半。卷1有两页残缺，失五言古诗7首，卷末附录文章三篇，分别为商辂撰姚夔墓志铭、彭时撰姚夔神道碑及徐贯撰姚氏夫人王氏墓志铭。此本《千顷堂书目》卷19、《明史·艺文志》皆著录，《四库全书》入明别集类存目二。

姚夔为明代前中期名臣，所上奏议多有建白，故除《遗稿》末卷所载外，另有析出单行者，《千顷堂书目》卷30表奏类著录"姚文敏公奏议三十卷"，《明志》仍之。又有浙西村舍汇刊本《姚文敏公奏议补缺》一卷。①《遗稿》剔除奏议后再行刊刻者，则有光绪二十四年戊戌（1898）水明楼刊《姚文敏公集》九卷②，浙西村舍汇刊本有《姚文敏公遗稿》九卷，《丛书集成初编》第67册据此标点印行。

七　商辂

辂字弘载，一字尚质，号素庵，浙江淳安人。乡、会、廷试俱第一，是明代科举史上唯一的连中三元者。历任翰林院、春坊、太常寺等官，天顺一朝罢职家居，成化初起复原官并入阁。商辂多次任会试、廷试考试

---

① 上海图书馆编：《中国丛书综录》，上海古籍出版社1982年版，第3册，第599页。

② （清）刘承幹著录：《嘉业藏书楼书目》，林夕主编《中国历代著名藏书家书目汇刊》（近代卷）第33册，商务印书馆2005年版，第199页。

官，参与修纂官书多部，以上疏论罢西厂及议慈懿皇太后祔庙之礼而为世所重。

商辂著述最先由其子编集并藏于家，子孙什袭，题为《素庵文集》，后经兵燹，亡其十九①，因为此集未见传本，其是否付梓，无法论定。②商辂别集今可考者有以下几种。

1. 隆庆六年（1572）淳安知县郑应龄刻本。题为《商文毅公集》，十一卷，每半页10行20字，白口，四周双边。首有隆庆六年徐楚序，卷端题"后学莆田郑应龄编辑"，各卷的校正之人不一，然均为淳安儒士。据《淳安县志》，郑应龄于隆庆元年至五年任淳安知县，此集刻于其任上，竣工时郑氏已离任。

2. 万历三十年（1602）淳安知县刘体元蒐集遗佚，重刻商辂集为十卷。此本每半页10行20字，白口，四周双边，单鱼尾。有万历三十年刘体元序、金学曾序，万历三十一年吴一栻后序。各卷校人不一，商氏六世孙商之彝、商之相亦参与其事。此本虽从郑应龄本而出，但编次颇多移易，且印行较多，故易得，《四库全书》即据此本抄录。

3. 万历间韩敬求刻本。题作《商文毅公全集》，三十卷，十二册，每半页9行19字，白口，四周单边，无鱼尾。前有金学曾序、刘体元万历三十年序，目录后附商辂传记等资料多篇。首卷三行题"西吴韩敬求仲甫校"，卷2以下卷端次行均题"后学汉阳刘体元编辑"，三行题每卷校订者姓名。黄虞稷《千顷堂书目》卷19、《明史》卷99《艺文志四》皆著录有《商文毅公文集》三十二卷，《传是楼书目》亦著录三十卷，应即此本。

4. 顺治十五年（1658）刻本。张一魁编辑，六卷，每半页10行22字，白口，左右双边。有张一魁、刘健、虞世恺序，末有商氏七世孙商德协跋，另有一序未署撰人名。此本卷数虽少于明刻本，然如《精忠录序》

---

① （明）徐𤊹《红雨楼书目》卷4"明集诸家姓氏"著录"淳安商辂素庵辽远集"，可知商氏之集亦名为"辽远"。"素庵"者，为其别号通称之名。上海古籍出版社2005年版，第386页。

② 《四库全书总目提要》卷55《商文毅疏稿略》提要云："后有其孙汝颐跋，称辂素庵文集凡数十卷，两遭回禄，悉为煨烬，幸此卷独存，因锓诸梓云云"（中华书局1965年版，第497页），则《素庵集》或已部分刊刻，且商辂卒于成化末，至隆庆末郑应龄刻集时，已近百年，商氏后人若非力所不逮，当有刊刻之举。

等十多篇文章亦为明刻本所无,王昶《明词综》称"有素庵集六卷",当即此本①。现藏河南新乡市图书馆。

以上四个刻本互有出入,即如奏疏部分,隆庆本存23篇,万历本为18篇,顺治本则只有7篇,有些篇目为一本所独有,其余二本则不见。据此可知,这几种版本基本上是独自编辑的,因袭的关系不明显。商辂之词作所存甚少,但诸家之评论均颇为推崇,聊备一格。②

商辂其他著述有《商文毅疏稿》一卷,子商良臣编,《四库全书》史部诏令奏议类据天一阁抄本收入,此稿有18篇奏疏亦见于《商文毅公集》卷2、卷3,题名略有不同,其余15篇为别集所无。另有《蔗山笔麈》一卷,仅33条,杂编史事而好持异论,《四库全书》入史部史评类存目,有《学海类编》本、《丛书集成初编》本。奉敕纂修之书则有《续资治通鉴纲目》27卷,有《通鉴纲目全书》本、《资治通鉴纲目》四编合刻本。另《寰宇通志》119卷,景泰七年成书,后遭毁版,故传本极稀。

今人孙福轩以刘体元刻十卷本《商文毅公集》为底本,参校其他各本,并收入《疏稿》《蔗山笔麈》、词作、杂著等,编校为新的《商辂集》共25卷,收入《浙江文丛》,浙江古籍出版社2012年出版。

八 岳正

正字季方,号蒙泉,顺天漷县(今北京市通州区)人。进士及第后授编修,进左赞善。英宗复辟后欲用新人,以制衡曹吉祥、石亨等拥立者,遂进岳正为修撰并入阁,正终为曹、石所谮,谪戍肃州。成化初复原官,因与李贤有嫌隙,出为兴化知府。《明史》谓其"意广才疏,欲以纵横之术离散权党",其性格质直豪宕,不谙政治斗争的险恶和策略,是其失败的主因。

岳正之集名《类博稿》,初藏于家,因其无子,故由其从子岳坪收存。初次编辑刻印于成化二十二年(1486),经理其事者有门人李东阳、李经、潘辰(二李同为岳氏女婿,潘辰为其外甥女婿,三人皆岳正亲为

---

① (清)王昶:《明词综》,辽宁出版社1997年版,第18页。

② 饶宗颐、张璋主编《全明词》据《明词综》《古今词汇二编》《兰皋明词汇选》等书汇录商辂词作5首,但张仲谋先生已辨析其中4首均为苏轼之作,只有《满庭芳》(鹤径寒烟)一首较可靠。参见张仲谋《全明词采录作品考源》,《南京师范大学学报》2005年第3期。

择配)。岳正性情豪爽,不以文辞为意,往往"稿成辄弃去",加之平生谴谪流徙,宅第被夺,故所存之作只是什一而已。李东阳等人析为十卷,先由岳正同年张瓒付刻于淮安,未竟其事,后由李东阳同年陈道刻于金华①,此本为《类博稿》之初刻本,但已不存。现可见的版本有四种,依刊刻时间为:

1. 《类博稿》十卷附录二卷,嘉靖八年任庆云襄阳刻本。每半页10行20字,黑口,四周双边,双鱼尾。卷端不题撰人名氏,首有嘉靖八年己丑朱衣序,末有成化二十二年丙午李东阳跋。现藏上海师大图书馆、天津市图书馆。

2. 《类博稿》十卷,嘉靖十八年吴逵刻本。每半页9行18字,白口,四周单边。卷端题"漷县岳正",有成化丙午李东阳序、正德五年(1510)李东阳作《蒙泉公补传》和嘉靖十八年己亥吴逵序。此本国家图书馆、大连市图书馆、重庆市图书馆皆有藏,但国图藏本无序跋。

3. 《类博稿》十卷,隆庆元年徐执策莆田刻本。每半页9行20字,白口,四周双边。卷端题"巡按福建监察御史胡维新重修,福建布政使司左参政杨准编辑,兴化府知府徐绍卿校正,莆田知县徐执策篆梓",前有李东阳序、吴逵序,卷末附叶盛撰岳正《墓志铭》及李东阳撰《补传》。据《嘉靖四十四年进士登科录》,徐执策为嘉靖四十四年乙丑科三甲进士②,故其任莆田知县应在嘉、隆之间。此本日本内阁文库亦有收藏,见严绍璗编著《日藏汉籍善本书录》,但严氏著录为"杨准编,嘉靖十八年刊本"③,恐有误。

4. 《类博稿》十卷附录二卷,清吴氏绣谷亭抄本。每半页10行20字,黑格,白口,四周单边。有嘉靖己丑朱衣序。国家图书馆、南京市图书馆藏。

《四库全书》别集类所收《类博稿》乃据浙江汪汝瑮家藏本移录,凡诗二卷,文八卷,颇类嘉靖八年本,然前无序跋,诗歌亦只百余首。亦有附录二卷,首卷为诸人所撰岳正志铭、祭文及李东阳成化丙午跋,次卷为李东阳作《蒙泉公补传》及杨一清予李东阳书札一通。

---

① 参见嘉靖八年刻本《类博稿》卷首李东阳序,《"中央图书馆"善本序跋集录》(集部二),1994年,第418页。
② 陈文新、赵伯陶等:《明代科举与文学编年》,武汉大学出版社2009年版,第2460页。
③ 严绍璗:《日藏汉籍善本书录》,中华书局2007年版,第1652页。

应该稍加注意的是岳正的一些属于子部的言论，见于《类博稿》卷3，题为《杂言》，分上、下两部分，共48条，杂论阴阳五行、医卜星相之说。明代又有题作《类博杂言》和《蒙泉杂言》的单行本，前者见于《百陵学山》《学海类编》《说郛续》等丛书，后者见于《今献汇言》《说郛续》等丛书①。《明史·艺文志》著录《类博杂言》二卷，《楝亭书目》亦记有"蒙泉杂言二卷，一册"②。《四库全书》子部存目中同时著录了这两种《杂言》，但评价不同，香港中文大学朱鸿林教授对此一问题有较详细的研讨③。

岳正的其他著述，据叶盛撰《墓志铭》云尚有《经解》数卷，于岳氏生前已散失，另有《深衣纂误》一卷藏于家，未刊刻，《明史·艺文志》著录"深衣注疏一卷"，今亦不见。

九 彭华

华字彦实，江西安福人，安福彭氏家族在明代科名鼎盛，其族兄彭时为正统十三年状元。彭华自进士及第后仕宦通显，莅位馆阁30余年，多次担任科举考试官，参与修纂《寰宇通志》《续通鉴纲目》等官书，朝廷诏敕诰命亦多出其手。彭华为人"深刻多计数，善阴伺人短，与（万）安、（李）孜省比"（《明史》卷168《万安传》），与其族兄彭时相较，不啻霄壤，但其为文却"深厚严密，非仁义道德之懿不陈诸口"④，可见文如其人，亦不尽然。彭华文集付梓流传者可考如下。

1.《彭文思公文集》十卷（一名《素庵集》），弘治十六年彭礼刻本。《千顷堂书目》卷19著录，《明史·艺文志》因之。前有门人杨一清序，后有杨廉、杨循吉序。一清序谓彭氏遗文殆千篇，彭礼秉其兄"文不贵多"之训，择其十一而梓行，估计所删去者多为诰敕章疏等公文，皆是适足以见时政，不足以睹性情者。杨廉序引彭华题咏陶渊明、王昭君之七绝二首，以其不见于此集中而质疑于彭礼，彭礼谓原稿已经删去，实

---

① 上海图书馆编：《中国丛书综录》第3册，上海古籍出版社1982年版，第723页。
② 林夕主编：《中国历代著名藏书家书目汇刊》（明清卷）第15册，商务印书馆2005年版，第362页。
③ 朱鸿林：《四库提要所见盛清学术偏见一例》，《中山大学学报》2006年第4期。
④ （明）杨循吉：《彭文思公集序》，《"中央图书馆"善本序跋集录》（集部二），1994年，第435页。

则即为彭礼所删。此二绝亦见于蒋一葵《尧山堂外纪》卷85，因的确胜于集中诸作，故录于此：

> 解印归来雪鬓飘，呼童滴露写前朝。丁宁莫取江头水，恐是金陵一夜潮。(《咏陶渊明》)
>
> 抱得琵琶不忍弹，胡沙猎猎雪漫漫。晓来马上寒如许，信是将军行路难。(《题王明妃》)

后一首亦见于《明诗综》卷23，题作《明妃曲》。

2.《彭文思文集》六卷附录一卷，万历四十年彭笃福刻《彭氏二文合集》本。每半页10行24字，白口，四周单边。卷端题"六世孙笃福编辑"，前无序，后有彭笃福万历四十年作《合集后跋》。《二文合集》为彭时（谥文宪）与彭华（谥文思）别集的合刻本，共十二卷，彭华之作占六卷，较彭礼刻本又少四卷，《四库全书》所收即此六卷本，入存目类。

3.《彭文思公文集》六卷附录一卷，康熙五年彭志桢刻本。此本据彭笃福《二文合集》本重刻，每半页8行20字，白口，四周单边，无鱼尾。前无序，后有彭志桢跋。附录文字为：林瀚撰彭华行实，李东阳撰彭华墓志铭，杨一清、杨廉、王鏊撰序。王鏊序文全同杨循吉序，可能是彭志桢改题为王鏊，据以增重而已。

值得注意的是，王鏊序之后，还有一段署为"彭礼谨识"的文字，因笔者未亲见彭礼弘治刻本，不知是否为原本所有。这段题识提供了三个重要信息：一云"今梓行者仅九卷"，前杨循吉序亦云"今传者文集九卷"，那么《千顷堂书目》《明史·艺文志》作"十卷"，可能是合并附录而言之。又云"文百五十三篇，诗、词余百首"，这是弘治刻本的作品数量，而彭志桢刻本则文只有68篇，诗词80首，这一数量约占弘治刻本的半数，并非如《四库提要》所云"视原集仅十之三矣"①。末云"第恨先生以疾归田者十余岁，文集删存未经其手，可慨也夫"，由此亦可证前引七绝二首为彭礼所删，并非彭华自删。彭礼此举，实为去珠玉而存瓦石

---

① （清）永瑢等：《四库全书总目提要》卷175《彭文思集》提要，中华书局1965年版，第1559页。

也，以此概他，或者所删当不止此二绝而已。

十　陈选

选字士贤，浙江临海人。初仕授监察御史，巡按江西，尽黜贪残。后督学南雍，课士甚严，作《小学集注》以教诸生。迁河南副使改督学政，不阿汪直，进按察使。历广东左、右布政使，以忤中官被诬告，逮系赴京，至南昌卒。

陈选深孚程朱之学，立身行事甚为谨严，以此名高士林，堪称真君子。其集部之作为《陈恭愍公遗稿》，浙江省图书馆存有清抄本，不分卷，每半页9行20字，白口，无直格。周子美编《嘉业堂钞校本目录》卷4著录为二卷，恐即此本。康熙《临海县志》卷13录有陈选文章3篇，卷15录有其诗作2首，笔者因未见《遗稿》抄本，不知县志所录是否为佚作，姑待考。

十一　陆钺

钺字鼎仪，号静逸，江苏昆山人。初冒吴姓应会试，故榜姓为吴，后复陆姓。陆钺少即工诗，与太仓张泰、陆容齐名，号为"娄东三凤"。陆钺与李东阳为进士同年，交谊颇厚，两人任职也相似，故一般视其为茶陵派中人。陆钺之集名《春雨堂稿》，《千顷堂书目》著录为三十卷，《明史·艺文志》因之。此集国内不见收藏，日本尊经阁文库藏有弘治间刊蓝印本，黄仁生先生《日本现藏稀见元明文集考证与提要》有较详细的记录，概述于此。

《春雨堂稿》二十九卷《续稿》二卷，弘治间刻蓝印本。八册，每半页11行20字，注文双行，四周双边，版心蓝口，双蓝鱼尾，封面题"陆鼎仪春雨堂稿"，乃手书。卷首有李东阳弘治十六年癸亥所作序，序谓此稿系作者自辑，《续稿》为其子陆爰所编并刻印。序后附陆钺像及像赞，另有敕命、谕祭文、行状、墓铭、墓表、同年祭文祭诗多篇，均为考订陆氏生平之资料，亦可见天顺甲申科进士同年交谊之一斑。

此本前七册为《春雨堂稿》。第一册至第四册为"文集十八卷"[①]，

[①]　（清）徐乾学《传是楼书目》集部第41页著录"《春雨堂稿》十八卷四本"，当指文集而言。

所录作品依体裁编次，卷1和卷7均收有策问。第五至七册为"诗集十一卷"①，卷数自为起讫，亦分体编次。第八册为《春雨堂续稿》二卷，上卷文，下卷诗。下卷卷末有陆爰识语云："右《续稿》，乃先君自成化二十三年春二月起复北上，至弘治元年春三月末得疾止，未经手删者。"书末有弘治十七年甲子谢铎跋，可知此本约刻于弘治十七年。

在明代，另有一位与陆钶同名者，字举之，号少石，浙江鄞县人。正德十六年进士，授编修，官至山东按察副使，著有《少石集》十三卷、《病逸漫记》一卷、《贤识录》一卷、《山东通志》四十卷。两位同名者常易相混，《静志居诗话》卷11云："昆山陆鼎仪、鄞县陆举之，其名同，赐进士第二人同。一从史馆出为太常，一从史馆出为外治，适相合也。鼎仪盛有诗名，诗却平平。举之不以诗名，而诗似胜于鼎仪。"②

第二节 明中期会元别集

明代自宪宗成化至世宗嘉靖的四朝共102年，这段时期明王朝相对稳定，但也潜伏着变化和危机，文化和文学方面则从前期的刻板逐渐趋于活跃。此一时期的会元有别集存世者较多，在34名会元中，有文集存世者为章懋、吴宽、王鏊、梁储、赵宽、储巏、钱福、鲁铎、董玘、邹守益、霍韬、张治、李舜臣、赵时春、唐顺之、林春、许谷、袁炜、陆树声、瞿景淳、傅夏器、曹大章、王锡爵23人，有集见于著录者为费囯、程楷、伦文叙、邵锐、伦以训、金达6人，无集可考者只有汪俊、陈澜、胡正蒙、蔡茂春、陈栋等5人。由此可见，明中期实为明代科举与文学发展最为良好的阶段。现对存世会元别集考订如次。

一 章懋

懋字得懋，号闇然子，晚号谷滨遗老，浙江兰溪人。进士及第后以庶吉士授编修，因谏止宪宗元宵节张灯而被谪为南京大理寺评事，升福建按

---

① 严绍璗《日藏汉籍善本书录》著录《春雨堂稿》十一卷，《续稿》二卷，当指诗集而言，中华书局2007年版，第1654页。

② （清）朱彝尊：《静志居诗话》，人民文学出版社1990年版，第296页。

察佥事。任满乞归，乡居20余年。弘治末，复召为南京国子监祭酒，正德初致仕。章懋早年与罗伦、黄仲昭、庄昶并称为"翰林四谏"，为人正直而淡于仕情。居家专以读书讲学为事，是明代中期著名学者，执经问业者甚多，学者称为枫山先生，其治学一本程朱正脉，强调践履功夫。章懋虽不以文士自居而其文颇有可观者，可考知的别集版本有四种。

1.《章氏三堂集录》，不知卷数，刊本。范邦甸等编《天一阁书目》卷四之三云："明嘉靖三年，太平知府金华章蔼汇刻其伯祖大宗伯枫山章懋、父大司空元朴章拯、及族父方伯甑斋章述与兄给舍道峰章迈所著奏疏及诸体诗文也。"① 又，刘承幹《嘉业堂藏书楼书目》亦著录此本，云"枫山文集九卷，嘉靖三年刊本，八册"②，知此本为九卷无疑。这一章氏三代四人著作的合刻本今已不可见。

2.《枫山先生文集》九卷，嘉靖九年章懋门人张大轮刻本。每半页10行20字，白口，左右双边，单黑鱼尾。章懋从弟章沛（井庵居士）编辑，毛宪校正，前有嘉靖三年余祐序及嘉靖九年毛宪引。卷1为章懋廷试对策及奏疏25篇；卷2至卷3为书简79篇；卷4为杂著、说、铭、传等各体文40篇；卷5为墓志铭、祭文等27篇；卷6为墓表、行状、序等29篇；卷7为序38篇；卷8为碑记32篇；卷9为诗词、赋、赞等216首。此本在万历二十年曾补修，版式不变，每卷书题下记"五世孙翰重较补梓失页"，后刻入《金华丛书》。③

3.《枫山先生文集》九卷《语录》一卷《实纪》八卷《年谱》二卷，嘉靖九年张大轮刻、万历四十三年增修本。封面署"万历乙卯年五月后学庄起元校正章枫山文集，移清堂藏板"，其中《文集》版式仍旧。《语录》每半页9行18字，白口，四周单边，有嘉靖二十四年孔天胤序及嘉靖四十四年章接跋。④ 章接所编《实纪》每半页9行18字，白口，

---

① 林夕主编：《中国历代著名藏书家书目汇刊》（明清卷）第4册，商务印书馆2005年版，第97页。

② 林夕主编：《中国历代著名藏书家书目汇刊》（近代卷）第33册，商务印书馆2005年版，第202页。

③ 王重民：《中国善本书提要》，上海古籍出版社1983年版，第571页。

④ 《枫山语录》多从《文集》中摘出，据孔天胤序及章接跋，《枫山语录》初于嘉靖二十五年由沈伯咸（号少泉）刻于复古精舍，同时付刻的还有吴与弼、薛瑄的语录。嘉靖四十四年，《枫山语录》由章懋幼子章接再刻于扬州议政堂，后收入《金华丛书》。《四库全书》所收《枫山语录》底本为天一阁藏本，较《金华丛书》本少数条，亦无章接跋，不知是否为沈伯咸原刻。

四周单边，无鱼尾，有嘉靖十八年唐龙序。①阮鹗所撰《年谱》每半页8行20字，白口，四周双边，单黑鱼尾，有嘉靖十二年方太古序及嘉靖三十三年章接跋。此本几个部分的版式不相同，序跋时日亦不一，可知此前每一部分应都有刻本流传，庄起元所作实为校订汇刊。

4.《枫山先生文集》四卷《实纪》一卷，嘉靖二十五年义乌虞守愚刻本。每半页10行21字，白口，四周单边。有嘉靖三年余祐序、嘉靖十八年唐龙序。吉林大学、杭州大学、国家图书馆有藏，国图藏本为《四库全书》底本。此本卷1为奏疏；卷2为书简；卷3为杂著、说、铭、传、墓志铭、墓表、祭文等；卷4为序、碑记、诗等，卷数篇数均少于张大轮九卷本。傅增湘订补莫友芝《邵亭知见传本书目》卷15上著录有"枫山先生文集四卷附录一卷"，注为"左右双栏"，并云"弘治乙丑戴铣编"②，若莫氏所记为实，则四卷本编成于章懋生前，篇目卷次自然少于后来的九卷本，那么今所见的虞守愚刻四卷本或是翻刻旧本而来。《千顷堂书目》卷20亦记作"四卷，又遗文一卷"，至《明史·艺文志》方作"章懋文集，九卷"③，可知，九卷本或是在四卷本之上增益的。

二 吴宽

宽字原博，号匏翁，江苏长洲（今苏州）人。十一岁即入郡庠为生员，然不乐举业束缚而博览群籍，好为古文词。屡试应天不利，以岁贡入南监，得徐有贞、张汝弼、陈选等称赏。成化八年会试、廷试皆第一，时年已近四十。授修撰，侍孝宗于东宫，进右谕德、左庶子。预修《宪宗实录》，书成，进少詹事兼侍读学士。弘治八年擢吏部右侍郎，转左并兼翰林学士掌詹事府事，入东阁专典诰敕，侍武宗东宫。充《会典》副总裁，书成，进礼部尚书兼学士，卒于官。

吴宽是明代中期著名的文学家和书法家，与文林、沈周、王鏊、祝允明等同为吴中文人群体的重要人物，影响颇大。吴宽勤于创作，作品宏

---

① 《实纪》八卷主要为章懋生平资料。内容为：卷1龙章（诰命、敕书、谕祭文等）；卷2奏疏（乞从祠之事等）；卷3、卷4传记（姜麟、唐龙为撰）；卷5、卷6祭文、墓志铭（林俊、湛若水等撰）；卷7、卷8祠记、祠状（邵宝等撰）。

② 傅增湘订补莫友芝《邵亭知见传本书目》第4册，中华书局1993年版，第46页。

③ 《明史·艺文志》又著录章懋《诸经讲义》二卷，或即为文集卷4《易论》等5篇经论的单行本。

富，今存《匏翁家藏集》七十七卷补遗一卷，由其子吴奭于正德三年刻于长洲。此本每半页12行24字，白口，左右双边，无鱼尾。前有正德三年李东阳序、正德四年王鏊序，后有正德三年徐源后序。《千顷堂书目》卷20著录，《明史·艺文志》则记为七十八卷，或是将补遗与正集合计而得。《中国古籍善本书目》著录有徐时栋跋、丁丙跋、章钰跋、傅增湘跋等四个藏本。《四部丛刊》正编据吴奭刻本影印。

《匏翁家藏集》卷1至卷30为诗词，共计1501首；卷31至卷38为记；卷39至卷45为序；卷46为引、说、表、颂、致语等；卷47为箴、铭、赞等；卷48至卷55为题跋；卷56为祭文；卷57为杂文；卷58至卷59为行状、传等；卷60至卷77为墓志、墓表等，以上共计文章798篇。补遗为记、碑共6篇。其诗不分体，以年月先后为序，文则分体编次，同一文体内亦按时间先后为序。值得注意的是卷数问题，李东阳和王鏊的序都说诗为三十卷文四十卷，共七十卷，较刻本少七卷，四库馆臣认为："疑七十卷以上乃宽原编，而其后七卷则出奭等所附益也"①。这一猜测值得商榷，因为无论是李序还是王序以及徐源的后序，都没有只字提及吴宽生前自订其稿的事，徐源甚至说"其子中书舍人奭与其从兄奎、斋、奕蒐阅笥稿，得公手笔存录诸体，诗凡三十卷，序、记、志、说之类凡卅七卷，自题曰家藏集"，此处云序记等只有三十七卷，较李、王序所记还少三卷，而徐序作于正德三年二月，李序作于同年十月，可见卷数的差异只是吴奭等在编辑过程中不断增加新搜集到的作品的结果，正如李东阳所说"然则其散佚者，尚博而求之，以尽白于天下"。《明别集版本志》还著录有"《吴文定公诗稿》不分卷"一种，为稿本，有王世贞等多家题诗，藏国图。②

吴宽另有《皇明平吴录》一卷，记元末张士诚据吴始末，按年叙述，甚有条理。见收于《金声玉振集》《借月山房汇钞》《今献汇言》《纪录汇编》等多种丛书。

三 王鏊

鏊字济之，号守溪，江苏吴县人。在明清两代，王鏊以八股制艺擅名，习举业之人无有不知王守溪之名者。王鏊少年时随父就学于国子监，

---

① （清）永瑢等：《四库全书总目提要》卷171《家藏集》提要，中华书局1965年版，第1493页。

② 崔建英辑：《明别集版本志》，中华书局2006年版，第286页。

国学诸生当时争传其文，叶盛、陈选、陈音等皆特赏其才，许为天下士。成化十年乡试、十一年会试，王鏊皆得第一，廷试第三，授编修。弘治初，迁侍讲学士，充讲官。武宗出阁，进左谕德，再升少詹事兼侍读学士。弘治末，擢吏部右侍郎，以忧去。正德元年复起为吏部左侍郎，与韩文等请诛刘瑾等"八党"。刘健、谢迁去职后，王鏊以本官兼学士与焦芳同入阁，进户部尚书兼文渊阁大学士。数度与刘瑾争，救护正直大臣，值瑾党日炽，王鏊见无所匡正，遂乞致仕。嘉靖三年卒，年七十五。

王鏊生平著述既多且杂，见于《四库全书》者即有：《史余》一卷、《姑苏志》六十卷、《震泽编》八卷（蔡昇撰、王鏊重修）、《震泽长语》二卷、《震泽集》三十六卷、《春秋词命》三卷、《风闻言事论》一卷（附于顾清《清江家藏集》之后），《续修四库全书》又收《震泽纪闻》二卷。今只就集部著述略考如下。

1. 《震泽先生集》三十六卷，嘉靖刻本。每半页 11 行 20 字，白口，左右双边，版心上镌"赋""诗"等，鱼尾下镌"文集"及卷次，卷端不署著者名氏。有嘉靖十五年霍韬序。《邵亭知见传本书目》卷 15 上著录此本，注云："失序跋，此书雕工秀雅，白棉纸精印，为吴中佳椠，疑即其家自刊本。又见晚印本，黄纸，去此远矣。"① 国家图书馆藏本有张隽跋，南京图书馆藏本有丁丙跋，《中国古籍善本书目》著录为两种。《增订四库简明目录标注》卷 18 又著录有"明嘉靖十五年刊本三十卷"一种②，与此本卷数不合，或为两种嘉靖本，霍韬序或为三十卷本所作，后三十六卷本将之移录于卷首。因邵氏所录之本已不见，姑附记于此。

2. 《震泽先生集》三十六卷，嘉靖间刻万历间鹤来堂印本。每半页 11 行 20 字，白口，左右双边，封面题"王文恪公全集，鹤来堂藏板"。有霍韬序、董其昌序。董序署"云间后学董其昌撰"，有"董其昌""太史氏"印记，董为万历十七年进士，估计此序作于董散馆后不久。③

3. 《王文恪公集》三十六卷附《鹓音》一卷《白社诗草》一卷《名公笔记》一卷，万历震泽王氏三槐堂刻本。每半页 9 行 20 字，白口，四

---

① 傅增湘订补莫友芝《邵亭知见传本书目》，中华书局 1993 年版，第 4 册，第 48 页。

② （清）邵懿辰撰，邵章续录：《增订四库简明目录标注》，上海古籍出版社 1979 年版，第 836 页。

③ 严绍璗《日藏汉籍善本书录》著录嘉靖十五年刊本，注云："此本有万历乙丑（十七年）补刻，六册"，应即此鹤来堂印本，中华书局 2007 年版，第 1672 页。

周单边，单鱼尾，版心上镌"文恪公集"，版心下镌"三槐堂"，题为"震泽王鏊济之著，吴兴朱国桢文宁订，云间董其昌玄宰阅"。前有霍韬序、朱国桢序、董其昌序。朱序云："《震泽先生集》年深漫漶，而先生之曾孙闻溪生清风伟节，异世同符，亦著有《鹃音》、《白社》二稿，存笥未刊。玄孙文学永熙及经辈合梓之家塾。"《鹃音》和《白社诗草》为王鏊曾孙王禹声（字遵考，号闻溪生，万历十七年进士，官湖广承天府知府，与董其昌为同年进士）著，《鹃音》有万历二十七年作者自序，《诗草》有钱养廉序。《名公笔记》即《守溪笔记》，与《震泽纪闻》内容相同，实为一书。①

4.《王文恪公集》三十六卷附《鹃音》一卷《白社诗草》一卷《名公笔记》一卷，万历三槐堂刻版清印本。版式悉同上本，诸序亦同，另有金之俊序一篇。此本"玄"字、"弘"字末笔皆缺，卷端又刻入了《明史》王鏊传，可知为乾隆间印本。

今人吴建华点校王鏊的诗文集和笔记两种（《震泽长语》《震泽纪闻》），汇集为新的《王鏊集》，收入《苏州文献丛书》第2辑，由上海古籍出版社2013年出版。其中，诗文别集以嘉靖初刻本《震泽先生集》为底本，三十六卷；《震泽长语》以明陶学教刊本为底本，上下两卷；《震泽纪闻》以国图藏明末刻本为底本，上下两卷，并附以王禹声辑《续震泽纪闻》11条。

四 梁储

储字叔厚，广东顺德人。受业于同乡的理学名儒陈献章，登第后选为庶吉士，授编修，历任侍讲学士、詹事等清要之职，迁吏部侍郎、尚书，专典诰敕。刘瑾伏诛后，以吏部尚书入阁，并继杨廷和之后为首辅。嘉靖初，被劾致仕②。梁储曾侍孝宗、武宗父子两代于东宫，根基深厚，故仕途较平顺，个性亦不如杨廷和激烈，其侍奉武宗，常以柔含刚，多次以致仕、去职力谏，然终无所匡救。梁储数度主持乡、会试，并充实录总裁，又专

---

① 经比对新兴书局1977年版《笔记小说大观》所收《守溪笔记》与《借月山房汇钞》第13集所收《震泽纪闻》，前者43条中有40条见于后者，后者则有51条。

② 梁储之子梁次摅为锦衣百户，与富人争民田，愤而杀人二百余口。事发，武宗以梁储之故，仅发次摅边卫立功。后还职，累冒功至广东都指挥佥事（事见《明史》卷190）。由此可见，梁储甚得武宗宠。嘉靖初，言官弹劾储接纳权奸，持禄固宠，并非诬诘。

典诰敕，故其文可见政事，难睹性情，庙堂雅正之风过浓，其集有两种。

1.《梁文康公集》九卷，嘉靖刊本，前有嘉靖三十二年王世贞序。《千顷堂书目》卷20著录，《明史·艺文志》仍之。此本国内无传本，日本尊经阁文库见藏①。

2.《郁洲遗稿》十卷，嘉靖四十五年梁孜刻本。每半页9行18字或17字，白口，左右双边。题"郁洲梁储稿，男次挹，孙孜编辑"，有嘉靖四十五年丙寅米大韶序、黄佐序、黄衷序，嘉靖三十二年癸丑王世贞后序、王渐达后序。此本入《四库全书》，实只八卷，王重民先生认为已删去前面的行状、墓志，故少两卷②。其目次为：卷1至卷3为奏疏；卷4至卷5为记、序；卷6至卷7为墓表、祭文；卷8为诗。诚如《四库提要》所云："集中诗文，寥寥无几，体格亦不甚高，黄佐序称其生平著作多不存稿，盖非其注意之所在云。"③

五　赵宽

宽字栗夫，号半江，江苏吴县人。成化十七年中乡举，次年下第，卒业南雍。成化十七年试礼部，同郡吴宽主试，置之第一。授刑部主事，历员外郎、郎中，在刑部任职17年。弘治十一年升浙江提学副使，品鉴精敏，士风丕变，得人众多。弘治十八年升广东按察使，莅任月余，以暴疾卒，年仅四十九。赵宽生长于吴中，与同乡吴宽、王鏊等交谊颇厚。在刑署时与王弼、秦玠、陈章等结社唱和，一时有"刑曹诗派""外翰林"之誉④。赵宽长于诗文，有捷才，述作常矢口而成，漫不留稿，加之他去世时嗣子尚幼，无力搜辑，故作品散佚不少，今存者有3种。

1.《半江赵先生文集》十二卷，正德间王明刻本。每半页10行20字，白口，四周单边，双鱼尾，卷端不著撰人名氏。有正德十年王守仁序、正德十一年费宏序、正德十四年巴山道人王弘后序。此本乃赵宽长子赵禧搜辑，同乡文璧校正，同邑太学生王明所刻，凡诗与文各六卷，只是

---

① 严绍璗：《日藏汉籍善本书录》，中华书局2007年版，第1652页。
② 王重民：《中国善本书提要》，上海古籍出版社1983年版，第577页。
③（清）永瑢等：《四库全书总目提要》卷171《郁洲遗稿》提要，中华书局1965年版，第1493页。
④（明）王鏊：《震泽集》卷28《广东按察使赵君墓志铭》，影印文渊阁四库全书第1256册，第428页。

平生所作的十分之一二。焦竑《国史经籍志》卷5、《明史·艺文志》均著录"半江集六卷",仅指诗或文之一体而言。《千顷堂书目》卷20则著录"半江集十六卷",或为"六卷"之误,或合附录一卷计之。此本今藏上海图书馆。

2.《半江赵先生文集》十五卷附录一卷,嘉靖四十年吴江赵禬刻本。每半页9行17字,白口,左右双边,单线鱼尾。有王守仁、费宏序,王弘后序,又有嘉靖四十年沈□序、同年徐师曾序。此本为赵宽仲子赵禬于前本基础上增益三卷,重刻而成,所增者为诗二卷、文一卷。沈序云:"兹先生仲子、韶郡别驾禬以旧板湮灭,将复梓之,购求得先生手录一册于太史三江毛公之故第,盖先生自得自选,托之雠较者,四失其三……禬作而言曰:'在毛三册,在广四册,尤晚笔,莫之求也,奈何?'"赵禬所"购求"的一册既为三卷,则可知佚失的七册大概为二十一卷,这还只是晚年之作,据此我们可以推测,赵宽的全部作品数量在六七十卷以上是没有问题的。今存《半江集》前八卷为诗,各体之作共计500余首,后七卷为文,共计154篇,所多者正为浙中之作。

3.《半江赵先生文集》十五卷附录一卷,康熙六十年刻本。是本为嘉靖本之重刻,版式未变,封面题"康熙辛丑年重镌,王阳明先生鉴定,赵半江先生文集,松陵惕若斋藏板"。前诸序皆存,另有康熙六十年赵稹《纪略》一篇。

六 储罐

罐字静夫,号柴墟,江苏泰州人。九岁能文,事母孝。连中成化十九年、二十年解、会二元,授南京吏部主事,进郎中,擢太仆寺卿。正德二年改左佥都御史,总督南京粮储。召为户部侍郎,督仓场。刘瑾用事,储罐引疾去官。瑾败,再起为南京吏部左侍郎,卒于官。

储罐以李东阳为师,以李梦阳为友,与茶陵派和七子派都有联系。《静志居诗话》卷8引李梦阳语云:"予承乏郎署,所与倡和则扬州储静夫、赵叔鸣,无锡钱世恩",朱彝尊又特为表彰云:"当日倡和,文懿实居其首,及李、何教行,执政欲加摒斥,文懿以文章复古为国家元气,极其扶植,得不倾陷,风雅蔚兴,斯人攸赖"[①],则储罐于七子派实有护法

---

① (清)朱彝尊:《静志居诗话》,人民文学出版社1990年版,第225—226页。

之功。储巏别集，据《千顷堂书目》《明史·艺文志》《续文献通考》《明诗综》《明诗纪事》等均著录为两种，一为《柴墟文集》，一为《駉野集》，后者已不见，前者的版本有两种。

1. 《柴墟文集》十五卷，嘉靖四年储洵刻本。每半页12行21字，白口，四周单边，无直格，双线鱼尾，卷端不题撰人名氏。前有嘉靖四年乙酉邵宝序，据此序可知，此集为储巏从子储洵于沔阳知府任上所刻，初名《柴墟文集》，后朝廷赐储巏谥号为"文懿"，遂改题为《文懿公文集》。是本颇难得，已知者只有中国科学院文献情报中心、山东大学图书馆及日本内阁文库有藏本，《四库全书存目丛书》集部第42册据山东大学图书馆藏本影印，然卷5第11、16页有错版，未知原本即如此，抑或为影印之误。又有天启三年修补本，卷末有天启三年储元基跋，题为"四世孙堪中游甫较梓"。另有清初修补本，所收作品数量较嘉靖初刻本为少。据沈津《美国哈佛大学哈佛燕京图书馆中文善本书志》统计，修补本卷1至卷5为诗，共570首；卷6至卷8为序，共71篇；卷9为墓志铭，共34篇；卷10至卷11为杂著，共69篇；卷12为奏疏，共11篇；卷13至卷15为书简，共152通。① 而山东大学藏嘉靖本则存诗765首，序70篇，墓志34篇，杂著71篇，奏疏11篇，书简203通，出入最大的为诗及书简的数量。

2. 《柴墟文集》十五卷附录一卷，万历四十二年储燿刻本。每半页12行21字，白口，四周单边，无直格，卷端署"曾孙燿文振甫率男垍、均校梓"，有邵宝序、储昌祚序及万历四十二年储燿跋。储燿为储巏曾孙，其跋云："惟我伯祖平野公（指储洵，引者按）嘉靖乙酉刻于沔阳宦署是也，已行之天下矣，行之既远，则原板用之弥勤，墨渖蠹啮，虽有梨枣，必无幸矣……燿于是有大惧焉，搜箧中仅存原稿一部，自备百金，重授之梓。"据此可知，出资"百金"刊刻者实为储燿。但作为储巏曾侄孙的储昌祚在序中却云："今叔祖寅宾自捐百金，更其梨枣，甚盛举也。"二序所云明显抵牾，"叔祖寅宾"究为何人，竟不可知，遍查多种明人传记资料，皆不见记载，不知是否储昌祚误记，姑存疑。此本所附一卷为郑晓、顾璘等人所撰储巏传记及《皇明世说新语》所录储巏事迹数则。

---

① 沈津：《美国哈佛大学哈佛燕京图书馆中文善本书志》，上海辞书出版社1999年版，第680页。

七 钱福

福字与谦，号鹤滩，南直隶松江华亭（今上海）人。早慧，七八岁即能属文，随父寓居京师时，受教于杨一清、李东阳。成化二十二年中举，卒业太学，弘治三年连中会、状二元，科举文字广为流传，与前之王鏊、后之唐顺之齐名。钱福性情坦夷，不立涯岸，酷好饮酒，以才自恃，较易得罪人①，故在授职翰林修撰后仅历一考（京官为六年），即于弘治十年引疾致仕，年尚不及四十。自后益肆意于山水文字之间，纵酒成病，因而不起，年仅四十四。

钱福才华出众，少年时曾因一篇《司马温公赞》而受李东阳赏识，此赞为代李东阳而作，见者甚至看不出代笔之迹。但钱福并不以文字为意，乔宇为其撰墓志云："平生文字多不起草，座上时为人持去，故稿不尽存，存者杂文总若干篇，诗赋骚词若干首，经义若干道"，故在其身后相当长一段时间中，他的作品未曾结集刊刻，只以抄稿形式流传于友朋之间。高儒《百川书志》卷13记有《钱状元鹤滩文集》一卷，谓："公名镇海宇，惜无全集，此盖沈竹东钞辑流传士夫者，序记碑铭传赞三十九篇。"② 此类钞本即在刻本印行之后亦未断绝，中国社会科学院文学研究所藏有清抄本《钱鹤滩稿》一卷，为制义集。③ 另外，正因钱福不以文稿为意，而状元的文采风流又向来为人所倾慕，所以一些具有小说意味的逸事逸文便附会到他身上来，致使今存钱氏作品的真伪和数量存在争议。④

万历三十六年沈思刊刻《钱太史鹤滩稿》六卷附录一卷。此本每半页8行19字，白口，四周单边，无鱼尾，版心下镌"沈氏梅居"，卷端

---

① （明）顾清《傍秋亭杂记》记钱福出言不谨，得罪同为修撰的杨守陈，可为一例。参见《鹤滩稿》卷首所附《鹤滩先生纪事》所引。

② （明）高儒：《百川书志》，上海古籍出版社2005年版，第197页。另，正德十一年赵昌龄作《钱太史诗集旧序》云："没之十有一年，其弟与孝以京闱进士来尹建德，政事之暇乃以所遗诗稿凡若干首出以示人，时都谏郎先生德润、郡伯王先生德深辈见之，皆啧啧称叹不已，间尝各录一过，由是与孝乃集诸贤名笔将锓梓以传，而弁余一言为首引。"据此可知，钱福之弟钱祚（字与孝）曾有刻集之想，但终究未成其事。

③ 编辑委员会编：《中国古籍善本书目》（集部），上海古籍出版社1989年版，第610页。

④ 不署撰人之《鹤滩先生纪事》引录了诸家所记15则逸闻（《鹤滩稿》附），其中宋禹成《万椿堂集》和钟面溪《野史》所记颇具代表性，刻本《鹤滩稿》编者没有采录其中署名为钱福的韵语作品，是审慎的。

题"城南沈氏及之辑梓",卷末镌"后学曹遵何、陆慎修、曹元亮仝校,沈思编次",有万历三十六年张以诚序及陆慎修《书鹤滩先生遗稿后》。陆云:"百年之后或得之故老所睹记、世家所收藏,与夫野史轶事之所采集者仅仅成帙,然亦十之一二矣。"钱氏之作散佚者当不在少数。此本前二卷为诗,各体之作共370首,后四卷为文,各体共119篇。卷6保存了论、策等科举文字,卷首附有不署撰人之《鹤滩先生纪事》、万历三十六年冯时可作《鹤滩先生遗事》、正德十一年赵昌龄作《诗集旧序》、隆庆二年董宜阳《遗稿题词》以及金声远、陆慎修撰钱福像赞。附录一卷,为乔宇、李东阳、顾清为钱福所撰墓铭、祭文等。

八 鲁铎

铎字振之,别号东冈、莲北、大椿洞主、甦橘山人等,湖北景陵人。弘治十五年会元,改庶吉士,为李东阳所赏重。武宗即位,以编修使安南。正德二年迁国子监司业,累擢南京国子监祭酒,寻改北。正德十二年,谢病归乡家居。嘉靖初,因林俊荐,召起为南祭酒,逾年,复请致仕,后累征不起。嘉靖六年卒,谥文恪。

鲁铎的著作见于书目著录的有好几个题名的集子,《千顷堂书目》卷21著录三种,为:《鲁文恪公集》十卷、《己有园稿》二卷、《己有园续稿》一卷,又云:"一作《莲北》、《使交》、《东厢》诸集"。《明史·艺文志》只录《鲁铎文集》十卷。《国史经籍志》卷5作"鲁铎《文恪集》十卷"。《徐氏红雨楼书目》则题为"景陵鲁铎《莲北集》"。今可考见者有四种。

1. 《己有园小稿》一卷,嘉靖二年李东刻本。每半页8行17字,白口,左右双边,版心不镌书名,卷端题"晚里生柳兴录",有嘉靖二年李东序。此即为《千顷堂书目》所录《己有园稿》者,然卷数略异,下《续稿》亦然,恐《书目》有误记。

2. 《己有园续稿》二卷,嘉靖五年周文伯、刘鹏刻本。版式同《小稿》,有嘉靖五年刘鹏序。此两种《己有园稿》均刻于鲁铎生前,编者为鲁氏同乡后学,所收作品数量不多,主要为诗、记二体之文。现皆藏于中国科学院文献情报中心。

3. 《莲北鲁文恪公存集》五卷,嘉靖二十七年刻本。每半页10行21字,白口,左右双边,版心上镌"莲北集",卷端不著撰人名氏。有嘉靖二十七年李濂序，谓"公殁后二十余年，其子乡进士彭嘉辑其遗稿，将锓梓以传"，可知本为鲁铎子鲁彭嘉编辑，又名《莲北集》。现藏中国社会科学院文学研究所图书馆。

4.《鲁文恪公文集》十卷，隆庆元年方梁刻本。每半页9行20字，白口，左右双边，版心镌"鲁文恪公集"，卷端署"竟陵鲁铎振之著，京山李维桢本宁校"，有李维桢序、嘉靖二十七年李濂序、隆庆元年方梁后序。方序云："因嘉鸣盛之集欲传播寰宇，而刻板散失者十五矣，幸《存集》可据，遂居工寿梓以补其亡。"可知是本是在《莲北集》五卷之上增益而成的，故四库馆臣认为"是编为其子彭嘉所编"①。其中卷5为《使交稿》，则是合并单行之集为之，估计《东厢》一集亦已并入。王重民先生认为"盖是集原刻于嘉靖间，隆庆初元，方梁修补旧板，此本不见有补板，且隆庆元年维桢年未及艾，观其序文为作于成名之后，因可决定此本乃万历间重刻本也"②。王先生的判定似乎武断，方梁所云"补其亡"者，并非指补足散佚的刻板，而是补充《存集》所无的作品并另行刻板，故版式行款也不同了。李维桢于隆庆元年正当弱冠，隆庆二年维桢中戊辰科二甲进士，观此序署名为"里人后学李维桢撰"，而非如李濂、方梁那样冠以科名或职名，明人作序，若有科名者一般冠以科名，此正可证明刊刻时间当在隆庆二年中式之前，"成名之后"云云，只是一种主观感觉，少年人具老成笔墨亦并不足奇。

九 董玘

玘字文玉，浙江会稽人。以榜眼及第，授编修。因忤刘瑾，转官刑部、吏部，为主事，刘瑾败后复原官，累擢至詹事兼翰林学士。嘉靖初，迁吏部左侍郎，为胡明善、汪鋐所劾，遂致仕。

董玘集据《千顷堂书目》卷21著录为"中峰文集六卷又中峰文选十一卷"。六卷本《中峰文选》附《应制稿》一卷，系嘉靖三十一年董氏家刊本，为董集之初刻，卷端题"会稽董玘文玉著，武进唐顺之应德选"，有唐顺之序，序文针对秦汉派古文模拟的弊病，阐述了"法"与"本色"的古文观，是唐宋派的一篇重要文论。

---

① （清）永瑢等：《四库全书总目提要》卷176《鲁文恪存集》提要，中华书局1965年版，第1567页。

② 王重民：《中国善本书提要》，上海古籍出版社1983年版，第585页。

十一卷本《董中峰文选》为嘉靖四十年王国祯刻于福建藩署，卷端题"武进唐顺之选，山阴王国祯校刻"，有王国祯后序，序谓是集乃因"旧刻舛漶已甚"，董氏之子遂谋之于王国祯而刻于闽。所谓"旧刻"，应指六卷本《文选》而言，此本将六卷本和《应制稿》一卷重新厘为十一卷，又将廷试策一篇刻于卷首。此本在隆庆间曾经修补，故卷首有《永光录》三页及嘉靖四十五年沈束序。

王重民《中国善本书提要》又著录抄本《董中峰先生文选》十二卷，乃董氏后人就十一卷本抄录而成，起首的经筵讲章、日讲直解等文字为十一卷本所无。

十　邹守益

守益字谦之，号东廓子，江西安福人。会试出于王守仁之门，以探花授编修。逾年告归，从王守仁讲学于赣州并参与平定宁王叛乱。嘉靖初赴官，因议大礼忤旨，谪广德州判，在广德建复初书院以传播阳明学说。后迁南京礼部郎中，考满即归。以荐起为南京吏部郎中，寻还翰林，为司经局洗马，迁太常少卿兼侍读学士，掌南翰，寻改南祭酒。嘉靖二十九年，因九庙灾上疏获罪，落职闲住。居家二十余年，以讲学为事，年七十二卒。隆庆元年，追赠礼部右侍郎，谥文庄。

邹守益会试为王守仁所取，在学术上又得阳明嫡传，是"江右王门"的主要代表人物。邹守益的著述曾经其门人、子孙的多次编集、刊刻，情况比较复杂。其单行之著作，据《千顷堂书目》著录有《古本大学后语》《谕俗礼要》《广德州志》《道南三书》《邹氏学脉》《邹文庄明道录》《青原嘉会语》等，以上数种皆非集部之书。

邹氏之别集，最早为其门人陈辰所编《东廓初稿》，其本今已不传，但上海图书馆藏有一个六卷本的《东廓先生文集》，卷首目录不分卷。正文则分"说类""序类""记类""书类""文铭类""杂著类"，每类一卷，前无序跋。浙江大学董平先生怀疑此本就是陈辰所编之《初稿》①。六卷本中之文章基本已收入后来的十二卷本，但亦有3篇为六卷本所独有。

《初稿》之后继有《摘稿》，题为《东廓先生文集》九卷，有嘉靖十

---

① 董平编校整理：《邹守益集·编校说明》，凤凰出版社2007年版，第3页。

七年洪垣刻本。每半页 9 行 18 字，白口，四周双边，单线鱼尾，有嘉靖十七年戊戌林春序及洪垣后序。收文 124 篇，分为说、序、书、文铭、杂著五类，以"书类"最多，凡三卷半。这些文章均已为 12 卷本所收录。值得一提的是，王畿撰有《邹东廓先生续摘稿序》一文，内云："嘉靖乙酉秋，予偕绪山子赴冲玄之会，道出睦州，少府对崖周子示予以东廓先生之集，曰：'此第三续稿也'，且属之言。予惟先生之集传于人久矣，初稿刻于广德，次刻于维扬，今复刻于睦州。"① 据此可知陈辰刻《初稿》于广德，《摘稿》亦为守益生前刻，董平先生认为王畿之序乃为此本所作，实误。

今流传最广的为《东廓邹先生文集》十二卷，为隆庆六年刻本。每半页 10 行 20 字，白口，四周单边，卷端所题编校者有门人周怡、宋仪望、守益子邹善、后学邵廉等，有隆庆六年马森序。《四库总目提要》著录此本，定为"嘉靖中所刊"，又云："题门人周怡、宋仪望、邵廉续编，孙德涵等十八人重辑，错互颠舛，莫知竟出谁手也。"② 据董平先生考证，此本是在一个十卷本基础上编成的，十卷本由建宁知府刘佃汇选，同知董燧编次，有嘉靖三十九年吕怀所作序和三十七年程宽后序，估计刻于嘉靖三十九年左右。此本国内不可见，日本静嘉堂文库和国会图书馆有藏③。估计十二卷本中增入了邹氏生前最后两年（邹氏卒于嘉靖四十一年）的一些作品，故多出二卷，四库馆臣不明二本之关系，致有"错互颠舛"之感。

除十二卷本之外，《千顷堂书目》卷 22 还著录了"《东廓先生遗稿》十三卷"。今查相关书目，可知江西省图、甘肃省图、重庆市图藏有残本，而日本尊经阁文库则有全本一部，为万历时所刻，每半页 10 行 21 字，白口，四周单边，卷端所题有周怡、宋仪望、邵廉、邹善等人。又，上海图书馆藏有此本的重刻印本，为邹氏十四世孙邹仁任刻于光绪三十年，胡道庆于民国十五年重印。前有邹鼎序，云："先文庄公手泽，正集外复有遗稿未刊，后房祖善公于前明万历间为山东布政使，编辑为十三卷付梓，鼎革后遗失无存，故寒族诸前辈皆未之见……咸丰时，三叔祖少峰

---

① （明）王畿：《王畿集》卷 13，凤凰出版社 2007 年版，第 349 页。
② （清）永瑢等：《四库全书总目提要》卷 176《东廓集》提要，中华书局 1965 年版，第 1572 页。
③ 严绍璗：《日藏汉籍善本书录》，中华书局 2007 年版，第 1709 页。

府君游幕山左购于书肆者也……此帙皆公晚年著述，视初稿尤为粹美。"比较十二卷本《文集》与《遗稿》，编辑体例基本相同，但所收之文大部分不同，重出者则以《遗稿》本更为完整，未有删节。

今人董平编校整理的《邹守益集》，以《文集》和十三卷本《遗稿》为底本，重新厘为二十六卷，另搜集了少量佚文，堪称完备，卷末附有各本序跋及邹氏传记、墓志文字等多篇，颇便研究。此本由凤凰出版社2007年出版。

十一　霍韬

韬字渭先，号兀涯、渭崖，广东南海（今广州）人。二十八岁登第时尚未婚娶，遂告归成婚，读书西樵山中。世宗即位，起为兵部职方司主事。大礼议中，霍韬上疏得世宗意，屡迁至礼部侍郎、尚书掌詹事府事，嘉靖十九年卒，年五十四，谥文敏。霍韬质直好争竞，有持论不回之气概，在大礼议之事中，他并非阿谀取宠，与张璁、桂萼等投机者不同，故后来一再辞官。他虽不是科道风宪官，但好言敢言，对国家弊窦多次建白，力求匡助。霍韬又能荐举贤才，并不限于门户之见，王守仁、王琼、李梦阳、康海等人皆蒙其力荐。但霍韬亦有刚愎之病，如不认座主毛澄、与夏言相争等，均有意气因素作祟。

霍韬的著述有多种，《本朝分省人物考》卷110记载有六种，《四库全书》收四种，皆入存目。《千顷堂书目》卷22著录"霍韬渭厓集十卷，又霍文敏公集十五卷"，知霍氏之集有十卷、十五卷两种。十五卷本今国内图书馆不见收藏，日本尊经阁文库藏有一本，为嘉靖间刊本，十五册并附录一卷，有嘉靖三十一年伦以谅序、梁大富跋。王重民曾于北图见过此本，后不知何故佚失，王先生云："（此本）卷内题'后学刑部郎中星野卢孟阳编，后学刑部主事少汾冼桂奇校'。按《存目》著录本凡十卷，此本自卷十一至十五题为'别集'，皆其官吏、礼部时公移及家训等编，附录一卷为韬子与琦等与冼桂奇辩论语。"[①] 王先生认为十五卷本只是在十卷本之上附以公移及家训等而成。

十卷本今存者为万历四年霍韬之子霍与瑕所刻。每半页10行22字，白口，四周双边，单黑鱼尾，卷端不著撰人名氏，有嘉靖三十一年伦以谅

[①] 王重民：《中国善本书提要》，上海古籍出版社1983年版，第596页。

序和万历四年金立序。此即为《四库全书》著录之本，据伦以谅序云："适公之子与瑕、与琦缉公之集为十卷，将梓以传，请序于予。"很明显，霍韬之集初刻于嘉靖三十一年前后，由其子与瑕、与琦兄弟编刻为十卷，这个本子今已不见，后来卢孟阳、冼桂奇加入公移、家训等成为十五卷，亦刻于嘉靖间。至万历四年，霍与瑕等仍厘为十卷刊行，故今存万历十卷本之后三卷即为公移及家训。

霍韬集的清代刻本，所知者有康熙四十八年霍文隆（霍氏十一世孙）序刊本《霍文敏公全集》[①] 以及同治元年石头书院刊本《霍文敏公全集》十卷补遗一卷并附《石头录》八卷（霍韬自编年谱）[②]，此不赘述。

十二 张治

治字文邦，号龙湖，湖南茶陵人。进士及第后入翰林院为庶吉士，授编修。因纂修《明伦大典》成，擢左春坊赞善，因重修《宝训》成，进右春坊右谕德，嘉靖二十年拜南京吏部右侍郎，次年改北，二十二年改左侍郎兼学士，掌翰林院事。嘉靖二十七年拜南京吏部尚书，次年改礼书兼文渊阁学，入参机务。嘉靖二十九年卒于官，年六十三。张治性情平易，好奖掖后进，曾两次主持应天乡试（嘉靖十三年、十九年）、两主会试（二十六年、二十九年）、一主武举会试（十七年），得人甚多，张居正、薛应旂、归有光等皆其所取。

张治平生所作最早编辑刊刻于嘉靖三十三年，由其婿彭宣经理其事（因其子张元孝尚只九岁），是本名《龙湖先生文集》，凡十四卷，但有三卷皆题为"第十三"，有两卷皆题为"第十四"，故实只十七卷，有嘉靖三十二年雷礼序，三十三年陈柏、薛应旂后序。此本国内未见收藏，日本内阁文库、尊经阁文库及美国国会图书馆有藏本，据严绍璗《日藏汉籍善本书录》引桃园天皇宝历四年（1754）长崎《舶来书籍大意书》云："此系明龙湖翁所著，辑其诸体之文百二十余篇，诸体之诗五百六十余首，编为十四卷。"[③]

雍正四年，彭宣曾侄孙彭思眷重刻《张龙湖先生文集》15卷。此本

---

① 谢巍：《中国历代人物年谱考录》，中华书局1992年版，第281页。
② 《梁氏饮冰室藏书目录》著录，林夕主编《中国历代著名藏书家书目汇刊》（近代卷）第29册，商务印书馆2005年版，第351页。
③ 严绍璗：《日藏汉籍善本书录》，中华书局2007年版，第1695页。

每半页10行20字,白口,左右双边,单黑鱼尾,版心上镌书名,目录前题"同里后学彭思眷鹤田编辑,男维铭、新、锐校字",雷礼、薛应旂、陈柏三序俱存,另有雍正四年彭思眷序及重刻《凡例》1篇。此本录文凡122篇,诗凡583首,较初刻本稍多。

在彭宣初刻本与彭思眷重刻本之间还有刻本及抄本存在,今虽已不可见,但证据较多,直接证据有:(1)彭思眷序云:"(彭宣)于其没后镂板以传,岁久漫阙,翻本杂淆。"(2)彭思眷重刻《凡例》云:"是集之传于世者多非先曾叔祖治中公原刻,余尝以家藏原刻断编数卷对校其篇目,后先诗文多寡与字句增减往往互异,不知何时翻刻,遂颠倒舛伪若此""翻本与浙中藏书家抄本诗文篇目亦多寡互异……前明东瓯四明诸先辈多与先生同时,或获其手订稿本,故不致沙砾杂入,金玉混汰也,今校定多从浙本。"(3)王重民先生曾在北图见过一个蓝印十四卷本,王先生云:"然在国会图书馆所藏墨印本之后……此本已有改换之版耳。按,目录与内容往往不合。"① 我们怀疑此蓝印本即为彭氏所云"翻本"。

较为间接的证据是张治的一首题为《夜过洞庭》的诗,朱彝尊《静志居诗话》卷11引此诗为:"晓发吴阊门,夕渡广陵汜。日暮江帆迟,洞庭三百里。微风澹无波,明月照天水。隐隐见君山,钟声翠微里。"朱氏因诗中"吴阊门""广陵汜""君山"等并非一地而质疑,后彭思眷刻本遂径改为"武昌门""黄陵汜""八百里",则均为楚地矣。王重民先生根据彭宣刻本认为,应作"吴昌门"和"黄陵汜","吴昌"为古地名,即今湖南平江县,故王先生认为是朱彝尊误读为"吴阊"和"广陵"以至曲解了原作②。我们认为,朱彝尊诚然有可能因形近而误"吴昌"为"吴阊",但因音近而误"黄陵"为"广陵"则不大可能,所以还是四库馆臣所推测的"岂彝尊所见之本乃思眷所谓翻本杂淆,或思眷重校因彝尊是语而改之欤?"比较合情理③。这虽是一个很小的细节,但为我们提示了一条关于张治文集流传的线索。

张治的其他著述,据彭思眷刻本《凡例》所载有《四书周易制义》《屯田议》《庙制考》《区田图说》等,《千顷堂书目》和《明史·艺文

---

① 王重民:《中国善本书提要》,上海古籍出版社1983年版,第602页。
② 王重民:《中国善本书提要补编》,书目文献出版社1991年版,第8页。
③ (清)永瑢等:《四库全书总目提要》卷176《龙湖文集》提要,中华书局1965年版,第1578页。

志》还著录有《长沙府志》六卷。

十三 李舜臣

舜臣字懋钦,一字梦虞,号愚谷,又号未村居士,山东乐安(今博兴)人。廷试二甲第一,除户部主事,改吏部,历员外郎,为权贵所忌,复调户部为郎中。嘉靖十一年升江西提学佥事,召拜南京国子司业,转尚宝卿。嘉靖十七年,为应天府丞。嘉靖二十年,升太仆卿,以庙灾自陈致仕,闲居近二十年而卒,年六十一。

李舜臣恬于世利,居官不显,但长于著述,致仕后"壹意经术,《易》、《诗》、《书》、《三礼》、《左传》分日读之,每六日一易,其指归在《尔雅》,质以篆隶、《广韵》及陆德明《音义》,各有注释,部分秩如也"①。这些经解注释之作今已不可见,但今存《愚谷集》卷6中收有自序多篇,借此可知的著作有《易卦辱言》《诗序考》《毛诗出比》《礼经读》《春秋左传考例》《谷梁三例》《左传读》《三经考》《古文考》《籀文考》《六经直音》等,《千顷堂书目》著录其中四种,另著录《乐安县志》二卷。

李舜臣的诗文别集,据李开先撰《大中大夫太仆寺卿愚谷李公合葬墓志铭》所载,有《户部集》《符台集》《梦虞诗集》等,《千顷堂书目》卷23著录《愚谷集》十卷,为隆庆四年程鸣伊刻本,每半页10行21字,白口,四周单边,单黑鱼尾。有隆庆四年孔天胤序,序谓:"云中守肖溟程君(程鸣伊于隆庆间任大同知府,引者按)于公有馆甥之谊,则刻斯集以传。"是集前四卷为诗,凡223首;后六卷为文,凡102篇,均不多,可见李氏着意于著述,于文词只以余事视之。诗四卷分别冠以《部署稿》《金陵稿》《江西稿》《归田稿》之名,则是以仕宦之地称之,其中《部署稿》可能即李开先所云《户部集》。

十四 赵时春

时春字景仁,号浚谷,陕西平凉(今属甘肃)人。早慧,十四岁中举,十八岁进士及第,选庶吉士,历户部、兵部主事,转翰林院编修兼司经局校书,历山东佥事、副使,其间两度因为进言而被黜为民。嘉靖二十

---

① (明)钱谦益:《列朝诗集小传》丁集上,中华书局2007年版,第4012页。

三年擢佥都御史巡抚山西、提督雁门等处，毅然以安攘为己任，曾亲自策马与虏战，虽败绩，但士气为之一壮。

赵时春慷慨任气，颇喜谈兵，诗文亦豪宕宏肆，《明史》本传称其与唐顺之、王慎中齐名。其集生前即已刊刻，据李开先作于嘉靖四十四年的诗文集序云："浚谷赵子诗文集，刻传久矣，尚未有序……浚谷子每寄声云：'诗文词论，俱未有序……四序幸勿推托'。"① 此集只收诗文，按年排列，版式大同中有小异，可能为逐年递刻而成，故李开先序谓："集凡十五卷，诗六卷，文九卷，续有作者，当续入之。"今存者为万历八年赵时春之婿周鉴增补刻本，诗集六卷，文集十卷，共十六卷。每半页 9 行 21 字，白口，四周单边，无鱼尾，每卷卷端均题有年份。首有嘉靖四十一年胡松序，四十四年李开先序，万历八年徐阶序。徐序云："集凡十六卷，为诗若文凡千余篇。初公捐馆舍后，其子守岩秘梓于思成堂，其婿巡抚河南都御史周君鉴尝学于公而得其志守，故又久之而复梓于汴。"周鉴又附入《赵浚谷疏案》一卷、《永思录》一卷。《四库全书》别集类存目四所录即此十六卷本。入清，叶正蓁于顺治十六年曾修补重印，除原序外，又加入马之骏、叶正蓁二序。

周鉴于万历八年还编辑刻印了《浚谷先生集》十七卷，卷端题"关中赵时春著"，有胡松序、周鉴序（国图藏本还有徐阶序）。此本是将十六卷本的编年次序重新分合，按体分卷，前二卷为诗，后十五卷为赋及杂文，诗文连续计卷次。《国史经籍志》卷 5、《千顷堂书目》卷 23、《明史·艺文志》等所著录的皆是此本，而《钦定续文献通考·经籍考》《四库全书总目》别集类存目四都称之为"别本《浚谷集》"，这一本子在国图、山东省图、河北大学图书馆均有收藏，今《四库全书存目丛书》集部第 87 册据山东省图藏本影印，只有十三卷，不知是否为残本，但目录亦只十三卷，未知何故，俟考。

赵时春诗文选集有《浚谷先生文粹》五卷，明胡直选，隆庆五年刻本，早于周鉴本。此本卷端题"泰和胡直选，门生安福邹善校"，邹善为邹守益长子，又为赵时春弟子，可见当时会元间联系之一斑。此本现藏复旦大学图书馆。

---

① 此处所云"词"与"论"，盖指《洗心亭诗余》一卷和《稽古绪论》一卷，有隆庆四年赵守岩刻本，藏大连市图书馆，后者收入《续修四库全书》子部杂家类，分别有嘉靖四十一年孙应鳌序、周鉴序和赵尊岳跋，并无李开先之序，可见李开先只为诗文集作了序。

十五　唐顺之

顺之字应德，一字义修，江苏武进人。廷试后改庶吉士，旋即调兵部主事，改吏部。嘉靖十二年复入翰林为编修，因忤张璁，罢归。后复起为右春坊司谏，因上疏请朝东宫，被削籍为民。嘉靖三十三年以赵文华荐，起为兵部郎中，巡视蓟镇，视师浙江。因胡宗宪之荐，拜佥都御史，巡抚淮扬，力疾巡海，卒于广陵舟中。唐顺之于学无所不窥，著述广涉四部，主要有《左》《右》《文》《武》《儒》《稗》六编及《两汉解疑》《两晋解疑》《荆川集》等。

《荆川集》有多种刊本传世，大致分为十二卷本、十七卷本和十八卷本三个系统，今分述如次。

十二卷本：唐顺之集初刻本为《唐荆川先生文集》十二卷，嘉靖二十八年无锡安如石刊刻。每半页10行20字，白口，四周单边，单黑鱼尾，有嘉靖二十八年己酉王慎中序。四年后，此本之板被转售，由浙江叶氏宝山堂刊刻，题作《重刊校正唐荆川先生文集》十二卷，行款未变，王慎中序后有"嘉靖癸丑书林叶氏武进梓行"字样，卷末有宝山堂的牌记，目录后有告白云："是集因无锡板差讹太多，乃增削校正无差。谨告四方贤明士大夫君子，须认此板三衢叶宝山堂为真，故禀。"两年后，此板又为金陵某书林所得，并加以重刊，题名行款均同。牌记改为"嘉靖乙卯书林□□□刊印行"，告白亦挖改为"是集因无锡板……须认此板金陵"。此十二卷本刻于唐顺之逝世前11年，后期所作自然未收，故内容为：卷1廷试策一道；卷2至卷3诗400首；卷4至卷5书65通；卷6至卷7序41篇；卷8记20篇；卷9说4篇、铭14篇、赞7篇、祭文6篇；卷10墓志铭29篇；卷11行状1篇、墓表8篇、传7篇；卷12杂著8篇、数论3篇。《四库全书》所收《荆川集》即以此为底本，而诗的数量略少，可能为馆臣删去所致。

继此之后，顺之之子唐鹤征有续集之刻，是为《唐荆川先生续文集》六卷并《奉使集》二卷。版式悉同前刻，版心中镌"荆川续文集"或"北（南）奉使集卷一（二）"字样，刊刻时间应在嘉靖三十九年左右。① 又有

---

① 《南奉使集》前有嘉靖三十八年上谕一道，而唐氏于三十九年卒于淮扬，时仍在奉使之任中，故知续集应刻于唐氏去世后不久。

唐国达所刻十二卷本，版式亦同，这些皆可视作安如石刻本的衍生刊本。

十七卷本：万历元年纯白斋将十二卷本《文集》和六卷本《续文集》合并整理刊刻为《重刊荆川先生文集》十七卷《外集》三卷并附录一卷。纯白斋为别号，即为顺之之子唐鹤征，据民国三十七年铅印本《昆陵唐氏家谱》（懿册）所收唐鼎元著《唐荆川公著述考》云："万历癸酉（元年），公子凝庵取正续集《奉使集》合编为诗文集十七卷外集三卷……纯白斋者，凝庵公所自署也"，而凝庵，是唐鹤征的别号。此本每半页10行20字，白口，四周单边，单黑鱼尾，鱼尾下镌"荆川文集""荆川外集"字样，首有王慎中序，序后有"万历元年孟春吉旦重刻于纯白斋"一行字。美国国会图书馆所藏之本无《外集》，但另有孙慎行（唐顺之外孙）序一篇，应为后印本所加。[①]《四部丛刊》所影印者即此本，但无附录。正集收赋2篇、诗575首、书167通、序49篇、记22篇、说4篇、铭14篇、诔1篇、赞12篇、祭文14篇、墓志铭31篇、行状2篇、墓表8篇、传7篇、杂著17篇、数论5篇。外集为策、诰、议、表、疏、公移等应用文。较之十二卷本，此本主要增加了诗、书两种文体的作品数量。

十八卷本：唐氏六世孙唐执玉刻于康熙五十一年的《荆川文集》十八卷，每半页10行21字，黑口，左右双边，单黑鱼尾，封面题"荆川文集　二南堂藏板"。有王慎中序及唐执玉识语，据识语可知，此本乃是在纯白斋刊本基础上"订误补残"而成，另有《外集》四卷未及授梓，故只刊出正集十八卷，作品数量上较纯白斋本多出书札20通。光绪二十一年，武进盛宣怀又以二南堂板为底板重刻印行了十八卷本，作为《常州先哲遗书》之一。盛氏刻本为朱印，甚为清雅，每半页14行25字，黑口，四周单边，单鱼尾，卷首刻入《广右战功录》和《荆川集》的四库提要，后有补遗和附录，末有盛宣怀跋。

见于书目著录的唐顺之别集常将卷数合计，如《国史经籍志》卷5、《千顷堂书目》卷23著录《荆川集》二十卷，是合正集与外集而言。《明史·艺文志》著录《荆川集》为二十六卷，则是将正集、外集和续集合

---

① 据黄宗羲《明儒学案》卷59《文介孙淇澳先生慎行》，孙慎行卒于崇祯八年（1635），时年七十一岁，以此推溯，孙当生于嘉靖四十四年（1565），当万历元年时，年方九岁，不可能参与唐顺之文集的编辑，所以孙序应为后印时所加。

并言之。

今人马美信、黄毅以纯白斋本为底本,其他诸本为参校本,点校整理了新的《唐顺之集》,包括正集十七卷,外集三卷,《奉使集》二卷,补遗诗文70首(篇),颇称完备。此书由浙江古籍出版社2014年出版,为该社《别集丛刊》之一。

十六 林春

春字子仁,号东城,江苏泰州人。家贫力学,登第后除户部主事,改礼部、吏部,以母病告归。后起补为吏部郎中,卒于官,年仅四十四。林春研习王学,黄宗羲谓其"师心斋而友龙溪……自束发至盖棺,未尝一日不讲学"①。林春生当王学播扬天下之时,他与邹守益、唐顺之、王畿、罗洪先等都热衷于讲学,其著述亦偏于理论思辨而略于文采性情,且又"无意于为文",故所存诗文不多。

今存《林东城集》仅二卷,为嘉靖二十五年孔文谷浙江刊本,藏于"中央图书馆",有王畿序(嘉靖二十五年)、冯良亨序(嘉靖三十一年)、张淳后序(嘉靖二十五年)以及林春之子林晓晖、林曜昕跋(嘉靖二十九年)。跋云:"先君存日,不欲稿传,成即辄毁,仅得存者多散漫。嘉靖壬寅,此庵张师(指林春门人张淳,引者按)搜辑遗稿若干篇……谒龙溪王翁,谋诸荆川唐翁,再为采择,而文谷孔翁梓诸浙中提学道",可知是集之刻乃成于王门诸人之手,所存亦皆有关于学术者。

十七 许谷

谷字仲贻,号石城,应天府上元(今南京)人。廷试二甲,授户部主事,改礼部,转吏部诸司,历员外郎、郎中。任满,升南京太常少卿,寻降两浙盐运司运副。嘉靖二十六年转江西提学佥事,二十八年升南尚宝司卿,以大察被论而致仕。家居三十余年,于万历十四年以八十三岁高龄卒。

许谷的诗文集以任官经历为集名,先后刊刻行世,今可考知者大致有《省中稿》四卷,嘉靖四十二年门人黄国卿刻,每半页9行18字,白口,左右双边,单黑鱼尾,卷端不题撰人名氏,有嘉靖四十二年黄国卿序、康

---

① (清)黄宗羲:《明儒学案》卷32《泰州学案》,中华书局1985年版,第745页。

大和序。据黄序，此集为许谷在吏部任职时所作，故名"省中"。康大和序赞誉许谷为"接武顾（璘）徐（祯卿）、希踪何（景明）李（梦阳）"的江左诗坛大家。此集所收全为诗，共292首，康序乃谓"特十之二三尔"，则许谷之好为诗，可见一斑。

《容台稿》一卷、《符台稿》一卷、《二台稿》一卷，皆为门人黄希宪嘉靖间所刻。每半页9行18字，白口，左右双边，单黑鱼尾。这三种集子的版心皆刻有"二台稿"字样，页码连计，卷端不题撰人名氏。有嘉靖辛亥（三十年）许谷自序，序谓："余自铨部擢佐太常，又视学江右，再陟尚宝……每遇登眺应酬，亦有杂撰，汇而成帙"，可知是集为许氏任职于南京太常寺（容台）、尚宝司（符台）时所作。三稿均无目录，《容台稿》存诗29首，《符台稿》存诗37首，《二台稿》存文18篇。国家图书馆藏本中另有《武林稿》一卷，武林乃杭州之旧称，是集应为许谷在浙江运副任上所作。

《许太常归田稿》十卷，万历十五年吴自新刻本，每半页9行18字，白口，左右双边，双线鱼尾，卷端题"上元许谷仲贻著"。有万历十五年丁亥吴自新序、廖希元跋、卓明卿《后语》。是集为许谷退居林下后所作，卓氏《后语》云："洎挂冠至大耋，垂四十年，著述甚富，乃严自删削，仅存此稿，犹八万余言。"综计全稿，共计存诗1134首，词10阕，大大多于居官时所为，而这些还是"严自删削"后的作品，则许氏平生所有诗作当不下于数千首。许谷从出生、交游、任职直至罢职赋闲都与南京一地关系紧密，六朝以来诗意的文化氛围影响了他的文学创作，而落职后长期家居的生活又甚为清闲，故其作品以晚年最多，诗又居其十之八九，风格以清新俊逸为主。

应该稍加说明的是，《二台稿》一名既可指文集18篇，亦可指"容台""符台"两种诗集。明清书目中著录许谷别集，两种指称均有，如《千顷堂书目》卷23著录为"《省中稿》四卷、《二台稿》一卷、《归田稿》十卷、《武林稿》一卷"。《国史经籍志》卷5则合计著录为"《奉常集》十六卷"。《明史·艺文志》著录为"《省中》《二台》《武林》《归田》四稿共十七卷"，则其中《二台稿》指诗集二卷。《钦定续文献通考·经籍考》因之，而将《省中稿》误记为"二卷"。《四库全书总目》仍之，且谓"《省中稿》兼有杂文"，更误。

十八　袁炜

炜字懋中，浙江慈溪人。乡试第二，会试第一，廷试第三，授编修，进侍读。值西苑，因撰青词得世宗意，擢为侍讲学士。五六年间官运亨通，历任礼部侍郎、尚书，加太子少保兼学士。嘉靖四十一年以户部尚书兼武英殿大学士入阁，三年后卒，年五十八。

袁炜在嘉靖朝后期与李春芳、严讷、郭朴等同以撰写青词得幸而入阁，时人称之为"青词宰相"。所作多御用文字，价值不大，有文士讥讽说："阁下以时文发甲科，以青词位辅相，安知世有所谓古文者哉？"① 其于古文辞一道，所得实不多，但却勇于自信，"贵倨鲜浼，自负知文，馆阁士出其门者，词文不当意，矢口谩骂，其门人皆心衔之。而独折节于王稚登，遇以国士"②。

今知袁炜的诗文集有《袁文荣公文集》八卷《诗集》八卷，为万历元年长洲知县张德夫刻本。每半页10行18字，白口，左右双边，单黑鱼尾，版心镌书名，卷端不题撰人，有万历元年王锡爵序。卷1为文集目录，卷2至卷8为文集，卷9至卷15为诗集，末一卷为诗集目录，目录后题"门人申时行、王锡爵、余有丁、王稚登校正，太仓州知州冯孜、长洲县知县张德夫梓行"。此种卷次编排比较少见。此集今藏上海图书馆和天津市图书馆。文海出版社1986年影印收入《明人文集丛刊》。

另有《袁文荣公诗略》二卷，万历三十三年袁氏家刊本。每半页7行17字，白口，四周单边，无鱼尾，版心下镌"诗略"，卷端题"门人太原王稚登校"，有王稚登序，序云："岁乙巳夏，公诸孙景高以公旧刻仅两卷，来谋再刻，名曰《诗略》，盖朽梨蠹枣，鲁余帝虎之余，存者无几。"此集上卷存诗24首，下卷存诗67首，的确不多。

十九　陆树声

树声字与吉，号平泉，南直隶松江华亭人。初冒姓林参加会试，故《登科录》、题名碑上之名为"林树声"，登第后复陆姓。选庶吉士，授编修，请告归里，即家拜国子司业，进祭酒，历迁吏部右侍郎。神宗初，拜

---

① （清）朱彝尊：《静志居诗话》卷12，人民文学出版社1990年版，第348页。
② （明）钱谦益：《列朝诗集小传》丁集中，中华书局2007年版，第5107页。

礼部尚书，不就，士论高其风节。张居正当国，欲引之入阁以增己声誉，陆树声五疏请辞，终不附张。惟以家居清修为事，以九十七岁高龄而卒，谥文定。

陆树声恬于荣利，通籍60余年而居官还不足一纪，钱谦益谓其"外现儒风，中修梵行"①，其出处之间，既秉持了儒家的道义担当精神，又坚守了自我身心的一定自由。陆树声的著述亦体现了不主于一家的杂识，于慎行为其撰写的墓志铭称其"生平撰述甚富，然皆元本六经，而尤邃于《易》，旁引曲证，多儒先所未发，间涉内典玄宗，用以参互儒术，不为溺也"②。这当然是志铭中推许的说法，四库馆臣则从学术上评价为："多以《周易》为言，然皆参以术数之说与老庄之旨，非《易》之精义也。"③

陆树声的著述多是随笔札记性的子部之作，传世者有《陆学士杂著》十种十一卷④，诗文集则有《陆文定公集》二十六卷，为其子陆彦章于万历四十四年所刻，每半页9行19字，白口，四周单边，各卷校正之人不一，均为陆氏门人，首有万历四十四年徐三重序，陆彦章跋。据彦章跋云，《杂著》十种原系陆树声手订付梓，生前已成集，后一并刻入《陆文定公集》中，则是集颇杂，有将近一半篇幅为子部著述。

二十　瞿景淳

景淳字师道，江苏常熟人。八岁即能属文，但后久困诸生之间，以教授乡里自给。以会元及第后授编修，典制诰，迁侍读，历侍读学士掌院事，改太常寺卿，领南京祭酒事，迁吏部右侍郎。隆庆初，为礼部左侍郎兼翰林学士，与修《世宗实录》。后以疾乞归，逾年，卒于家，谥文懿。

瞿景淳在明代以举业文字显名，与王鏊、唐顺之、薛应旂（一说为钱福）并称为"制义四大家"，他在嘉靖后期曾四次任会试同考官，一次

---

① （明）钱谦益：《列朝诗集小传》丁集中，中华书局2007年版，第5140页。
② （明）于慎行：《谷城山馆文集》卷22，四库全书存目丛书集部第147册，第635页。
③ （清）永瑢等：《四库全书总目提要》卷124《汲古丛语》提要，中华书局1965年版，第1072页。
④ 包括《汲古丛语》《适园杂著》《平泉题跋》《耄余杂识》《禅林馀藻》《陆氏家训》《善俗禅议》《病榻寤言》《清暑笔谈》《长水日钞》，其中《题跋》为二卷，余皆为一卷，均为《四库全书》子部杂家类存目收录，另有多种丛书收录其中的单行之本。

为应天乡试主考官，对于当时八股文风的变化起过一定作用。瞿景淳之集为《瞿文懿公集》十六卷及《制科集》四卷、《制敕稿》一卷，均见《千顷堂书目》著录，今存者为万历间其子瞿汝稷刻本，此本每半页9行18字，白口，四周单边，单黑鱼尾，卷端不题撰人名氏。首有王世贞序、王锡爵序。两序皆肯定瞿氏在当时学秦汉之文而流于藻晦的风气之下，能坚持"气舒徐而不迫，辞洞达而无晦""温然而璧润"这种淳雅作风的现实意义。尤其是作为后七子领袖的王世贞，显然是有鉴于七子复古运动中的一些弊端，而发此番议论的。由此可见，王、唐、瞿等会元不仅以八股文擅名一时，在古文创作领域亦有相当建树，即推崇唐宋文尤其是北宋文章。这一问题在后面的章节中我们还将具体涉及。

《瞿文懿公集》十六卷主要为文、序、记、志铭、祭文、传赞等凡131篇，占十五卷之多，最末一卷为诗赋，凡42首。《制科集》4卷收策、论等科举文字，凡18篇，包括廷试策一道。《制敕稿》1卷，又名《内制集》，收制文10篇，敕文27篇，均为典制文字。

另据《重修常昭合志》卷16之《常熟艺文志》，瞿景淳有《瞿昆湖集》三十卷及《世业编》（与其子瞿汝说、孙瞿式耜所著合编），今未见。

二十一　傅夏器

夏器字廷璜，福建南安人。生平事迹所知甚少，据张弘道、张凝道《皇明三元考》知其生于正德四年（1509），嘉靖十年以第六名中举，后科场不利，迟至十九年后方登进士第，年已四十二。授吏部主事，历郎中，约于万历二十二年去世，年八十六。

《千顷堂书目》卷23及《明史·艺文志》均著录"傅夏器锦泉集六卷"，徐乾学《传是楼书目》著录为"锦泉文集四卷，二本"①，未知何者为是。今存世之《重刻叔祖锦泉先生文集》五卷，为万历二十五年刻、清初补修本，每半页9行20字，白口，四周双边，单黑鱼尾，版心不镌书名，目录不分卷。前七页字体与后不同，显然系补板，卷1卷端题"庚戌会元锦泉廷璜甫傅夏器著"，后列同校者姓名，均为傅氏侄孙辈。卷1大题作"重刻叔祖锦泉先生文集"，后四卷大题则作"刻泉郡傅锦泉先生文集"，可能即是在《传是楼书目》所记四卷本之上增补的。卷末有

---

① 《海王邨书目题跋丛刊》影印《传是楼书目》，中国书店2008年版，第355页。

侄孙傅履阶跋，跋云："诸宾客每摘其一二付之梓，辄不为心喜，以故集久未播，诗文且散佚十之五六，甲午岁（万历二十二年）捐馆舍，诸子侄乃检故笥，得其仅存卷帙"。是集卷1至卷3为序文104篇，卷4为祭文、记、墓志铭等40篇，卷5为诗309首。《四库未收书辑刊》第5辑第21册影印中国科学院文献情报中心藏本。

二十二　曹大章

大章字一呈，号含斋，江苏金坛人。登第后授编修，嘉靖三十八年任会试同考。严嵩父子专权，曾欲将其罗致门下，但大章自负才气，又为徐阶所取会元，遂不屑与严世蕃交，以致为严氏父子所忌，只历一考，大章即以疾乞致仕。万历三年卒于家，年五十五。

曹大章诗文集有十五卷、十六卷两种版本。初刻本为《曹太史含斋先生文集》十五卷，万历二十八年曹祖鹤刻本，每半页9行18字，白口，四周单边，版心不镌书名，卷端题"明太史癸丑会元曹大章著，门生己未进士张祥鸢、内侄丁丑进士王键仝校，婿于斗联、男曹祖鹤次"，有万历二十七年己亥门生蔡悉序，万历二十八年庚子王肯堂序，万历九年辛巳王世懋序。此集前十三卷为文，后二卷为诗，其中卷10分为上、下两部分，卷14、卷15的大题作"曹太史含斋先生诗集上卷之十四（下卷之十五），金坛曹大章著"，估计可能曾经单行。

十六卷本为增修本，万历末刊刻①，版式一同前刻，卷端题"明太史癸丑会元曹大章著，门生己未进士张祥鸢、男曹祖鹤校，孙曹宗球、曹宗璠、曹宗玙次"，单线鱼尾下不镌卷次而标以"序""表"等文体，卷首有蔡悉、王肯堂、王世懋序（浙江图书馆藏本无王世懋序）。所增之卷16为赋1篇，幛词1篇。《四库全书》别集类存目五所录即此本，王重民先生因为未曾见过《四库》存目之本，故认为："《存目》著录作十六卷者，因卷十又分上、下卷，馆臣合计之故也。"②《千顷堂书目》《明史·艺文

---

①　此本至早刻于万历末，理由是：张祥鸢撰曹氏行状及王肯堂所作序均云，大章有嫡子祖见、祖闻，皆早卒。二人虽已婚或已聘，但未曾留下子嗣，大章季子为祖鹤，乃庶出，当大章卒时，祖鹤尚在襁褓之中，至万历二十八年，祖鹤约为二十五六岁，此本所署"宗球、宗璠、宗玙"等诸孙，应为祖鹤所出，他们与乃父同校祖父之集时，至少应在二十岁左右，故当为万历末或天启初年。

②　王重民：《中国善本书提要》，上海古籍出版社1983年版，第632页。

志》则著录为"含斋稿二十卷",卷数不同,未知何故,似有别本,姑存疑待考。另外,日本内阁文库藏有《含斋先生文集》十二卷,谓为明末刊本①,笔者未见,待考。

曹大章别集中收有若干科举文字,如卷 11 有"论"4 篇,卷 12 有"廷试策"一道,卷 13 有会试"策论"5 篇,皆具参考价值。

二十三　王锡爵

锡爵字元驭,号荆石,江苏太仓人。以榜眼授编修,累迁至祭酒,以詹事掌翰林院,进礼部右侍郎。因与张居正不合,乞省亲,居正卒后,即家拜礼部尚书兼文渊阁大学士,参机务。万历二十一年,为首辅,颇欲有为,因建储一事为言官所攻,致仕。万历三十八年卒于家,年七十七。子王衡、孙王时敏皆有时名。

太仓王氏为诗礼望族,几代相传,王锡爵生平著述由其孙王时敏编辑刻行于万历四十三年,是为家刻本,含三种。(1)《王文肃公奏草》二十三卷,每半页 9 行 18 字,白口,四周单边,单黑鱼尾,版心上书名同于大题,卷端题"光禄大夫少保兼太子太保吏部尚书建极殿大学士王锡爵撰,翰林院编修男衡汇辑,尚宝司司丞男时敏校梓",有申时行序。(2)《王文肃公文草》十四卷,行款同《奏草》,卷端题名中无王衡,有万历四十三年乙卯何宗彦序,目录后有王时敏跋。跋云:"第迩年家变频仍,不肖幼羸多病,所汇集先稿不能十之五六。如诗稿,先公拈咏最多,而散佚不存,即赠酬短言在亲友扇头者,不肖经年广搜,未能成帙,独此阙焉,故当有待。"故此集中无诗作。此集末二卷为《荣哀录》及墓志、传状等,锡爵所作者实只十二卷。(3)《王文肃公牍草》十八卷,行款同前,有万历乙卯薛三才序。以上三种为单行之本,《千顷堂书目》卷 23、卷 30 分别著录,《明史·艺文志》则将《文草》与《牍草》合并著录为"诗文集三十二卷"。

除单行之外,还有汇印之本,现首都图书馆藏有《王文肃公全集》五十五卷,是将三集汇刊在一起,首《奏草》,次《牍草》,末《文草》,卷次和目录各自独立,申序、薛序、何序及时敏跋一仍其旧。浙江省图藏本另有方从哲序及天启二年何乔远《奏草序》,应为天启初汇印之本。

---

① 严绍璗:《日藏汉籍善本书录》,中华书局 2007 年版,第 1724 页。

汇印之外有汇刻之《王文肃公文集》五十五卷，是为《四库全书》所据以著录者，版式同前单行之本，封面有"绣谷唐氏广庆堂藏板"字样，可知已非家刻之板。首有申序、何序及时敏跋。卷数乃连续编次，卷1至卷12为文，卷13至卷30为书牍，卷31至卷53为奏疏，末二卷为《荣哀录》及墓志等。《四库全书总目提要》将奏疏漏记了一卷，故云"《王文肃集》五十二卷，附录二卷"。《四库全书存目丛书》影印了五十五卷本《全集》，《四库禁毁书丛刊》影印了五十五卷本《文集》。

王氏子孙于清代还曾几度重校重刊《王文肃公集》，均以明刊本为底本，此不一一赘述。

第三节 明后期会元别集

自隆庆至明亡虽然只有78年，却是明王朝在各方面变化最为剧烈的一段时间，带有个性解放意味的启蒙思潮席卷学术、文化、艺术、文学等精神生活的各领域，并波及整个社会现实生活，在与复古思潮及正统意识的相激相荡中，呈现出生气淋漓的活泼景观。但由于明末战乱的原因，此一时期的文集保存情况不如明中期，会元别集亦是如此，在此期的25位会元中，有别集存世者为田一俊、邓以赞、孙鑛、冯梦祯、萧良有、李廷机、袁宗道、陶望龄、汤宾尹、顾起元、许獬、杨守勤、曹勋、吴伟业、陈名夏15人，有些别集只存残本。见于著录者为刘必达1人。无集可考者为吴默、施凤来、韩敬、周延儒、庄际昌、华琪芳、李青、吴贞启、杨琼芳等9人。今据所见，将可考见者分述如下。

一　田一俊

一俊字德万，福建大田（今古田）人。廷试二甲三名，选庶吉士，授编修，进侍讲。万历五年，因张居正夺情之事，一俊与王锡爵等诣居正宅陈说大义，因忤居正，请告归。张居正卒后起复原官，屡迁至礼部左侍郎掌翰林院，教习庶吉士。约于万历十八年前后辞疾归，未至家，卒。

田一俊有《钟台先生文集》十二卷并附录一卷行于世，为万历二十八年福建巡抚金学曾所刻，每半页9行18字，白口，四周单边，无鱼尾，版心不相连属，不镌书名。卷端题"剑南田一俊德万父著"，卷2至卷6

的卷端有"万安门人郭惟清校"一行字。卷首有黄凤翔序及万历二十八年田一俊之子田元振、田元应识语。此集前十卷为文，共计245篇，末二卷为诗、赞、铭等韵语，共计215首，附录一卷为田氏祭文、志铭等碑传文字。

《钟台先生文集》至康熙四十六年又有田一俊侄孙田士昭重刻本，每半页9行18字，白口，四周双边，版心上镌书名。有康熙四十四年沈涵序、四十六年李兰英序。《四库全书》别集类存目六著录《钟台集》十二卷未知为初刻本抑或是重刻本。

二 邓以赞

以赞字汝德，号定宇，江西新建人。以廷试第三授编修，对座主张居正时有匡谏，不为张所喜，遂引疾归。后补原官，诏起中允，以奉母不赴，再起为南监祭酒，擢南礼侍，转吏部，疏请建储而不行，力辞不拜。居母忧，不胜哀毁而卒。

邓以赞登第二十余年，居官仅及一考（六年），仕情淡薄，主要以学术研讨为事，《明史》卷283本传谓其未第时从王畿游，传良知之学，《明儒学案》则只云"私淑阳明之门人，龙溪、阳和其最也"①。以赞秉承了江西浓厚的心学传统，不愿仅仅以言语文字传世，邹元标说他"澄神内照，洞彻性体……耻为纂述，绝不做应酬文字，万不得已，亦经十余年始应"②，拖至"十余年始应"，邹氏恐怕不免夸大其词了，但邓以赞现存文稿的确不多，且皆是门生戚友零散所记汇聚而成的，大致有如下四种。

《邓定宇先生文集》六卷，万历三十一年吴达可刻本，每半页8行17字，白口，四周单边，单黑鱼尾，封面镌"文洁公邓定宇先生文集，金陵万卷楼藏板"，卷端署"新建邓以赞著，南昌刘曰宁辑，吉水邹元标辑，宜兴吴达可编，金陵周文光梓"。卷首有万历三十一年吴达可序、邹元标序。吴序谓此稿得之于邹元标，邹序则谓"予乃搜求诸门人私相抄录以应命"。

《邓定宇先生文集》四卷，明周文光刻本，版式同六卷本，卷端题署

---

① （清）黄宗羲：《明儒学案》卷21《江右王门学案六》，中华书局2008年版，第491页。
② （明）邹元标：《愿学集》卷4《邓文洁先生集序》，影印文渊阁四库全书第1294册，第124页。

亦同，唯于每卷末有"金溪后学傅文兆校"字样，无序。是本估计为六卷本之重刻，篇次、卷次有所改动。《四库全书》著录此本，《提要》谓"宜兴吴达可为之付梓"①，说明六卷本与四卷本同出一源。

《新辑文洁邓先生佚稿》八卷，万历间万尚烈昌平刻本，每半页9行18字，白口，左右双边，卷端题"后学庐陵刘日升、豫章涂宗濬、盱江左宗郢编，伯兄邓以诰订，后学同邑万尚烈校梓"，有陶望龄序、左宗郢跋。左跋云："癸卯（万历三十一年），得考其遗文于先生伯兄敬斋公……将广而传之，以谋诸明自刘公、镜源涂公，而皆曰然。"则知是本乃由邓以诰搜集而成，"新辑""佚稿"云云，乃相对于吴达可刻本而言。

《邓文洁公佚稿》十卷，万历间万尚烈、何三畏刻本，每半页9行18字，白口，四周单边，卷端题署较八卷本多"门人云间何三畏校梓"字样，陶序、左跋俱存。每两卷有一目录，后镌"山阴后学王应遴、尹懋中仝阅"，此本恐是在八卷本之后又补入一些遗作而成。

总观邓以赞之集，概有两种，一为邹元标搜集之《文集》本，一为邓以诰编订之《佚稿》本，故《千顷堂书目》《明史艺文志》《传是楼书目》等均分别著录四卷本《文集》和八卷本《佚稿》两种。

三　孙鑛

鑛字文融，号月峰，浙江余姚人，孙升幼子。《明史》无专传，附见于孙燧传后。廷试二甲第四，本当入翰林，为张居正所阻，授兵部主事，历吏部诸司，管内外大计，甚精详，升太常少卿。丁忧后复除为右通政，擢佥都御史巡抚山东，升刑部左侍郎，改兵部，经略蓟辽，以功累升至南京兵部尚书，被劾归，年七十二卒。

孙鑛致仕后倾意图籍，辑注、评点了大量古籍，他自云"尝欲辑五车一笈，谓《易》《诗》《书》可云三坟，《周礼》《礼记》《春秋》三传可云五典，《仪礼》《管》《老》《列》《庄》《国语》《国策》《楚骚》可云八索，《荀》《韩》《吕》《淮南》《太玄》《史》《汉》《文选》可云九邱"②。明末江浙的刻书业极为发达，孙鑛辑评的这些古籍多数刻板刊行，产生了不小的影响，留存至今者仍不下30种，虽然有些可能是书贾为牟

---

① （清）永瑢等：《四库全书总目提要》卷179《文洁集》提要，中华书局1965年版，第1611页。

② 清光绪《余姚县志》卷23《孙鑛传》，光绪二十五年刻本。

利而伪托其名，但孙鑛与当时出版界关系密切则是事实。明代自万历以后，图书出版业兴盛，有多位会元与书商来往密切，大量图书以辑、评、选、注等形式标署了他们的名字，这一现象是值得注意和研讨的。

或许是由于长于"述"而短于"作"，孙鑛本人的诗文作品数量反而不多且质量平平，今存者有三种。一是《月峰先生居业》（以下简称《居业》）四卷，万历二十五年刻本，每半页8行16字，白口，四周单边，无鱼尾，卷端题"余姚孙鑛著，甥吕胤昌校"，有万历二十二年甲午孙氏自序。据吕胤筠所作《居业次编跋》云："先是丁酉，伯兄参藩公（即吕胤昌，引者按）乞先生初定文曰'居业'行于世，后起才豪奉为型式。"可知《居业》编成于万历二十五年丁酉，孙鑛时任兵部侍郎，总督蓟辽军务。

二是《居业》之后有《月峰先生居业次编》五卷，万历四十年吕胤筠刻本，每半页10行20字，白口，四周单边，单线鱼尾，卷端题"余姚孙鑛文融著，门人吕胤筠美箭校梓，吕天成勤之编次"，卷首无序，卷末有万历四十年吕胤筠跋。所收诗文为《居业》之后所作，卷1为诗，共358首，后四卷为文，共68篇。孙氏为余姚望族，几代仕宦，同邑吕氏亦为书香之家，吕玉绳、吕天成父子为孙鑛妻族之荫戚，亦是文字之交。

三是将《居业》正、续编合刻为《孙月峰先生全集》十二卷，刻于万历间，每半页9行20字，白口，四周单边，卷端题"余姚孙鑛著，姪男孙如洵辑"，首有万历二十二年自序。清徐秉业《培林堂书目》卷4著录"《居业集》三卷，又四卷，又《居业次编》五卷"①，大概四卷本《居业》之前，还有三卷本刊刻，《全集》是合此三种之数共为十二卷，《全集》于清嘉庆十九年有孙元杏重刻本，自序之外，有孙元杏所作跋，元杏亦孙氏后裔。

四 冯梦祯

梦祯字开之，浙江秀水人。早年苦读，登第后为庶吉士，以气节自砺，为张居正所不喜，遂告病归。从罗汝芳学，两人交谊在师友之间。居正殁后还朝，除编修，分考癸未（万历十一年）会试，多得名士。后京

---

① 林夕主编：《中国历代著名藏书家书目汇刊》（明清卷）第19册，商务印书馆2005年版，第278页。

察以浮躁谪官，自是益加颓放，又师事紫柏和尚，专精梵典，参求生死，落落尘外。万历二十一年，补广德州判，历南京行人司副、尚宝丞，累迁至南祭酒。在任督士甚严，文体士气，为之一变。然终为同僚所忌，被劾归。梦祯遂筑庵于西湖之滨，以"快雪"名其堂，凡九年而卒，年五十八。

冯梦祯与袁宗道、屠隆等一样，深受晚明文化思潮的影响，他一方面接受心学并更为注重自我本体的感性层面，另一方面又深研佛禅，求妙悟于第一义，其精神信仰介乎儒释之间，或者说形成了一种王学与禅学杂糅的人格。冯梦祯身为名士，仕为名师，又交游名僧，曾大力赞襄"径山藏"的刊刻，是当时文化界的风云人物之一。

冯梦祯的著作传世的有《快雪堂集》《快雪堂漫录》《历代贡举志》等，另有批点、选辑之书多种。《快雪堂集》六十四卷，为万历四十四年黄汝亨、朱之蕃所刻，每半页9行18字，白口，四周单边，单黑鱼尾，版心上镌书名，卷端题"秀水冯梦祯开之著"。有万历四十三年乙卯朱之蕃序、丁元荐序，万历四十四年丙辰焦竑序、顾起元序、李维桢序、黄汝亨序、朱鹭序，单从作序人数之众、名声之大来看，即可知冯氏交游之广。顾起元序云："伯氏骥子、仲氏鹓雏先后来白下，乃举《快雪堂集》属吾友黄贞父仪部校而行之，因醵同志捐赀以就其事。"可知此集本为家藏之稿，由冯氏诸门生故旧集资刊行。《四库总目提要》云："是编文六十二卷，诗只二卷，所作皆喜于疏快，不以刻镂为工，而随意所如，无复古人矩矱矣。"① 此集第46卷实为子部之杂录，后析出单行，为《快雪堂漫录》一卷，凡55则，杂记见闻异事，多言果报，间涉怪异，是为学佛之验。冯梦祯另有《历代贡举志》一卷，考叙历代取士之制，虽较简略，亦有可资考证者。

五　萧良有

良有字以占，号汉冲，湖北汉阳人。与弟萧良誉同为万历八年进士，人以"机、云"目之，称为"两萧"。良有殿试以榜眼及第，授编修，进修撰，充经筵讲官，历中允、洗马、谕德、庶子兼侍读。曾两次主考乡

---

① （清）永瑢等：《四库全书总目提要》卷179《快雪堂集》提要，中华书局1965年版，第1614页。

试，两次分考会试，孙承宗、朱国桢、孙慎行、吕兆熊等出其门，一时号称得人。万历二十三年，领国子监祭酒，慨然以北李（时勉）南陈（敬宗）自励，于时政多所指摘，给事中叶继美劾其侵六部权，良有遂上章乞归。家居八年而卒，年五十三。

  萧良有久任馆阁，所为文字以典诰居多，叶向高说他"为文章规摹台阁而以藻雅出之，要归于元气，卒如其人"①。其著述据乾隆《汉阳县志》卷20云："所著《玉堂文草》几百卷，未行世而遭兵火，仅存其什一。"②光绪《汉阳县志》卷3则云："生平博淹群籍，尤邃麟经，典制诸鸿篇操笔立就，著《春秋纂传》、《玉堂遗稿》若干卷。"③《玉堂遗稿》已为《四库全书》别集类所著录，而刊刻于乾隆十三年的《汉阳县志》只云《文草》，故《遗稿》估计为乾隆二十年至三十年间所编刊，为萧氏曾孙萧延昭编辑，可能未曾刊刻，今国家图书馆只藏有一个残抄本，每页18行22字，无格，存二卷，为序文30篇，诗则全无。笔者于方志中辑得萧氏诗作二首，姑录于此。

  禁苑春常在，黄花满秀柯。随风枝荡漾，近日影婆娑。香入灵均赋，芳传汉武歌。谁云桃共李，占取岁华多。④

——《西苑观菊》

  杨柳疏疏古渡斜，舟人遥指是龚家。新红水面迷秋鸟，空翠山腰映晚霞。七月烟波孤载酒，百年湖海几浮槎。机心已自全忘却，坐看鸥群卧听蛙。⑤

——《龚家渡》

前首显然是馆阁声口，后者为乡居时所作，境随时变，文亦因之，可见一

---

  ① （明）叶向高：《苍霞余草》卷11《明国子监祭酒赠礼部侍郎汉冲萧公墓志铭》，四库禁毁书丛刊集部第125册，第535页。

  ② 中国科学院文献情报中心选编：《稀见中国地方志汇刊》影印乾隆十三年刻本，中国书店1992年版第36册，第294页。

  ③ 《中国地方志集成·湖北府县志辑》影印光绪十年刻本，江苏古籍出版社2001年版第5册，第402页。

  ④ 清康熙《宛平县志》卷6，康熙二十三年抄本。

  ⑤ 清同治《汉阳县志》卷27，同治七年刻本。

斑。另乾隆《汉阳府志》卷 47 录有萧良有文三篇，可参看。

六　李廷机

廷机字尔张，号九我，福建晋江人。以贡入太学，举顺天解元，会试第一，廷试第二，科名仅次于商辂。授编修，累迁至祭酒。久之，迁南吏部侍郎署部事，召为礼部侍郎，代郭正域理部事。万历三十五年，以礼部尚书兼东阁大学士预机务，遇事有执，但性情刻深偏愎，在阁六年，屡为言官所论劾，视事实际不足一年。李廷机被论后，连上疏百二十余通乞退，遂赐传乘归。居家四年卒，年七十。李廷机个人品行其实并无大疵，其不得于言官，主要是朝内党争的结果，也暴露了明代官员监察体系难免于内耗的弊病。

自万历十四年至三十五年的历次科举考试，李廷机都曾参与了相关事务，还曾两度主持乡试，两度主持会试，在汲汲于仕进的士子心中，这样的经历、地位无疑具有相当的权威性，当时的书贾正是看中了这一点，故而在万历以后的出版物中，署名李廷机的较多，据《中国古籍善本书目》的著录，有不下四十种，这些书籍多数应为书贾的伪托，不过这也反映了李廷机在当时的科举出版物中具有较强的号召力。这些出版物中比较可靠的，据其本人所云为："暇中续成《春秋日讲章》，考永乐迄隆庆实录所载阁臣为《皇明阁史》，纂《国朝名臣言行录》，编《宋贤事汇》，删《通鉴》、《性理》书，著《四书臆说》、《家礼》、《家训》、《仕迹》若干卷。"①

李廷机的别集，据《千顷堂书目》卷 25 著录为《李文节公集》十八卷，今可见者为"中央图书馆"及日本内阁文库所藏之《李文节集》二十八卷十四册，乃崇祯间刊本，有叶向高序、洪启遵序（崇祯七年）、曹士鹤跋（崇祯四年）。叶向高序云："公没……再越岁，而公之友太常李公始哀集付梓，属余为之序"②，可知李集于万历末年已刊刻，叶序乃为初刻本而作。

今存者有南京图书馆藏残本三卷，为《燕居录》一卷、《家礼》一卷、《仕迹》一卷，为崇祯间曾樱刻，每半页 10 行 19 字或 9 行 22 字，白

---

① （明）焦竑：《国朝献征录》卷 17《大学士李先生自状》，明万历徐鉴刻本。
② 《"中央图书馆"善本序跋集录》集部（四），1994 年，第 363 页。

口,四周单边。版心分别镌"李文节燕居录""家礼""李文节集"。首有崇祯十五年壬午黄景昉序(有缺页)。但此三卷都是随笔性质文字,诗文部分已佚。

七 袁宗道

宗道字伯修,号石浦、玉蟠,湖北公安人。廷试本拟一甲,因与张居正同乡,改置二甲首,选庶吉士,授编修,充东宫讲官,历春坊中允,至右庶子,卒于官,年仅四十一。泰昌时,以东宫旧官之故,赠礼部侍郎。

袁宗道是公安三袁兄弟的老大,其早慧、早达却又早卒的一生,宛如流星一样美丽而短促。其小弟袁中道在《石浦先生传》中对兄长的为人、为学与为文作了详细而坦诚的评价,谓其"诗清润和雅,文尤婉妙,然性懒不多作,著有《白苏斋集》若干卷"(《珂雪斋前集》卷16)。

《千顷堂书目》卷25著录"白苏斋类稿二十二卷",《明史·艺文志》著录为"二十四卷",今二十四卷本未见,存者为二十二卷本《白苏斋类集》,为万历刻本,每半页9行20字,白口,左右双边,单黑鱼尾,版心镌"白苏斋集",卷端题"公安袁宗道著,弟宏道中郎、中道小修参校",首有姚士麟序。此集在宗道生前已经刊刻,其自述云:"中郎见弟近作,谬相称许,强以灾梨。"(卷16《答陶石篑》)一些坊间刻本可能产生于明末,多无直格,行间附有批点,卷端增题"东吴陆凤翀阅,云间陈继儒批"。清光绪间有重刊之《白苏斋类集》十八卷,系删去后四卷而成,字句亦间有出入,价值不大。

上海古籍出版社2007年出版了钱伯诚标点整理的《白苏斋类集》,在"版本说明"中,钱先生引袁中道《游居柿录》卷11所载之事,将标点底本定为万历四十二或四十三年所刻印,有一定道理,但袁宏道曾参校过《白苏斋集》一事,则不宜轻易否定,伯修所作小词及传奇二种,小修已说明"置之笥中,为鼠子嚼坏,竟不存于世",所以在此本中不存词作与传奇戏曲,但这不能作为宏道、中道没有参与编校的证明。

八 陶望龄

望龄字周望,浙江会稽人。及第后授编修,历中允、谕德,起国子祭酒,以母老乞终养,母丧,遘疾而卒。陶望龄与弟陶奭龄均笃嗜阳明之学,与同居词林的焦竑、袁宗道、黄辉等大讲性命之学,并精研内典,他们深受李贽学说的影响，是晚明新的文化思潮的代表人物。至于陶望龄的文学创作，钱谦益说他"好其乡人徐渭""万历中年，汰除王、李结习，以清新自持者，馆阁中平倩、周望为眉目云"。①诗文别集有《水天阁集》和《歇庵集》，今观存世诸本有十卷、十六卷、二十卷和十三卷四种。

《歇庵集》十卷是陶集最早之刻本，台湾图书馆见藏，前有万历辛亥（三十九年）王应遴序，序云："捐馆之始，即走谒其介弟君奭，愿授遗文，俾肩校梓之役，君奭搜括靡漏，卷帙浩多，欲加删定，以著雅醇。应遴不敏，未之敢闻，君奭遂束最抽精，诠次对雠，分为十卷，厥工乃竣"②，陶望龄卒于万历三十七年③，此本可能刊于38年前后，所收之作较后来诸本为少。台湾藏本为真如斋校刊，日本内阁文库亦藏有一本，谓刊于刘氏乔山堂，恐为翻刻本。

十六卷本《歇庵集》有两种，一为万历三十九年王应遴校刻本，每半页9行19字，白口，四周双边，无鱼尾，版心镌"歇庵集"，卷端题"会稽陶望龄著，山阴王应遴校"。有黄汝亨序、余懋孳引（万历三十九年）、王应遴序（万历三十九年）。王序略异于十卷本，末段改为"卷帙浩多，谓其间不无少作可弃之文，应世末情之语，欲加删定，以著雅醇。应遴曰：不然，先生道统天付，文固凤成，率尔之言，厥有深指，请从辑录，以备遗忘，若夫束最抽精，庶几早得，应遴不敏，未之敢闻，遂诠次对雠，分为十六卷，逾年，厥工乃竣"。另一种为真如斋刻本，行款同王应遴刻本，卷端题"明会稽陶望龄周望著，晋陵张师绎克隽校"，有黄汝亨序、余懋孳引、王应遴跋（万历三十八年），王应遴文字改为"跋"，为写刻，时间改为万历庚戌。此本是在十卷本之上增益而成的，前二卷为诗，凡409首，后十四卷为文，凡600余篇，颇为完备。

二十卷本《歇庵集》为乔时敏刊刻于万历末年，每半页9行19字，白口，四周单边，单黑鱼尾，版心上镌书名，版心下刻"本衙藏板"字样，附录三卷为"行略""祭文""挽诗"。卷端题"皇明朝列大夫国子监祭酒会稽陶望龄著，门生乔时敏校，友谢伯美、商浚、弟陶奭龄订，陶

---

① （明）钱谦益：《列朝诗集小传》丁集下，中华书局2007年版，第5818页。
② 《"中央图书馆"善本序跋集录》集部（四），1994年，第477页。
③ （明）余懋孳《歇庵集引》云："己酉春月，学使者瞻文成祠，欲揭宗旨，属剞师纂次，而师惠然删定，方及龙溪一卷，适以读《礼》搁笔，哀毁大过，数月而遽藏舟。"己酉为万历三十七年。

祖龄阅"。有黄汝亨序、余懋孳引、乔时敏后序。乔序署为"知仁和县事",考乔时敏为万历三十八年进士,万历四十至四十六年任仁和知县,本集当刻于此间。此本收诗380余首,各类文近500篇,虽少于十六卷本,但在编次上,将翰林"馆课"之作集中于末二卷,将论、策、会试卷等科举类文章集中于卷13,甚为得体。

十三卷本名《陶文简公集》,又名《水天阁集》,为天启七年陶履中刻本,每半页9行20字,白口,四周单边,单黑鱼尾,版心上镌"水天阁",卷端不著撰人名氏。序跋甚多,计有黄汝亨、余懋孳、乔时敏、胡承谟、陶履中等五篇,另有陶履中《校刻凡例》数则,其中云:"今分定十三卷,馆课二卷,功臣传一卷,共计一十六卷,行略、祭文原非手笔,今悉删去,以俟另梓",可知此本乃是在二十卷本基础上删削而成。另,万历末年,有陆梦龙辑《歇庵先生集选》四卷刻本,首有万历四十七年己未陆梦龙序,郑振铎先生曾收藏此本。

综上所述,陶望龄诗文别集各种版本的特点为:十卷本最早,十六卷本最全,二十卷本编次最佳,十三卷本又题作《水天阁集》,可作校勘之用。

九 汤宾尹

宾尹字嘉宾,号霍林,安徽宣城人。登第后授编修,晋中允、谕德,掌国子司业事,迁右庶子,升南京祭酒。嘉庆《宣城县志》谓其"雍中考课及分闱者三,所得皆当世名士,好奖借人才,士子质疑问难殆无虚日"[①]。事实上,汤宾尹在明季党争中是颇为活跃的,其拔识青年才俊恐怕也有自树一帜的用心存在,明龚立本《烟艇永怀》卷2即云:"汤宣城在党局中树赤帜二十年,望而畏之者比比是也。"如万历三十八年庚戌科会试,汤宾尹为房考官,为了取中韩敬,甚至越房搜取试卷,据说韩敬曾经贿赂考官,不知真实性如何,但后来汤宾尹终因此事被劾罢官。

汤宾尹在万历后期文名甚著,题署他的名字而刊印的书籍不下二三十种,当有伪托者。其自撰的诗文集《睡庵稿》曾数度刻板,今存世者尚有好几种,它们的版式行款皆大致相同,一般为每半页9行19字,白口,四周单边,单线鱼尾,其中较重要的有如下版本。

---

① 中国科学院文献情报中心选编:《稀见中国地方志汇刊》影印嘉庆刻本卷17,中国书店1992年版,第24册。

《睡庵文稿》初刻四卷二刻六卷三刻四卷，万历间李曙寰刻本，书口下刻"先月楼藏板"，卷端题"宣城汤宾尹著，金溪门人李曙寰校梓"，有梅守箕序。梅守箕是汤氏赏识奖掖的后进。

《睡庵诗稿》四卷《文稿》十一卷，万历刻本，版心上刻文体名"诗""文"，卷端题"宣城汤宾尹著"，有万历三十八年庚戌郭正域序，万历辛亥（三十九年）汤显祖序。

《睡庵稿》三十六卷，万历刻本，分《文集》二十五卷和《诗集》十一卷，卷次各自为起讫，版心刻"睡庵稿"以及文体名"序""碑记""诗"等，卷端题"宣城汤宾尹嘉宾著"，文集前有梅守箕序（万历三十年）、汤显祖序。诗集前有郭正域序。此集实为上两种版本的合刻，唯诗作又增加数卷。此集崇祯时印本另增入《视草》十六卷，题为"臣汤宾尹"，合之为五十二卷。有崇祯十五年壬午蒋德璟序。汤氏别集中"序"之一体达十二卷之多，其中书序不少，尤其以制义集序为多，这一方面说明他的文名之盛，求序者络绎于庭，另一方面也可证明他"奖借人才"的确是不吝余力的。

十　顾起元

起元字太初（或邻初），别署有遁园居士、澹真居士、蛰庵等，应天府江宁（今南京）人。以探花及第，授编修，迁南司业，历谕德、庶子兼侍读，升南祭酒、少詹兼侍读学士。天启初，为吏部侍郎兼侍读学士，以疾乞归，筑遁园闲居，屡召不起。崇祯元年卒，年六十四①。

顾起元善诗文，工书法，勤于著述，涉猎甚为广泛，见于《启祯野乘》《千顷堂书目》等著录的即有《说略》《客座赘语》《懒真草堂集》《归鸿馆稿》《四书私笺》《紫府奇玄》等多种，其中诗文别集基本上是以时间先后为界结集刊刻行世的，有如下四种。

《懒真草堂集》五十卷，万历四十六年刻本。诗、文分编，诗二十卷，文三十卷。每半页9行18字，白口，四周单边，版心刻书名，卷端题"江宁顾起元太初著，弟顾起凤羽王校"。有万历四十六年戊午自序，云："余二十年来所为撰缉纪述者，略具是集"，则是集所收为作者万历

---

① 实际上，顾起元自四十岁之后即处于半官半隐状态，《启祯野乘》卷7谓其"通籍三十年，立朝仅五载"，所授之职多数未赴任。至于顾氏生平，因其"遗命不乞志铭"，故所知不多，参见今人张惠荣校点《客座赘语》之书后附录，凤凰出版社2005年版。

二十六年登第之后二十年间所作诗文。诗、文卷次各自为起讫,大概亦曾有单行之本,后合之,故徐乾学《传是楼书目》著录为"二十卷",王重民《中国善本书提要》著录为"三十卷",是将诗、文分计也。民国初,蒋国榜辑《金陵丛书》,丙集中收入《懒真草堂集》,为诗集二十卷(缺七卷),蒋氏跋云:"《文集》三十卷,今并不传",估计蒋氏当年未见《文集》传本。今存诗文全帙者有杭州大学图书馆、山西文史馆及日本内阁文库。

《遁园漫稿》四卷,明刻本,每半页9行18字,白口,四周单边,单黑鱼尾,卷端题"江宁顾起元太初著",无序跋。是集按年份干支编为四卷,鱼尾下不标卷次,而标以"戊午""己未"等年份。起万历四十六年戊午讫天启元年辛酉,时间上正好接续《懒真草堂集》。

《蛰庵日录》四卷,天启四年刻本,每半页8行18字,白口,四周单边,单黑鱼尾,卷端题署同《漫稿》。亦以干支编次,为"壬戌上、下""癸亥上、下",共四卷,接续《漫稿》,收天启二年、三年所作诗文,首有天启四年顾氏自撰《小引》。《四库全书》集部著录顾起元诗文集,唯此一种。

《雪堂随笔》四卷,天启七年刻本,版式同《日录》,首有天启七年作者自序。仍以编年排序,唯不以干支标卷次,自天启四年至七年,年各一卷,卷内按先诗后文之序编次,略异于《漫稿》和《日录》。卷2附有《金陵卧游》诗60首,卷3附有《销夏小品》诗20首,皆为绝句。

以上《懒真》《漫稿》《日录》《随笔》四集皆按年编次,先后相续,搜集了顾起元自万历二十八年登第起至崇祯元年去世止三十年间的诗文创作,其连续性、完整性在明代会元别集中十分罕见。曹寅《楝亭书目》著录之"顾太初编年集十三卷十一册",概指后三集而言[1],今国图藏本中《随笔》为五卷,故三集相合正为十三卷(中国科学院文献情报中心藏《随笔》只有四卷)。另外,崇祯初傅振商辑有《顾太初先生诗选》二卷,今见藏于中国科学院文献情报中心。

十一 许獬

獬字子逊,福建同安人。廷试二甲一名(《皇明三元考》作二甲二

---

[1] 林夕主编:《中国历代著名藏书家书目汇刊》(明清卷)第15册,商务印书馆2005年版,第263页。

名），选庶吉士，授编修，万历三十四年（1606）卒于官，年仅三十七。生平所知甚少。

　　许獬主要以制义闻名，诗古文词不甚佳，今所知其别集有两种，一种为《许钟斗文集》五卷，万历三十九年许鸾刻本，每半页10行20字，白口，四周单边，卷端题"温陵许獬子逊甫著，弟许鸾校刻"，首有李光缙序。《四库全书》别集类存目六著录此本，《提要》云："是集大抵应俗之作，馆课又居其强半。盖明自正德以后，甲科愈重，儒者率殚心制义而不复用意于古文词。洎登第宦成，精华已竭，乃出余力以为之，故根柢不深，去古日远。况獬之制义，论者已有异议，则漫为古调，其所造可知矣。"① 评价甚低。此集又有万历四十年洪梦锡刻本，每半页9行19字，白口，四周双边，卷端题为"同安许獬子逊甫著，秀水洪梦锡嘉名甫校"，有李光缙序、蔡献臣序、周宇春跋（万历四十年）。

　　另一别集为崇祯十三年许獬子许镛所刻的《丛青轩集》六卷，每半页9行18字，白口，左右双边，单黑鱼尾，卷端题署中有许铉、许钺、许元辅等多人，皆为许氏子孙。有熊明遇序（崇祯十三年）、李光缙序、蔡献臣序、许镛识语。识语云："曩曾付剞劂有三集：一曰《九九草》，一曰《存笥草》，一曰《诗文集》。兹以集板渐秃，无可应求，乃鸠工重镌，因而搜增一二杂作，先成诗文一册，名为《丛青轩集》。"所谓"诗文集"者，或即《许钟斗文集》，这说明此集是在前刻本之上增订而成。

　　许獬另有《八经类集》二卷，《四库全书》入子部类书类存目，其余坊间出版物亦多有托名许獬者，不可信从。

十二　杨守勤

　　守勤字克之，号昆阜，浙江慈溪人。乡试第三，会、廷试皆第一，授修撰，升左中允，进右谕德、侍读，管理诰命，升右庶子，以册封事便道归家，卒。

　　杨守勤有《宁澹斋集》，《千顷堂书目》著录为十卷，皆为诗，国家图书馆有藏本，题作《宁澹斋全集》，为天启二年卓迈刻本，每半页9行18字，白口，四周单边，单线鱼尾。卷端题"句章杨守勤克之甫著，同

---

① （清）永瑢等：《四库全书总目提要》卷179《许钟斗集》提要，中华书局1965年版，第1620页。

社姚孟燨汝行甫校",有天启二年陈继儒序、卓迈跋、杨一琛跋。此本于崇祯间又有递刻,于诗集之前刻入文集十二卷,有李维桢序、刘尚信序(天启四年)、姜应麟序、刘荣嗣序(崇祯元年)。另附有《留芳录》及杨一琛《疏稿》各一卷。徐秉义《培林堂书目》卷4著录"全集诗八卷,文十二卷",诗卷之数有误。丁立中《八千卷楼书目》卷16著录"宁澹斋全集十二卷",则仅指文集而言。

十三　曹勋

勋字允大,号峨雪、穗子、东干钓叟等,浙江嘉善人。崇祯首科会元,选庶吉士,历官少詹事、翰林学士,至礼部侍郎。少从高攀龙讲学论道,以气节自许,值明末门户角立,言官交恶,曹勋自觉无所作为,遂告终养,杜门著述,明亡后不仕,年六十七卒。

曹勋的著述,见于书目和方志载录的有:《千顷堂书目》卷28 "《曹峨雪集》",《传是楼书目》集部 "《曹宗伯全集》四本"(《清代禁毁书目》同),嘉庆《松江府志》卷55 "《文集》十二卷,《诗集》十卷"(《明遗民录》卷23同),光绪《嘉善县志》卷19 "《易说》三卷及《存笥》《行笈》《未有居》《东干》诸集"。今就所见者,按刊刻时间分述如下。

《存笥》一卷、《行笈》一卷,崇祯初刻本,每半页7行18字,白口,四周单边,单黑鱼尾,版心镌书名,首有陈继儒、黄景昉、方拱乾、黎元宽序,方序作于崇祯二年,故此本应刻于此年前后,所收为作者未第时之作,凡诗201首。

《未有居近诗》二卷,崇祯刻本,版式同前,卷端题"武水曹勋允大父著,宜城刘若宰胤平父阅",无序,无目次,共收诗179首。

《南溪诗草》七卷,顺治初刻本,每半页7行18字,白口,四周单边,无鱼尾,卷端题"武水曹勋允大父著",首有曹氏自序。诗不标卷次,只以体裁编为7部分,凡327首,七律中有《乙酉初度》,乙酉为顺治二年,据此可知此本约刻于顺治初。

《东干诗草》一卷,顺治刻本,版式同《诗草》,卷端题"古吴曹勋允大父著"。首有曹学佺序(崇祯十七年)及作者自序。自序云:"兹编也,阅戌、亥、子三年,而余亦年周六十矣",据此可知,此集为顺治三年或五年间之作,故第一首为七律《丙戌元旦》(丙戌为顺治三年)。此集共收诗232首。

以上四集共十二卷，凡诗近千首，曹勋之诗作大致已萃于此。另据柯愈春《清人诗文集总目提要》卷2著录，"《曹宗伯全集》十六卷，清初刻，上海图书馆藏，9行20字，白口，左右双边"①，此本未经眼，不知是否包括诗、文两种体裁。

十四　吴伟业

伟业字骏公，号梅村，江苏太仓人。少负美才，二十三岁即以会元、榜眼登第，授编修，充纂修官、东宫讲读。崇祯九年主考湖广乡试，升南司业，晋中允、谕德、庶子。明亡后为弘光朝少詹事，入清，强征起为秘书院侍讲，升国子监祭酒。以嗣母之忧南归，抑郁不复出，卒年六十三。

吴伟业入仕之前已为复社巨子，后又以高第擢为宫詹学士，主乡闱，一时成为海内士大夫中引人注目的人物，但也正因为政治、文化身份的显赫敏感，使其终究难逃新朝的羁络，造成了其悲剧性的人生结局。吴伟业于明清之际诗名震耀人耳，其别集流传颇多，大致分为全集本和笺注本两种。

全集本通行者有二：一为《梅村集》四十卷，康熙九年刻本，时当梅村逝世前一年，犹及审阅手订②。此集为伟业弟子顾湄、周缵所编，凡文二十卷，诗十八卷，词二卷，有陈瑚序、卢紘序（康熙八年）。《四库全书》据此为底本收录，后来诸家之笺注本亦多据此本。另一全集本为《梅村家藏稿》五十八卷，宣统三年董氏诵芬楼刻本，有王式通序、董康跋。据董跋所云，此集得之都门旧稿本，原为六十卷，董氏厘为五十八卷，凡诗二十卷，文三十五卷，词二卷，诗话一卷。较之四十卷本《梅村集》多出诗73首，文61篇，四十卷本有而此本无者为诗文各8首，编为《补遗》一卷，又附录顾师轼所撰《年谱》四卷。涵芬楼据以影印，列入《四部丛刊》初编中。另据邓之诚所知，尚有顺治十七年所刻之十卷本，内中"有六十余首为藏稿所无"③，至今未见。

吴集之笺注本，较有影响的有三种：一为靳荣藩《吴诗集览》二十

---

① 柯愈春：《清人诗文集总目提要》，北京古籍出版社2001年版，第27页。
② 邓之诚《清诗纪事初编》云："《梅村集》四十卷，当是晚年自定，卢紘为之刻于康熙九年，犹及观成。"而柯愈春《清人诗文集总目提要》据卢紘作序时间，著录为康熙八年刊刻。
③ 邓之诚：《清诗纪事初编》，中华书局1965年版，第394页。

卷，乾隆四十年凌云亭刻本，有王鸣盛序、潘应椿序，乾隆四十一年又刻《补注》二十卷，颇征旧闻，甚为详赡。一为吴翌凤《梅村诗集笺注》十八卷，嘉庆十九年沧浪吟榭刻本。较靳注更为博洽，尤于清初之事搜求甚力。另一为程穆蘅《梅村诗笺》十二卷附词一卷诗话一卷，约成于乾隆三十年，后杨学沆于乾隆四十六年有补注。程笺本未刊刻，有嘉庆十六年黄氏士礼居抄本，今藏国图。民国十八年，俞庆恩将士礼居抄本排印收入《太昆先哲遗书》中。程笺改分体为编年，详于事迹，颇资考证。清初钱陆灿有《吴诗笺注》，久佚不传，唯于程笺中略存，尤为可贵。①

今人李学颖有整理集评之《吴梅村全集》，以《家藏稿》为底本，广参其他诸本，又从各种选本、总集、别集、方志、诗话之中搜讨散佚之作86篇，编为《辑佚》一卷，并收入传奇、杂剧三种，总计为六十四卷，是迄今为止最为详备的吴伟业集，收入上海古籍出版社《中国古典文学丛书》中，1990年出版。

十五　陈名夏

名夏字百史，江苏溧阳人。为诸生时已有名，登第后授编修，晋修撰兼户、兵二科给事中。明亡，先降李自成，后降清，复原官。以阿附多尔衮累擢至吏部尚书、弘文院大学士。数度被论劾，夺官，终以倡言"留发，复衣冠"被处死。陈名夏身处鼎革之际，大节有亏，顺治帝尝谓其为"辗转矫诈之人"，作为明代最后一科会元而又降附新朝，故清廷特与优待，以收人心。

陈名夏文名较著，诗文别集为《石云居集》，其中《文集》十五卷，有顺治三年自刻本，每半页10行20字，白口，左右双边，单黑鱼尾，版心刻"石云居"，卷端题"芝山陈名夏著"。首有顺治三年自序及佚名序一篇。李灵年、杨忠所编《清人别集总目》著录有清抄本，藏中国科学院文献情报中心。② 此集虽编次为十五卷，但前三卷所收序体之文已占其大半之数，后几卷每卷只存文二三篇，多寡不均。第三卷中存有他为自己编选的《国朝大家制义》而作的各家制义序文40余篇，陈氏对每一家制义的风格作了大致的归纳和评价，是明代较为重要的八股文文论。《石云

---

① 关于靳、吴、程三个笺注本之关系及优劣，参见上海古籍出版社1983年影印黄永年藏钞本《吴梅村诗集笺注》之黄氏前言。

② 李灵年、杨忠：《清人别集总目》，安徽教育出版社2000年版，第1281页。

居诗集》7 卷附词 1 卷，为清初刻本，每半页 9 行 20 字，白口，四周单边，单黑鱼尾，版心上下框不相连属，刻"石云居诗集"字样，无序跋，卷端题"芝山陈名夏著"。分体编次，共存诗 949 首①，另《声声慢》词一阕单编为卷八，不知是否有遗漏之词作。

以上我们逐一对会元别集的版本作了一些考述，为便翻检，我们制作了《明代会元别集主要版本简表》如下。

表 3-2　　　　　　　　明代会元别集主要版本简表

	作者	别集	版本	
		有集见存者（49 人）		
1	黄子澄	黄忠愨公遗稿二卷	光绪间袁玉麟卢黄合编本	
2	黄观	黄侍中遗集七卷	民国七年刻本	*
3	吴溥	古崖先生诗集八卷	明刻本	
4	林志	蔀斋先生文集十二卷	明蓝丝阑抄本	
		续刻蔀斋公文集十五卷	万历五年林□华活字本	
5	刘定之	呆斋稿三十一卷	万历二十二年杨一桂补刻本	*
6	姚夔	姚文敏公遗稿十卷附录一卷	弘治间姚玺刻本	*
7	商辂	商文毅公集十一卷	隆庆六年郑应龄刻本	
		商文毅公集十卷	万历三十年刘体元刻本	*
8	岳正	类博稿十卷附录一卷	四库全书本	*
9	彭华	彭文思公文集十卷	弘治十六年安福彭氏刻本	
		彭文思公文集六卷附录一卷	康熙五年彭志桢刻本	*
10	陈选	陈恭愍公遗稿不分卷	清抄本	
11	陆釴	春雨堂稿二十九卷续稿二卷	弘治间刻蓝印本	
12	章懋	枫山先生集九卷	嘉靖九年张大轮刻本	*
		枫山先生文集四卷实纪一卷	嘉靖二十五年虞守愚刻本、四库全书本	
13	吴宽	匏翁家藏集七十七卷补遗一卷	正德三年吴奭长洲刻本、四部丛刊本	*
14	王鏊	震泽集三十六卷	四库全书本	*
15	梁储	郁洲遗稿八卷	四库全书本	*
16	赵宽	半江赵先生文集十五卷附录一卷	嘉靖四十年赵禴刻本	*

---

① 柯愈春《清人诗文集总目提要》卷三著录云："凡分体诗八百余首，止于顺治九年，约刻于十年"（第 34 页），诗作数量统计与此本误差较大，未知何故。

续表

有集见存者（49人）			
	作者	别集	版本	
17	储巏	柴墟文集十五卷	嘉靖四年刻本	*
18	钱福	钱太史鹤滩稿六卷附录一卷	万历三十六年沈思梅居刻本	*
19	鲁铎	鲁文恪公文集十卷	隆庆元年方梁刻本	*
20	董玘	中峰文选六卷应制稿一卷	嘉靖三十一年董氏家刻本	
		董中峰先生文选十一卷又一卷	嘉靖四十年王国祯刻隆庆间修补本	
21	邹守益	东廓邹先生文集十二卷	隆庆六年刻本	
		东廓先生遗稿十三卷	万历间刻本	
		邹守益集二十六卷附录一卷	董平整理本，凤凰出版社2007年版（此本以上两本为底本整理）	*
22	霍韬	渭厓文集十卷	万历四年霍与瑕刻本	*
23	张治	张龙湖先生文集十五卷	雍正四年彭思眷刻本	*
24	李舜臣	愚谷集十卷	四库全书本	*
25	赵时春	浚谷先生集十三卷	万历八年周鉴刻本	
		赵浚谷诗集六卷文集十卷附永思录一卷疏案一卷	万历八年周鉴刻本	*
26	唐顺之	荆川集十二卷	四库全书本	
		荆川先生文集十七卷外集三卷	万历元年纯白斋刻本、四部丛刊本	*
		奉使集二卷	嘉靖三十九年唐鹤征刻本	
27	林春	林东城集二卷	嘉靖二十五年孔文谷刻本	
28	许谷	容台稿符台稿二台稿各一卷	嘉靖间黄希宪刻本	*
		许太常归田稿十卷	万历十五年吴自新刻本	*
29	袁炜	袁文荣公文集八卷诗集八卷	万历元年张德夫刻本	
		袁文荣公诗略二卷	万历三十三年袁氏家刻本	*
30	陆树声	陆文定公集二十六卷	万历四十四年陆彦章刻本	
31	瞿景淳	瞿文懿公集十六卷制科集四卷制敕稿一卷	万历间瞿汝稷刻本	*
32	傅夏器	重刻叔祖锦泉先生文集五卷	万历二十五年刻清初补修本	*
33	曹大章	曹太史含斋先生文集十六卷	万历二十八年曹祖鹤刻增修本	*
34	王锡爵	王文肃公全集五十五卷	万历间王时敏刻本	*
35	田一俊	钟台先生文集十二卷附录一卷	万历二十八年田元振刻本	*
36	邓以赞	邓定宇先生文集四卷	明周文光刻本	*
		邓定宇先生文集六卷	万历三十一年吴达可刻本	
		邓文洁公佚稿十卷	万历间万尚烈、何三畏刻本	

续表

	作者	别集	版本	
			有集见存者（49人）		

	作者	别集	版本	
37	孙鑛	月峰先生居业四卷	万历间刻本	
		月峰先生居业次编五卷	万历四十年吕胤筠刻本	*
		孙月峰先生全集	万历间刻本	
38	冯梦祯	快雪堂集六十四卷	万历四十四年黄汝亨、朱之蕃刻本	*
39	萧良有	玉堂遗稿存二卷	清抄本（残）	
40	李廷机	李文节公集二十八卷	崇祯四年曾樱刻本（残）	
41	袁宗道	白苏斋类集二十二卷	明刻本	*
42	陶望龄	歇庵集十卷	万历三十九年刘氏乔山堂刻本	
		歇庵集十六卷	万历三十九年王应遴刻本	*
		歇庵集二十卷附录三卷	万历末乔时敏刻本	
		陶文简公集十三卷	天启六年陶履中刻本	
43	汤宾尹	睡庵稿三十六卷	万历间刻本	*
44	顾起元	懒真草堂集五十卷	万历四十六年刻本、金陵丛书本	*
		遁园漫稿四卷	明刻本	*
		蛰庵日录四卷	天启间刻本	*
		雪堂随笔四卷	天启七年刻本	*
45	许獬	许钟斗文集五卷	万历三十九年李光缙刻本	
		许钟斗文集五卷	万历四十年洪梦锡刻本	*
		丛青轩集六卷	崇祯十三年许镛刻本	
46	杨守勤	宁澹斋全集文十二卷诗十卷	崇祯间刻本	*
47	曹勋	存笥一卷行笈一卷未有居近诗二卷	崇祯间刻本	*
		南溪诗草东干诗草不分卷	顺治间刻本	*
		曹宗伯全集十六卷	清初刻本	
48	吴伟业	梅村集四十卷	康熙九年顾湄刻本、四库全书本	
		梅村家藏稿五十八卷	宣统三年董康刻本、四部丛刊本	*
		吴诗集览二十卷补注二十卷	乾隆四十年凌云亭刻本	
		梅村诗集笺注十八卷	嘉庆十九年沧浪吟榭刻本	
		梅村诗笺十二卷附词、诗话	士礼居抄本、太昆先哲遗书本	
		吴梅村全集六十四卷	李学颖集评标校本，上海古籍出版社1990年版（以家藏本为底本）	*

续表

	有集见存者（49人）		
作者	别集	版本	
49 陈名夏	石云居诗集七卷	清初刻本	*
	石云居文集十五卷	顺治三年刻本	*

有集见于著录者（17人）

	作者	别集	著录
1	施显	两魁遗稿一卷	嘉靖常熟县志卷6
2	杨相	杨氏文集	同治泰和县志卷22
3	陈璲	桥门听雨集、逸庵集	千顷堂书目卷18
4	洪英	澹成集	千顷堂书目卷18
5	董璘	玉堂清余集	千顷堂书目卷18
6	陈中	介庵集	明诗纪事乙签卷2
7	叶恩	耻斋集	康熙临海县志卷9
8	陈诏	会元古义四卷	千顷堂书目卷19、光绪青田县志卷12
9	杨鼎	助费稿二十卷	千顷堂书目卷19
10	吴汇	松坡文集	同治新喻县志卷13
11	费訚	自考集、诏笑集、向阳书舍稿、补庵稿	光绪丹徒县志卷46
12	程楷	玉亭集	同治乐平县志卷9
		念斋文集十四卷附录一卷	千顷堂书目卷20、中国善本书提要页575
13	伦文叙	迂冈集十卷、白沙集十二卷	千顷堂书目卷21
14	邵锐	端峰存稿二卷、端峰集四卷	千顷堂书目卷22、徐氏家藏书目卷6
15	伦以训	白山集十卷	千顷堂书目卷22
16	金达	星桥集	乾隆浮梁县志卷11
17	刘必达	天如诗文集	乾隆天门县志卷8

无集可考者（21人）

俞友仁、彭德、宋琮、朱缙、赵鼎、刘哲、夏积、汪俊、陈澜、胡正蒙、蔡茂春、陈栋、吴默、施凤来、韩敬、周延儒、庄际昌、华琪芳、李青、吴贞启、杨琼芳

注：带"*"号者为本书论述中所用的主要版本。

总计共有49位会元有集见存于世（有些仅为残本），占明代会元总

数之 56.3%，其中明前期 11 位，中期 23 位，后期 15 位，中期会元别集存世较多与此一阶段社会的相对稳定、文化的相对活跃有关，前、后两期别集所存较少则主要与政治变动和战乱有关，这与明代其他文献资料保存的现状大致相似。

第四章

会元别集中的科举事象

在明代，每逢辰、戌、丑、未这几个年份，那些已身经百战并在各直省的乡试中得隽的举子便会格外忙碌①，他们怀着一份期冀和紧张交织的复杂情绪踏上了赴京应试的道途。如果是在此前一年刚刚中举且所属省份距京又较为遥远，则他们在八月底得知乡试结果之后便得备办行装、准备上路，因为会试之期固定在次年的二月初九开始。对于所有的应试者来说，会试之年的春节都不可能在家乡与亲人团聚。彼时，他们或者还顶风冒雪地奔走在长安道上，或者只能寄宿在价格低廉的旅舍驿站；又或者，他们已到达京师，正欣羡地领略着帝都的富丽繁华。但不论身处何地、身历何境，他们都没有泯灭内心中那份对于功名的渴望，而接下来的考试大典更加让他们坚信，此前所经历的诸般困苦都是值得的。

第一节 考试仪注与社会关系

在明太祖朱元璋的理念中，作为国家抡才大典的科举取士之制，具有十分重要的政治意义，对整个国家的治理将发生根本性的作用。早在明朝建立之前，他对此就已有自觉的认识和初步的谋划，吴元年三月（1367），朱元璋即明白表示"创业之际，用武以安天下；守成之时，讲武以威天下。至于经纶抚治，则在文臣，二者不可偏用也"，故"设文、武二科，以广求天下之贤"。② 到洪武三年正式颁布《科举诏》，又云

---

① 此就参加会试的主体而言。实际上，可以参加会试的士子身份比较复杂，既不限于举人，且举人参加会试亦分多种具体情况。关于此一问题参见（明）张朝瑞《皇明贡举考》卷一"入会试之人"条，《贡举志五种》，武汉大学出版社2009年版，第43页。
② （明）胡广等：《明太祖实录》卷22"吴元年三月丁酉"条，第322页。

"朕统一中国,外抚四夷,与斯民共享升平之治。自虑官非其人,有伤吾民,愿得君子而用之……使中外文臣皆由科举而选,非科举毋得与官"①。政策原则既立,相关制度随之。以教育为基础、以考试为核心、以铨选为延伸的一系列制度安排,相当严密地支撑起明王朝的政治体制。

一 国考朝仪

为了凸显国家大政的重要性、严肃性和皇权的神圣、威严,明廷对于科举考试仪式极为重视,将之作为国之嘉礼。这主要体现在国家最高级别的殿试环节。万历《大明会典》对殿试前后的一系列活动流程有具体的记载:

> 至日,上御奉天殿亲赐策问(仪见"策士"),诸举人对策毕,诣东角门纳卷出。受卷官以试卷送弥封官,弥封讫,送掌卷官转送东阁读卷官处详定高下。明日,读卷官俱诣文华殿读卷。御笔亲定三名次第,赐读卷官宴(仪见"策士"),宴毕,仍赐钞。退于东阁拆第二甲、三甲试卷,逐旋封送内阁填写黄榜。明日,读卷官俱诣华盖殿,内阁官拆上所定三卷,填榜讫。上御奉天殿传制毕(仪见"策士"),张挂黄榜于长安左门外,顺天府官用伞盖仪从送状元归第。明日,赐状元及进士宴于礼部,命大臣一员待宴,读卷、执事等官皆预,进士并各官皆簪花一枝(花剪彩为之,其上有铜牌,钑"恩荣宴"三字。惟状元所簪花,枝叶皆银,饰以翠羽,其牌用银抹金),教坊司承应。宴毕,状元及进士赴鸿胪寺习仪。又明日,赐状元冠带朝服一袭,诸进士宝钞,人五锭。后三日,状元率诸进士上表谢恩(仪见"策士")。明日,状元率诸进士诣国子监,谒先师庙,行释菜礼。礼毕,易冠服。礼部奏请,命工部于国子监立石题名。②

可见,殿试虽属礼部主持的考试,但完全是按照国家最高规格、动用国家力量来举办的,不仅皇帝亲自参加,而且考试地点奉天殿(今太和殿)也是举行最重要国事活动的地方。相关礼仪既繁琐隆重又神圣威严,

---

① (明)胡广等:《明太祖实录》卷52"洪武三年五月己亥"条,第1019—1021页。
② (明)申时行等:《大明会典》卷77《科举·殿试》,上海古籍出版社2002年版续修四库全书第790册,第408—409页。

充满了仪式感。《会典》所记就包括"殿试仪""读卷仪""传胪仪""状元率诸进士上表谢恩仪""进士恩荣宴"等,如"殿试仪"的情形为:

> 先期一日,鸿胪寺官设策题案于殿之东,光禄寺备试桌于两庑。至日早,礼部官引贡士入至皇极殿丹墀内东西,北向序立。文武百官各具公服,侍立如常仪。鸿胪寺官请升殿,上常服御皇极殿,鸣鞭。文武百官行叩头礼,侍班。执事官举策题案于殿中,内侍官以策题付礼部官,置于案上。鸿胪寺官引贡士就拜位,执事官举策题案由左阶降,置御道中,赞。贡士行五拜三叩头礼,各分东西侍立。执事官随举策题案于丹墀东,鸿胪寺官奏礼毕,鸣鞭。驾兴,文武百官退。军校举试桌列于丹墀东西,北向,置定。礼部官散题,贡士仍列班跪受,叩头就试。①

如此庞大的排场,如此精准的动作,配合着鸣鞭奏乐的声响,传达给应试者的无疑是皇家的气派、皇权的神圣以及皇恩的浩荡。士子们此时的感受将会深深地沉淀于脑海之中,成为此后为国尽忠的精神资源。

但史部文献提供的毕竟只是客观叙述,虽可看到人迹,却见不到人心。而细读明代会元的别集,却能从中看到更为丰富更为鲜活的考试场景。如正统七年壬戌科会元姚夔曾作《恩荣十绝》②,全面地抒发了他在会试、殿试系列活动中的感受,姑录如下:

> 虎榜初开霁色新,豪华济济欲争春。谁知久困桥门客,却作南官第一人。
>
> ——《礼部观榜》
>
> 纶音涣发曙初分,伏对丹墀日未曛。十载学成经济策,从头因得献吾君。
>
> ——《丹墀对策》
>
> 五色祥云捧日月,九重隐隐听胪声。自惭菲薄叨陪列,却羡冯京

---

① (明)申时行等:《大明会典》卷51《策士·殿试仪》,续修四库全书第790册,第102页。

② (明)姚夔:《姚文敏公遗稿》卷5,商务印书馆《丛书集成初编》第2141册,第67—68页。

独擅名。

——《玉阶传胪》

锃颁五锭价如千，换得乌纱拜九天。莫把此为观美具，好修德业继前贤。

——《恩颁宝币》

赐宴琼林得志春，宫花插帽带横银。醉归按辔长安道，尽讶蓬莱仙岛人。

——《宴锡琼林》

德高万古人心仰，道济三才庙貌尊。末学登庸惟圣泽，礼行释菜敢忘源。

——《释奠先师》

圣代恩隆进士科，勒名国学意如何。要期事业光前哲，千载芳声不可磨。

——《勒石太学》

视政天官地位清，纷纷多士听铨衡。虽然未与个中事，黜陟幽明已可评。

——《观政天曹》

十载寒窗事简编，喜叨三釜代耕钱。信知书有千锺粟，绝胜城边二顷田。

——《荣食天禄》

明代士人在科举入仕之前主要埋头于举业之学，从事于应试之文，诗词只是余事，不大经心。上引姚夔之诗，意、艺皆平，但完整地记录了会试揭晓、殿试对策、金榜题名、恩荣宴会、祭奠孔圣、勒碑太学、观政吏部、授职言官等事项，真实地抒写了面对巨大荣耀时自己的那份得意、感恩之情，勉励自己要"修德业"、要"光前哲"，充满了正能量。姚夔后来仕至礼部尚书，颇有大节，是明代前中期名臣，其立身行事不能说与进士得第时产生的深刻的国家荣誉感没有关系。

因殿试不再黜落，只进行重新排名的一场策问考试，其仪注又特别显耀，所以殿试在形式上的象征意义大于实际选拔作用。相较而言，会试的礼仪性较殿试为弱，但功能性更强，对于士子也更为重要，这也是明代政书中为何少见会试仪节的原因。我们爬梳会元别集，竟在刘定之的《呆斋续稿》中看到一篇《会试祝文》，这一意外发现可以补充明代会试考试仪注之阙，祝文如下：

> 维成化二年，岁次丙戌，二月朔癸酉，越七日己卯，会试考官、学士刘定之等敢告于天地神祇：兹者钦奉皇命，与司文衡，宜整愚忱，□求□□。然而才力有限，虑致缺遗，尤恐秉心或差，阴有向背，敢祈冥鉴。阴诱其衷，心目开明，去取罔误，□□之际，默有神助。其或违公徇私，拔庸黜贤，神其殛之。俾坠勿升，动与祸会，殃其嗣人，惟神鉴焉。敢告。①

这篇祝文是时任太常少卿兼翰林院侍读学士的刘定之担任成化二年丙戌科会试主考官时所作。据此可知，成化二年会试前一日（二月初八）举行了祝祈仪式，由主考官率领全体考试官向天地神明宣誓：在考试阅卷中要秉公评断，希望神明给以智慧的帮助和公平的见证。试官所发下的咒誓不仅危及自身性命（殛之），还祸及自家后人，可谓相当郑重严肃。这说明当时的会试阅卷官具有高度的责任感、荣誉感，愿以自身的人格和性命维护考试的公信力。据史载，成化二年正月，礼部奏议会试条例，认为"旧例考试官于初八日早入试院，一日之间，事务多端，整顿不及，宜预于初七日早入院为便"②，明宪宗批准了这一建议，则这次祝祷仪式是在贡院内举行的。此科考官以名节自励，严格选材，所取之士亦颇有以风骨见称者。明人笔记赞叹道：

> 近时言科目之盛者，多以丙戌（成化二年）为首称。然其间如罗伦上疏，论李文达夺情起复之非，卒著为令。章懋、黄仲昭、庄昶谏鳌山灯火之戏，陆渊之论陈文谥庄靖之不当，贺钦、胡智、郑已、张进禄辈之劾商文毅、姚文敏，强珍之劾汪直、陈钺，皆气节凛然，表表出色。后来各科，在翰林、科道、部属者，皆无此风，丙戌之科所以为尤盛也。③

---

① （明）刘定之：《呆斋续稿》卷2，四库全书存目丛书集部第34册，第192页。
② （明）刘吉等：《明宪宗实录》卷25"成化二年春正月丁卯"条，第503页。
③ 陈文新、赵伯陶等：《明代科举与文学编年》"成化二年三月"条引黄㬎《蓬轩类记》卷2，武汉大学出版社2009年版，第825页。

之所以形成如此集体性的耿直之风，与该科考试官在祝文中所表达的那种道义精神的示范作用是有关的。遗憾的是，现存所有会元别集中，除此篇之外，别无其他会试祝文的踪影。不知是相关主考官没有将此类文章收入个人文集？抑或是明代中期之后已不常举行此项仪式所致？此一问题值得探讨。

二 杏园恩宴

在进士考试的系列仪注中，最让人难以忘怀的或许是恩荣宴了。由官方举办的科举宴集活动分地方和中央两个层次，都起于唐代。前者为乡举考试之后，州县长官以传统的乡饮酒之礼宴请新贡的举子，歌《诗·鹿鸣》之章，故名为鹿鸣宴。后者为进士及第之后的宴集，源自唐代的曲江之会，且逐渐由新科进士自发、自费的娱乐活动转变为由朝廷出资组织的官方礼仪活动，象征意义逐渐超越娱乐功能，举办地点由水滨园林转向殿廷部苑，气氛也由轻松愉快转变为庄重和谐。其名称则各代不一，唐时称曲江宴、杏园宴、杏园探花宴等，宋代称为闻喜宴、琼林宴等，至元代改称恩荣宴，明朝因之。由名称的变化也可以看出此类宴集的正统化、礼仪化价值取向。

明代进士恩荣宴于传胪之次日举行。《明史·选举志》谓："洪武初，赐诸进士宴于中书省。宣德五年，赐宴于中军都督府。八年，赐宴于礼部，自是遂著为令"[1]，并"命勋臣一员侍宴"[2]，可见其重视[3]。会元别集中有关恩荣宴之作除上引姚夔一诗外，尚有成化二年丙戌科会元章懋《琼林赐宴》诗（《枫山先生集》卷九），成化十七年辛丑科会元赵宽《恩庆图》诗（《半江先生文集》卷七），弘治三年庚戌科会元兼状元钱福《琼林燕上作》（二首）（《鹤滩稿》卷一）、《恩荣赐宴》（二首）（《鹤滩稿》卷二）。这些诗作立意正大，用语庄严，虽非应制之作，亦具台阁风格。新科进士除了将感恩之情发于吟咏之外，还施之于丹青，以便留存形貌于后世，成化八年壬辰科会元兼状元的吴宽就记载了这样的一例。

---

[1] （清）张廷玉等：《明史》卷70《选举志二》，中华书局1974年版，第1700页。
[2] （明）申时行等：《大明会典》卷72《宴礼》，续修四库全书第790册，第332页。
[3] 关于明代进士恩荣宴的具体讨论，参见胡吉勋《从科举宴排位争议看明嘉靖初皇权之强化》，见《明史研究论丛》（第十二辑）2014年，第142—154页。

> 无锡陈君文美……成化辛丑（十七年）试于春闱，既捷，及廷试，遂登名二甲获赐进士出身。既偕同年侅宴如制，他日，复请善绘事者写宴归之图，时自观览。图成，乞予序其上。

查《成化十七年进士登科录》可知，这位陈文美名陈周，以国子监生中式，所治本经为《易经》，时年三十四岁。① 吴宽为此科会试的《书经》房考官，故吴宽并不是陈周的房师，更不是其座师（会试主考为座师），但吴宽对这位后学绘图以纪国家盛典、以铭朝廷恩荣的举动颇有同感，他以自勉的态度写道：

> 夫市人以一饭与人，必有所望焉，非徒与也。而受一饭者，亦必有所报焉，非徒受也。况宴重事，而况朝廷之宴之重者乎！故重其事则望于人亦重。盖所以警动其心，使之自尽焉耳。②

在吴宽看来，朝廷以功名禄位之恩施予新科进士，自然期望士子们知恩图报，尽忠于国家；而新进士们领受了国家的恩德，享有了令人艳羡的殊荣，则应该履职尽责，不负所望，正所谓"许国以身真尽命，感恩镌肺岂书绅"（钱福《恩荣赐燕》其二）③。在这里，恩荣与职守、施恩与报效成为君臣之间的交换关系，于是，进士恩荣宴便可以视作一种契约性的象征仪式，与进士题名榜、题名碑一样代表着君臣缔交的完成，也意味着身份的赋予。吴宽引一饭之恩为喻，也确有其真实性依据，恩荣宴除了形式意义之外，也不乏物质内容。章懋诗云"食分绫饼堆红玉，酒出黄封涌绛霞"（《琼林赐宴》）④，突出的是喜庆的红色。宴会酒席菜肴丰盛，水陆俱呈，虽不奢靡，但亦齐整，远非"一饭"那么简单。⑤

---

① 陈文新等：《明代科举与文学编年》引，武汉大学出版社2009年版，第1053页。
② （明）吴宽：《家藏集》卷41《恩荣图诗序》，影印文渊阁四库全书第1255册，第365—366页。
③ （明）钱福：《鹤滩稿》卷2，四库全书存目丛书集部第46册，第98页。
④ （明）章懋：《枫山章先生集》卷9，商务印书馆《丛书集成初编》第2149册，第336页。
⑤ 关于明代恩荣宴酒席情形，可查看万历《大明会典》卷114《进士恩荣宴》，续修四库全书第791册，第153页。

在这场科举胜利者的聚会中,新科进士都换上了新的服饰。在典型的科举等级社会中,不同功名、官阶的士人具有不同的服色穿戴。明代礼制规定的士人冠服有文武官冠服、进士巾服、状元冠服、生员巾服、吏员巾服、士庶巾服等几类,可见,读书人在中进士之前,不论是秀才还是举人都应着"生员巾服",进士及第之后则改着"进士巾服",其形制为洪武初年所定:

> 进士巾:如今乌纱帽之制,顶微平,展角阔寸余,长五寸许,系以垂带,皂纱为之。深色蓝罗袍,缘以青罗,袖广而不杀。革带,青鞓,饰以黑角,垂挞尾于后,笏用槐木。廷试后赴国子监领出,传胪日服之,至上表谢恩后谒先师孔子行释菜礼毕,始易常服。其巾袍等,仍送国子监交收。①

从类似于帽子的头巾到衣袍、腰带、笏板等,较之生员巾服更为细致复杂。这是正式场合穿着的礼服,其形制、用料、颜色等都有规定,不可随意,礼毕后仍着日常衣物。

上引姚夔诗《恩颁宝币》所云"换得乌纱拜九天",即指此如乌纱帽之制的进士巾,因有以皂纱(黑纱)制作的垂带,切合"乌纱"之义。又,钱福诗《琼林燕上作》(其一)云"昭代恩荣燕,人生得几回?独擎黄繖去,齐着绿袍来"②,"黄繖"即黄伞,因殿试后礼仪中有"顺天府官用伞盖仪从送状元归第"之举,而钱福为弘治庚戌科会元及状元,故有"独擎黄伞"之句。"绿袍"盖指"深色蓝罗袍,缘以青罗",蓝、青、绿三种颜色波长相近,古时常混用,如青草实为绿草。此处"齐着绿袍来",又牵涉另一问题,即钱福作为状元其冠服与一般进士有何不同。明廷规定,状元的冠服为:

> 朝冠,二梁。朝服,绯罗为之,圆领,白绢中单,锦绶蔽膝全。槐笏一把,纱帽一顶,光素银带一条,药玉佩一副,朝靴、毡袜各一双(俱内府制造)。礼部官引至御前颁赐,上表

---

① (明)申时行等:《大明会典》卷61《冠服二·进士巾服》,续修四库全书第790册,第249页。

② (明)钱福:《鹤滩稿》卷1,四库全书存目丛书集部第46册,第86页。

谢恩日服之。①

较之一般进士巾服，状元冠服显然更为光鲜齐整。进士戴头巾，状元则可戴冠；进士着深色蓝袍，状元则着红袍；进士束黑色革带（青鞓），状元则束银饰腰带。状元另有纱帽、锦绶、佩玉、朝靴、毡袜等物，皆为进士所无。这样装束起来的新科状元的确风采不凡，令人惊艳。但这套冠服是状元率诸进士上表谢恩之日穿着的，在此前的礼仪活动中，包括恩荣宴上，状元则与其他进士一样，只着进士巾服，故钱福于琼林宴上所作诗仍云"齐着绿袍来"，他也是此中"着绿袍"之一人。

恩荣宴上的新科进士除了服色光鲜之外，还有簪花之饰，也颇有意味。上引《大明会典·殿试》诸仪中有如下描述：

> 进士并各官皆簪花一枝，花剪彩为之，其上有铜牌，钑"恩荣宴"三字。惟状元所簪花，枝叶皆银，饰以翠羽，其牌用银抹金。

可见，参加恩荣宴的进士、官员等皆于帽檐簪花为饰，所簪之花以彩绸或彩绢裁剪堆叠而成，花上还贴有一面小铜牌，牌子上嵌刻着"恩荣宴"三字。而状元所簪之花是用银制的枝叶，再饰以翠绿的羽毛（孔雀之羽或翠鸟之羽），贴的牌子也是银制鎏金的，此即"状元金花"，有别于其他进士和与宴者所簪的绢花。姚夔诗中"宫花插帽带横银"（上引《宴锡琼林》）之句，应为泛指，因为恩荣宴上的新科进士包括状元在内均束"革带，青鞓"，乃是黑色的皮带，并非银制的腰带，而状元专有的"光素银带"要等到宴会次日才会赐予，并于再次日上表谢恩时穿着。

进士所簪之花为何种花卉，虽尚未见到明确记载，但想来以彼时之热闹气氛和皇家格调，应不会选择梅花、菊花、荷花之类寒素孤高之品，最有可能的大概为牡丹、芍药、桂花、杏花、桃花等。牡丹和芍药的花期均在五月间，与殿试之期不合，且花形偏大、花瓣繁复，不易制作。而更深一层来看，牡丹和芍药较合于唐人大方、奔放的审美取向，与明人偏于内敛的作风不尽一致，故明代进士于恩荣宴上簪戴牡丹和芍药于帽沿的可能

---

① （明）申时行等：《大明会典》卷61《冠服二·状元冠服》，续修四库全书第790册，第249页。

性不大。至于桂花，虽有"蟾宫折桂"的嘉名，但因花朵太小，几乎无法"剪彩为之"（如果是八月的秋闱，倒是可以使用真的桂枝）。桃、杏皆盛放于三四月的春间，代表着热烈喜庆和灿烂生机，殿试正当其时，进士及第恰合其意，所以以桃、杏为进士之饰是较为合适的。但桃花终究偏于妩媚，亦有薄命之说；而杏花与儒学、与科举之关系则较密切。如孔子曾讲学于"杏坛"，唐代科举有"杏园探花宴"，会试揭晓之榜别称为"杏榜"，进士及第被雅称为"探杏"等，因此笔者大胆忖度，明代进士于恩荣宴上簪戴的乃是一枝杏花。与科举相关的诗歌中，有不少使用杏花意象的，如正统十三年戊辰科会元岳正有"忆昔同探杏苑春""二十年前杏苑春"之句（《送周廷粲起复知饶州》《过东昌柬徐太守同年》）[①]，姚夔有"杨柳冒寒缘岸浅，杏花偷暖隔林然"之句（《憩宿大胜寺会诸同年有作》）[②]。在科举时代，杏花与春闱、槐花与秋闱、桂花与登第等都形成了一种不言自明的对应关系，给原本拘谨、严肃的社会科举心理带来了几分鲜亮的色彩和沁鼻的芬芳，为刚性的国家制度塑造了柔性的形象。

三 一生世缘

学优而仕是传统中国读书士人最常规、最正统也是最正确的人生道路，他们在这条程途上获得的喜悦、遭遇的挫折、忍受的辛酸、享有的荣耀，构成了人生最丰富的经历。在由"学"而"仕"的转换中，科举发挥了极为重要的制度性桥梁作用，因科举而滋生的社会关系和社会现象也便成为士人极为重要的人生际遇。

在因科举而结成的社会关系中，师生与同学是最重要、最直接的两种关系。以传统社会的"五伦"来看，同学自当属于朋友一伦，师生则无所归属，只能大致类似于父子一伦（民间有"一日为师，终身为父"的成语）。科举中的师生与同学，对于士人的仕途会产生持续而深远的影响。

以会元群体而言，就有好些师生关系，为避免叙述繁琐，特略示见表4-1。

[①] （明）岳正：《类博稿》卷2，影印文渊阁四库全书第1246册，第369、371页。
[②] （明）姚夔：《姚文敏公遗稿》卷4，商务印书馆《丛书集成初编》第2141册，第44页。

表 4-1　　　　　　　　明代会元座主、门生关系表

序号	师（进士科次）	生（进士科次）	关系来历	资料来源
1	商辂（正统十年）	彭华（景泰五年）	会试主考	王世贞《弇山堂别集》卷82、黄佐《翰林记》卷14
2	陈璲（永乐七年）	陈选（天顺四年）	同乡从游	嘉靖《浙江通志》卷46、《皇明书》卷15、《皇明名臣言行录》前集卷12
3	刘定之（正统元年）	章懋（成化二年）	会试主考、翰林院教习	唐龙《渔石集》卷3《枫山先生行状》、何孟春《余冬序录》
4	陈选（天顺四年）	王鏊（成化十一年）	督学南畿	《皇明人物考》卷6、王鏊《震泽集》卷31《临海陈公哀辞》
5	商辂（正统十年）	王鏊（成化十一年）	廷试读卷	尹直《謇斋琐缀录》卷4、祝允明《野记》卷4
6	彭华（景泰五年）	梁储（成化十四年）	会试主考	《明宪宗实录》卷175、张元忭《馆阁漫录》卷6
7	吴宽（成化八年）	赵宽（成化十七年）	会试房考	王昶《明词综》卷2、李调元《制义科琐记》卷2
8	彭华（景泰五年）	储巏（成化二十年）	会试主考	《明宪宗实录》卷249、张元忭《馆阁漫录》卷6
9	吴宽（成化八年）	程楷（成化二十三年）	会试主考	黄佐《翰林记》卷14
10	王鏊（成化十一年）	钱福（弘治三年）	会试同考	王鏊《震泽长语》
11	钱福（弘治三年）	汪俊（弘治六年）	会试同考	王兆云《皇明词林人物考》卷4
12	王鏊（成化十一年）	陈澜（弘治九年）	会试主考	《明孝宗实录》卷109、王鏊《震泽集》卷11《会试录后序》
13	吴宽（成化八年）	鲁铎（弘治十五年）	会试主考	王圻《续文献通考》卷46
14	章懋（成化二年）	董玘（弘治十八年）	南监从学	徐阶《世经堂集》卷18《董公墓志铭》
15	王鏊、梁储（成化十一、十四年）	邵锐（正德三年）	会试主考	张元忭《馆阁漫录》卷9、王鏊《震泽集》卷12《会试录序》
16	梁储（成化十四年）	霍韬（正德九年）	会试主考	《明武宗实录》卷109、梁储《郁洲遗稿》卷5《会试录序》

续表

序号	师（进士科次）	生（进士科次）	关系来历	资料来源
17	董玘（弘治十八年）	赵时春（嘉靖五年）	会试主考	《明世宗实录》卷 61
18	霍韬（正德九年）	唐顺之（嘉靖八年）	会试主考	《明世宗实录》卷 98、《明史》卷 197 本传
19	张治（正德十五年）	陆树声（嘉靖二十年）	乡试主考	于慎行《谷城山馆文集》卷 22《陆公墓志铭》
20	张治（正德十五年）	胡正蒙（嘉靖二十六年）	会试主考	《明世宗实录》320、谈迁《国榷》卷 59
21	张治（正德十五年）	傅夏器（嘉靖二十九年）	会试主考	《明世宗实录》卷 357、梁章钜《制义丛话》卷 12
22	袁炜（嘉靖十七年）	王锡爵（嘉靖四十一年）	会试主考	《明世宗实录》卷 506
23	胡正蒙（嘉靖二十六年）	陈栋（嘉靖四十四年）	会试主考	《明世宗实录》卷 543
24	陈栋（嘉靖四十四年）	邓以讚（隆庆五年）	会试房考	光绪《南昌县志》卷 31《人物志二》
25	王锡爵（嘉靖四十一年）	袁宗道（万历十四年）	会试主考	王世贞《弇山堂别集》卷 84
26	冯梦祯（万历五年）	顾起元（万历二十六年）	南监从学	冯梦祯《快雪堂集》卷首顾起元序
27	汤宾尹（万历二十三年）	韩敬（万历三十八年）	会试房考	《明史》卷 236《孙振基传》附韩敬、邹漪《启祯野乘》一集卷 7
28	施凤来（万历三十五年）	曹勋（崇祯元年）	会试主考	《崇祯长编》卷 6、谈迁《国榷》卷 89
29	周延儒（万历四十一年）	吴伟业（崇祯四年）	会试主考	《崇祯长编》卷 43、谈迁《国榷》卷 91

* 以上统计，以师生关系中学生一方的中式年份为序。

由此可见，会元间的师授关系主要因会试而产生，会试主考官是本科会试所有中式者的座师（亦称座主），会试同考官（房考）是各房中式者的房师，会试及第者对主考和房考而言，自称门生。座师与门生之间虽无举业文章方面的传授关系，但因考官将考生拔识于风尘之中，对之有登进之恩，故两者以恩义相结。至少在这种关系成为加剧明末党争的因素之前，作为重要的科举生态和政治生态关系是被充分肯定的。门生尊座主如师，被视为"礼"所当然，得到普遍的认同。此类论议较多，如黄佐认为"国朝设科目，士子礼座主如师，所谓士伸于知己者，亦礼当然也"①。谢肇淛也认为"策名朝廷，而谢恩私室，诚非所宜。然进身之始不可忘也，士为知己者死，执弟子礼非过也"②。师生间维系关系的方式有多种表现，其间有利的考量、有礼的持守，亦有情的抒发，内涵比较丰富，郭培贵先生对此有专门探讨，可以参看③。在会元别集中，师生交往而留下的文字不在少数，主要体现在彼此往还的书牍（明中后期尤多），酬唱赠答的诗歌，赴官、归乡的赠序，互为诗文集作序，祝寿的序文，以及墓志、墓铭等碑传之文。这些应用性的诗文是包括会元在内的明人别集的主体，如果我们单纯以近代以来西方传入的文学观念来衡量，这些文字便很难划入文学的范畴，其文学性不易把握更不好言说。但如果认为文学即人学，文学要反映人性、抒发人情的话，这些文字却正是在科举社会中生活的人的活记录。所以，将会元诗文置于科举文化的生态系统中来解读，有助于突破旧有文学观念，有助于探索和建立中国特色的古代文学研究话语。

表4-1所列数对师生关系中，有两对较为特殊，值得提出来略加讨论。

一对是商辂与王鏊。王鏊登成化十一年乙未科进士，此科会试的主考官为徐溥和丘濬，商辂则为殿试读卷官之一，且以户部尚书兼翰林院学士列名读卷官之首。显然，王鏊的座师是徐溥和丘濬，商辂并非其座师。但在王鏊的进士名次问题上，商辂似乎发挥了作用。据明人笔记，王鏊在殿试之前的乡试和会试中皆已拔得头筹，如殿试再中状元，则将追平商辂保持的"连中三元"的纪录，再创奇迹，商辂因此将之抑置于第三名，终于没有超越自己的成绩。此一科场逸闻，先后见录于明清史籍：一是尹直的《謇斋琐缀录》，云："商阁老三试首榜，及乙未读卷，有应首选者，商嫌其并己，遂下其首焉。"一是祝允明的《野记》，其文句与《琐缀录》几乎一字不差，考虑到祝氏晚于尹直30年而生，估计是转载尹书而已。一是查继佐《罪惟录》，云："鏊甲午解元，或曰鏊已拟状元，主考大学士徐溥心忌，抑置第

---

① （明）黄佐：《翰林记》卷19，影印文渊阁四库全书第596册，第1070页。
② （明）谢肇淛：《五杂俎》卷14，上海书店出版社2001年版，第289页。
③ 郭培贵：《明代科举中的座主、门生关系及其政治影响》，《中国史研究》2012年第4期。

三,后鏊作座师墓表,有微词。"① 此处将商辂易为徐溥,实误。徐溥并未担任此科殿试读卷,彼时也还不是内阁大学士(徐时任詹事府少詹事兼侍讲学士),应没有参与殿试排名之事。又遍查四库本王鏊《震泽集》,未见其所作徐溥墓表,今人吴建华点校之《王鏊集》(上海古籍出版社2013年版),搜罗佚文,亦未见此篇,恐查氏别有所见版本。《震泽集》中有《赠少傅徐公序》一文,是弘治十年徐溥致仕时王鏊为其送别之序,内云:

> 文贞(杨士奇)之文、文敏(杨荣)之识、文定(杨溥)之操,于公未知所先后,而休休之量独迈前人。言不必出于己也,惟其是;用人不必其所知也,惟其才且贤。见人一艺,汲汲然引用之不自知其贤也,其好贤乐善,不知古大臣何如耳。②

王鏊对自己的这位座师并未有微词,如果他为徐溥作有墓表,其中更不可能"有微词"。而"休休之量独迈前人"的徐溥也应该不会"心忌"尚无任何政治地位的新科进士,徐溥本人的科名成绩与王鏊相差较大,实无"心忌"之必要。③ 所以,《罪惟录》所记应属不确,查氏较为严谨地表示,此事仅为"或曰",他不为传闻的真实性负责。如此看来,尹直是此事的最早记录者。

尹直与徐溥、丘濬都是景泰五年甲戌科进士,商辂是此科会试主考,故他们都是商辂的门生。成化十一年时,尹直任翰林院侍讲学士,也是殿试的读卷官④,其所记应该具有相当的可信度,不是空穴来风。但《四库总目》评述《琐缀录》云:"于同时仕宦黜陟恩怨报复之由,亦颇缕悉,

---

① (明)查继佐:《罪惟录》志卷18《科举志》,四川大学编《中国野史集成》(第15册)影印嘉业堂藏手稿本,巴蜀书社1993年版,第532页。王世贞《弇山堂别集》卷82《科试考二》已载有此事,云"或曰鏊以乡会元有盛名,对策复当第一,阁老商公抑之置第三"(中华书局1985年版,第1561页)。可见,尹氏之说流传甚广。

② (明)王鏊:《震泽集》卷11,影印文渊阁四库全书第1256册,第258—259页。

③ 徐溥为景泰五年甲戌科进士第二人(榜眼),其乡试为第六名,会试为应天府第五十五名,参见《景泰五年进士登科录》,陈文新等撰著《明代科举与文学编年》引录,武汉大学出版社2009年版,第645页。

④ 此科殿试读卷官名单见《成化十一年进士登科录》,陈文新等撰著《明代科举与文学编年》引录,第950页。

而好恶之词或所不免"①，并举其丑诋吴与弼之事为证。尹直于其座师商辂究竟评价如何，便颇值得玩味。尹氏在为商辂所作墓志铭中，谓其"丰仪山立，襟度渊澄，词气温徐，平居敬慎不懈，接人恭逊……以经济为己任，以荐贤为首务……视古名相硕辅，如勃之厚重，崇之应变，旦之沉静，亦何忝哉"②，评价不可谓不高，此后史籍如《殿阁词林记》《皇明历科状元录》《皇明三元考》《明史》等多承此论。当然，尹直此文是应商辂之子所请而作的碑传之文，有所谀美是不能免的。综合起来看，笔者倾向于认为：王鏊之所以未中状元，商辂可能在其中提出过负面的意见，但应该不是他一人决定的结果。考虑到明代殿试读卷后，读卷官要将名次靠前的数份试卷上呈御览，由皇帝来钦点一甲（尤其是状元）名次，那么商辂在王鏊未中状元一事上所起的作用便不可作过高的估计。

另一对值得玩味的座主门生是霍韬的师生关系。霍韬是正德九年甲戌科会元，其两位座主是毛澄和梁储，霍韬也一直执弟子礼如仪。但在嘉靖初年的"大礼议"中，霍韬与毛澄因议礼立场不合而关系破裂，"遂不复称为座主"③。这是为了更高的政治立场而不顾师生之谊的做法。待到嘉靖八年，张璁和霍韬担任会试主考官，"戒诸生不得修弟子礼"④，这当然与其时的"大礼议"事件有直接关系。郭培贵先生认为张、霍的这一举动只是为了在与门生的关系中避免被动而故作姿态，其实并未放弃让所录士子执门生礼的要求。⑤

笔者认为，对于张璁与霍韬二人，恐怕需要区别认识。张璁曾七应会试不第，至年近五十方才获隽，是嘉靖帝即位后补行正德十五年庚辰廷试的二甲进士。"大礼议"中，张璁迎合世宗之意，首疏尊崇所生，一时骤贵，在嘉靖前期的政争中风头甚健。霍韬则与之不同，二十八岁（正德九年）中进士后即归乡成婚，读书于西樵山中。世宗即位后出仕，未几，因议礼不合而谢病归。至嘉靖六年方还朝，此后屡辞世宗加官之命，《渭

---

① （清）永瑢等：《四库全书总目》卷143，中华书局1965年版，第1218页。
② （明）尹直：《少保吏部尚书兼谨身殿大学士赠太傅谥文毅商公辂墓志铭》，（明）焦竑编《国朝献征录》卷13，学生书局1984年版，第425页。
③ （清）张廷玉等：《明史》卷197《霍韬传》，中华书局1974年版，第5214页。
④ （清）王士祯：《池北偶谈》卷1《禁师生》，中华书局1982年版，第18页。
⑤ 郭培贵：《明代科举中的座主、门生关系及其政治影响》，《中国史研究》2012年第4期。

崖文集》卷 1 至卷 4 中收有霍韬所上辞命之疏多通，如嘉靖六年九月，朝廷迁霍韬为詹事兼翰林学士，霍韬固辞，上疏云：

> 自杨荣、杨士奇、杨溥以及李东阳、杨廷和专权植党，笼翰林为属官，中书为门吏，故翰林迁擢不由吏部，而中书至有进秩尚书者。臣尝建议，谓翰林去留尽属吏部，庶不阴倚内阁为腹心，内阁亦不阴结翰林为羽翼，且欲京官补外以均劳逸。议未即行，躬自蹈之，而又躐居学士徐缙上，何愧如之！①

霍韬一向反对以公器树私恩，对于功名和权势没有张璁那样热衷。他为人性情豪爽，心地坦直，往往只论是非不顾恩怨，这种作风在激烈的政治斗争中便显得有些迂直倔强，不太讨喜。《明史》谓其"学博才高，量褊隘，所至与人竞，帝颇心厌之，故不大用"②，大抵是不错的。由此再来看霍韬在嘉靖八年《会试录后序》中的声明，便能理解他的不认门生，绝不是故作姿态、以退为进的策略：

> 圣上求才为社稷也，吾臣子贪以为功，得罪社稷孰大焉。是故多士进矣，圣天子不用为私臣，我百执事其敢曰"士由吾进，为吾门生"市私恩乎？又曰尔多士进矣，服事庶僚，鞠躬誓心，下卫生民，上卫社稷，图报圣天子，为帝室公臣，无德举主伛曲阿比以获戾社稷，是尔乃社稷之臣也。③

话说得正大，表达了他的公心。如果说从听言观行的角度来考查霍韬的行为，我们可以看到他在处理师生关系的时候是以礼相待又以理相争的。一者，"大礼议"初起时，霍韬座主、礼部尚书毛澄力持考孝宗，霍韬先是私下与之辩难，几度往还不果之后，才上疏论奏，而不像张璁那样揣窥帝意，以求速达。二者，与己丑科门生互不相认后，并不借机排陷。对于陈束、唐顺之等耿傲门生，张璁利用职权加以迁贬、罢斥，而霍韬不

---

① （明）霍韬：《渭崖文集》卷 2《辞免詹事疏》，收入《明史》时有概括改动，四库全书存目丛书集部第 68 册，第 498 页。

② （清）张廷玉等：《明史》卷 197《霍韬传》，中华书局 1974 年版，第 5214 页。

③ （明）霍韬：《渭崖文集》卷 5，四库全书存目丛书集部第 69 册，第 101 页。

仅未与其事，且仍与他们保持个人关系并时常予以帮助。所以，霍韬去世后，门生唐顺之、罗洪先、李开先等相约同往哭吊，李开先为之作《墓志铭》，称赞其"真能以古道处人己之间者也，虽千百人毁之，难以掩蔽其高明"①，由此可见，他们的师生情谊并不因政见异同而有所增损。如他门生黄正色为南海知县，霍韬族人在乡里横肆，正色绳之以法，霍韬不以为忤，反以之为贤。这些都可见出霍韬在处理私谊和公事时的正直态度，明末黄宗羲的评论可谓精当：

> 先生以议大礼与张、桂俱为上所宠眷，然张、桂赋性倾险，既猎取大位而仇视不同议之人。先生举动光明，于不同议之人如丰熙、杨慎、徐文华、唐枢、陆粲皆极力荐举。其所论列，动关安危大计。在吏部则铨政为之一清，在礼部则南中体统肃然，风俗为之一变。为举主不认门生，居乡不喜治生，直行其道，不顾是非恩怨。……今以先生与张、桂同类并称，是先生为张、桂所掩也。②

由以上商辂、徐溥、尹直、王鏊、毛澄、霍韬、唐顺之诸人的师生关系我们可以感受到，因科举考试而产生的座主门生关系是一种后天性的政治关系，彼此之间既无君臣般的政治伦理，也无父子般的血缘伦理，其关系之远近亲疏固然受到政治局势的影响，但也与当事人的秉性、作风有关。作为一种科举文化中的社会关系，这一问题还有深入讨论的必要，限于体例，在此不赘。

除了座主门生这样具有上下位性质的社会关系外，科举考试还建立了一种同位性的社会关系，那就是同榜登第者之间的同年关系。在唐代，以同榜中进士者为同年。明清科举中，同年关系扩大，乡试、会试同榜及第的举人、进士都互称同年，甚至同榜的优贡、拔贡等也可称同年。如果说座师与门生间还有录取与被录取的恩义关系，那么同年之间则仅因三场考试和一榜花名而定交；如果说座师与门生间有类似于父子的道德要求，那么同年之间就好比兄弟、朋友，他们的关系可能较为松散，可也能更有张力。

---

① （明）李开先：《李中麓闲居集》卷7，四库全书存目丛书集部第92册，第664页。
② （清）黄宗羲：《明儒学案》卷53《诸儒学案下》，中华书局2008年版，第1273页。

在会元别集中,有相当部分的诗文是作者与同年之间社交往还而产生的,这些社交活动包括同年集会、官职升降、致仕回籍、父母寿丧、诗词唱酬、赞像铭墓等,既有群体性交往,也有个体性行为,包含了传统社会中士人生活的主要方面。其中,同年会是同年之间联络感情的群体活动,发挥着交往、娱乐、议政、励志的重要作用。如以现存会元别集 40 余种作为样本,来扫描一下明代科举同年会的情况,大致能够得到这样一些信息。

(1) 同年会一般在京师举行。因每科进士散居各地为官,不便以其中某地为聚会之所。京师(包括南京)既是在京官员常驻之地,也是各地官员迁转、述职之地,来往较为频繁,有聚会之条件。即便是乡试的同年会,也可能选择京师为会所,如张治《应天同年录后序》(《张龙湖先生文集》卷3)记嘉靖十三年甲午应天府乡试同年 135 人于次年会于京师,"醵燕以齿"。这应该是新科举人们赴京应试而举办的同年会。

(2) 同年会的发起者、组织者、参与者皆以京官居多。在京任职的官员地位较高且消息灵通,在同年诸人中具有一定的号召力。其中,翰林院官员往往是同年会的积极倡导者,他们的科举名次一般靠前,文化修养较深厚,翰苑又是文学清要之所,有闲暇从事文学性聚会,他们甚至定期办会。

(3) 及第后举行的同年会规模最大,参会者热情最高。此后的聚会不定期举行,或因节庆而会,或因某同年入京、出京而会,或因纪念登第而会,或因久别而会,参加者一般远少于及第后的初会。

(4) 在同年会上,大家抛开科第名次、官位尊卑,一般按照年龄序齿而坐,具有欢乐和谐的平等气氛。会后可能刻印同年录、序齿录、履历便览等名录、职务资料,以为纪念和联络,卷首往往由有名位的翰林同年或曾经的座师房师作序。

就现存会元别集来看,明代中期的同年会较活跃,吴宽、王鏊都是同年会的积极参与者。尤其是吴宽,曾长期在翰林院任职,爱好诗文创作也乐于参加文学社交活动。《匏翁家藏集》中有多首诗歌涉及同年会,仅诗题标示出的就有不少,如《上元日刘道亨家作同年会》(卷14)、《同年会散夜赴济之》(卷14)、《同年会饮》(卷26)、《同年会,予以病不赴,简席间诸公》(卷27)、《癸亥正月九日,以张廷式工部自易州分司来,初作同年会于李时器宅,时器出松竹梅于盘,云岁寒三友,人各一物自拟,复同唱和》(卷29)、《十四日再会予家》(卷29)、《二十日三会廷式公馆,即杨文敏公朝房,所谓聚奎堂也》(卷29)。从这些诗作可以看出,在京官员的同年会比较频繁,宴饮和文事活动是同年会的主要内容。作为弘治十五年会试的主考官,吴宽还为此科的进士同年会作序,内云弘治十五年进士同年会于当年八月二十二日在城东武学举行,并说这是"循故例也",可见进士同年的初次聚会需在三月殿试结束几个月后举行,因为新科进士先要分在政府各衙门进行观政(即工作见习),待3至6个月之后方予授职。同年会在进士授职后举行,以便"书其人大略与所授官,刻之为《小录》"。吴宽在文中还认为:

> (同年会)莫盛于初会之时,盖其人皆聚于京师,方释场屋之累而观朝廷之尊,且被冠裳之华而无簿书之冗。一旦张筵合乐,举觞劝酬,其情岂不畅且适哉!①

吴宽看重同年初会的畅快轻松,鼓励门生们建功立业,不以官之美不美为意,而应以人之善不善自勉。如果说同年初会畅如春风,那么同年再会则可能味如陈酒,霍韬在《世谊序》中就表达了这样的感受。嘉靖十八年,霍韬时任南京礼部尚书,在神乐观,他与六位同年以及两位同年之侄举行了一场聚会。此时距他进士及第(正德九年)已有25年之久,一些同年已经故去,一些同年已不通音问,霍韬颇有感触地说:

> 昔同登第,皆少且壮,今皆衰将耄矣,日月几何,离合增减,盍为会!……同年之情,在初年未知重,盖合海内之人群于一日,情未浃而志意未孚。情未浃,难以强亲;志意未孚,难以强相信,故于初年未知重。迫于晚年,得丧异感,际遇异途,仕处异迹,崇卑异位,近远异地,老壮异年。于是义气同联,欣戚同情,怀念自如同体。感聚散升沉之迹,自同慨切于心,非伪强尔也。②

在经历了世事的磨洗之后,当初同榜同仕的人们有着各自不同的人生,但回望这段旅途,不管境遇有多大差别,都不免有悲欣交集的同感。面对同年之友,抛开地位、身份,霍韬说出了人生的实感,一年之后,霍韬卒于

---

① (明)吴宽:《家藏集》卷44《弘治壬戌进士同年会录序》,影印文渊阁四库全书第1255册,第398页。
② (明)霍韬:《渭崖文集》卷5《世谊序》,四库全书存目丛书集部第69册,第99页。

南京任上。

在明代，只有举人和进士才有座师、门生与同年的关系。对于为数众多的生员和童生而言，虽然没有座师和同年，但一定会有业师和同学，所以因科举而结成的社会关系就如稠密的网，每个读书应举的人都在其中，都是科举生态系统的一个部分。

第二节　耳目闻见与理性审思

科举作为帝制时代的一种制度在1905年已被废除，百余年来，科举是否还存在？答案似乎是肯定的。作为文化，科举还发挥着潜在的影响；作为考试制度，科举已经转变为其他形式，深入到读书人的生活中。就全社会的高关注度和对人生道路的重要性而言，高考是科举考试的遗存，具有身份赋予的职能；就选官功能而言，各级公务员招考是科举考试的遗存，承担国家公务人员选拔的职能。但是，在价值多元化的当今社会，不论是在高考压力下苦读的学子还是汲汲于国考、省考的求职者，都完全不能体会科举时代士子们的那种艰苦辛酸与热切癫狂并存的感受。如果返回历史的现场，去贴近科举中人的耳目闻见，去重新思考一遍他们曾经的思考，将是一件有意思的事，也是一次对当下考试制度的基因追寻。

一　坊牌虚名与功名实效

明代是中国科举制度发展的鼎盛时期，不仅教育、考试、铨选等相关制度完备，而且形成了整个社会的科举风气，举国上下皆极为重视，真正形成了"草泽望之起家，簪绂望之继世。孤寒失之，其族馁矣；世禄失之，其族绝矣"①的局面。在这样的情况下，科举功名就不仅只是能够带来物质利益的选官资格，也是一种标示文化教养的学衔，更是一种象征身份地位的精神荣誉。这种荣誉，会记载于各级科举录中（如乡试录、会试录、登科录、同年录、履历便览等），会登载于朝廷邸抄之上，会收录于府、州、县学的档案资料里，会留存在各地的方志中，会在家族谱牒上

---

① （五代）王定保：《唐摭言》卷9《好及第恶登科》，商务印书馆《丛书集成初编》第2740册，第81页。

散发熠熠光彩,当然,还会流传在闾里乡民的口头上。荣誉的传播通过有形无形的途径发生着。而对于会元这样的高端科举功名,还有另一种光鲜而"深刻"的传播方式,那就是科举牌坊。

牌坊(会元别集中多称为坊牌)是中国古老而独特的建筑类型,其表彰、纪念的符号意义远大于实用性功能(空间分界)。牌坊产生、演变的历史和形制特点不是我们关注的对象,我们只是利用现有研究成果,结合会元别集中提及的科举牌坊,对科举功名的传播问题略作讨论。

有学者通过样本统计认为,现存的明代牌坊以颂扬科举考试或仕途上成就卓越的人为多,贞节牌坊虽占了一定数量,但是保留下来的并不多,清代则将建坊旌表的重心转向了贞节妇女,而进士牌坊的数量是极少的①。据此看来,表彰科举功名是明代国家荣誉的重要内容,科举牌坊是明代科举的重要实物见证。明代的科举牌坊始于洪武年间,《皇明贡举考》载:"洪武二十一年,任亨泰状元及第,太祖曰新状元得人,敕有司立坊牌以荣之。故坊上特揭圣旨字,他坊惟恩荣小匾。此我朝天下坊牌之始。"②

综观现存明代会元别集,提到科举牌坊的并不多,只有商辂、章懋、赵宽、赵时春、唐顺之五人的数篇诗文,但却值得玩味。其中,赵宽最简,乃在一首七言律诗中提及进士坊,诗为《恩庆图为白辅之员外赋》:

> 君家科甲擅清芳,试看毗陵进士坊。谁羡鸣珂张相里,未惭通德郑公乡。上卿剑履依龙衮,群季衣冠接雁行。都下锦袍春戏彩,国恩家庆两无央。③

诗歌赞颂了常州(古称毗陵)白氏家族科第延绵的盛况。因书香继世,这个家族在品德和势力上都傲视乡间,最重要的是家族后继有人,在最近一科的春闱中,新进子弟们又领受了国恩,传来了及第的捷报。在诗中,"进士坊"是一个标志,是"科甲清芳"的表现,以下的铺排如谁羡张

---

① 周科南:《浙江现存明清牌坊的建筑形制及相关问题研究》,硕士学位论文,浙江大学,2017年。

② (明)张朝瑞:《皇明贡举考》卷1《坊牌》,四库全书存目丛书史部第269册,第481页。

③ (明)赵宽:《半江先生文集》卷7,四库全书存目丛书集部第42册,第221页。

相、未惭郑公、剑履、衣冠等都由进士坊生发而来。诗歌由"进士坊"起兴，实现了形式（起承转合）与内容（起家、继世）的融合，是一首典型的科举诗。

商辂是明代唯一的连中三元者，这一成绩在整个中国科举史上也居于顶尖者之列。因此，商辂的荣誉是不仅拥有一般的进士坊、状元坊，而且还有世所稀见的"三元坊"，在商辂的文集中我们就发现一篇《谢李郡伯建三元坊启》①，因为珍贵，故全录于此：

> 三元及第，今为隔世之虚名；刺史表闾，又作他时之故事。未尝忘我，何以报公？昔高密为郑康成建通德门，颍阴为荀朗陵改高阳里，皆邑令崇一乡之虚誉，与时流为千载之美谈。孰若榆魁之坊，出自相公之笔，如坐会同馆而张冰篆，如游法华寺而睹邕碑。波戈峙金凤而欲飞，闾巷疑著龟而再转。虽进士之科未复，然化民之意已多。
>
> 某因念平生，真堪一笑。衮龙殿上，尝夸独对之三千；朱雀桥边，今作寻常之百姓。进不得陈箕子之《洪范》，退而发挥郭氏之《中庸》。辟山学效嘉眉之规，借时文明孔孟之意。松间倡道，岂无考德问业之人；花外小车，亦有事亲从兄之乐。然或预司徒之役，则又如举子之时。伐树削迹之仇，吾知免矣；毁瓦画墁之咎，谁能兴之？不图三十年金榜之名，增重二千石银钩之字。成前比部使欲为之志，动昔年乡人助喜之心。十字街头，如浮屠之起废；一千年后，与华表以俱存。何荣如之？可感多矣。
>
> 兹盖伏遇某官，□维间气，河右俊人。泉府培风，善计江西之财赋；□林借径，饱看天上之图书。肯为朱幡皂盖而来，大是碧漳清江之福。论振文诛奸之政，季弟元兄；用留耕救荒之心，召父杜母。使七八月遂雩坛之祷，使三百川无溱洧之忧。一日而百废具兴，三年而四境皆治。遂令迂阔，亦属作新。
>
> 某虽奉几筵，敢忘荣戟。武陵太守，屡许访于桃花；黎家小童，竟空吹于葱叶。未由胥晤，曷尽多言。某敢不佩此寸衷，铭之百世。薛少保三大字，长如甘棠蔽芾之卷；杨文贞一瓣心香，愿祝仙李蟠根

---

① （明）商辂著，孙福轩编校：《商辂集》卷11，浙江古籍出版社2012年版，第235—236页。此文不见于万历三十年刘体元刻十卷本《商文毅公集》，只见于万历间韩敬求刻三十卷《商文毅公全集》，今人孙福轩整理商辂集，以刘刻本为底本，增入韩刻本诗文多篇。

之盛。其为皈嚮，无任敷荣。

商辂此封骈文书启作于晚年致仕居乡之时。文章首先感谢了地方官李某的高义，称赞李氏题写坊名的书法高妙，然后在追忆当年登第盛事之余，感慨目下老有所成，最后颂扬李某才能出众，治民有方。对于三元坊之建造，商辂虽有谦辞（如"虚名"云云），但内心是倍感荣耀的，因为有明以来百余年间（商氏卒于1486年），仅此一人而已。三元之功名已达极致，不可能被超越，对此，商辂不无自豪地表示"十字街头，如浮屠之起废；一千年后，与华表以俱存"，他希望自己的荣名与石坊永存。然而世事无常，五百余年后的今天，明代的科举牌坊已所存不多，商辂的"三元坊"亦不见踪迹，状元的荣光只能在后人的悬想中复现了。今存于浙江上虞市的渔家渡牌坊有两座，分别是会元—世科坊和榜眼—绣衣坊，是为弘治十八年会元董玘而建造的，其中，会元坊如图4-1所示。

图4-1　董玘会元坊牌（周科南摄）

与商辂的高调纪念相比，章懋、赵时春和唐顺之等人都力图辞免会元坊的建造。章懋德行文章冠绝一时，任南京国子监祭酒时深孚众望，致仕后又得享高年，可谓齿德俱尊，郡县官员想为他建优礼耆宿坊牌，他婉拒说：

> 某非其人，滥叨耄耋之年，素无学行之实，碌碌于世，虚负此生，甚为可愧。……不肖自揣，则何德可以表厥宅里，何善可以勒诸贞石，未免贻笑于乡人，而取讥于后世，此某所以不容不辞免也。又

> 某于年少之时尝忝乡荐，及举进士，世俗皆有坊牌，尚且力辞不为。今老病垂死，晚节末路，乃复为此，岂不丧失平生之所守乎？①

所谓"素无学行之实"当然是谦逊的表示，而担心贻笑乡人、取讥后世恐怕才是其真心所虑。与章懋同时的陆容在《菽园杂记》中曾这样概括当时滥建坊牌的情形：

> 今旌表孝子节妇及进士举人，有司树坊牌于其门，以示激劝，即古者旌别里居遗意也。闻国初惟有孝行节烈坊牌，宣德、正统间始有为进士举人立者，亦惟初登第有之。仕至显官，则无矣。天顺以来，各处始有冢宰、司徒、都宪等名，然皆出自有司之意。近年大臣之家，以此为胜，门有三坐者、四坐者，亦多干求上司建立而题署，且复不雅，如寿光之"柱国相府"、嘉兴之"皇明世臣"，亦甚夸矣。近得《中吴纪闻》阅之，见宋蒋侍郎希鲁不肯立坊名，深叹古人所养有非今人能及者。吾昆山郑介庵晚年撤去进士坊牌，云无遗后人笑也。②

陆容与章懋生年相同，却早卒近30年，陆容所言世情，章懋恐怕都有所耳闻目见。"取讥后世"之忧正是顾及身后之名，毕竟谦德给人带来的名声较之一座有形的牌坊更为长久。出于同样的考虑，章懋还辞免了当地知府为之建造官名坊牌的提议，并建议将预算经费用于建造祠堂前坊牌，以助公益。③

唐顺之亦有多封书牍中向当政者表达辞免建坊的意愿，并对坊金有所安排④：

---

① （明）章懋：《枫山章先生集》卷2《与鲜御史冕》，商务印书馆《丛书集成初编》第2144册，第59页。
② （明）陆容：《菽园杂记》卷12，中华书局1985年版，第145—146页。
③ （明）章懋：《与赵知府叔鸣》，《枫山章先生集》卷2，商务印书馆《丛书集成初编》第2144册，第67—68页。
④ （明）唐顺之著，黄毅、马美信点校：《唐顺之集》卷9，浙江古籍出版社2014年版，第389、391、392、405页。

> 辞免坊牌一事，向已面请，此非敢矫情近名，盖以此生苟不至于饥饿，则毫发不敢有所取于世，庶几《伐檀》诗人之所谓耳。(《谢欧阳石江巡抚》)
>
> 一牌坊之费四五十金，计工二十人有奇。一工计役三四旬，则是二十余人计役七八十旬有奇。崇虚迹，捐寔费，无裨丝发，有损寻丈，此仆为暴殄已过矣。己丑与第时，曾随例给牌坊直百金，且仆既有牌坊直矣，又为仆建牌坊，是两费也。(《与郭似庵巡抚》)
>
> 兹辱赐牌坊价五十金，再拜感激，益不自堪。曩时郭、徐诸公按于兹土，亦尝以此惠见及。(《答舒云川巡按》)
>
> 更承示区处牌坊银事，往时所辞诸牌坊银，只为未有所处，遂至久而不知所用之矣，今用以修理书院，不惟此银得有所着落，且于风教有补焉，甚善甚善！(《与徐少初县尹》)

由此，我们知道了当时一座坊牌的大致造价，知道了进士及第时朝廷照例会给予建坊资金，知道了顺之以会元及第所得坊金为纹银百两，满可以建造一座宏大气派的会元牌坊。而如若当时辞免不建，则此坊金亦会发与本人支配，顺之居乡讲学，便以这笔资金修理书院，昌大学术。至于文中所云当地抚按官员惠赐牌坊价银之事，因笔者对明代科举经济未有了解，只能存疑，留待以后探讨。

虽然明代建造科举牌坊之风甚盛，但会元别集中所涉甚少，原因何在？通过以上粗略的扫描，我们倾向于认为：正因举人、进士等科举牌坊的大量营造，形成了一股功名崇拜的俗滥之风。会元作为南宫第一人，其本人和社会舆论都会对他的文化修养和道德修养提出更高的要求，要克制自己随俗慕名的一面，要珍惜自己的羽毛。① 所以，要么推辞建造牌坊，要么一字不提。会元别集的这种不写之写，是值得我们玩味的。

仍以章懋为例，虽然他极力推辞官府为之建造科举坊牌，但并不意味

---

① 可举一事为例。唐顺之在为林春（嘉靖十一年壬辰科会元）所作墓志铭中提及，林春"始调文选，会御史论君受牌坊银事，虽众以为妄，然君独自念束发兢兢砥行遭点染，居常引咎不惬，欲解官又业已为之，既任事又曳掣缩缩不自得。曹又多事，君日夜其间，固甚瘁。居无何病，一夕卒"(《唐顺之集》卷14，浙江古籍出版社2014年版，第625页)。由此可见，在牌坊及其经费一事上，高端功名获得者因自身的道德标杆形象而产生的心理压力。当然，这一情形也会因人因时而异。

着他对功名对举业的态度是否定性的。章懋以二甲第 17 名进士及第被选为庶吉士，散馆后授编修，其才学是出众的。身居翰林院，本可以平稳顺遂地逐步升迁，渐跻膴仕。但不久章懋即因上书论宫内元宵鳌山灯火过奢，而谪为临武知县，品级虽未降，但中外差别甚大，寻改为南京大理寺评事，逾三年，迁福建按察佥事，政绩颇著。但任满之后，章懋坚求致仕，遂以四十一岁的壮年闲居林下。归乡二十余年间，章懋足迹不履城府，专以读书讲学为事，四方弟子执经问业者甚多，以清望高风为世所重。对于举业功名，章懋的态度是既有批评警醒，也不乏世俗认同。在《书室铭》中，他感叹道：

> 嗟世之人，志在科第。剽窃为工，括帖是记。于理茫然，苟图富贵。亦有诵书，为文是资。口不绝吟，手不停披。含英咀华，琼琚其辞。二者之学，为人而已。世俗所荣，君子所鄙。①

在与后学诸生的交往中，他多次勉励学子要崇正学、戒名利，如云"正学不明，往往溺于利禄科举之习，士风不正，富贵是谋""尤不可如习举业者，但借圣贤言语，以敷演为文字而已""愚意欲吾友读书讲学，而知行并进"（《答东阳徐子仁》，《与张冬官用载》）。

另一方面，章懋也认为，士子在社会上生活，举业功名也是不可缺少的，是士人立身的基础。在登第之初，他即向业师表达：

> 区区从事于呻吟佔毕者十余年，于道竟无所见，于心竟无所得，惭负明教多矣。今者奉亲命就试春官，非敢遽志乎富贵也，亦曰欲释去举业之累，得以专志于学耳。（《登第后寄乡先生》）②

举业既为拖累，何不彻底放弃？答案是否定的，因为在当时的社会条件下，举业对于士人的安身立命具有重要的基础性作用，对于立志从事为己之学者提供了物质保障，即便作为工具和"余事"，举业仍然具有相当

---

① （明）章懋：《枫山章先生集》卷 4，商务印书馆《丛书集成初编》第 2145 册，第 130 页。

② （明）章懋：《枫山章先生集》卷 2，商务印书馆《丛书集成初编》第 2144 册，第 43 页。

的价值。章懋本人如若不是高中进士,又如何衣食无忧地高卧于林下讲学问道呢?毕竟,如颜子那样箪食瓢饮而自得其乐的境界不是一般人能够达到的。对此,章懋是有充分认识的,他说,"自昔贤人君子,处顺境而乐之者易,处逆境而乐之者难……寻乐为孔门第一事,是固然矣,而非初学之可至也"(《复郑御史克修》)。因此,他并没有要求自己的学生一味地追求精神愉悦,反而尽可能地利用自己的影响力为他们延誉、请托、关说。《枫山集》中有多封书信涉及此类事情,如推赞谢铎(《与陆克深》),延誉陆瑾(《与李廷章副宪》),为乡人张昊、姻友朱隆久困场屋而请托关说(《与林亨大》《与邵国贤宪使宝》《与谢方石鸣治》),为门生诸葛渊、陆震、董遵等向当道者陈情,请求关照(《与沈副使仲津》《与谢方石鸣治》)等。在家书中,他对族侄章侨寄予厚望,得知其进士及第,他颇为欣喜,去信说:

今幸登进士第,老怀为之喜而不寐也。国家取士以进士为重,在内则列官朝著,在外则郡县正佐,皆为显仕,足以行其所志。异时为名卿贤大夫,垂勋竹帛,皆自此始,不亦美乎!……昌大吾章氏之门者,唯拯与汝而已。(《与族侄处仁》)①

在章懋看来,科第的世俗荣耀与学问的严谨充实和品德的高尚醇厚之间,并不天然地构成矛盾,两者甚至可以统一为表里相辅的关系,如他说"科目之所取,学官之所名者,专以文艺,或诋其非,某窃以为不然。夫文艺,道德之精华也,深于道德,然后能工于文艺,较其艺者,固将以观其德也"(《丹徒县学科第题名记》)。

这些看法当然卑之无甚高论,但由此可以见出明代前中期理学的求实学风,以章懋为代表的程朱派理学家,对于科举采取的是务实的态度,将之作为手段和津梁,以"不患妨功,惟患夺志"的精神从事举业,也便不妨借助功名的荣耀和科举的资源获得现实的帮助。如果说科举功名的光环在明代前中期还只是转化为政治资本,令拥有者获得仕途显达的实际效果;那么,到了明代后期,在商品经济快速发展和世风日趋逐利的背景

---

① (明)章懋:《枫山章先生集》卷3,商务印书馆《丛书集成初编》第2144册,第103页。

下，像会元这样的高端功名，便可以与市场结合，变现为可观的经济资本，获得不菲的实际利益。实际上，万历以后的明代会元，已经有不少人与文化市场关系颇密，会元科名的公信力为他们带来了利益的回报。晚明出版了大量科举用书，很多书商借会元之名扩大销路，标榜会元评选、会元注释等，在这一浪潮中，孙鑛（万历二年科）、汤宾尹（万历二十三年科）、顾起元（万历二十六年科）、许獬（万历二十九年科）、施凤来（万历三十五年科）等人比较活跃，其名经常为书商所借重，如《新镌会元汤先生批评空同文选》《新刻汤会元辑注国朝群英品粹》《新刻顾会元注释古今捷学举业天衢》《鼎锲施会元评注选辑唐骆宾王狐白》《施会元选编历科会解元脉》《汤若士先生默阅汤许二会元制义》等，都很畅销。

晚明科举与出版的关系，是一个值得探讨的课题，学界已有一些成果，笔者不拟展开论述。仅以会元别集来看，这一关系滋生了一类文章，那就是"时文序"。在万历以后的诸位会元的别集中，为科举文集（别集或总集）所作的序言明显增多，如在孙鑛、冯梦祯、陶望龄、汤宾尹、顾起元、吴伟业、陈名夏等人的文集中，都有不少时文集、时文稿的序言，有些甚至多达2—3卷（如陈名夏《石云居文集》卷1—3）。这些序文一般是为朋友、学生的制义文集而作，说明文集作者非常看重会元之名，因而请之作序。会元们也确在序文中表达了自己对于科举文章的见解，是研究他们的科举观、文学观的重要资料，也是研究明代科举文学、科举文论的重要内容。

总之，会元功名经由坊牌、口碑、出版物等这些有形无形的途径传播延绵，通过名誉与效果、利益的相互转换而存在于现实的生活中。它见之于人、事，闻之于口、耳，即之无形却又鲜活具体，如果要考察科举生态、科举文化，功名的传播将是一个很好的角度。

二 外在设计与内在超越

作为科举的成功者和受益者，会元们对科举怎么看？他们是过河拆桥的批评，还是感恩戴德的赞颂？是查漏补阙的修正，抑或是得鱼忘筌的超越？对这些问题的回答，有利于我们看清明代科举史和文化史。

一般而言，明代士大夫对科举之制虽有一些意见和不满，但整体上是加以充分肯定的。这样的评价格局，也表现在会元群体之中。在非常正式的、庄重的场合，会元们都会充当国家政策的积极代言人。作为高中会、殿二试的佼佼者，会元的任官常以翰苑台阁为主，这就让他们有较多机会参与科举考试的组织管理和试卷评阅。如果担任会试或乡试的主考官，他们还将出题或写作程文，并作为中式者的座主受到尊崇。在会试录和乡试录的卷首、卷尾，将各有一篇由正、副主考创作的序文，这些序文作为一种荣耀被收入了会元个人的文集中。序文的作法虽然没有明文规定的格式，但基本的信息必须传达，如考试的时间、地点、考生人数、录取情况、参与官员的职衔姓名等。在叙述完这些信息之后，作者便从不同的角度对考试进行论议，但不论从哪个角度立论，最终都要归结为对当下制度的肯定，即所谓"颂圣"，这与他们的身份有关，也与彼时写作的文体有关。如将会元别集中所有乡、会试序文汇集起来，不仅可以补充现存科举录之阙略，而且可以体察会元在相同文体要求下的不同思路和文笔，也是一件有益有趣的事。

但我们更想关注的是会元对身处其中的科举有何意见和建议，当然就不能囿于试录序这样的文字，而要观照更多的内容。刘定之的《呆斋前稿》保存了十卷之多的策论，在卷7礼类策论中，有三篇论及历代学校取士之制以及武举等问题，刘定之借此表达了自己通变的历史观，认为：

> 历代科举之制，虽非隆古虞周之比，然苟行之以其道、主之得其人，亦皆足以得士。方今斟酌其制而用之，不为不善，第在持权衡者何如尔……若乃诸生之自为谋，则固曰：业患不能精，何患有司之不明，行患不能成，何患有司之不公哉！①

这样的见解固然平正通达，但可以说只是原则性的。科举取士的本质在于求贤得人，但如何得人、得怎样的人，刘定之都没有回答。如何保证持权衡者的公正和水平，则更是一个难题。只是一味安抚应试者做好自己本分，是没有说服力的，现实中的确存在有司不明、不公的情况，也的确存在业能精、行能成的考生没有被拔识的情况。不过，我们也应看到，在刘定之所处的明代前期，科举生态还是较为健康、清明的，刘定之所云有其时代特点。

至明中期开始，明代科举逐渐出现一些问题，也引发了士人的思考。

---

① （明）刘定之：《呆斋前稿》卷7，四库全书存目丛书集部第34册，第108页。

与刘定之一样长期任职于翰林院的吴宽是著名诗文作家、书法家,对文字有着特别的敏感,他以切身体会提出:以文词取士,不足以全然凭信。

> 自古之宾兴法废,舍德与行,惟于艺而考之。文词亦艺也,出于心思而著为手迹,犹夫言也,惟于言而取,乃可疑焉。……今之取士徒据纸上数千言能合乎理,通乎政务,而文采可诵,以为能尽其人,可乎?

科举所要选拔的人才,简而言之是德才兼备的人,所谓德与才,就是能够体现、贯彻和实施统治者治国理念、政策的人。仅仅根据对儒家经典的熟稔阐释,是否就可以判断一个人合乎政治的要求,吴宽对此是存疑的,他提出:

> 必以明经为本,端其习尚,已为近古。至廷试复赐之策问以观其志,既第其人则授以官,授以官则试以事,试以事则考其绩。其在外服而来朝者,又使各述所职以察之。是故取之于前者虽据乎文词,考之于后者必本乎政绩。①

即以更加多元的过程性考查来弥补文词取士的不足。其实,明廷何尝不是这样做的呢,以四书五经命题,是为端其本;以时务策问试士,是为观其志;以进士到各衙门观政,是为试以事;三年、六年、九年的考绩,是为责其效。应该说,明代科举从教育到考试再到铨选,是形成了制度的闭环的,但为何仍有人才淹滞、士风躁竞、文风夸诞等诸种弊窦产生呢?笔者认为,科举是一项复杂的国家工程、系统工程,法(制度)、人(人心)、文(文词)三个关键要素及其互动关系是科举运行的基本形态(如图4-2所示),要动态地处理好三者的关系是非常不容易的。

吴宽的思路是,从文之不足据,进而求法之足以凭。而如果考虑到人这一要素,考虑到人性、人情的复杂性,则科举之法的推行与科举之文的表现将更加难以限定,将会衍生出更多的变化。在吴宽之前和吴宽之后的

---

① (明)吴宽:《家藏集》卷43《壬戌会试录序》,影印文渊阁四库全书第1255册,第387页。

```
        人
         ↑
         ↓
        科举
       ↙    ↘
      法 ←→ 文
```

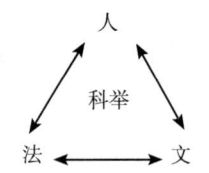

图 4-2　科举运行的基本形态

会元中,就这两个要素发表意见的,都可以从"科举中的人"的角度加以解读。如岳正(正统十三年会元)指出:

> 夫今之科目异于古之乡举里选。乡举里选任情,科目任法。法有疏密而士有浅深,以疏密之法求士,得士之浅者已云幸矣……况所贵乎科目者,为时所尚,易于通显而已。上焉者藉之以行志道,下焉者资之以取富贵。①

岳正的意思是,人有万般而法总需一定,以一定之法求万般之人,是难以尽其所有尽其所用的。从内在动机而言,在科举仕途中的人又大致有"求道以行其志"与"谋利以遂其欲"两端,这两方面在人心中所占的比例分量因人而异。前述章懋的功名观,正是调谐求道与求利的紧张关系,将求利限制在一定限度之内,不使之扩张为谋利、逐利。

作为考试文体的科举之文有功令的要求,遵循这些"排比牵合"的要求,可能会"使人笔势拘挚,不得驰骛,以肆其所欲言"(吴宽《家藏稿》卷41《旧文稿序》)。不遵循这些要求,一则会使文章的可比性降低,难以考较;二则会带来士子思想的纵肆,难以统一。前者不利于操作,后者不利于统治,都是统治者所不愿看到和接受的。科举之文在晚明发生了巨大的变化,反映了思想界、学术界对科举的渗透和突破,曾担任南监祭酒的冯梦祯(万历五年会元)描述了当时科举文风的"乱"与"伪":

> 夫有司以术笼士而券之乎文,浅矣。而文且日弊,无道德之泽,六艺之腴,先民之典刑,而逞其臆说,饰其芜词。剿竺乾之余渖以为

---

① (明)岳正:《类博稿》卷5《送邱孟博典教宜兴序》,影印文渊阁四库全书第1246册,第400页。

玄，袭市井之恢谈以为通，言愈肆而愈浮，意弥凿而弥诡，虽广厉申饬，再三惟勤，而积习已深，改途不易。……今日之文洋洋洒洒，本之经术矣，安知他日不借经术以文奸也；今日之文平淡无奇，发挥理奥矣，安知他日不易淡为浓反平为险，而沉酣世味也；今日之文明白正大深切事情矣，安知他日不为不鸣之凤，结舌清时也；今日之文奇彩浓肤，郁为国华矣，安知他日不以文章贡佞也。①

稍晚于冯梦祯的公安派健将陶望龄（万历十七年会元）也对科举文风的变化有切身体会，在一篇制义文集序言中，他说：

> 予自通籍来，经生制举之文略已再变。壬辰、戊戌间，文士务极才力，旁摭广骛，庶几乎浩瀁无涯涘之观，而偭法毁方，浮浊不泚，往往有之。至辛丑后，其能者率刊华吐腴，相高以理相羒以态，其流又纤俭寒弱，不复振耸。人第见夫潦收水清为可爱玩，不知继以消缩且趣于竭也。今之经义犹古之诗歌也，其盛衰皆足以观世。②

陶望龄试图以世风之变来解释文风之变，虽未展开论析，但把握的角度是合适的。

面对体现为文的人的多样性，考试文体存在着兼顾规范、可比与丰富、个性的两难。问题的提出是容易的，改进的方案却需要智慧。明人大致从两个方面进行了努力，一方面是立足于"法"的外在设计，另一方面是立足于"人"的内在超越。会元对于科举的思考也表现出这样两种趋向。

就外在设计而言，姚夔、王鏊可为代表。姚夔是与王鏊一样，都是解元和会元出身，功名显赫。因长期在礼部和翰林院任职，他们对明代科举制度有比较切身和理性的思考，能够站在一定的高度提出制度建设的设想。对现行的以进士科考试为主的选官制度，他们是肯定的，但提出要在进士科目之外，广罗各类人才，以弥补科目过窄、解额不足的弊端。姚夔

---

① （明）冯梦祯：《快雪堂集》卷3《拟山东乡试录后序》，四库全书存目丛书集部第164册，第87页。

② （明）陶望龄：《歇庵集》卷3《戴太圆制义序》，伟文图书出版有限公司1976年版，第441页。

指出：

> 夫科目以收豪杰，天下豪杰未必科目所能尽取也。豪杰由科目所得，科目所得未必能尽天下豪杰也。但取才之法以科目为准的，仕进之途以科目为阶梯。是故进士之科虽见重于古今，而豪杰之才固有不准的而进，不阶梯而升。（《赠莫同知之重庆序》）①

豪杰当然会表现出独立不群的个性才能，如何网罗豪杰，为世所用，姚夔在《均才解》一文中的设想是：

> 取士有常法，用贤有权宜。科目，常法也；荐举，权宜也。科目可以罗未用之士，荐举可以拔已用之贤。未用之士通于法，非科目无以进身；已用之贤拘于法，非荐举无以效用。科目概可以取常士，荐举间可以求异才。使科目之法行，而荐举之制参焉，庶乎可以均天下之才。……因其长而荐之，文学可以备翰苑，字牧可以备守令，法律可以备风宪，献纳可以备给舍，兵法可以备武事，经略可以备钱谷，心计可以备工作，礼乐可以备仪曹，藻鉴可以备铨司。察其一身之行，审兹九科之长，量器而授任焉。②

荐举并非新法，明太祖就曾大量擢用荐举之士，有些还位至高官。天顺之后，荐举一途渐废，才形成了"三途并用"的格局③。姚夔在成化初年重提荐举，当是有感于进士日重的选官趋势造成的人才结构性弊端而发。

王鏊同样认为进士之科不能轻易取消，因为"其学正矣，其义精矣。所恨者，其途稍狭，不能尽天下之才耳"，他借鉴前代的选举资源，提出"以科目收天才之士，以制科收非常之才"的办法，认为"如此而后，天下无遗才"（《拟皋言》）。他的设计具有复古的理想色彩：

> 欲于科、贡之外略效前代制科或博学宏词之类，以待非常之士。

---

① （明）姚夔：《姚文敏公遗稿》卷6，商务印书馆《丛书集成初编》第2141册，第79页。

② 同上书，第131页。

③ 郭培贵：《明史选举志考论》，中华书局2006年版，第306页。

或旁通五经，或博极子史，或善诗赋，兼工书札，不问有官无官，皆得投进。每六年一举，所取不过十余人。其翘然出类者，储之翰林，或以篚庶吉士之选，次以备科，次以备道，又次以备部属中书等官。先有官者，视所宜而加其秩，庶可以网罗遗才。①

不论是姚夔的荐举之法，还是王鏊的制科之设，都是从制度上对进士科目加以补充完善，都是立足于外在的建设。他们的设想既没有付诸实行，也阻挡不住明代科举弊端的不断出现。

嘉靖之后，以王阳明心学为代表的注重内心体悟的理学派别在士大夫中盛行开来。面对王朝政治、经济、社会、文化等多方面的新变化，知识者们主动调整心态，融而化之。对科举之弊的面对，也从外在的制度设想，转变为内在的心性超越。

嘉靖八年会元唐顺之仕途多舛，曾两度因事罢归，在反复的政治磨难和病痛的身体磨难中他接受了心学理论。在故乡阳羡的山中乡居时，唐顺之矢志于心性修养，对自己早年的言行痛自反思。其中一个很重要的方面，就是对举业文字加以反思。唐顺之十六岁成秀才，二十一岁中举，二十二岁以会元及第，殿试为二甲之首，其会试和殿试的文章由嘉靖帝钦定收入登科录中。年纪轻、功名盛、进言得祸等原因使唐顺之名气颇大，其举业文字流传甚广。隐居乡间后，常有附近后学向他求教，学习举业文章做法，他的态度值得玩味。

一方面，他对举业及其文字有妨于道德完善和心性修养是保持警惕的。他经常反思自己早年为求文辞技艺之精而耗费心力是不值得的，并厌倦与他人探讨举业文字，如云：

> 仆禀气素弱，兼以早年驰骋于文词技艺之域，而所恃以立身者，又不过强自努力于气节行义之间，其于古人性命之学，盖殊未之有见也。（《寄刘南坦》）②

仆少不知学，而溺志于文词之习，加以非其才之所长，徒以耽于所好而苦心矻力，穷日夜而强为之，是以精神耗散而不能收，筋骨枯

---

① （明）王鏊：《震泽集》卷19《时事疏》，影印文渊阁四库全书第1256册，第329页。

② （明）唐顺之著，黄毅、马美信点校：《唐顺之集》卷5，浙江古籍出版社2014年版，第185页。

槁而不能补。(《与刘寒泉通府》)①

客居无事,二三子时时以举业文字强相问讯,亦殊妨静坐与读书。(《与王尧衢书》)②

另一方面,随着学道日深,唐顺之又提醒自己要随事俯仰,随遇而安,觉得"此身为宇宙中人,其于尘俗奔走缛礼烦仪之事,既以其溷扰而独避之于此,不当更有所厌耳"。对于举业与修身之关系,唐顺之最终达到了内在超越的境地,他在《答俞教谕》一文中较为深入地表达了自己的科举观:

夫业无定习,而心有转移,苟真有万物一体之心,则虽从事于举业以进身,未尝不为义途也;若使有独为君子之心,则虽从事于饬躬励行以退处,未尝不为利途也。……苟无为己之心,则弦诵礼书亦只为干禄之具;苟真有为己之心,则经义策试亦自可正学以言。……盖儒者慕古之论,莫不以为必绝去举业而后可以复古之德行道艺,此则不务变更人心,而务变更法度。③

这些话完全是基于心学理念的科举主体论,在我们前述科举系统的三个要素中,唐顺之等明代中后期思想家更为看重的是人心的因素。

与唐顺之一同列名于明代制义"四大家"的瞿景淳,是嘉靖二十三年甲辰科会元,他也认为:

世之论者率为科举之制不足以得人而思古乡举里选之法。夫取士之制,古今代变。居今之时,而怀古人之心,行古人之道,则今之科举亦古之乡举里选也。生古之时,而怀世俗之心,蹈世俗之弊,则古之乡举里选亦今之科举也。科举何足以坏人心,人自坏之耳。……今之学者尚觉悟而忽践履,自谓得易简之宗。夫举业之没溺于文艺,诚

---

① (明)唐顺之著,黄毅、马美信点校:《唐顺之集》卷6,浙江古籍出版社2014年版,第273页。

② (明)唐顺之著,黄毅、马美信点校:《唐顺之集》卷5,浙江古籍出版社2014年版,第216页。

③ 同上书,第194—196页。

支离矣,以一时之觉悟遽谓足以尽道,无乃非孔孟之训乎!①

同样是立足于主体性内在超越的思路,但较之唐顺之,瞿景淳又多了一份针对现实而发的忧虑,对王学流变中渐入于玄虚的致思倾向保持了警惕。

由以上梳理可见,会元群体作为科举和文化精英,能够站在政治中心和时代思潮前列对自身所处的科举环境进行思考,他们或致力于外在的制度设想,或尽心于内在的心性超越,或从群体出发而关注于"法",或就个体立言而注目于"人"。这些看法丰富了明代的科举史、思想史和文化史。

第三节　教职崇卑与师道存丧

明代的科举体制,是一个相当完备的选举体系,它以学校为储才育才之地,以考试为选才甄才之法,以铨选和考核为任才用材之途,这一架构充分发挥了国家在政治资源培育、遴选和利用上的决定性作用,为明王朝源源不断地培养和输送了数以几十万计的各级官员和公共事务管理者,为明朝近三百年国祚奠定了坚实的人力资源基础。作为科举精英的会元,既是这一体系的产物,也是这一体系的见证者、运行者、经营者。在他们笔下,既留下了科举考试的墨痕,也饱含宦海浮沉的感叹,更有科举教育的呼声。前文中,我们对明代科举的座主门生关系略作过探讨,其实,对一般读书士子而言,最熟悉最感念的并不是三场阅卷、一朝题名的座师,而应该是耳提面命、朝暮训诲的授业之师。这些官职卑微的儒学教官,在功名上不如自己的进士学生,也很少被人们记住。但正是他们,支撑起王朝科举教育的大厦,为科举体系的运行筑牢基石。在会元别集中,我们看到了他们模糊的身影。

一　举人的选择

明代广泛地建立了官办的、以科举为轴心的教育体系,除在两京设立

---

① (明)瞿景淳:《瞿文懿公集》卷7《中吴书院记》,四库全书存目丛书集部第109册,第559页。

最高学府国子监之外，各地府、州、县皆建学立教，乡村一级则有社学之举，各都司、卫所也都设立儒学。明初，在朱元璋"治国以教化为先，教化以学校为本"（《明史·选举志一》）的重教方针指导下，全国大举兴办学校，据郭培贵先生统计，明代全国共设府、州、县学1311所，与当时全国府、州、县总数相比，平均设学率为91.49%，这是前代从未有过的。① 我们在会元别集中看到的大量《儒学修建记》《文庙记》《学田记》《书院记》等，涉及地域广阔，儒学建制完善，说明整个社会兴学重教之风盛行。像吴宽所言"皇明有天下余百年，文教大行，士类益感。自国都以达于郡县，莫不有学"② 这样的话，已成为社会的共识，在诸篇什中时常可见。

如此规模庞大的学校教育，必然需要大量的师资，明廷规定"府设教授，州设学正，县设教谕，各一；俱设训导，府四，州三，县二"③ 的职数配备，则全国府、州、县学应设置教官为4886名。④ 弘治初，礼部尚书王恕奏称"查得天下教官五千有余"⑤，应是当时实际的教官数额。在明代，这5000名左右的儒学教官的选任因时代不同而有所差异。明初教官主要来自荐举的儒士、考选的监生以及副榜举人和考选的下第举人。其中，荐举和监生是明初官员选用的常态，而以举人充教职则是明代教官来源的最主要途径。洪武三十年，即确定了副榜举人（会试未中进士但中副榜）和下第举人（会试未中式亦未中副榜）经过考选授予学正、教谕的制度。明英宗正统之后，越来越多的副榜举人不愿任教，明廷一度以岁贡生作为府、州、县学教官的来源。嘉靖、隆庆之后，随着科举人才日益增多和不断积压，入仕之途日渐拥塞，教官之缺也日益难得，副榜举人就教者才慢慢多起来。

总体来看，以副榜举人和考选的部分下第举人担任儒学教官，是明代

---

① 郭培贵：《明史选举志考论》，中华书局2006年版，第104页。

② （明）吴宽：《家藏集》卷31《汤阴县儒学修建记》，影印文渊阁四库全书第1255册，第248页。

③ （清）张廷玉等：《明史》卷69《选举志一》，中华书局1974年版，第1686页。

④ 按《明史》卷40《地理一》，明代两京十三布政司共有府140个，州193个，县1138个。

⑤ （明）王恕：《王端毅奏议》卷9《议给事中林廷玉陈言翊治奏状》，影印文渊阁四库全书第427册，第612页。

教官选任的制度性规定，实际上也基本成了明代教官来源的主体。以副榜举人教授学校生员，有其合理性。考中举人者，皆是生员中的佼佼者。据研究，在科试、乡试、会试等存在淘汰率的各级别科举考试中，乡试的录取率是最低的，"明初一般在10%上下，成、弘间定为5.9%，嘉靖末年又降为3.3%，而实际录取率又低于此。会试录取率，自洪武至万历中平均为8.6%"①。以不足5%的比例录取的举人，又经过会试的排名成为副榜，或者会试下第后再经考选，则这些充任教职的举人们在学识、素质等方面都仅次于进士，在学历上也比生员高出两个层次。这就使得明代的儒学教育质量具有了较好的师资保障。

但是，从举人一方面而言，他们既然获得了高于生员且具有选官资格的功名，则自会在选官范围内择取最优者。明代选官用人号称"三途并用"，即进士、举贡和吏员皆可选用为官，但不同的出身，在初选官职的范围上是有差别的，也就是说大家不在同一起跑线上。对于举人的选官范围，《明史·选举志》的表述是："外官推官、知县及学官，由举人、贡生选"②，但实际上还有更详细的分别，万历初曾任过吏部尚书的张瀚在《松窗梦语》中谈及举人和贡生选官的情况："举人上选，惟凭一日之试，上卷，同知、知州；中卷，知县；下卷，通判"，贡生初选则是"上者，授以府佐、县正；次者，授以州、县佐贰"。③ 由此可知，举人、贡生选官时都要经吏部考试，依据考试成绩，举人最高可以被选为府同知（正五品）、知州（从五品），最低也可以选为知县（正七品）。贡生的选官较举人低一个档次。张瀚所说可能包含一些个别的情况，但也反映出举人在选官时显而易见的高下之别。即便是最低级别的府通判和知县，一个是正六品，一是正七品，也比地方学官中最高的府学教授（从九品）要高出不少。全国140余个府的府学教授只占全部教官总数的不到3%，其余97%以上的学正、教谕、训导等教官都是流外之官，更为卑下，且府学教授多由学正、教谕等升任，初选即为教授的很少。如此一来，下第举人要么入监肄业，以期后科能中进士，要么营求州县守令之官，再慢慢往上升迁。而充任学官，恐怕是他们最无奈的一种选择了。

---

① 郭培贵：《明代科举各级考试的规模及其录取率》，《史学月刊》2006年第12期，第24—31页。

② （清）张廷玉等：《明史》卷71《选举志三》，中华书局1974年版，第1715页。

③ （明）张瀚：《松窗梦语》卷8《铨部纪》，续修四库全书第1171册，第502—503页。

如此，也就不难理解在会元别集中作者对那些不甘就任教职的举人的同情，以及对那些就任教官的举人们的称赞了。岳正之友钱塘人江用良志在科第，中举后三次应会试皆下第，又三次辞教职于礼部，在国子监学习十余年，"凡所谓贫窭涸辱势利劳苦之足以动心者，备尝而历试之"，就是为了博得一第。对江用良坚持不任教官而甘愿继续苦读的选择，岳正充满理解，认为是"不降志苟就以求速达也"。为此，他还颇有感触地抒发了一通议论，作为鼓励送给朋友：

> 士之于志也，不难于立而难于守耳。登高远望，览古而悼今，事机触于外而激烈奋于中。当是时也，抚剑横槊，慷慨赋诗，指天日矢衷悃，可以摩霄汉而摧金石，虽万夫之勇亦莫得而夺也。及乎岁月流迈，功或不遂，进无所援，退无所据，言焉而不信于人，行焉而不合于时，贫窭涸辱势利劳苦之足以动其心者又困偄而拂抑之，则向之所谓摩霄汉而摧金石者日铄月蚀将烬灭，渣荡委靡沉沦终老而不能以振者比比然也。嗟夫，挺标于百瘁，屹千仞于奔流，历霜雪而愈劲，涉风涛而愈固，苟非持其志，不暴其气者，乌呼能哉！①

如果单从精神上讲，这种咬定青山不放松的毅力是值得肯定的，但如果考虑到举人就教与进士选官之间的巨大差别，足以让一个人忍受十余年的辛酸艰苦，那么这种"难于持守"的志便含有了相当现实的品格，岳正的感触也未免没有拔高之意。作者用"进无所援，退无所据，言焉而不信于人，行焉而不合于时"来形容一个举人，与我们以往读到的诸如《儒林外史》中范进一流得意的举人真是大相径庭，或许这才是明代更为真实的科举中人吧。

赠人之序要因人因事而作，在另一篇序文中，同为钱塘人的朋友王让（字德夫）中举后于次年会试下第，以乙榜举人身份慨然就任新喻县学训导之职，岳正对此深表敬佩，大加称赞说：

> 其信其道足以模范乎后进者欤，其能修其身，顺适其志，安其所

---

① （明）岳正：《类博稿》卷5《送江用良南归诗序》，影印文渊阁四库全书第1246册，第398页。

寓以听其命于天者欤，其不汲汲乎争得失择利达于目前者欤。呜呼！进可以致辅相，退可以流声名者，吾于德夫见之矣。

称赞之余，岳正还批评了厌弃教职的功利性，说：

> 师儒之职何负于士，而士苦厌为之哉？吾之为道果不足以解人之惑，应人之叩，成人之德，达人之才，于是乎逊之而不敢居，辞之以不必就，度力计分，斯其宜矣。乃若慕荣进、羞恬退、逃淡泊、趋势炎，舍吾弦诵俎豆之委蛇而甘心乎簿书期会之冗长，徒养其身以粱肉文绣之倩美，而不顾夫罪辜劳瘁之斧斤，以戕伐其性灵。是急得失于目前，眩荣辱于顷刻而无远大之永图者也。①

如果以此来辩驳前篇序文的观点，又将如何？前后两篇文章，岳正认为坚不就教的江用良是"不降志苟就以求速达"，对慨然就教的王让则认为是"不汲汲乎争得失择利达于目前者"，两者是否存在矛盾？应该说，追求高尚固然值得肯定褒扬；面对现实，难免凡俗，也无可厚非。况且，有些就教者是多年求进无路后的无奈之举；况且，坚不就教便要付出苦心孤诣的加倍努力。这样的情形，令我们想到如今的高考，那些分数尴尬的考生面对继续复读还是将就择校的决定时，岂不是与副榜举人们面对教职时的选择有相似之处吗？每种选择，都有它合理的因素。

与岳正一样，对会试下第举人充任教职者深表赞许的，还有刘定之（《呆斋续稿》卷3《送梁教授赴任长沙儒学序》）、姚夔（《姚文敏公遗稿》卷4《送人教谕南阳》《送刘渊明教授开封》《送陈教谕之长洲学》）、商辂（《商文毅公集》卷4《赠唐司训序》卷7《谕德梅庵先生赵公行状》）、章懋（《枫山章先生集》卷7《送吾教谕翕之天长序》）、张治（《张龙湖先生文集》卷13《送人司教武进》）、瞿景淳（《瞿文懿公集》卷3《送洪溪朱君分教建昌序》）、陈名夏（《石云居文集》卷3《送杨教谕序》）等。当然，还有更多的举人弃任教职，《明史》谓"正

---

① （明）岳正：《类博稿》卷5《送王德夫分教新喻序》，影印文渊阁四库全书第1246册，第391页。

统中，天下教官多缺，而举人厌其卑冷，多不愿就"①，郭培贵先生因此详考了宣德、正统间副榜举人充教职的情况，如表 4-2 所示：

表 4-2　　　　　明宣德、正统间副榜举人充教情况变化表②

时间	宣德五年	宣德八年	正统元年	正统四年	正统十三年
副榜举人数	689	473	453	291	602
副榜充教数	618	464	390	233	189
资料来源	《实录》卷 64	《实录》卷 100	《实录》卷 15	《实录》卷 52	《实录》卷 164

由此可见，在宣德、正统初年，有 80% 以上的副榜举人能依例充任教官，而到正统末，这一比例便锐减到 30% 左右了。

二　朝廷的态度

副榜举人不愿就教，必然造成府、州、县学教官的严重缺员。面对这一问题，明廷一度通过考选国子监生来充任，但监生应考者不多，效果不佳，后只能以考选通过廷试的岁贡生来充数。但岁贡生在学识、素养上不如举人，以岁贡生任教职，影响了科举教育的质量。另外，明廷不断放宽就教举人再次参加会试的限制条件，《明会典》卷 77 缕述了万历之前明廷鼓励举人就教的优惠政策：

> （洪武）三十年，令再试寄监下第举人中式者，次其等第，除教授、教谕、训导。不中者为州吏目。
>
> 天顺八年，令教官由举人署职任满该升，年四十以下愿会试者，听。
>
> 成化二十三年，奏准举人授教官六年，有功绩者许会试。
>
> 弘治十二年，令署职教官照成化二十三年例，两科准其六年，愿会试者听。其任满该升，如遇会试将近，不拘年岁，亦许会试，若给假或捏病久不入选，窥伺会试者不准。
>
> （弘治）十七年，令教官由举人九年考满不拘署职、实授及功绩有无，愿入试者听。

---

① （清）张廷玉等：《明史》卷 69《选举志一》，中华书局 1974 年版，第 1680 页。
② 郭培贵：《明史选举志考论》，中华书局 2006 年版，第 56 页。

万历三年题准，两京各省举人，有未经入监及监事未毕告回原籍者，俱限三个月内起送到部，发监肄业。其原入南监者，仍赴该监依期起文会试。若未经入监，虽有原籍起送公文，不准入场，以后每科会试毕日，凡举人下第及中副榜不愿就教者，查照前例，尽数分送两监肄业，并不许假借告病、依亲等项名色，告给引回籍。①

明廷一次次放宽已就教举人再度参加会试的限制，就是为了让他们减少顾虑，安心就教安心从教。由是，副榜举人就教的数量才有所上升，但是，一则，就教后的举人只要有可能便会参加会试以图再举，教官队伍的稳定性受到影响，教官对教学本职工作也往往并不太经心；二则，就教的副榜举人多为会试屡挫、科甲无望之人，正如万历十九年贵州道御史何出光所言，"夫大方豪杰期登甲第，谁肯未三会试而就教哉？且就教者非远方云贵之士，则近省无志之徒也"②。也就是说，就任教职往往是下第举人的无奈之举。

由此可见，明代的副榜举人不愿就任教职是一个长期的问题，它反映出的不仅仅是举人在面对功名前途时的功利性选择，更有国家在儒学教官队伍建设中的制度性导向问题。

不可否认，以朱元璋为代表的明代统治者对教育是重视的。建国之初，明太祖就曾多次向臣下强调教育为治国之本，洪武二年即专门下诏兴学，规定各级学校的建制、规模、教学内容与方式，并特别提到"师生月廪食米，人六斗，有司给以鱼肉，学官月俸有差"③。这些待遇在正统、弘治、嘉靖、隆庆年间又不断有所增补（见《明会典》卷78《学校·儒学·廪馔》）。明廷还把兴学成效与劝课农桑作为地方官员考课的重要内容，即今之所谓"一把手工程"。这些无疑都促进了明王朝教育的发展和民众文化水平的提高。从立国之本的角度来看，朱元璋及其继任者们是重视教育重视教职的，但是他们的重视，却又正是造成明代教官地位卑下的主要原因，其故何在？

---

① （明）申时行等：《大明会典》卷77《科举·会试》，续修四库全书第790册，第407页。

② （明）王圻纂辑：《续文献通考》卷45《选举考·举士三·乡试沿革》，万历三十一年刻本第13册，第15页。

③ （明）胡广等：《明太祖实录》卷46"洪武二年冬十月辛卯"条，第925页。

朱元璋以儒立国、以法治国,他所确立的教育原则是以科举考试为轴心,以培育、选拔、任用忠于王朝的各级人才为宗旨的,他对教育的重视都是基于对这一原则的贯彻和执行。也就是说,王朝举办教育的目的非常明确,它并不是要培养具有独立人格、独立学识、创新能力的人,而是要培养思想纯正、忠诚可靠、办事谨严的王朝公务人员。所以,处于帝王专制时代的国家官办教育是没有独立地位的,它依附于政治权力,并被纳入政治体制。朱元璋要建立的是"以政统教、政教合一"的教育体制,这个体制也是政治体制的表现,或者说就是一种政治体制。基于这样的兴教办教宗旨,他对教职的定位就不可能只是从纯粹的"师"的角度来设计,而是从政教一统的立场来规定。教授、学正、教谕、训导等明代各府、州、县儒学中的教师都被称为教官、学官正说明了在政教一统理念下的官师一体的特点。"政教一统、官师一体"的教育体制是造成教职地位卑下的最主要原因,其具体表现大致有三。

(1) 等级性。将学官纳入层级多、差异化强的职官体系,且定秩不高。朱元璋虽强调教师职能极为重要,但并不认为教师具有特殊地位,而是将之纳入官员系统进行管理和控制。因教化职能对于巩固统治作用虽大,但表现潜隐、见效缓慢,故教职定秩普遍较低。思想上的"重师"与体制上的"轻师"矛盾地统一在了一起。国子监祭酒是教官之首,当为天下师表,但其品秩仅为从四品,尚不算国家高级官员(三品以上),甚至低于地方知府(正四品)和一些中央职能部门主官如掌管马政的苑马寺卿(从三品)。而地方儒学教官的品秩更低,府学教授仅为流内最低一级(从九品),尚不及县级佐贰官主簿(正九品)。学正、教谕、训导等则统统是未入流,几同吏员。教官定秩如此之低,在官本位观念居于主流的社会中谈何尊严?对此,明人已尖锐地指出:

> 凡官皆当有品,惟教官不当有品级,亦不得谓之官。盖教官者,师也,师在天下则尊于天下,在一国则尊于一国,在一乡则尊于一乡。无常职,亦无定品,惟德是视。若使之有品级,则仆仆亟拜,非尊师之礼矣。①

---

① (清)顾炎武著,黄汝成集释:《日知录集释》卷17《教官》引陆世仪语,上海古籍出版社1985年版,第1350页。

明代最末一科（崇祯十六年癸未科）会元陈名夏也有类似论议：

> 今之为师者，邑设一学，学设一教谕、一训导，盖以师为官矣，非以道也。以茂才衰迈得例任矣，非以明经为当路所推择也。既无汉儒经学之勤，而亦不食汉人受爵不忘之报，岂非与古相远哉！①

这些话都说到了点子上。但是，师无常职、无定品的设想是不能见容于政教合一的政治体制的；以帝制之初的汉代受爵而不忘的古事来要求帝制已达于专制化顶峰的明代君臣，也无异于天真的梦想。

品秩之低造成的俸禄之薄，也是教官尊严尽扫、体面难存的原因。明代官员俸禄本就比历代为少，教官又居于官位系统之末，其俸禄之微薄几乎难以维持家计。从九品的府学教授月俸只有米 5 石，未入流的教谕、训导等月俸则更低至 2 石，低于同为流外的杂职中的各类大使（如仓大使等），且时常有拖欠薪俸之事。收入如此之微，又不能像地方守令官那样利用非常手段获取工资外收入（如贪贿、搜括等），教官生活之困顿可想而知。他们或许还可不时接受生员的馈赠、接济，但这一行为也会对他们的尊严产生负面的心理冲击。无奈之下，一些教官便会抛开为人师表的道德信条去谋取生计。宣德间，通州学正刘峻因扫除学仓中被弃余的小麦五斗"私用之"而被告发，本拟"论盗粮应斩、家戍边"，宣宗宽仁，"令其戴罪还职，罚俸一年"②。对于普通官员而言，额外贪黩五斗之粮，可能根本不算什么重罪，但对于负有师表道德之责的教官而言，便要从重论斩、全家戍边。这说明，明代社会一方面没有降低对于师者的道德要求，他们必须承担比一般官员、士人更高的道德义务；而另一方面，政府又没有在行政体制上保障教师的基本权益，以致他们较之一般官员更为清苦。两厢消长，人非圣贤，怎会不造成未任者视为畏途、已任者不安其位的状况呢！

（2）行政化。明廷既以师为官，则对教官的管理、考核便也采用行政化的方式进行。洪武二十六年所定的"学官考课法"以科举教育为指

---

① （明）陈名夏：《石云居文集》卷 3《送杨教谕序》，四库全书存目丛书补编第 55 册，第 162 页。

② 据《明宣宗实录》卷 6，转引自郭培贵《论明代教官地位的卑下及其影响》，《明史研究》（第四辑），1994 年，第 68—77 页。

挥棒:

> 以科举生员多寡为殿最。县学生员二十名，教谕九年任内，有举人三名，又考通经者为称职，升用；举人二名，虽考通经为平常，本等用；举人不及二名，又考不通经者为不称职，黜降别用。州学生员三十名，学正九年任内，举人六名，又考通经者，升用；举人三名，虽考通经，本等用；举人不及三名，又考不通经者，黜降别用。府学生员四十名，教授九年任内，举人九名，又考通经者，升用；举人四名，虽考通经，本等用；举人不及四名，又考不通经者，黜降别用。府、州、县学训导，分教生员，九年任内，举人三名，又考通经者，升用；举人二名或一名，虽考通经，本等用；举人全无，又考不通经，黜退别用。先是，教官考满兼核其岁贡生员之数。至是，上以岁贡为学校常例，故专以科举为殿最。①

教官之考核以考中举人之数量为第一指标，本人通经与否则作为辅助参考，这是将科举升学率作为衡量教师工作优劣以及个人才能的最重要依据，将教育完全纳入科举体系，教育的独立性进一步丧失。教师考核的执行主体则是地方守令官、提学官、风宪官，考核内容既明确、严格，也显得简单、粗放，完全没有形成学术共同体、行业协会或舆论场作为教师评价的补充机制。对教官的日常行为管理，明廷也有相关规定，如：

> （洪武二十四年）令教官人等务要依先圣先贤格言教诲后进，使之成材，以备任用，敢有妄生异议，蓍惑后生，乖其良心者，诛其本身，全家迁发化外。（《大明会典》卷78《学规》）
>
> （天顺六年复设各处提督学校官，各赐敕谕）学效无成，皆由师道不立。今之教官，贤否不齐，先须察其德行，考其文学，果所行所学皆善，须礼待之。若一次考验学问疏浅，及怠于训诲者，姑戒励之，令其进学改过。若再考无进不改，送吏部别用，其贪淫不肖，实迹彰闻者，不必考其文学，即送按察司，直隶送巡按御史问理，吏部

---

① （明）胡广等：《明太祖实录》卷227"洪武二十六年五月丙寅"条，第3317—3318页。

别选有学行者补其缺。(《大明会典》卷78《风宪官提督》)①

一般来说，这些条规对于严格行业规范，提高教官队伍职业道德水平当然是有益甚至是必要的，但如果将之置于政教一统的政治体制内来看，则这些规定都是以政（治）统教（育）的具体落实。会元由于主要任职于文化、教育部门，故对教职问题多有关注。成化间任礼部尚书的姚夔曾上奏疏论修明学政之事，其中涉及教官云：

> 教官例于副榜举人除授。近年皆不肯就，以拘例太窄故也。一就教职，终身不展，人岂肯乐为之？夫人才相去不远，教官中岂无宏才硕学、奇杰异能之士？苟拔而用之得其道，人将鼓励而兴，争趋而赴矣。……今后教官考满，宜命吏部严加考选，如有年貌相应，功迹不亏，学行超越者，内而风宪近侍等官，外而有司衙门，照例量才擢用。若在任有奇才异能，卓出群表，九年将满者，听巡按御史会同布、按二司具实奏闻，吏部行取，一体考验擢用。如此则师道光荣，而人人乐就，模范可以得人矣。②

姚夔提出应该考虑到人才的多样性，教官的考核不能一概以考中举人的多寡而论，而应改革评价机制。至于如何操作，姚夔在上疏中并未具体陈述。万历会元冯梦祯曾任南京国子监祭酒，是一代名师，在任期间有上《隆儒优士疏》一篇，提出八条建议，其中两条涉及教职：一是"酌久任以图实效"，认为人才的培养需要假以时日，如求立竿见影的速效，则教官难免以虚文塞责，学业便仅仅停留在虚浮的表面了。二是"隆接见以全监礼"，要求提高国子监博士、助教等学官的接见礼遇，使他们有体面有荣誉感。③

姚夔、冯梦祯等人针对教官任用、管理而提出的建议，应该说都是局部的问题。其实，教职品秩卑下、管理行政化等现实状况所反映的，是对师道尊严的贬抑，而这正是明代儒学教育以科举为轴心失去其独立性的体

---

① （明）申时行等：《大明会典》卷78，续修四库全书第790册，第413、416页。
② （明）刘吉等：《明宪宗实录》卷40 "成化三年三月甲申" 条，第819—820页。
③ （明）冯梦祯：《快雪堂集》卷25，四库全书存目丛书集部第164册，第376页。

现,也是明廷政教合一统治理念的必然结果。我们常说的"师道尊严",师道何以有尊严?当师生面对时,教师何以为尊?弟子何以须敬?这其中,当然也有教师比我年长、传授我学业、解开我困惑甚至关心我生活等多方面原因,但师道尊严最根本的还在于师者应该具有对于道的掌握、践行和传承的精神。所以,韩愈在界说师者的使命时,首要提出的便是"传道"。在中国传统儒家看来,师者如果不能体会、践行、传承道之大者,那最高也不过是技艺之师、章句之师、小道之师。而明代的统治者,则希望通过科举取士、科举教育等制度将对儒家之道的解释权控制在自己手中,儒学教官们只需要督导学子记诵、解说经典以及锤炼好章法、对偶、辞藻等作文技巧,在学术上是不能有所发明的。在道的层面上抽空了师者的本质内涵,师道不尊、师道不存也就不足为怪了。

作为文化精英的会元们身处其中,不能无感,就教职之崇卑而论及师道之得丧的言论时见于他们笔下,尤以中晚明为多。嘉靖会元瞿景淳一针见血地说:

> 夫自一命上及将相,以位重者也;师儒之职,以道重者也。道诚在焉,则重在我。……今之为师儒者则惟督升敍已耳,课文词已耳,升敍诚时、文词诚工,则曰吾事已毕。古之所谓德行道艺以造士者,未之或思也。为弟子者亦乐其师儒之如此也,相安于恣睢而不复以正学为事,一旦获进其列则各以其意从事,畴昔所谓诵习,不啻视如弁髦而弃之矣。呜呼,率是以往,亦安望人材风俗与古比隆哉!固无怪乎人之轻之也。(《送洪溪朱君分教建昌序》)①

与之同时的唐顺之也颇为沉痛地感叹:

> 国家建学遍宇内,蛮陬海徼莫不有学,生徒多者七八百人,少者百人,可谓至盛。然而道德、礼乐、经术之寄,其在焉否也?所习者不过乎章句佔哗,所志者不过乎声利荣名……然庠序为虚器,而师弟子为私名,论世者矣太息于斯焉。(《重修泾县儒学记》)②

---

① (明)瞿景淳:《瞿文懿公集》卷3,四库全书存目丛书集部第109册,第519页。
② (明)唐顺之著,黄毅、马美信点校:《唐顺之集》卷12,浙江古籍出版社2014年版,第523页。

倒是明代末科会元陈名夏对友朋出任教职还寄予期望，想象了一幅师生乐道图：

> 有人焉，道弥乎中而艺曝于外，藜藿为食而有猗顿之富，弱不胜衣而有贲育之勇，可谓大过于人矣。彼不知天下有不及我者，而我得据席登坛而抗颜后学之上，以使人之北面而事之曰师也弟子也，然道德之积也久而声闻之及也远，于是乎一人倡而众人和，遂有师弟子之乐比于群公德让之美。呜呼，何其盛哉！（《送浙江诸学博序》）①

陈氏的祝愿固然美好，但彼时的明朝，已经成了历史。

以上从明代教官地位之卑下和师道尊严之存丧的角度，对明代的科举教育问题进行了简略的探讨。想要说明的是，明代科举以儒家经典及其理学注解为考试范围和内容，一方面极大地普及了儒学特别是理学，使得自元代以来理学的国家化、社会化、意识形态化进程最终完成并定于一尊；另一方面，以科举为轴心，儒学教育逐步功利化、形式化、行政化，国家政教一统、官师一体的教育行政体制扼杀了儒学的生机，也促使它产生演变，萌生出具有近代启蒙性质的思想浪花。

---

① （明）陈名夏：《石云居文集》卷3，四库全书存目丛书补编第55册，第163页。

第五章

会元别集的文体问题

从文体的角度把握明代会元别集，乃是出于两个方面的考虑。其一，从撰著或编集的体例来看，经史子集四部之书各有特点。经部之著或系之以篇、或系之以章；史部之著或系之以人（纪传体）、或系之以时（编年体）、或系之以事（纪事本末体）；子部之著则以条、类相属，或竟无所统系。而只有集部之书（别集、总集）基本上是按照文章（包括诗赋）的体制进行编排的。文体意识是作者撰述和编刊者出版集部著作时的重要观念，郭绍虞先生甚至认为"文体分类的开始，由于结集的需要"①，话虽不免极端，但不无道理。从所涉内容和表现方式来看，经、子之着重在论理，史部之着重在纪事，而集部之作则兼有论理、纪事、抒情三者，最为庞杂、全面，文体兼含内容与表现形式诸层面，正是研讨集部之学的较好津梁。所以，对会元别集进行审视，文体是不应绕过的重要问题。

其二，明代是我国古代文体学发展历史上继魏晋六朝之后又一高度发达的时期②。明人的文体意识、文体观念强烈而自觉，"文辞以体

---

① 郭绍虞：《中国文学批评史》，上海古籍出版社1979年版，第63页。
② 中国古代文体和文体理论的发展分别经历了两次高潮。就文体实践而言，第一次高潮出现在两汉，尤其是东汉时期，后世主要的文章体制在当时已基本产生，刘师培说："文章各体，至东汉而大备。"（《中国中古文学史讲义》，上海古籍出版社2000年版，第20页）《后汉书》列传中比较详细地著录了传主的各种著述情况，其中涉及的文体种类据郭英德先生统计多达44种（《中国古代文体学论稿》，北京大学出版社2005年版，第73页）。唐宋时期是文体实践的又一高潮。诗歌诸体至唐而大备，以致后人难乎为继，散文在唐宋古文大家的写作实践中产生了赠序、杂记、辩、解、引、题跋等重要文体，成为此后文人笔下的常用体制。此外，词、传奇小说、话本小说、戏曲等也是此一时期的重要文体创造。文体理论的发展在文体实践的带动下也经历了两次高潮。先是魏晋六朝时期，自曹丕的《典论·论文》始，经陆机的《文赋》，直至几乎同时出现的《文心雕龙》和《文选》而达于巅峰，前者不仅论述了多种文体的性质、功能、体制，而且开创了"原始以表末，释名以章义，选文以定篇，敷理以举统"（见下页）

制为先"① "文莫先于辨体"② 几乎成为明人的一种共识。在文体理论方面,吴讷的《文章辨体》和徐师曾的《文体明辨》是继《文心雕龙》之后最重要的文体学著作,两书虽然都是文选性质的总集,但其"序说"部分详细考论了每一种文体的源流、性质、功能、体制,对文体形态、文体分类、文体源流、文体风格诸多方面皆有涉及。前者将文体分为59种,后者所论列的文体竟达127种,几乎涵盖了明代以前所有出现过的文体类别,虽不免琐屑,但实具集大成之性质。此外,如许学夷的《诗源辨体》、胡应麟的《诗薮》、王世贞的《艺苑卮言》以及明代大量的诗话、文话之中亦有许多论及文体的较好见解,虽然未必超越了前代所论的范围,但在精微深细方面却多有所得。在这样的批评语境中,明代会元的集部之作自然具有鲜明的文体特点,从此一角度考察会元别集,既能加深对明代文学创作的认识,亦能对明代文体学的状况获得一些感性的了解。

或许应该说明的是,在中国古代文论中,"文体"一词的含义甚为丰富,或指体裁、体制,或指体性、风格,或指语体、手法,学界对中国古代的"文体"概念之内涵,看法也并不一致。如罗根泽分为体派之体和体类之体两种③;徐复观归纳为体裁、体要、体貌三个方面④;童庆炳分为体裁、语体、风格三个层次⑤;郭英德析为体制、语体、体式、体性四个结构层次⑥;吴承学、沙红兵则提出了六个方面的含义⑦。我们不拟对"文体"概念作过多的纠缠和辨析,只是按照一般的传统或惯例来使用而已。

(接上页)《文心雕龙·序志》的文体研究方法,一直为后来者所遵循。后者作为第一部诗文总集,其文学观念和选文类别对此后的总集、别集都有巨大影响。唐宋文体实践的繁荣则在明清时期得到总结,形成了第二次文体理论高潮。

① (明)吴讷:《文章辨体序说·凡例》,人民文学出版社1962年版,第9页。
② 陈洪谟语,引自(明)徐师曾《文体明辨序说·文章纲领》,人民文学出版社1962年版,第80页。
③ 罗根泽:《中国文学批评史》,上海古籍出版社1984年版,第147页。
④ 徐复观:《中国文学精神》,上海书店出版社2004年版,第133—134页。
⑤ 童庆炳:《文体与文体的创造》,云南人民出版社1994年版。
⑥ 郭英德:《中国古代文体学论稿》,北京大学出版社2005年版,第4页。
⑦ 吴承学、沙红兵:《中国古代文体学学科论纲》,《文学遗产》2005年第1期。

第一节　文类体系与编集体例

　　今存世明代会元别集绝大多数已收入《四库全书》《四库全书存目丛书》《四库禁毁书丛刊》《四库未收书辑刊》《续修四库全书》《四部丛刊》《丛书集成》（初编、续编、三编、新编）等大型丛书之中，不难获得。但是，亦有几位会元的别集没有收入上述丛书，较为稀见，他们是：黄子澄《黄忠悫公遗稿》二卷，只见于袁玉麟编《卢黄合编》，现藏江西宜春市图书馆；吴溥《古崖先生诗集》八卷，现藏国家图书馆；林志《蔀斋先生文集》十二卷（残抄本），现藏上海图书馆，《续刻蔀斋公文集》十五卷，现藏美国普林斯顿大学葛思德图书馆；陈选《陈恭愍公遗稿》不分卷（清抄本），现藏浙江省图书馆；陆釴《春雨堂稿》二十九卷《续稿》二卷，现藏日本尊经阁文库；董玘《董中峰文选》十一卷，现藏国家图书馆、浙江省图书馆，《中峰文选》六卷，现藏上海图书馆、中山图书馆；林春《林东城集》二卷，现藏台北"中央图书馆"；陆树声《陆文定公集》二十六卷，现藏日本尊经阁文库。限于条件，以上八位会元的别集暂未见到，故不予论列。另外，萧良有的《玉堂遗稿》只存残抄本两卷，李廷机的《李文节公集》二十八卷全本存于台北"中央图书馆"和日本内阁文库，国内只有南京图书馆藏残本三卷。故萧良有和李廷机的两种残本亦难以具论。因此，我们只对以下39位会元的别集进行文体考察，他们是：黄观、刘定之、姚夔、商辂、岳正、彭华、章懋、吴宽、王鏊、梁储、赵宽、储𤩽、钱福、鲁铎、邹守益、霍韬、张治、李舜臣、赵时春、唐顺之、许谷、袁炜、瞿景淳、傅夏器、曹大章、王锡爵、田一俊、邓以赞、孙鑛、冯梦祯、袁宗道、陶望龄、汤宾尹、顾起元、许獬、杨守勤、曹勋、吴伟业、陈名夏。考察数量占明代会元总数（87人）的44.8%，占有集存世会元总数（49人）的80%，约占现存明人别集总数（约4000家）的1%。对有多种别集或多个版本者，或兼取以求其全，或只取其中作品较全、较易得者加以考察，所考察的版本在表3-1中以"＊"标示。

一　文类体系与文学观念

　　综观39家会元别集，其中所涉及的文体（包括诗与文）有奏、议、章、表、经筵讲章、露布、疏、对策、启、册文、致语、诏、诰、敕、令、策问、判、约、制、书、简、启、笺、柬、揭、公移、募缘疏、赠序、贺序、寿序、别序、诗序、挽诗序、字说、书序、谱序、图序、后序、引、题、跋、读后、书后、题后、论、辨、原、说、考、解、议、对问、制义、记、游记、纪事、述、录、传、状、行状、述、事略、族传、碑、碑记、神道碑、墓志、墓志铭、墓碣铭、寿藏铭、埋铭、塔铭、圹志、墓表、箴、铭、颂、赞、图赞、像赞、训、赋、辞、骚、偈、祭文、哀词、吊文、诔、祝文、上梁文、彩帐文、告文、祈、四言、五古、七古、五律、七律、排律、五绝、七绝、六言、杂言、词曲等，林林总总不下百种。各体作品，数量多寡不一，名称各异，有些同体而异名，有些同名而异体，颇为丛杂，正如《四库提要·集部总叙》所言，"四部之书，别集最杂"①。文体之杂反映的是内容之杂、功用之杂，而在本质上体现的乃是人们把握客观世界和主观世界的方式的不同，刘勰说："夫情致异区，文变殊术，莫不因情立体，即体成势也。"② 情致之异导致了文变之殊，两者的丰富性是文体生成和衍变的根本原因。面对如此众多的文体表现，我们如何把握其特点，并对作者身份与文体选择间的关系作出适当的说明？传统的文学观念和文体分类实践可以提供一定的借鉴，虽然这些文体分类实践大都是针对总集的编纂而言的，但若考虑到我们所论及的 39 家别集在诗文总数上已多达 32000 余篇（详细统计见下节），作为整体来看，实已超过《文选》以来历代（不含现当代）所编的很多诗文总集的规模，所以，《文选》等按体编纂的总集对我们的文体考察具有实际的参考意义。

曹丕在《典论·论文》中提出"文本同而末异"③，并将奏、议等八种文体概括为四科，总结出雅、理、实、丽四种不同的文体规范。曹氏之后的文体实践或注目于"末异"之辨析，或致力于"本同"之归纳。就前者而言，《文选》分文体为 39 类④，其后《文苑英华》分为 39 类，《唐文粹》26 类，《宋文鉴》60 类，《元文类》43 类，《文章辨体》59 类，

---

① （清）永瑢等：《四库全书总目提要》，中华书局 1965 年版，第 1267 页。
② （南朝·梁）刘勰著，范文澜注：《文心雕龙注·定势》，人民文学出版社 1958 年版，第 529 页。
③ （魏）曹丕：《典论·论文》，《文选》卷 52，中华书局 1977 年版，第 720 页。
④ 《文选》的文体分类另有 37 类、38 类之不同说法，此处取褚斌杰、傅刚等人的说法。

《明文衡》41类，至明代徐师曾的《文体明辨》衍为127类，"因文立体"的文体类分可谓愈治而棼。另一方面，元明之后亦有不断致力于"本同"的文体类从者，以真德秀的《文章正宗》为最早，真氏将诗文作品概括为四种类型，即辞命、议论、叙事、诗赋。受其影响和启发，元代郝经在《续后汉书》中将58种文体纳入"易部""书部""诗部""春秋部"四类之中①。明代王世贞在《艺苑卮言》中以史家立场将文分为史之言理者、史之正文、史之变文、史之用、史之实、史之华六门。清代姚鼐编纂的《古文辞类纂》将先秦以来的古文分为论辩、序跋、奏议、书牍、赠序、诏令、传状、碑志、杂记、箴铭、颂赞、辞赋、哀祭十三类。曾国藩的《经史百家杂钞》兼收经、史、子部著述，扩大了收录范围，但在分类上却仅以著述门、告语门、记载门等三门十一类概括之，至为简约。

　　以上文体分类的实践，都有其合理之依据，亦有其不尽完备之缺失，我们在总结前人成果的基础上，结合明代会元别集所呈现的文体实际，拟在具体的文体之上概括出"类"与"部"两级，以简驭繁，以形成部、类、体的三级文类划分体系。具体而言，我们主要参考姚鼐的划分法，将会元别集中出现的数十种文体归并为十三类，各以有代表性的文体作为类名，即奏议类、诏令类、书牍类、赠序类、论说类、序跋类、杂记类、传状类、碑志类、箴颂类、辞赋类、哀祭类和诗歌类。实际上，我们将姚鼐的"论辩类"改题为"论说类"；将箴铭、颂赞两类归并为"箴赞类"，因为箴铭主警戒，颂赞主褒美，都是对己对人的某种态度，且这二体在别集中数量均不多，故合并为一类；姚鼐未列诗歌，故我们加上诗歌一类，以统括各体诗歌及词曲等韵文。在"类"的基础上，我们考虑以更具概括性的"部"来统摄这十三类文体，郝经的"四部"说体现了明显的宗经意识，过于拘泥；王世贞的"六门"说不免牵强于史家观念；曾国藩的"三门"说又稍显笼统，如将词赋一类归于著述门，不够准确。我们借鉴真德秀的部类划分并加以改造，主要从文体的表现方式着眼进行宏观把握，分为公用、论理、纪事和述情四个部类，从而构建了表5-1所示的会元别集的三级文类体系。

---

① （元）郝经：《续后汉书》卷66《文艺志》，影印文渊阁四库全书第385册，第608页。

表 5-1　　　　　　　　　　　会元别集的文类体系表

部	类	体
公用	奏议类	奏、议、章、表、经筵讲章、露布、疏、对策、启、册文、致语等
	诏令类	诏、诰、敕、令、策问、判、约、制等
	书牍类	书、简、启、笺、柬、揭、公移、募缘疏等
	赠序类	赠序、贺序、寿序、别序、诗序、挽诗序、字说等
论理	序跋类	书序、谱序、图序、后序、引、题、跋、读后、书后、题后等
	论说类	论、辨、原、说、考、解、议、对问、杂著、杂说、制义等
纪事	杂记类	记、游记、纪事、述、录、书事等
	传状类	传、状、行状、述、事略、族传等
	碑志类	碑、碑记、神道碑、墓志、墓志铭、墓碣铭、埋铭、塔铭、圹志、墓表等
述情	箴颂类	箴、铭、颂、赞、图赞、像赞、训、戒等
	辞赋类	赋、辞、骚、偈等
	哀祭类	祭文、哀词、吊文、诔、祝文、上梁文、彩帐文、告文、祈等
	诗歌类	四言、五古、七古、五律、七律、排律、五绝、七绝、六言、杂言、词曲

需要说明的是，以理、事、情三者来涵括文学的表现内涵是具有充分的理论依据和传统的，清初的叶燮在《原诗》中即已提出了类似的观点，而近代王葆心在其具有集大成性的文论著述《古文辞通义》中针对曾国藩的"三门"说解释道："告语门者，述情之汇；记载门者，记事之汇；著述门者，说理之汇也。三门之中，对于情、事、理三者，有时亦各有自相参互之用。……此三者可橐括文家体制。"① 我们之所以在三者之外另列"公用"一类，主要是考虑这些文体的社会应用性很强，在表现方式上又并不主于一端，如赠序一体，本源自《诗大序》，徐师曾谓"其善叙事理，次第有序，若丝之绪也。……其为体有二：一曰议论，二曰叙事"②。除叙事论理之外，在友朋赠送的序文中当然亦会饱含惜别、勉励之情意，理、事、情三者在赠序一体中是融合一体的，不宜分得过于清晰。另外，像奏议、书牍之类的文体亦有与之相似的情形，它们的主要特点是在各类公、私事务中发挥实用性的功能，在表现方式上则具有综合

---

① 王葆心：《古文辞通义》卷 13，武汉大学出版社 2008 年版，第 530 页。
② （明）徐师曾：《文体明辨序说》，人民文学出版社 1962 年版，第 135 页。

性。但反过来说，我们另立公用性的部类，也并不意味着"论理、纪事、述情"等三类文体就不具有公共领域的应用性，实际上，中国古代的各种文体都产生于现实的需要，实用性功能是古代文体发生、确立、命名、演变的最根本依据，谁也不能否认传状、碑志、哀诔一类文体在传统社会生活中的重要实用价值。因此，四个部类的划分，不尽然符合分类学中排他性、同一性的形式逻辑原则，但对于会元别集的文类体系而言确实发挥着实际的作用。①

从文学属性来看，在会元别集中出现的各种文体体现了中国古代的"杂文学""大文学"观念，这与现代基于西方传统的文学观念有很大的差异。公用性部类文章的写作首要考虑的便是其实用性、得体性而不是文学的审美性，其中的奏议、诏令、公移等官府应用文体在维系社会秩序中发挥着重要作用。同时，别集中此类文体的大量存在也表明了作者存在于体制内的身份特征，会元一般身为鼎甲或者被选为庶吉士，因此最终进入翰林院的比例极高，文学侍从之臣的身份令其别集中的文体种类与一般的士人文集有所不同。即如诏令一体，作为朝廷的代言文字，就不是一般的进士或文士能够具有创作之资格的，诏令虽然具有固定的文体格式，但要写得言简意赅、庄重得体，是需要具备相当的文字能力的，如瞿景淳的《翰林院编修亢思谦敕》云：

> 国家选文学之臣使居史馆，以司纪载，盖效古昔储才之意，冀得一杰然者出其间，庶国家有攸赖耳。尔翰林院编修亢思谦，始以进士高等选入中秘读书，任职以来，贤声益著，才与识而兼茂，文与行而俱修。兹特进尔阶为文林郎，锡之敕命。夫士之由馆选者，必有稽古之学而后可以备顾问，有研几之哲而后可以审机枢，有虚受之诚而后可以广忠益，徒以文焉，则亦艺耳。尔尚益慎修，以副朕储养之意。钦哉！②

这篇制敕文字，在行文上可谓一句一意，一意一转，郑重庄严之中不

---

① 事实上，在古代别集、总集的编纂实践中，违背分类学基本原则的现象比比皆是，甚至已经成为中国古代文体分类的一种惯例，这与中国传统思维方式的特点有密切之关系。参见郭英德《中国古代文体学论稿》一书的相关论述。

② （明）瞿景淳：《瞿文懿公集》之《制敕稿》卷1，万历间瞿汝稷刻本。

乏诚悃，令受命者读后自生忠荩之心。又如霍韬的《渭崖文集》10卷，前4卷全为奏议，末3卷全为官府公移，共占全集之大半，我们如果要在这类作品中去挖掘现代所谓文学性的话，恐怕是会失望的，但如果将其放在更为广阔的文化视野中来认识，其人文性价值则是不容忽视的。尤其是其中90余篇奏议，非常详尽地记录了霍韬所亲历的政治事件和秉持的政治立场，这些奏议在行文中具有一股刚直之气，用语简劲有力甚至激切，虽然不尽符合"奏议宜雅"的文体风格，但鲜明地体现了霍氏勇于自信而又不免有些刚愎的性格特点。如《大礼疏》一篇，理直气壮，肆论滔滔，具有百折不回的意志，霍韬在嘉靖朝的大礼议中与张璁、桂萼等带有投机性目的的人不同，他并不是一味附和明世宗，而是确有自己的观点和立场，所以，他虽因议礼之事而显贵却始终未曾入阁。又如《地方疏》一篇，力陈王守仁平乱之功，力辨奸人忌贤之谤，指名道姓，无所顾忌，公心可见。霍韬这类文章虽为实用而作，但皆能文如其人，足以见出性情，如果只以简单、狭义的文学审美性、形象性而将之排除在文学史的视野之外，则既是可惜的，也是不符合中国传统文学实际的。应该以更具有涵容性的人文特性来处理中国传统文学的观念和实际问题。

　　从文化、学术属性来看，公用性、论理性、纪事性三类文体中，都有一些并不属于集部的文体和文章。奏议类中的经筵讲章，是翰林儒臣向皇帝讲解经典的讲义底本，所讲多为"四书""五经"等儒家经典，可算作经部著述（关于此类文章，后文将作专门探讨）。论说类中的论体之文，亦多有经论，如章懋《枫山先生集》卷4收有论文5篇，分论五经，表述了一个正统理学家的观点，据《明史·艺文志》"经类"著录，章懋另有《诸经讲义》2卷，今已不可见，不知与此五篇经论关系如何。八股制义之文虽在会元别集中收录甚少（其原因详后），但制义在性质上属于解经之作，亦可归之于经部。如果说上述几种文体还只是表现为单篇的话，那么刘定之的《呆斋前稿》中全录其《周易图释》三卷则完全可以析出单行而归入经部之籍。子部著述收入别集的可举二例：一是岳正《类博稿》卷3有《杂言》50条，杂论阴阳五行及医卜星算之说，实属子书。《明史·艺文志》"子类"便著录有岳正《类博杂言》二卷，今有《学海类编》和《百陵学山》本，《四库全书》将之归入"子部杂家类存目"中，《提要》云："《明史·艺文志》作二卷，今已编入正《类博稿》中"①，此是别集而收子部书之明例。二是冯梦祯《快雪堂集》卷46收《漫录》59条，实为《快雪堂漫录》，皆言果报怪异之事，另有单行之本，《四库全书》入"子部小说家类存目"，清代刻入《奇晋斋丛书》。除此之外，其他一些子部性质的单篇零什，散在各别集之中的也很多。至于会元别集中的史部著述就更宽泛了，诸如行状、传记、碑记、墓志、纪事等文体，数量既大，内容又丰，可以说，纪事性文部中的大多数篇章都具有史料性质，但这些文体历来就被编入文人别集之中，故王世贞将一切文献都视为史，并非没有道理。

会元别集的文体部类溢出集部的核心范围而涵括了经、史、子方面的著述，这一事实提醒我们，在研究古代文学相关问题时有必要扩大视野，调整角度。中国古代所谓"文"或"文学"的概念，与现代相去甚远。简括而言，在古人的语境中，文学具有既相区别又相联系的广、狭二义。广义的"文学"与学问、礼乐制度、条理、礼仪等社会秩序的根本方面都有关系，若以之指称文献典籍，则指一切见诸文字的写作。在孔门四科中，与德行、言语、政事相对称的"文学"即是广义的文学概念。狭义的文学大致指文章之学，因"文"或"章"都有色彩错杂、花纹斑斓之义，"文章"一词便用以特指讲究文采的文字写作，《典论·论文》所论之文、《文赋》所铺陈之文、《文心雕龙》所研讨之文、《文选》所选录之文，皆指这一意义上的文章（包括诗赋作品）。文笔、诗笔等对待概念中的"文"与"诗"亦皆在这一意义范围内使用，这也确立了古人常识性的文学观念，即"事出于沉思，义归乎翰藻"（萧统《文选序》）。作为文章之学的"文学"，虽从广义的文学范畴中独立出来并可以与学术性的经（儒）学、史学、子学相并称，但这四者并不是在一个层面上而言的，换句话说，经学、史学、子学中也可以有"文学"——文章之学。因为"沉思"并不仅仅单指情思，而"翰藻"更只是指向一种态度与形式②，经籍、史籍、子籍中亦同样可以讲究沉思与翰藻（《史记》便是极好的例证）。所以，在古人看来，学术性的经、史、子等专门著述与文学性的集部著述之间并没有截然的界限，经史之籍与别集中的经史著述之间

---

① （清）永瑢等：《四库全书总目提要》卷124《类博杂言》提要，中华书局1965年版，第1068页。

② 参见朱自清《〈文选序〉"事出于沉思，义归乎翰藻"说》，俞绍初、许逸民主编《中外学者文选学论集》，中华书局1998年版，第75—84页。

的区别，大概仅在于文词与篇幅、体系而已，正如章学诚所言："子、史衰而文集之体盛，著作衰而词章之学兴。……经学不专家，而文集有经义；史学不专家，而文集有传记；立言不专家，而文集有论辩。后世之文集，舍经义与传记、论辩之三体，其余莫非词章之属也。"① 章氏从学术流变的角度立论，注意到"一编之中，先自不胜其庞杂"的事实，也说明了古人文学观念的渗透性、涵容性特点。因此，作为科举社会的知识精英，会元别集中包含有经、史、子之类的专门著述，并不奇怪。

由此可见，即便是古人眼中的狭义之"文学"——文章之学的概念②，仍远大于当今纯文学的义界，更何况古人还常以广义的文学观念来规范、引导、支配狭义的文章写作。所以，用纯文学观念来筛选和研究中国古代文学只能是削足适履，将大量的文学现象和文学作品排斥于论域之外。我们对明代会元别集文体部类的考察再次印证了这一点。同时也说明，经过魏晋六朝的文学自觉和明代中后期的思想启蒙（现存明代会元别集绝大多数刊行于嘉靖之后），中国传统的文学观念和文学实践中依然有一以贯之的线索存在，忽视或者轻视我们自己的文学观念、文学实践中的固有线索，而强调以西方理论进行现代的解读，是在文化上不够自信的表现。

二 编集体例与文体意识

别集之作品所涉及的体裁既然如此之丛杂，在汇集成秩时如何安置其先后便成为需要解决的问题。是无分彼此随意置之，还是另有考虑？综观会元别集的作品编排，有一些特点值得注意。

首先，在总体的编集体例方面，大多数别集都是按文体编排的，不论是诗歌还是文章，大体都遵循这一编辑原则。之所以呈现这一状态，原因之一是出于明确的文体意识。文体既是形式，也是思维，是人类思维对客观世界的主观再现。比如将包括人自身在内的世界区分为理、事、情三个

---

① 转引自王葆心《古文辞通义》卷13，武汉大学出版社2008年版，第530—531页。章学诚在《文史通义》卷3《文集》一篇（中华书局1994年版，第296页）中从学术分化的角度论述了别集产生的原因和过程，亦可参看。

② 郭英德认为汉代的"文章"一词亦有广、狭之分，狭义的"文章"东汉人称为"文辞"，略近于今人所说的"文学"，主要是诗赋一类作品，但所包括的文体仍然相当庞杂。参见《中国古代文体学论稿》，北京大学出版社2005年版，第52页。

层面，便属于一种主观的认识，用语言文字对这三个方面有所侧重地加以表现，便形成了文体区分的最基本标准。所以，文体意识说到底就是一种包含了演绎和归纳的世界观。而将具有不同社会功能的文体作品按照一定顺序编辑成集，反映的是人们分门别类地把握客观世界的思维逻辑。

别集主要按照文体编辑的另一原因在于，古人写作时没有题署创作时间的习惯，所以按文体编辑无疑比按时间编辑更具有操作上的便利。在我们考察的 39 家会元别集中，只有四位会元的文集是以时为序来编排的，情况都比较特殊。正统丙辰科会元刘定之的《呆斋续稿》五卷，收录作者自成化元年至成化五年所作诗文 193 篇，每年一卷，卷首有刘氏题识曰："予旧所述，择其可存者分类存之，自今成化乙酉以后不复分类，第于岁尽为卷，以示儿曹，盖因此见予之履历云尔，岂以其言为足取哉！"可见《续稿》是作者晚年自定之稿，若不经作者手裁，后人是难以系年的。嘉靖癸未科会元李舜臣的《愚谷集》十卷按李氏居官之地分题为《部署稿》《金陵稿》《江西稿》和《归田稿》，虽以其任职地域为名，但在其履历清晰的情况下，其实也就隐含了编年之意。嘉靖壬戌科会元王锡爵的《王文肃公奏草》二十三卷按年收集了王氏自万历十三年至万历三十八年的 256 篇奏疏，相当详尽，《王文肃公牍草》十八卷则按居官阶段编排书牍 1491 通，亦隐含时序。因王锡爵身为显宦并曾入阁，故其《奏草》《牍草》对于研究万历中期之政局具有重要的史料价值。万历戊戌科会元顾起元可能是最具历史意识的会元了，其别集今存四种，《懒真草堂集》五十卷刊刻于万历四十六年，自序云："余二十年来所为撰缉纪述者，略具是集"，可知其登第后所作大致尽萃于是集；其《遁园漫稿》《蛰庵日录》《雪堂随笔》三集共十二卷，亦皆为顾氏自定，分年编次了万历四十六年至天启七年间的诗文作品。上述顾氏 4 集前后相续，完整地记录了他入仕后的创作，时间跨度长达 30 余年，这在会元别集中实为仅见，对于研究其生平无疑相当方便。以上四人之集或是经作者自编，或是具有明确的时间题署（如本身便具档案性质的奏疏），否则，按年编集恐怕不是一件容易的事。现存明代会元别集属于作者自编的极少，多为他编，大多数刊刻于作者身后，有些还远隔数十年之久。由此可见，分体编集既是文体意识自觉的反映，也是实际操作因素受限的结果。

其次，诗、文二体的先后之序值得关注。在传统的文学观念中，诗、文虽然都居于文学的正宗地位而高于词曲、小说，但仍稍有区别。文因

"载道"而更为直接地切入现实政治和社会生活，用世意味更为明显；诗因"言志"或"缘情"而与主观世界更为贴近，主体适世意味较浓厚。所以，从外在性和实用性而言，文自当重于诗；而从内在性和审美性而言，诗却重于文。在我们考察的39位会元别集中，有一位有诗无文（曹勋），有一位有文无诗（王锡爵），另有3位（许谷、汤宾尹、陈名夏）为诗、文分开成集，可以暂且不论，其他34位会元的别集皆包括诗、文二体。其中，诗编列于文之前的有17位，即：岳正、彭华、姚夔、赵宽、储巏、钱福、鲁铎、吴宽、王鏊、李舜臣、唐顺之、赵时春、孙鑛、陶望龄、袁宗道、顾起元、吴伟业。文编列于诗之前的亦有17位，即：黄观、刘定之、商辂、章懋、梁储、瞿景淳、张治、霍韬、袁炜、傅夏器、邹守益、曹大章、田一俊、邓以赞、冯梦祯、许獬、杨守勤。

　　细考这些会元别集，不难发现：一方面，别集中诗歌编于文章之前的会元，不乏以诗名家或诗文兼擅者。我们姑以钱谦益《列朝诗集》的选诗数量来说明此问题①，《列朝诗集》收录鲁铎47首，吴宽159首，王鏊38首，储巏62首，唐顺之60首，陶望龄50首，都比较多，可算是明代诗人中较有成就的。此外，像岳正、赵宽、钱福、赵时春、袁宗道、顾起元、吴伟业等都是以才气或性情为世所知的，吴伟业更是明清之际影响最大的诗人之一。另一方面，别集中文章排在诗歌之前的会元，则多以政事和学术闻名，诗歌写作不是这些会元擅长的方面。如刘定之、商辂、梁储、张治、袁炜等都曾入阁，黄观、霍韬亦为一时名臣，章懋、邹守益、邓以赞则是学术名家，其他如瞿景淳、傅夏器、田一俊、杨守勤等均长期以文字供职于翰苑。由此可知，会元别集中诗、文的先后排列之序并无一定之规律，一般视作者才性所长而定，同时这也说明，在明人的眼中，诗、文之异须辨，诗、文之体固严，但诗、文二体在正统文学中的地位还是大致相当的。

---

① 钱谦益的《列朝诗集》和朱彝尊的《明诗综》都具有诗学眼光且以保存一代诗作为务，但钱氏侧重以诗存人，突出名家名作；朱氏侧重以人存诗，求全图备。对两者之比较，参见容庚《论〈列朝诗集〉与〈明诗综〉》一文，许逸民、林淑敏点校《列朝诗集》附录，中华书局2007年版，第6883页。此外，明末曹学佺的《石仓历代诗选》之明代部分也是重要的明诗总集，但会元入选者不多且标准独特，如岳正48首、商辂34首、林志61首、章懋45首、吴溥33首，而吴宽竟然一首不选，未知何据。清末陈田的《明诗纪事》与《明诗综》相似，亦以存人为重，故我们在这四种明诗总集中选择《列朝诗集》为代表来说明问题。

再次，要注意科举类文章的编次。会元别集中的科举文章，种类广泛，数量不少（详细统计和分析见下节），包括乡、会试所用策、论、诰、表、判、制义，廷试所用对策，以及庶吉士所作馆课、阁试之文（文体更多，诗、文兼有）。在会元文集中，这类文章一般都单独编次，不与同一文体的非科举作品混编，尤其是乡、会、廷试所试之文更是如此。如刘定之《呆斋前稿》前十卷为《十科策略》，是刘氏平日练习所作的策文，卷11至卷13收其全套乡试、会试、殿试试卷，像这样在别集中完整收录科举真题和习作的情况实属少见，值得关注。又如瞿景淳的《瞿文懿公集》所附《制科集》四卷收录策、论共17篇。这表明，别集的编辑者对于科举文章予以了特殊的对待和处理。其间所反映的文体意识和价值心态颇耐寻味。一方面，会元作为科举精英，其社会地位皆赖进士一第而奠定，其社会声望也与会元功名大有关系，因此其据以获得魁科的科举文章无疑是具有相当水平和价值的。但另一方面，科举向来又被视为敲门砖。向高里说，据此实现建功立业；往俗里说，据此获得功名富贵。故科举文章的价值又被此一敲门砖性质的手段属性所局限，无法超升。所以，在别集中单独编列科举文章的做法，正是以上双重价值心态的反映。

相对而言，庶吉士在翰林院学习时所作馆课的编次则自由一些，有单独成卷的，亦有散在诗、文各体中而加以标明的。典型的如陶望龄的《歇庵集》，二十卷本将乡、会试墨卷及程文单编为一卷（卷13），将翰林馆课单编为两卷（卷19、卷20）；而十六卷本则无乡、会试试卷且将馆课混编入各体卷帙之中，仅从编次而言，前者无疑较优。馆课和墨卷、程文等在编排上的细微差异，应当是由它们对于作者仕途的重要性而造成的，会元别集的这一现象与一般明人别集是不同的，具有较明显的身份特征。

第二节　文体数量与分布

在上节中，我们对明代会元别集中出现的所有文体按照功能和表现方式相结合的标准进行了类别的划分和归属，以便在整体上有所把握。在本节中，我们尝试以更为具体的定量分析方法对会元别集的文体分布作一探讨，以说明会元群体的集部著述的某些文学、文化特性。

一 诗文分体数量统计

纳入统计的是上述 39 位明代会元的别集，但需说明的是，袁炜的《袁文荣公诗略》和曹勋的《曹勋大诗草》有诗无文，王锡爵的《王文肃公全集》有文无诗，故将会元的诗、文分别作统计时，相应的人数应为 38 人和 37 人。这虽非明代会元的全部，但较重要的人物已包括在内，大体能够说明明代会元的创作情况。我们按照上节划分的文体类别将全部文章按 12 类进行统计，另外单列出科举一类，专收策、论、制义、馆课等文章（包括诗歌），合计为 13 类。诗歌类则基本按形态分为古体、近体、词曲和其他等四大类 12 个小类进行统计，详见表 5-2 和表 5-3。

表 5-2　　　　明代会元别集各体文章数量统计表　　　　单位：篇

作者(37人)	公用				论理		纪事			述情			科举类	总计
	奏议类	诏令类	书牍类	赠序类	序跋类	论辩类	杂记类	传状类	碑志类	箴颂类	辞赋类	哀祭类		
黄　观	—	—	1	1	—	—	—	—	—	—	—	—	11①	7
刘定之	35	—	7	13	12	34	13	51	11	16	6	14	109	321
姚　夔	53	—	—	17	5	1	17	7	12	1	—	—	—	113
商　辂	26	—	—	26	16	—	17	3	22	1	—	—	—	111
岳　正	—	—	2	36	18	54	11	3	19	7	18	3	—	171
彭　华	6	—	3	7	9	—	9	7	16	—	—	10	—	67
章　懋	25	—	79	46	32	9	32	3	31	13	1	5	5	281
吴　宽	10	2	3	63	310	1	103	18	202	53	1	30	—	796
王　鏊	21	19	18	36	73	19	41	11	96	43	15	13	—	405
梁　储	50	—	—	20	3	—	1	—	14	—	—	10	—	98
赵　宽	1	—	2	44	17	—	19	2	17	7	4	46	—	158
储　罐	11	—	203	70	23	—	7	—	35	7	3	15	—	374
钱　福	1	—	3	21	22	—	23	6	16	15	2	4	8	121
鲁　铎	—	—	11	29	—	2	17	—	12	2	2	—	—	83
邹守益	5	5	379	163	168	104	85	11	101	47	1	27	1	1097
霍　韬	121	133	86	55	19	—	5	8	—	—	—	26	—	462

---

① 包括馆课诗作 6 首，但不计入文章总数中。

续表

作者(37人)	公用				论理		纪事			述情			科举类	总计
	奏议类	诏令类	书牍类	赠序类	序跋类	论辩类	杂记类	传状类	碑志类	箴颂类	辞赋类	哀祭类		
张 治	28	—	—	31	18	13	13	—	13	2	—	4	—	122
李舜臣	3	—	1	41	20	1	12	4	5	—	—	15	—	102
赵时春	8	—	10	100	50	62	49	6	31	8	9	24	—	357
唐顺之	21	6	177	28	37	9	24	9	39	26	2	15	1	394
许 谷	—	—	2	6	3	1	1	2	—	1	—	2	—	18
瞿景淳	—	37	5	47	9	1	13	7	37	2	2	10	17	187
傅夏器	—	—	—	97	—	—	10	1	17	—	—	10	—	144
曹大章	24	—	96	53	4	—	4	3	10	16	1	22	11	244
王锡爵	256	—	1491	25	15	—	1	12	53	5	—	37	7	1903
田一俊	11	17	142	26	6	3	10	3	8	10	3	11	3	253
邓以赞	6	—	51	2	—	51	—	—	—	1	—	3	1	132
孙 鑛	—	—	11	16	10	—	—	5	16	1	—	7	—	66
冯梦祯	4	—	717	51	134	74	17	25	84	40	—	50	5	1201
袁宗道	—	—	53	16	2	157	26	2	8	—	—	16	17	297
陶望龄	5	—	257	80	69	22	41	22	45	23	1	11	67①	611
汤宾尹	—	—	56	78	157	—	7	16	64	45	—	32	—	455
顾起元	8	—	3	33	67	—	14	7	42	19	6	4	4②	203
许 獬	2	—	75	3	4	9	1	1	2	14	2	7	36③	139
杨守勤	5	110	—	30	25	—	10	10	14	—	—	20	43④	249
吴伟业	6	—	8	33	61	7	16	10	53	2	—	2	5	203
陈名夏	9	—	81	48	108	4	6	9	15	—	—	15	—	295
总 计	761	329	4033	1491	1548	634	679	291	1174	427	79	520	351⑤	12240
	公用之属 6614篇 (54%)				论理之属 2182篇 (17.8%)		纪事之属 2144篇 (17.5%)			述情之属 1026篇 (8.4%)				

① 包括馆课诗作32首,但不计入文章总数中。
② 此为馆课诗作4首,不计入文章总数中。
③ 包括馆课诗作17首,但不计入文章总数中。
④ 包括馆课诗作18首,但不计入文章总数中。
⑤ 共包括馆课诗作77首,不计入文章总数中。

表 5-3　　　　　　明代会元别集各体诗歌数量统计表　　　　　单位：首

作者(38人)	古体				近体						词曲	其他	总计
	五古	七古	四言	杂言	五绝	七绝	五律	七律	排律	六言			
黄 观	—	1	—	—	2	1	3	12	—	—	—		19
刘定之	24	11	2	—	—	16	8	24	—	—	2		87
姚 夔	43	19	—	—	—	57	15	150	7	—	—		291
商 辂	6	26	—	—	—	22	3	75	3	—	—		135
岳 正	12	11	7	—	—	78	3	50	—	—	—		161
彭 华	1	5	9	4	2	15	7	22	—	—	14		79
章 懋	6	17	—	—	1	107	5	65	—	—	6		207
吴 宽	229	118	1	3	22	275	96	719	5	9	34		1511
王 鏊	63	51	1	9	19	182	57	440	8		15		845
梁 储	—	—	—	—	—	22	11	33	—	—	—		66
赵 宽	35	48	—	—	13	65	37	287	—	4	12	联句24	525
储 巏	38	17	2	—	12	199	132	363	5	—	12		780
钱 福	24	38	—	—	5	163	—	138	—	—	—		368
鲁 铎	43	38	—	—	58	166	86	167	6	6	6		576
邹守益	231	63	—	—	66	263	31	113	—	—	—		767
霍 韬	40	—	38	—	—	27	—	48	—	—	21		174
张 治	56	34	3	—	6	77	83	301	7	—	7		574
李舜臣	22	1	—	—	3	2	150	47	—	—	—		225
赵时春	123	114	6	5	29	328	504	470	12	2	—	三言2	1595
唐顺之	3	29	—	—	16	57	133	172	12	—	—		422
许 榖	35	73	—	—	28	158	441	720	18	18	10		1501
袁 炜	4	3	—	—	—	3	17	61	3	—	—		91
瞿景淳	20	6	—	—	—	2	4	7	1	—	—		40
傅夏器	32	12	—	—	29	75	77	84	—	—	—		309
曹大章	2	5	—	—	2	13	54	127	5	—	1		209
田一俊	5	3	1	—	14	65	25	83	9	1	—	联语69	275
邓以赞	4	—	—	—	—	—	19	21	1	—	—		45
孙 鑛	15	19	—	4	25	75	103	88	12	2	—		343
冯梦祯	58	4	1	1	9	17	91	7	—	—	—		188
袁宗道	23	11	—	—	42	11	115	41	—	8	—		251

续表

作者(38人)	古体				近体						词曲	其他	总计
	五古	七古	四言	杂言	五绝	七绝	五律	七律	排律	六言			
陶望龄	108	20	—	11	37	58	75	66	1	11	1	三言1 九言1	390
汤宾尹	107	42	10	6	69	217	336	283	24	—	—		1094
顾起元	213	95	—	1	59	767	420	753	9	—	12		2329
许獬	—	4	3		3	6	13	14	3	—			46
杨守勤	24	31	—		40	49	118	99	19	—	—		380
曹勋	32	20	3		45	205	150	467	—	8	—		930
吴伟业	68	101	—		35	217	321	345	8	12	98	联句1	1206
陈名夏	61	55	—		52	178	260	344	—	—	1		951
总计	1810	1145	87	44	743	4238	4003	7306	178	81	252	98	19985
	3086首（15.4%）				16549首（82.8%）								

以上数据可以提供哪些信息呢？笔者试从群体、个体和文体等几个相互关联的维度进行解读。

二 数据形态之启示

从会员群体来看，明代会元集部著述的总量是较大的，诗、文合计已达32000余篇，超过明清时期编纂的很多诗文总集的规模，这还不包括那些未列入统计的会元之作。这说明会元群体的创作力旺盛，同时也大致说明，由于社会地位较高，其作品刊刻流传下来的机会也较大。可以与此略作比较的是明代状元别集的情况，据陈文新、郭皓政对37位明代状元别集的作品所作统计（统计人数与我们相当，故具有可比性），其各体文章总数为7674篇，各体诗歌总数为14423首[①]，诗文合计总数为22097篇（首），约相当于会元诗文总数的68.6%。单纯的数量虽然不是衡量文学

[①] 陈文新、郭皓政：《明代状元别集文体分布情形考论》，《文艺研究》2010年第5期。该文中所统计的37位状元为吴伯宗、胡广、曾棨、陈循、马愉、周旋、商辂、彭时、柯潜、黎淳、彭教、罗伦、张升、吴宽、谢迁、费宏、钱福、毛澄、康海、顾鼎臣、吕柟、杨慎、龚用卿、罗洪先、林大钦、李春芳、唐汝楫、申时行、张元忭、孙继皋、沈懋学、唐文献、焦竑、朱之蕃、杨守勤、钱士升、刘理顺，其中有4位状元亦是会元出身，即商辂、吴宽、钱福、杨守勤。

成就的重要标准，但事实上，我们对比两份统计名单不难看出，明代状元中文名较著的人物的确不如会元多。在明代文学史上可以数得上的大概只有吴宽、钱福、康海、杨慎、焦竑等几人（前二人同时还是会元），而明代会元中较为著名的文学人物则起码有吴宽、王鏊、储巏、钱福、鲁铎、赵时春、唐顺之、许谷、冯梦祯、袁宗道、陶望龄、顾起元、吴伟业等十数人，其中唐顺之、袁宗道和吴伟业三人均可算是明代文学的一流人物。这似乎印证了笔者在前章中的一个观点，即状元的产生由于受到更多人为因素的影响，具有一定的偶然性和非文学性，故而会元群体才是科举考试中的实力最强者。同时，科举考试也的确具有选拔人才（包括文学人才）的巨大优势。

从会元个体来看，留存文章数量较多的会元有王锡爵（1903篇）、冯梦祯（1201篇）、邹守益（1097篇）、吴宽（796篇）、陶望龄（606篇）、霍韬（462篇）、汤宾尹（455篇）、王鏊（405篇）等人。其中王锡爵的《奏草》和《牍草》收入了大量的论政文章，霍韬别集中的奏议和诏令两体即占有一半多的篇数，邹守益文集中的论学书牍数量不少，冯梦祯、陶望龄以短小随意的尺牍居多，吴宽的书序和碑铭文字最多，故大致可以从各人文集的文体数量分布中说明各自的政治、文化身份。诗歌数量较多的则为顾起元（2329首）、赵时春（1595首）、吴宽（1511首）、许谷（1501首）、吴伟业（1206首）、汤宾尹（1094首）、曹勋（930首），亦大致可以说明各自的特点。综合来看，吴宽诗、文俱优，可以算是会元中的佼佼者，吴伟业虽以诗歌著名，但其文章亦颇有可观，以往的研究在这方面注意得不够。

从文体分布来看，公用性文体数量极大，占所有文章数量的54%，这说明公用性文体在士大夫日常生活中发挥着重要的作用，实用功能是会元创作此类文章时首先考虑的因素。如果将会元群体作为精英文人的样本，估计全部现存明代别集的文体分布情形会是大致类似的情形。这也佐证了我们的一个基本判断，即：中国古代的文学实践是在很强的社会性、世俗性环境下发生的，因而文学作品具有相当明显的用世功能。传统的文学观念、文论范畴也是在这样的文学实践中产生的。所以，我们的文学史研究，要成为"中国的文学史研究"，而不是"在中国的文学史研究"，就一定要把握中国固有的文学实践特点。如果无视于此，那么大量的古代文学作品（尤其是文章）将难以进入文学史研究的视野，而复兴优秀传统文化也就缺乏相当的文献支撑。在文学研究领域，应该倡导由既有作品概括、提炼、升华出理论，而不应以既有理论来规范、淘选作品。中国传统文化具有道不离器、知行合一的特点，中国古代文学研究更应该尊重本土文学实践、重视文学传统。

在公用性文体中，书牍一类文体篇制短小灵活，内容广泛，或论政、或论学、或论文、或述日常琐事，应用广泛，数量最多。但值得注意的是，书牍在明中后期较前期应用得更为频繁，如邹守益、王锡爵、冯梦祯、陶望龄等人的书简都较多，这似可说明学者、文人间的交流更为通畅、便利，也说明社会文化更为活跃、更富于动态。

值得注意的还有序体之文的繁多。序这一文体源自《诗大序》《书序》，乃绪论其大义之文，后衍生为文籍之序，吴讷引吕祖谦语云："凡序文籍，当序作者之意。"① 因此，书序以议论、评骘为主，故笔者将之与题跋一起同归于说理类文体。除书序之外，唐代兴起的赠序是文人别集中另一为数众多的文体。赠序乃为临别赠言和宴集赋诗而作，后来为赠诗而作的赠序流行，赠诗本身反倒不传了。赠序因事而起，"当随事以序其实"，故以叙事为主，杂以议论，徐师曾认为序文"其体有二：一曰议论，二曰叙事"②。即指书序和赠序两体而言，我们关注赠序在社交中的功用，故归之于公用性文类。不论是书序还是赠序，在会元别集中的数量都较多，如果除去书牍一体本因短小而数量庞大，甚至可以说，序是士人最为常用的文体，与士人生活的关系最为密切。赠序的使用范围广泛，在会元别集中最多的是送人升迁的贺序、送人任职或考满离职的别序、祝福生辰的寿序，这说明了会元社交圈的层次以及所处的地位。赠序创作较多的会元，其社交活动亦当较为频繁，如邹守益不仅书牍多，赠序亦多，在王门弟子中的确是核心人物之一。书序之作，或因前辈所付托或由后辈所央请，作者应具有较好的文学见解。会元中所作序跋较多的如吴宽，是吴中文人集团的领袖之一，冯梦祯是晚明文学思潮的积极实践者，汤宾尹在万历年间的图书出版界甚为活跃，陈名夏为自己编选的《国朝大家制义》作有序文数篇。他们别集中序跋之文较多，都是其介入文化活动较为活跃、频繁的证明。

---

① （明）吴讷：《文章辨体序说》，人民文学出版社 1962 年版，第 42 页。

② （明）徐师曾：《文体明辨序说》，人民文学出版社 1962 年版，第 135 页。

与赠序相似，碑志类文章的众多也说明了会元政治、文化身份的崇高。刻碑之文当然要求文词雅洁，事实清楚，具有传之后世的价值，而作者之身份、地位对文章传世与否亦极具关系。陆容《菽园杂记》云："盖卿大夫之丧，有当为神道碑者，有当为墓表者。如内阁大臣三人，一人请为神道，一人请为葬志，余一人恐其以为遗己也，则以挽诗序为请，皆有重币入贽，且以为后会张本。"① 可见，碑志之写作要求具有一定的身份资格，且能为作者带来一定的经济收益，这在官员俸禄普遍较低的明代是不可忽视的创作缘由之一。② 明代会元中，以吴宽的碑志之文最多，这与其长期典掌制诰、身为朝廷大手笔的身份是有关的。

再看诗歌方面的数量分布情况。在各体诗歌中，古体、近体、词曲的数量比例充分反映了明代正宗文学文体内，中心与边缘的格局关系。在会元别集中，近体诗是古体诗的 5 倍之多，而七律又一枝独秀，平均每人创作七律近 200 首，这一态势与明代状元的创作情形相类。③ 其原因有外在形式方面的。明人李维桢指出："律体出而才下者沿袭为应酬之具，才偏者驰骋为夸诩之资，而《选》古几废矣。"④ 律诗工整的格律规范，在为学习者设置障碍的同时其实也提供了可供操作的便利阶梯，同时也为"应酬"和"夸诩"之类的创作动机提供了合宜的形式。清代吴乔说"七律齐整谐和，长短适中，最宜人事之用"⑤，长短适中，格律规范，结构上已形成"起、承、转、合"的大致套路，这些形式上的特点，使得七

---

① （明）陆容：《菽园杂记》卷 15，中华书局 1985 年版，第 189 页。

② 会元初入仕以任职翰林居多，其次则为国子监，其职务虽清要，俸禄却清简。正七品的编修月俸仅米 7.5 石，掌院学士亦仅 16 石，而国子监系列的官俸也不高，祭酒月俸仅 21 石，司业只有 10 石。应人所请撰写碑诔之文，或许正是文、教员获取俸外经济收益的重要途径。叶盛《水东日记》卷 1《翰林文字润笔》云："三五年前，翰林名人送行文一首，润笔银二三钱可求，事变后文价顿高，非五钱一两不敢请，迄今犹然，此莫可晓也。"（中华书局 1980 年版，第 3 页）日本学者佐藤一郎说："文章能力具有一般水平以上的人会得到社会的尊重。从公的方面来说，科举（高等文官考试）及第的机会能大大地增加；从私生活来说，可以受人委托书写传记、墓志铭来丰富经济收入。"（《中国文章论》，上海古籍出版社 1996 年版，第 6 页）

③ 陈文新、郭皓政：《明代状元别集文体分布情形考论》，《文艺研究》2010 年第 5 期。

④ （明）李维桢：《大泌山房集》卷 9《唐诗纪序》，四库全书存目丛书集部第 150 册，第 491 页。

⑤ （清）吴乔：《围炉诗话》卷 4，《清诗话续编》本，上海古籍出版社 1983 年版，第 595 页。

律在需要快速完成的社交场合显得非常实用。这是明人文集中七律一体的数量大胜于其他诸体的重要原因。

律体较胜似乎还有两个文学内部的因素值得重视。其一，律诗起承转合的结构与八股文四比八股的程式之间具有类型上的相似性。"七律颇似八比：首联如起讲、起头，次联如中比，三联如后比，末联如束题。"① 黄强先生认为："它（八股文）与律诗可谓异质而同构……使得明清文人很容易由此及彼，出入于八股文与律诗之间，换言之，与其他诗体相比，律诗更易于契合明清文人的心理结构。"② 习惯于八股文写作且是此中高手的会元们，写起七律来自然极易上手。实际上，从表5-3中可以发现，在会元中，七律的陡然增多是从吴宽开始的。在此之前，七律在会元的诸体诗歌创作中并不占有绝对的优势，吴宽是成化八年的会元及状元，而八股文恰又定型于成化年间，这一巧合便颇具意味。另外，明初吴讷编选《文章辨体》时（天顺八年初刻）尚将律诗作为"古诗之变"附在《外集》之中，而至明中后期徐师曾编选《文体明辨》时（隆庆四年成书），便将律赋、律诗等纳入《正编》了。律诗文体地位的提升与八股文的盛行之间，应该具有一定的正向动态关系，随八股文而日渐繁兴的律诗创作现状，恐怕是吴、徐二人文体观念发生变化的原因之一。其二，明代的主流诗学理论尚情思、崇意象③，但明代文人因长期受理学的浸染，其诗作在内容和形式上的程式化色彩较为浓重，诗歌创作实践或是陷于剽窃模拟，或是形象枯涩偏于议论，远未达到其在理论上的标举。反映到诗体选择上，七律对于才情发抒、兴象营造方面的要求比较低，从便于议论和偏于理性的思维而言，七律无疑较有优势。与此相应，同样是律诗，五律由于句式的缩减，动词和虚字的运用少于七律，便不适于议论而要求更具有丰神韵味。而近体诗中的七绝则更以发抒片段的情思和感想居多，即便是议论，也以零星的思想火花取胜，而不着意于思理的完整。五律和七绝在意象的营造上颇

---

① （清）吴乔：《答万季野诗问》，《清诗话》本，上海古籍出版社 1978 年版，第 30—31 页。

② 黄强：《八股文与明清文学论稿》，上海古籍出版社 2005 年版，第 486 页。黄强先生详细考辨了起承转合之说在时文与诗学领域的发展和相互影响的先后关系，可参看。

③ 参见陈文新《明代诗学》，湖南人民出版社 2000 年版。

为相似。① 会元别集中五律和七绝两体的数量相当而又都少于七律，或许有此一方面的原因。

对于词曲一体，会元们普遍表现得兴趣不大。只有 16 位会元有词作留存，除吴伟业、吴宽二人的词作稍多之外，其他会元基本只是聊备一格而已，这一状况无疑反映了诗尊词卑的传统观念，也印证了在宋词的高峰之后，元明词坛甚为寥落的事实。会元别集中的词曲数量虽少，但也具有一定的文献价值，对《全明词》（饶宗颐、张璋编）和《全明词补编》（周明初、叶晔编）可以有所增补，为两书所失收的会元词作有刘定之《呆斋续稿》卷 2 中的词作 2 首和张治《张龙湖先生文集》卷 15 中的词作 5 首（见附录一）。

由以上简略的分析可见，明代会元别集的文体在数量分布上含有丰富的文化信息。一方面，它体现了会元在政治、文化上的特殊身份；另一方面，它也可以作为明代文人尤其是精英文人文学创作的典型标本，进而透视明代文学的某些细部特点。我们的关注点不应局限于作品数量较多的文体，数量不多但特点突出的文体，同样值得我们重视。在这方面，只要不囿于以往的文学观念而以历史的、宏通的视野加以审视，就有望发现较大的研究空间和新的学术增长点。

第三节　会元别集中的科举文体

本节尝试对明代会元别集中的科举类文体进行专门的探讨。由第二节表 5-2 的统计可知，单从数量而言，此类文体在会元别集中所占的比重

---

① 以往人们较多注意到律诗与绝句在体性上的区别，但对五律而言，其与绝句的异中之同也值得关注。五律的这一性质可在唐诗中得到一定的印证，施子愉对《全唐诗》中存诗一卷以上的诗人之作进行的分体统计显示，唐诗中以五律最多，占 28.2%；其次是七绝，占 20.8%，七律排第三，占 17.4%。（参见沈祖棻《唐人七绝诗浅释·引言》，上海古籍出版社 1981 年版，第 20 页）排除进士科以五言六韵诗取士对五律创作的助推作用，仅从数量而言，五律和七绝乃是最能体现唐诗特色的主要诗体，初唐不用说，盛唐的王孟一派、中唐的大历十才子、晚唐的苦吟诗人都以五律之作营造了高妙的意境，体现了唐诗的丰神。万历首科会元孙鑛亦有见及此，认为"七言近体勿随人多作，此体在诗中又别一境，大难言。古选固是诗本，或太远，只五言律为近而正，唐人五言律不问初、中、晚，无一不佳，杜尤臻神境。若常细玩，诗宁有不工者"（《月峰先生居业次编》卷 3《与吕甥玉绳论诗文书》，四库禁毁书丛刊集部第 126 册，第 218 页）。

并不大。但是由于会元群体既是科举精英，也是文化（文学）精英，通过他们的科举文体创作，可以更好地透视明代科举与文学的相关性。另一方面，科举文体及文章（所谓科文）是科举与文学相交叉的核心领域，属于狭义的科举文学范畴，理应给予相当的关注。基于此，我们以会元别集中的科举文体为材料，通过分析以期深化相关认识。

一 别集中科举文体的种类和数量

科举文体是指用于科举考试或科举教育的文体，它并非是文体学意义上的分类名目，虽然科举文体也是根据使用范围和功能来划分的类别，但它与奏议类、序跋类等文体类别不同的是，特定的使用场合——科举考试或科举教育——是其文体成立的必要条件。换句话说，某种文体用于科举考试即成为科举文体，反之即不是。以此衡之，在从隋至清的科举史上，曾经被用于科举考试的主要文体有试律诗、试律赋、策、论、经义、诏、诰、表、判、制义等，其中只有宋代的经义和明清的八股制义（两者具有渊源嬗递关系）专用于科举考试而不在其他社会生活中发挥功用①，其他如策、论、表、判、诗赋等文体既可以在考试中使用，亦可以在其他场合使用，我们讨论科举文体，关注的是它们作为考试文体时的情形，这是需要加以说明的。

明代科举考试的文体要求，在洪武十七年颁行的《科举成式》中有明确的规定，即：乡、会试第一场试"四书"义三道、"五经"义四道；第二场试论一道，判语五条，诏、诰、章、表内任作一道；第三场试经史时务策五道。殿试则只试策一道。终明之世，这些规定未有大变。在现存明代会元别集中，上述几种文体都有留存，为省篇幅，我们将其数量情形制成表5-4以示。

表5-4　　　明代会元别集中科举文体的种类和数量

类别	作者及篇数	总计
制义	黄观（3）刘定之（14）	17

---

① 为应考而写作的八股文习作，虽不是场上之文，但属于考试的大范围之内，其他科举文体的应考之作也应同理视之，均属于科举文章一类。至于明清时出现的游戏性质的八股文，文人一般视之为谐谑之作，与考试关系不大，我们不将其作为除考试之外八股文尚有其他用途的例证。

续表

类别	作者及篇数	总计
论	刘定之（2）瞿景淳（8）曹大章（4）王锡爵（2）田一俊（2）陶望龄（2）许獬（1）吴伟业（1）	22
表	刘定之（2）杨守勤（1）	3
判	刘定之（10）	10
策	黄观（1廷）刘定之（8廷1）章懋（4廷1）钱福（1廷）邹守益（1廷）唐顺之（1廷）瞿景淳（9廷1）曹大章（7廷1）王锡爵（5廷1）田一俊（1）邓以赞（1）冯梦祯（5）陶望龄（9）杨守勤（3廷1）吴伟业（4廷1）	133（廷11）
馆课	黄观（7）章懋（1）钱福（7）袁宗道（17）陶望龄（56）顾起元（4）许獬（35）杨守勤（39）	166

（注："廷"字表示此篇为廷试对策）

表中信息值得我们注意的有如下几个方面：

1. 与八股制义在明代科举考试体系中的高度重要性正相反，收入会元别集的制义极少。在乡试、会试的三场考试中，7篇制义占全部考试文章数量（19篇）的36.8%，而会元别集中所存制义数量（17篇）只占会元科举文章数（181篇）的9.4%，而且存有制义的会元别集情况特殊。洪武二十四年会元并状元黄观的《黄侍中遗集》是民国初年胡子正据残篇剩简搜集而成，只得"遗文"7篇和"遗诗"19首而已，明初文籍本就留存不多，且黄氏还是靖难之役的重要人物，故其制义亦不宜轻弃，故胡子正有得必存。刘定之的《呆斋前稿》卷11、卷12、卷13完整地保存了其乡试、会试、殿试的三套试卷，这在明人别集中非常罕见，也因此故，刘氏的14篇制义墨卷得以编入别集保存。但应注意的是，整套收录会试试卷并非是制义得以入集的唯一原因，万历十七年会元陶望龄的《歇庵集》（二十卷本）之卷13同样收录了其会试墨卷，但却只收录第二、第三场的论、表各一篇和策文五道而首场的7篇制义文则全部不存。除黄、刘两家之外，会元别集中几无制义可见，八股制义在明人别集编纂中的被冷落与其在举业出版物中的被热捧，形成了极大的反差，其原因何在？

笔者认为，这与八股文的文体属性有关。八股文要求"代圣贤立言"，表达符合圣经贤传和理学理念的见解，这便与士人渴望以"立言"（而不仅仅是代圣贤立言）而获得不朽声名的人生价值形同而实异，较为明显的功利用途自然也令其身价大跌，这类文字也就不宜收入文集之中了。基于同样原因，代"今上"出言的各类诏敕文字，在会元别集中也不多见，而事实上，会元往往任职于翰林院，他们创作此类文字的实际机会和数量是相当多的。这说明，即便在著作权观念相当模糊的古代，"代言"性的文体也因主体身份的不明而不被重视（戏曲、小说之地位低于诗文，也或许有此类原因）。另外，八股文的高度形式化、程式化使其成为科举文体（甚至是所有文体中）最为讲究技巧的一种，而过于讲究技巧的东西，在中国传统的思维观念中是不会占有较高的价值层次的，孔子说"君子不器"（《论语·为政》），追求的就是超越于技巧之上或表现于技巧之中的道。八股文的高度程式化使其写作具有很强的可操作性，较易流于帖括记诵之学，从而更进一步湮没创作者在思想上和表达形式上的主体性、独创性。八股文因此而被轻视，是必然的。与此相应，高度程式化、标准化的文体是便于考校高下的，在这一点上，八股文比限题限韵的试律诗和试律赋更具优势，它在大规模考试中的筛选淘汰功能就显得比别的文体更为突出，更有可操作的优势。所以，八股文虽在别集中被轻视却在举业中被重视，它的重要性在于，八股文比别的考试文体更能体现科举的公平原则和操作上的效率优先①，故其虽不断受到批评，却能盛而不衰、衰而不废。

2. 策是最受重视的科举文体。有 15 位会元的别集中存有策文，总计达 133 篇之多，其中 11 位会元的别集存有殿试对策，其具体种类和数量为：

表 5-5　　　　　　　　明代会元别集中的策文分布情况

作者	别集	卷次	策文种类及篇数
黄　观	黄侍中遗集	卷 2	殿试策（1）

---

① 明代科举录取方式屡见于文献记载之中，"只重首场"和"三场并重"的言论均可举出不少，学界对此也已有不少探讨。笔者认为，明代科举功令中对录取方式并无太过具体的规定，这是一个现实操作上的问题。首场的制义由于具有比较硬性的衡量指标，便于掌握和提高评阅效率，故在最初的筛选中可能占有较重的分量，而在进一步排定名次高下的考校中，应试者在制义上的优劣差异将会缩小，而在后两场尤其是末场对策上的差异将凸显出来。所以，最终录取名次的确定应该仍是三场综合考量的结果，故"首场定去留，三场定高下"基本可以概括明代科举录取的实际情形，但亦不可过于拘泥和绝对。这也提醒我们，会元是多种科举文体写作的佼佼者，而非仅仅止于八股文。

续表

作者	别集	卷次	策文种类及篇数
刘定之	呆斋前稿	卷1至卷10	十科策略（65）
刘定之	呆斋前稿	卷11至卷13	乡试策（5）会试策（5）殿试策（1）
刘定之	呆斋续稿	卷1、卷2	策问（5）
章懋	枫山先生集	卷1、卷4	殿试策（1）策问（3）
钱福	鹤滩稿	卷6	殿试策（1）
邹守益	邹守益集	卷1	殿试策（1）
唐顺之	荆川集	卷1	殿试策（1）
瞿景淳	制科集	卷1、卷2	殿试策（1）程策（8）
曹大章	曹太史含斋先生文集	卷12、卷13	殿试策（1）会试策（5）程策（1）
王锡爵	王文肃公文草	卷3	殿试策（1）程策（4）
田一俊	钟台先生文集	卷5	策（1）
邓以赞	邓定宇先生文集	卷3	策问（1）
冯梦祯	快雪堂集	卷24	程策（5）
陶望龄	歇庵集（十六卷本）	卷7	程策（4）
陶望龄	歇庵集（二十卷本）	卷13	会试策（5）
杨守勤	宁澹斋全集	卷1	殿试策（1）程策（2）
吴伟业	梅村家藏稿	卷55、卷56	殿试策（1）程策（3）

由此可见，明代会元别集中所收策体之文不仅数量不少，种类亦多样，既有乡试、会试、殿试的对策真题，也有平日习作的自拟之文（如刘定之《十科策略》），还有针对士子而作的程策范文。策之所以受到重视：一方面是由于传统的惯例。从西汉初以射策和对策的不同方式考察从各地征召来的人才开始，历代相沿，不论是常科的考试还是制科的考察，对策被广泛地运用于各级各类人才选拔中，可以说，策是中国古代出现得最早和使用时间最长、最为稳固的考试文体，它对文人的生活、心态乃至文学创作产生了重大的影响。由于对策是就国计民生的重大现实问题直接向统治者阐述己见，在具有积极用世传统的古代士人心目中，其分量当然要比一般发抒性灵的诗文更为重要，这使其在一定程度上超越了考试文体的功利性而受到青睐。自《文选》以来的历代文章总集都将策文作为严格意义上的文章加以收录，历代文人别集中也多有收入策问和对策的。因此，明代会元别集中收入较多策体之文是自然的事，策文从文体的角度体

现了明代科举考试的某些特点,我们将在后文具体讨论。

另一方面,在明代,定型后的八股文由于具有较为客观的评价标准,在大规模的选拔考试中发挥了重要的筛选淘汰功能并因此颇受重视。但是,在对入围者进行更为精确的比较和排名时,程式化的行文模式便显出区分度不够的弱点,此时,侧重于考察应试者学问见识和实务能力的论、表、策等第二、第三场考试文体的优势就突出了。比较大的写作差异为名次高下的评定提供了充分的空间,殿试之所以只以一道制策定高下,恐怕有这方面的原因存在。换句话说,不同的考试文体具有不同的重要性及适用范围。八股文重在初选,它决定士子中式与否,自然非同小可;策论等文章便于比较优劣,表现个性,对排名有重要意义,亦决不能小视。两者合观,正可说明明末顾炎武所言不虚,即"明初三场之制,虽有先后,而无重轻"①。但对士子而言,能否中式的差别自当远远大于排名高下的差别,首场考试的八股制义因此最为人所看重,故而史料中有不少关于兼重策论的呼吁,此不赘举。对于状元、会元这样的巍科功名获得者来说,前茅的名次是巨大的荣耀,与此荣耀关系紧密的策文又岂能不收入集中而冀其传后呢。②

3. 馆课是值得注意的特殊科举文体。在明代会元别集的科举类文章中,翰林馆课的数量占了近一半的分量,这与会元入仕后的履历有关。会元不仅在会试中独拔头筹,在随后的殿试中亦占有较大优势,本书第一章的统计显示,会元获得鼎甲(一甲三名)和传胪功名(二甲之首和三甲之首)的比例高达57.5%。明代鼎甲三人可直接入翰林院授予修撰和编修之职,而传胪被考选为庶吉士的机会则相当大,故会元进入翰林院学习或任职的概率是相当高的。馆课是翰林院中的诗文习作,较多的馆课之作出现在会元别集中,正是会元入仕后身份特点的体现。翰林院中的学习主要是为以后出任文字侍从之职或中央各职能部门之职做准备,也是为了弥补此前科举教育中偏重于八股举业的应试化缺陷,所以馆课的内容比一般的科举教育广泛得多。在会元别集的馆课诸作中,我们可以看到包括诗、赋、辞、颂、铭、序、记、论、辨、表、议、疏、考、露布、题跋等各种

---

① (清)顾炎武著、黄汝成集释:《日知录集释》卷16《三场》,上海古籍出版社1985年版,第1256页。

② 美国学者艾尔曼对时务策在明代乡、会试录取中的重要性有专门研究,参见《中华帝国后期的科举考试文化史》一书第八章。

文体的诗文创作，几乎涵盖了最重要的文体类别，内容相当丰富。在编次上，有些会元别集将馆课之作集中单列成卷，如袁宗道《白苏斋类集》以类相从，列"馆阁文类"为两卷，陶望龄《歇庵集》（二十卷本）末两卷为馆课，杨守勤《宁澹斋文集》卷 12 为馆课。也有将馆课分编于各类文体卷次之中并加以标明的，如十六卷本《歇庵集》即是如此，这说明馆课文体和文章与一般的文体作品没有本质的区别，只是其创作场合和实际作用较为特殊而已，这种特殊性当然会对会元的其他文学创作有所影响，笔者在后文将结合会元的任职特点和文学风尚进行专门探讨。

二 策文：具有象征意义的考试文体

作为历史最为悠久的考试文体，对策源自一种政务咨询①，因而与现实政治和社会生活的关系较其他考试文体更为紧密、更为直接。在汉代，策正式被用于考核那些通过察举而推选出来的人才，形式上有所谓"对策"和"射策"的不同方式，晁错、董仲舒、公孙弘等皆以对策而显名当时。汉代之后，策一直是历代统治者选拔人才的重要考试形式。唐代科举考试的科目众多，但试策始终是各类科目中常设的考察项目，一些学者认为，与其说唐代是"以诗取士"，毋宁说是"以策取士"更为准确②。张说、张九龄、沈亚之、刘蕡等都有对策名篇流传，《文苑英华》所收唐代策问与对策达 30 卷之多，可见策文在唐代诸文体中的重要地位。宋代是科举史上的转折时期，就文体而言，总的趋势是"变声律为议论"③，诗赋的重要性下降，经义、策、论的地位提高，奠定了此后科举考试偏重于议论性文体的基本格局。策、论是宋代最具代表性的考试文体，宋代制科更是纯用策论试士。当时俗语有云"苏文熟，吃羊肉；苏文生，吃菜羹"④，所谓"苏文"即指苏轼为应制科考试而作的策论文章。南宋因此

---

① 吴承学：《中国古代文体形态研究》，中山大学出版社 2000 年版，第 44 页。
② 陈飞《唐代试策考述》云："唐人取士各科，几乎无不试策，而且试策在各科考试中，一般都具有最为重要的位置。"（中华书局 2002 年版，第 19 页）
③ 朱迎平：《策论：历久不衰的考试文体》，《上海财经大学学报》2002 年第 6 期。
④ （宋）陆游《老学庵笔记》卷 8 云："国初尚《文选》，当时文人专意此书，故草必称'王孙'、梅必称'驿使'、月必称'望舒'、山水必称'清晖'。迄庆历后，恶其陈腐，诸作者始一洗之，方其盛时，士子至为之语曰：'《文选》烂，秀才半'。建炎以来，尚苏氏文章，学者翕然从之，而蜀士尤盛，亦有语曰：'苏文熟，吃羊肉；苏文生，吃菜羹'。"（中华书局 1979 年版，第 100 页）陆氏此段记述从考试文风的角度反映了宋代文章由骈趋散、由情致趋理致的变化。

而兴起的"策学"和"论学"对古文创作和批评理论都产生了重要的影响。

关于策体之文的具体名目及特征,明代徐师曾概括为:"一曰制策,天子称制以问而对者是也。二曰试策,有司以策试士而对者是也。三曰进策,著策而上进者是也。……夫策之体,练治为上,工文次之。然人才不同,或练治而寡文,或工文而疏治。"① 徐氏将"对策"和"策问"立为两体,笔者认为,从策文的构件言,"策问"为问,"对策"为答,二者不可分。从发问的主体言,"制策"由皇帝(或由臣子代拟)发问,"试策"由试官发问,至于"进策",是臣子主动上陈的言事之文,类似于奏议,不属于考试之文的范围。从策文内容言,或以经义为问,或以子史为问,或以时务为问,因而有经史策、时务策、经史时务策等不同种类,而不论哪种策文,其现实针对性都是诸种考试文体中最强的。总括来说,可用"策""对策"或"试策"来指称这一文体,或者与论体之文并称为"策论"或"论策"。

明代科举考试于第三场中考试策文五道,以考察士子经邦济国的识见和能力,而从文体规范的角度看,明代试策亦有不同于前代的特点,会元别集中的策文给我们提供了典型的例证。

从内容与体制、风格的结合来看,明代会元别集中的对策之文大都具有取则于经(理学)、援据于史、作论于时、措置于事、造势于排(语)的文体特点。"取则于经"即以儒家经典及其理学阐释为立论的根本基础,使其立意庄重正大;"援据于史"即梳理与论题相关的历史流变,使文章具有根基和纵深;"作论于时"和"措置于事"是结合现实问题进行申论,不尚空谈;"造势于排"是用富于逻辑的结构和具有气势的排偶语句来行文,使文章富有说服力和感染力。可见,对策之文将知识考察和能力考察相结合,具有考察功能上的综合性,如果说八股文是在形式上综合性最强的考试文体,那么对策便是在功能上综合性最强的考试文体。这一特点在级别越高的考试中表现得越为明显,如殿试策,往往先总述儒学治国理念,这便涉及经学;再历数汉、唐、宋各朝或本朝列圣的得失,涉及史学;然后针对策问所提出的现实问题逐一提出解决方案,展现的是经济之学。乡、会试之策所涉及的问题虽比殿试

---

① (明)徐师曾:《文体明辨序说》,人民文学出版社 1962 年版,第 130 页。

策稍为具体一些,但亦需学有根柢,不尚浮泛。明代科举对策的体制亦配合内容而较前代更为规整,以殿试对策为例,一般以"臣对,臣闻……"起首,以"臣愚不识忌讳,干冒宸严,不胜战栗殒越之至,臣谨对"一句收结,中间以"伏读制策有曰""制策又曰"等语针对策问一一作答。尤其重要的是,殿试策开头均有一段提纲挈领的总论,称为策冒,其正统儒家旨趣十分浓厚,以嘉靖二十三年会元、榜眼瞿景淳的殿试策为例,其策冒云:

> 臣对:臣闻帝王之御天下也,有致治之大法,有善治之大几。文武者,致治之大法也;文武之用各惟其时者,善治之大几也。帝王之受命于天而统领华夷也,观天之有阳而文教兴焉,是文也者,所以象天之生育也;观天之有阴而武备修焉,是武也者,所以象天之震耀也。然创业之初,不患无武而患文教之或微;守成之日,不患无文而患武功之弗竞。所贵乎善治者,亦随时张弛,适于治而已矣。是故知大法,则天下之治并行而不悖;知大几,则天下之治善救而不穷。古之帝王所以不动声色而奠宗社于泰山之安者,由此其选也。(《制科集》卷一)①

此段策冒,针对制策提出的文武张弛之道立意,一本儒家正论。此后,瞿氏引据史实,从正反两方面论证了文武相济与文武相偏的安危异途,得出"今日之计,亦不能舍文武二者而别为之图,惟就其坏于因循者而振扬之"的结论,随之针对现实指出,"方今缙绅之士以文名者,盖已充斥于中外矣,然文艺徒工而经济之未闲,其弊也虚;介胄之士以武名者,盖已布列于遐迩矣,然团练徒勤而击刺之未闲,其弊也玩。文恬武嬉,其事适等,而武备之衰为尤甚",进而从三个方面概括了"边事之弊者",因此提出"今之事宜有六,而攻讨之术不与焉"的对策并逐一阐述。全篇策文针对策问中所涉及的北境防御问题而进行申论,与嘉靖中期的现实政局关系极为紧密,作者的经史之学和经世之术都得到了充分展示,行文有本有据,有的放矢,体制规整完备,结构清晰,文字平实有度,富有说服力,是一篇典型的策

---

① (明)瞿景淳:《瞿文懿公制科集》,四库全书存目丛书第109册,第670—671页。

体之文。

总观会元对策,都大致具有此一特点,即策冒依经立论,笼罩全篇;中段史、论结合,博通古今;后段以问题为导向,建言献策;行文中不时插以颂圣与谦抑之语。与唐宋试策的不免恣肆、尖锐有别,明代对策文体将内容上的一定基调(理学)、体制上的一定格式(三段)与写作者的才、学、识融合为规整的全体,呈现出浑厚、平正的风格,会元别集中的殿试策可以作为典型的代表。

从内涵与性质来看,对策属于论说文,但不是一般的论说文,而是在问答对话语境中的论说文,对话的双方或为君臣或为官民,地位有上下尊卑之别,双方以各自的精神态度、学问见识、谋略能力展现于对方面前。在这一对话语境中,问对双方虽然不可能以类似于友朋般的平等关系发言,但必须具备对等的诚恳态度。王通在《中说》中说:"广仁益智,莫善于问;乘事演道,莫善于对。非明君孰能广问?非达臣孰能专对乎?"①"明"与"达"是对君与臣在对话语境中各自态度的要求,而是否能"明"与"达",亦能见出各自的人品、才识。成化八年会元、状元吴宽对此深有体会地说:

> 凡国家之大体,当世之急务,上所当闻下所当为者,一日之间,立乎殿陛之下,操笔伸纸,随问而对。其言直与谀也,存乎士,而士之志于是乎见;其言用与舍也,存乎君,而君之德亦于是乎见。士之志、君之德皆于是乎见,则世道之升降亦于是乎见矣。②

吴宽将对话语境下的策问与对策不仅当作上下交通的一种方式,更视为展示各自社会性人格(志与德)和王朝兴衰治乱的一种表征,其意义不应小觑。当然,其基本的前提是双方具有的诚恳态度。

我们以成化二年会元章懋的殿试对策来略作分析。章懋,字德懋,浙江兰溪人,进士及第后改庶吉士,次年授编修。因谏止宪宗元宵张灯而被贬为临武知县,未行,改南京大理寺左评事,迁福建佥事,考满致仕。家居二十余年,专以读书讲学为事,学者称其为枫山先生。弘治末,被荐起

---

① (隋)王通:《中说》卷5《问易篇》,影印文渊阁四库全书第696册,第548页。
② (明)吴宽:《匏翁家藏集》卷32《吴县学进士题名记》,四部丛刊本。

为南监祭酒,历一任即归,年八十六卒。成化二年的制策和章懋的对策见于章氏《枫山先生集》卷1的首篇,可见编集者之重视。在御制策问中,刚刚登基不久的明宪宗以国家治理的根本性问题即为治之纲目发问,制策遍举唐虞之治、汉唐宋之治、本朝祖宗之治的纲目,要求士子缕述评价。宪宗于制策之末道:"朕嗣承大统,夙夜惓惓,惟欲正大纲而举万目,使人伦明于上,风俗厚于下。百姓富庶而无失所之忧,四夷宾服而无梗化之患,薄海内外,熙然泰和,可以增光祖宗,可以匹休帝王。果何行而可,必有其要,诸士子学以待用,其于古今治道,讲之熟矣,请明著于篇,毋泛毋略,朕将亲览焉。"其中虽不免有一些套话,但作为一位年轻的新主,以史为鉴、力求振励鼎新的愿望还是能够见于言辞之中的。再看对话的另一方,章懋在策冒中并没有拘泥在宪宗所定的纲目之内,而是以更高更深的角度立论,章氏策冒云:

> 臣对:臣闻圣王之治天下也,固必有所以治之之具,尤必有所以治之之本焉。具者何?礼乐、刑政、典章、法度之类,即圣策之所谓大纲万目也。本者何?则人主之一心是已。

章懋认为,礼乐刑政这样的治国纲纪都本之于君主一人之心,"君心"才是治国之总纲。下面便引经据史以证明,君主之一心是超乎于纲、目之上的更为根本的治国之要道,并多次以"惟恐陛下之不惓惓耳""臣愿陛下以纲目之切于己者,惓惓焉躬行以率天下""复愿陛下以纲目之资于人者,惓惓焉求贤以敷治"等语反复劝谕,不断诱引,表达了较为浓厚的正统理学旨趣,全篇策文洋洋洒洒3685字,确实做到了"毋泛毋略"。身为程朱派理学家,章懋"其学墨守宋儒,本之自得,非有传授,故表里洞彻,望之庞朴,即之和厚"①。联系到章懋一生的学术取向,其对策体现了宋代真德秀在《跋黄君汝宜廷对策后》中的话:"以布衣造天子之廷,亲承大问,此君臣交际之始也。一时议论所发,可以占其平生。"② 无怪乎其后在宪宗元宵张灯一事上,章懋所持之立场实不免过于

---

① (清)黄宗羲:《明儒学案》卷45《诸儒学案上三》,中华书局2008年版,第1077页。
② 《古今图书集成·文学典》第159卷《策部》引,中华书局、巴蜀书社1985年影印,第64册,第77383页。

刚直了一点。①

由此可见，作为一个真诚的对策写作者，是需要以其内在的学问人品作为根柢的，也正是因为这一点，会元别集中的对策尤其是殿试对策，可以视作士子初次赞见君上时呈上的见面礼。不论是作为抡才大典的国家礼仪，还是作为君臣际遇的初次相交，廷试对于国家和士人而言都具有非常重要的象征意义和实际作用，廷试对策因此便成为科举荣光的物化形态之一而受到特别的珍视。它们不仅被收入作者的个人文集并编排在显耀位置，而且还可能被单独书写、制作为卷轴加以珍藏。这方面的实物虽已不可复见②，但经由会元别集中的一些序跋文字，我们可以知道这一情形的存在。如刘定之《呆斋续稿》卷2有《主事计礼所藏廷试策问跋尾》一篇，吴宽《匏翁家藏集》卷50有《跋王允达廷试策》、卷52有《恭题进士王奎所藏制策题》、卷55有《恭题尚书秦公所受制策题后》等，其中《恭题进士王奎所藏制策题》一文将廷试及其对策之意义说得非常到位：

> 故事，廷对人赐策问，及对毕，得自藏以为荣。奎于是仍加表饰而藏之愈谨，意不自足，复奉以示宽，请识其下方敬诺之叹。曰朝廷待贤之礼，有盛于进士科者乎！夫士服韦布、起草茅，一旦立于殿陛之下，得近清光、奉大对，何幸及此！苟非其人，固有过阙门瞻望徘徊不可得而入者矣。然士当恩宠之下，其初亦未有不感激者，久则忘之者皆是。奎为是，岂欲夸于里之人，以为荣且幸耶？悬之堂壁，顾諟不忘，俨然如在当时，凛然如处其地，怳然如渥恩之方被也，则岂肯负其君而不思报享其名，而不图称者乎？③

可知，将廷试对策装裱以自藏，在明代是进士们普遍的做法，这既是一种科举荣耀也是对自身的激励。朝廷对此虽未有明确规定，但显然是乐于见到此一现象的。

---

① 成化三年元夕张灯，宪宗"命词臣撰诗词进奉，懋与同官（时懋为翰林编修）黄仲昭、检讨庄昶疏谏"，宪宗以元夕张灯为祖宗故事，恶其妄言，杖之阙下并迁其官。章、黄、庄与此前以言事被黜的罗伦一时有"翰林四谏"之称，事见《明史》卷179。

② 目前中国大陆所存唯一状元对策卷真迹为万历二十六年戊戌科状元赵秉忠的殿试策卷折，藏山东省青州市博物馆。

③ （明）吴宽：《匏翁家藏集》卷52，影印文渊阁四库全书第1255册，第480页。

另外，策问的提出亦能体现作者的见识和水平，徐师曾说："策问发于上人，尤必通达古今，善为疑难者，而后能之。"① 廷试的策问乃由翰林文臣以皇帝的口吻来代拟，可以暂且不论。会元别集中还有其他各类策问和程策，且数量不少，于中的确可以见出其人其学。如隆庆五年会元邓以赞自未第时即从王畿游，传良知之学，《明儒学案》将之列于江右王门之中，是较重要的心学家，在《邓定宇先生文集》卷3中收有其《试岁贡生策问》一篇，作于南京祭酒任上，策云：

> 问：道一而已，二氏者出，遂分为三。然二氏之为异端，夫人而知之矣，问所以异，则谓其去君臣父子，有背于人伦。尝观明道自叙，□□入二氏十余年，夫明道之未去君臣父子审也，则其所以异，岂在是耶？吾儒曰寂然不动，二氏亦曰湛然常寂，曰本来无物。吾儒曰感而遂通，二氏亦曰真常应物，曰应物无住，则又实未尝异也。夫折狱者，坐于堂上以决两造，必辨曲者之情伪，然后加罪焉，则不惟曲者服吾明，而直者亦幸吾之有以服之也。今不能推见至隐，而大概抹杀，以为是异端，无足为辨，虽说之哓哓，亦何以服其心哉？即圣贤者且谓吾妄也。近世王新建揭致良知三字，自谓直接千古，及门之士类多矛盾，其私淑而有得，莫如罗文恭，今观其论本体也，新建曰"知善知恶是良知"，文恭则曰"此必有为主于中者"。夫知善知恶与为主于中者，一耶？二耶？其论工夫也，新建曰"为善去恶是格物"，文恭则曰"收摄保聚"。夫为善去恶与收摄保聚，一耶？二耶？文恭尝曰"阳明必为圣学无疑"，则其为说，又非背驰者也。诸生将有斯文之责，于学问必辩之详矣，其试言三教之所以异，与二子之所以同。

此策以三教异同和心学的不同命题发问，问题的提出本身就具有重要的思想史、学术史意义，而行文之中又以"论"带"问"，充分表现了邓定宇的学者之思。试想当时国学诸生读其文、见其人，当对这位校长老师有更为立体的认识，可见策问未尝不是有司面对士子时交出的一份赘见之礼。顺便可以一提的是，清代科举对于策问的拟题曾作出规定："策题以

---

① （明）徐师曾：《文体明辨序说》，人民文学出版社1962年版，第130页。

关切事理、明白正大为主，不须搜寻僻事。本朝臣子学问人品，不得以策问士子。"① 而明代尚无类似功令，邓氏此篇策问即涉及王阳明、罗洪先等本朝人物，要求士子加以评论，仅从此一区别而言，明代对策较之清代，似乎更具现实性。

  同时，也应看到，由于问对双方身份等级的差别，对策以展现士子一方的风貌为主，最终的评定权则完全在主司一方。所以，对策作者不可能尽所欲言，须在策问所限定的范围内发挥，且立论的指导思想在策问中已大致拘定，士子发挥的自由度是有限的。刘勰在《文心雕龙·议对》一文篇末说，对策文体是"对策王庭，同时酌和"，一个"酌"字，便将士子揣摩主考者精神、意图的功利性考试心态形容殆尽。科举考试本身难以避免的功利性，必然令考试文体的写作具有功利色彩。宋末状元文天祥便曾慨叹："三代以下无良法，取士者因仍科举不能变，士虽有圣贤之资，倘非俯首时文，无自奋之路，是以不得不屑于从事，而其所为文，盖非其心之所甚安，故苟足以讫事则已矣。"② 极端一点说，多数应试者的一切表达，"他们的所有努力，都不是出于不能自已的强烈动机，而仅仅是为了取悦、满足或者应付他人的需要"③。不过，对于会元、状元这样的高级功名获得者，此话也不尽然。考试文体的写作，一方面具有因人而异的复杂性，另一方面也总是在功利性和文学性的两难和两极之间徘徊，或失衡或平衡。这一特点，对于声誉颇佳的策论文体是如此，对于颇受诟病的八股文体，也未尝不是如此。

---

  ① （清）杜受田等修，英汇等纂：《钦定科场条例》卷14《三场试题·考官出题》，续修四库全书第830册，第15页。

  ② （宋）文天祥：《文山集》卷14《跋李龙庚殿策》，影印文渊阁四库全书第1184册，第609页。

  ③ 吴承学：《中国古代文体形态研究》，中山大学出版社2000年版，第63页。

第六章

时文语境下的古文之作

　　从文学性的视角观照明代会元别集，有一个前提必须注意，即这些文集的作者都是那个时代科举文章最为全面和优秀的写作者，因此，考察他们的文学创作尤其是散文创作，可以作为研讨明代科举与文学关系的某种样本。如果说，见收于别集中的试策、试论、馆课等科举文章是科举在文集中的显性存在的话，那么在别集中几乎绝迹的八股制义，则以一种隐性的、潜在的方式影响着作者的写作，其痕迹虽不似前者那般具体可见，却也隐然可寻，其潜在影响甚至更为深刻。万历间学者于慎行认为："经济之文由著作而弊，著作之文由制举而弊，同条共贯则一物也。何者？士方其横经请业、操觚为文，所为殚精毕力、守为腹笥金籝者，固此物也。及其志业已酬，思以文采自见，而平生所沉酣濡藏，入骨已深，即欲极力模拟，而格固不出此矣。"[①] 同时而稍后，既富有才情又是时文名家的汤显祖也以自己和时人的体会形容道："今之为士者，习为试墨之文，久之，无往而非墨也。犹为词臣者习为试程，久之，无往而非程也。宁惟制举之文，令勉强为古文词、诗歌，亦无往而非墨程也。"[②] 话说得有些极端，但离事实恐怕不会太远。何以如此？与时推移的时文风气如何熏染于士子的笔端？不入别集的时文与作为别集主体的古文之间，究竟有何种关联？这是本章所要尝试回答的主要问题，会元别集对此提供了典型的例证。

　　[①] （明）于慎行：《谷山笔麈》卷8《诗文》，中华书局1984年版，第84页。
　　[②] （明）汤显祖著，徐朔方笺校：《汤显祖全集·诗文》卷32《张元长嘘云轩文字序》，北京古籍出版社1999年版，第2册，第1139页。

第一节　明代时文与古文之关系

　　就一般意义而言，承认八股文对明代文学产生了重要影响，已成为学界的某种共识性意见。"八股文的各种要素深深地介入了明清两代几乎所有的文学样式之中"①，日本学者横田辉俊甚至认为："谈到明清文学，如忽略了八股文，便无法把握住它的真精神。"② 在这样的语境下进入我们的论述对象，是自然而合理的，但有些问题仍有稍加说明的必要。

　　会元群体的时文水准自当居于科举时代的最高层次之列，关键在于，他们的时文写作具有象征性的标示作用和实际上的承继传统。这只要看看明代历科的《会试录》便可明了，会元墨卷被《会试录》选为程文而昭示天下的机会，一般较其他的中式者为多，会元程文既然是有司取士的标准，当然也便成为士子刻意趋骛的鹄的，以至于有所谓元派、元脉、元度、元灯等名目③，来表示会元科举文章的典范意义和传承线索。比如，会元时文之风格对应试举子实有导向作用，阮葵生《茶余客话》云："有明墨牍皆有程式相传，奉为元灯。……士之起家非科目不贵，科目非元不重，闭门造车，出而合辙，作者与识者如针石之相投也。"④ 民间坊刻科举用书的大量行销，也助长了世人对会元其人其文的崇拜心理和创作模仿。⑤ 此外，会元时文之风的承继关系还可能由会元之间的师生授受而形成。以会元功名入仕者，其后多出任翰林院、国子监等文教之职，经常参与乡、会试阅卷工作，因而对后科会元往往有奖掖、拔识之恩，如陈璲之于陈选，陈选之于吴宽，吴宽之于赵宽，商辂之于彭华，王鏊之于钱福，

---

①　黄强：《八股文与明清文学论稿》，上海古籍出版社2005年版，第348页。
②　参见［日］前野直彬编《中国文学概论》附横田辉俊《八股文》，成文出版社1980年版，第193页。
③　（清）梁章钜：《制义丛话》卷12《明清元墨》，上海书店出版社2001年版，第230页。
④　（清）阮葵生：《茶余客话》卷16"明会元得人"条，中华书局1959年版，第475页。
⑤　由于出版业本身和观念上的原因，坊刻科举用书的出版在万历之后突飞猛进，晚明有多位会元积极投身科举出版之中，如孙鑛、李廷机、陶望龄、汤宾尹、许獬、施凤来、陈名夏等，书商亦多借其名而贾利。

陈栋之于邓以赞，冯梦祯之于顾起元，汤宾尹之于韩敬等，均是如此。因此，无论从典范性还是延续性来看，会元时文均可以基本作为明代时文之风貌的主要代表，我们以最有影响的八股文选本《钦定四书文》和最有规模的八股文文话《制义丛话》两书为例，将此二书中入选的会元之文和有关会元的文论略作统计，即可见出明代会元对于明代八股文文风的代表意义（见附录二、三）。

另外，作为魁科获得者，会元的时文写作品位较高，属于追求境界的八股文范畴，与不择手段、不立根柢、只求速售的庸腐的"功名八股文"是大不相同的①，区别之一即在于，"境界八股文"有向古文靠拢的特征。王世贞曾指出："谓明以时义试士而不能古，则济之（王鏊）、应德（唐顺之）其于古文无几微间也。"② 或许不像唐宋古文家那样诗文两栖而兼擅，明代文学人物和流派往往诗文偏胜（如茶陵派、七子派之偏于诗，唐宋派、公安派之偏于文）。由此不难发现，会元别集中的文学创作以文章为重，作为社会名流和以文为职司的朊仕人物，会元们的古文写作是经常和广泛的，我们探讨明代的时文风格与会元别集的关联性，便主要立足于别集中的古文而言。在此之前，有必要对明代时文与古文的关系作出整体性、理论性的把握，以下试从两个方面加以描述和阐释。

一　同质异用的文体性质

时文和古文，是两个时常对举、对用但未必对立的名称。"时文"一词，就其字面的本义而言，当指时下风行的文章体式，有趋时、行时、应时之义。最早使用这一含义的恰是"古文"复兴的倡导者韩愈，他在《与冯宿论文书》中说："时时应事作俗下文字，下笔令人惭，及示人，则人以为好矣。小惭者，亦蒙谓之小好；大惭者，即必以为大好矣，不知古文直何用于今世也。"③ 这里"俗下文字"乃"应事"而作，

---

① 黄强先生将明清八股文按照品位高下的不同区分为"境界八股文"和"功名八股文"两类，笔者认同并借用这一概念。相关论述见黄强《八股文与明清文学论稿》第三章。

② 《古今图书集成·文学典》卷181《经义部》引王世贞《四书文选序》，中华书局、巴蜀书社1985年影印，第64册，第77582页。

③ （唐）韩愈撰，马其昶校注：《韩昌黎文集校注》，上海古籍出版社1986年版，第196页。

并非"应试"而作,韩愈此语是针对骈俪之文而言的,其意指主要在于趋时。科举考试以国家政令形式推行某种文体和文风,科举文体因而最具有时下性,时文之名便自然地与科举考试结下不解之缘,其内涵亦随后者而代变。唐代时文主要指律赋、杂文等进士科的考试文体。宋代以经义、论策取士,时文在形式上与文人笔下的它类文字无大差异,故除理学家从"科举之事不患妨功,惟患夺志"①的角度对之有所批评外,当时人言及时文,并无轻贬之义,三苏的论策文章并不比他们的其他文字逊色甚至更受世人抬举。明清两代,以更为程式化的八股文作为科举取士最重要的考试文体,因此,五百年间,时文作为八股文的另一别称而几乎固定化,还衍生出"时艺""时义"等别称,对时文之褒贬亦随八股文之名声而升降,论、策、表、判等科考文体则差不多已不在时文的义界之内了。

相对而言,古文的含义较为明确和稳定,至少在理论上是如此。虽然在韩愈之前已有李华、萧颖士、元结等先驱解散俳偶、作为古文,但真正将古文之名与实相结合者仍推韩愈,故后人溯其源头时皆推尊韩氏,如袁枚说:"唐以前无古文之名,自韩、柳诸公出,惧文之不古,而古文始名。是古文者,别今文而言之也。"(《答友人论文第二书》)② 曾国藩说:"古文者,韩退之氏厌弃魏晋六朝骈俪之文,而返之于六经两汉,从而名焉者也。"(《复许振祎》)③ 这都是从韩愈化骈为散的形式方面着眼。可见,古文概念的提出,主要是针对自魏晋六朝以来风行的骈文即"今体文"而言的,在此意义上称古文为散文④,是合适的。但是,古文最重要的内涵却并不局限于单行散体的语言形式。刘熙载谓:"文有古近之分。大抵古朴而近华,古拙而近巧,古信己心而近取世誉,不是作散体便可名古文也。"⑤ 用韩愈本人的话说就是:"愈之为古文,岂独取其句读

---

① (宋)程颢、程颐撰,朱熹编:《二程外书》卷11,影印文渊阁四库全书第698册,第331页。
② (清)袁枚:《小仓山房诗文集》,上海古籍出版社1988年版,第1547页。
③ (清)曾国藩:《曾国藩全集·书信(三)》,岳麓书社1992年版,第1971页。
④ 对于与"古文"概念关系密切的"散文"概念,我们不拟详细讨论,相关梳理可参看谭家健先生《中国古代散文史稿》(重庆出版社2006年版)和熊礼汇先生《先唐散文艺术论》(学苑出版社1999年版)。
⑤ (清)刘熙载:《艺概·文概》,上海古籍出版社1978年版,第45—46页。

不类于今者耶？思古人而不得见，学古道则欲兼通其辞，通其辞者，本志乎古道者也。"（《题欧阳生哀辞后》）"愈之志在古道，又甚好其言辞。"（《答陈生书》）韩氏所提倡的古文，不单是词句"不类于今者（骈文）"，而且立意必合于"古道"。不管后世对韩愈之文与道的定性如何，就韩氏的本意来看，甚至可以认为，古文运动是韩氏复兴古道的副产品，而从《原道》的明确表述可知，古道即是儒家正统的仁义之道，这才是古文最为核心和本质的义涵，而追逐藻采和溺于情思的骈文正好无意于此。方孝岳先生因此说："总而言之，对骈文之形式而言，则称散文；对骈文之精神而言，则称古文。"[1] 显然，古文这一名称的要义在于其中所承载的古道。如果再算上刘熙载对古、近之文在风格和创作动机上的区别，则古文与骈文的差异可谓是系统性的，而其核心则在精神内容一方面的差异。

正是在这一关键性的古文义界下，唐宋以来的历代文家，派别无妨不同，性情无妨各异，对道的理解也无妨大同小异，但均将文与道的关系视作古文之学最为重要的范畴，其他种种论说虽然庞杂繁复，但在本体理论上却异常明晰。这一古文传统是随着儒家（准确地说是新儒家）的确立和强化而形成的，它将文视作道的表现，将经视作文的典范，而以圣人为代表的人则是道的体悟者、体现者，要求由明道而征圣，因征圣而宗经，由宗经而为文。在这样的生成论指导下的古文创作，便要求作者以加强自身的道德修养为根基（所谓"有德者必有言"、所谓"仁义之人，其言蔼如也"），以积极面对现实为态度，以有助于政教为功效，以简洁质朴的文风为表现。于是，基于这一核心义界下的古文性质，便可以概括为"道的人格化、社会化、日用化文本"。我们认为，一方面，对道，可以有不同的理解和体认；另一方面，古文并非道本身，也不同于道的理论化文本（如儒家经典、如著作之文[2]），而是面向现实社会生活的表达，所以这一本质规定并不妨碍古文在思想蕴涵、文体风格和表现形式上的丰富性和开放性。先秦两汉古文和唐宋古文具有不

---

[1] 方孝岳：《中国散文概论》，生活·读书·新知三联书店2007年版，第306页。
[2] 章太炎将古代散文分为著作之文和独行之文两类，前者偏于理论表述。传统古文属于篇幅不长的独行之文。参见1935年11月《章氏星期讲演会》第9期之《文学略说》，转引自洪治纲主编《章太炎经典文存》，上海大学出版社2003年版，第107页。

同的风貌，形成了不同的传统①，但在古文的本质属性上，无疑是趋同的。也正是因为这一点，骈文在儒学衰微的六朝表现出优势，而在儒学大盛的时代尤其是宋以后，便在与古文之争中处于了下风。

具体到明代，占统治地位的儒家之道是宋代形成的新儒学——理学，所以，明代正宗古文的性质可以理解为"理学的人格化、社会化、日用化文本"。明代诗文流派众多，但对古文本性的理解，则还是以传统观念为主线。开国派②、台阁派、茶陵派、唐宋派等自不消说，即以声势最盛、文学性最强的复古派和公安派而言，也难始终自外于此。七子的复古主张着意于审美性的高格逸调，具有某种反理学、反八股的叛逆品格，因为他们就文而论文，不牵扯道的上面，故眼界虽高（以秦汉盛唐为法），但根基不实。"模仿秦汉之文，而又不愿涉及诸子百家丰富且深邃的思想学说，所谓'复古'便只剩下雕琢词句了"③，郭绍虞先生指出七子复古与韩愈的不同时说："明代文学上的复古潮流，只成为文章体制与技巧之复古，而不是思想上的复古。"④ 当他们难以找到诗文创作的真正出路时，便不得不回复到明代的思想现实中来。如李梦阳说："古之文以行，今之文以葩。葩为词腴，行为道华。"⑤ 王廷相反思道："大抵体道之学，缓急有用于世；诗文之学，君子固不可不务，要之辅世建绩寡矣，而不适用也。"⑥ 弃文入道是复古派中人面对现实时较为普遍的选择，虽然各人所入之道，取径略有不同。⑦

---

① 推崇秦汉文还是唐宋文，是明代七子派和唐宋派的论争焦点之一。客观来看，秦汉古文和唐宋古文的外在差异是明显的，因此，日本学者有将韩愈以后的古文称作"拟古文"的（佐藤一郎《中国文章论》引小川环树、西田太一郎等人观点，上海古籍出版社1996年版，第20页）。在经历了六朝骈文的发展之后，唐宋古文可视作秦汉古文在正—反—合意义上的提升和回复，尤其是在韩愈强调的内在精神层面上，两者的关联更为明显。

② 陈柱《中国散文史》将宋濂、刘基等为主的明初文家列为开国派，为明文"七派"之一。有些学者称之为"浙东派"，本书依陈说。见江苏文艺出版社2008年版，第214页。

③ 陈平原：《中国散文小说史》，上海人民出版社2004年版，第144页。

④ 郭绍虞：《中国文学批评史》，百花文艺出版社2008年版，第275页。

⑤ （明）李梦阳：《空同集》卷61《文箴》，影印文渊阁四库全书第1262册，第553页。郭绍虞先生直指李氏此论是"道学家的论调"。

⑥ （明）王廷相：《王氏家藏集》卷27《答王舜夫》，台湾伟文图书出版社1976年版《明代论著丛刊》本，第1159—1160页。

⑦ 关于明代复古派尤其是前七子弃文入道的归宿，廖可斌先生在《明代文学复古运动研究》（商务印书馆2008年版）第三章第六节中有详细论述，可参看。

再如公安派。一方面，他们与唐宋派之间有相当的关联①，甚至可以说是由唐宋派引发而来。另一方面，首开此派风气的袁宗道（万历十四年丙戌科会元）在《论文下》一文中针对李攀龙的"视古修词，宁失诸理"的偏颇言论，主张说：

> 夫孔子所云"辞达"者，正达此理耳，无理则所达为何物乎？……汉、唐、宋诸名家如董、贾、韩、柳、欧、苏、曾、王诸公，及国朝阳明、荆川，皆理充于腹，而文随之。……故学者诚能从学生理，从理生文，虽驱之使模，不可得矣。②

其后，公安派主将袁宏道在性灵说的高潮过后，也转而以"质之至"为文学的最高标准，而"质"的内涵之一即是"理"，他认为"有濂洛之理，无其腐"是为文必传的要素。③陶望龄亦有自悔之言云："吾向时为流俗所诖误，意亦薄唐宋以下文，今略看之，多所赏惬，以此为小进益……不通古而欲袭今，如拾人败绘，可作锦缎否？"④至于此派殿军袁中道的种种纠偏言论，因人所熟知，就无烦在此举述了。

由此可见，在明代，无论是倡导复古的派别，还是主张新变的派别，都很难不受主流意识形态——理学的影响和引导。理学是明代古文的精神根基，明代正统古文是理学的人格化、社会化、日用化文本，这是我们对明代古文性质的基本判断，也是我们解读会元别集的一个基本出发点。

以此，再反观明代时文的性质。上文已述，明代的时文即八股文，关于它的文体特点、文化特点，近些年来已经受到相当的关注，积累了一些研究成果。限于论题和篇幅，我们不对八股文的文体进行描述和介绍，只对它的性质做点申述。我们认为，明代八股文是理学的国家化、制度化、程式化文本。

---

① 关于公安派与唐宋派的关系参见陈书录《明代诗文的演变》（江苏教育出版社1996年版）第六章第一节和熊礼汇《明清散文流派论》第六章第二节。

② （明）袁宗道：《白苏斋类集》卷20，上海古籍出版社2007年版，第285—286页。

③ （明）袁宏道著，钱伯诚笺校：《袁宏道集笺校》卷54《行素园存稿引》，上海古籍出版社1981年版，第1571页。

④ （明）陶望龄：《歇庵集》卷15《登第后寄君奭弟书五首》，台湾伟文图书出版社有限公司1976年版，第2345页。

首先，明代科举时文是理学国家化的表现。一个国家必有自己的统治思想，或曰国家思想，即统治的意识形态，它是政府用以整合社会的主导思想。儒家思想自汉代以来成为传统中国的国家思想，但在不同时期亦表现出不同特点。朱元璋建立的明王朝继承宋元以来的思想基础，进一步将新儒学——理学确立为国家思想，理学在这一过程中被国家化，实现了由学术向治术的转变。理学思想国家化的历程和形态非常复杂和具体，除了制度层面的建设之外，还有许多实际的环节和细节尚待探究。但毫无疑问，科举的理学化是理学国家化的一个重要方面。具体到科举考试而言，八股文是以儒家经典为阐释对象的论说文，其阐释的口径则是程朱理学家对经书的解释。永乐年间，《四书大全》《五经大全》《性理大全》的颁行，确立了八股文的思想标准。而"四书"的重要性又高于"五经"，所以八股文亦有"四书文"之别称，朱熹的《四书集注》是宋代理学最重要的理论建构，也是士子写作八股文的不二法典。"嘉靖八才子"之一、嘉靖五年会元赵时春描述了这一状况：

> 制以明经进士，而经说各有师授，然皆本之永乐中诠次先儒传注而已。虽时出异同，互有短长，相去亦不远，甚非如汉晋间专门章句什百相倍也，以故少辩驳，不为聚讼，惟高材疾足者先得焉。虽然，视古之明经，固已远矣。……呜呼，今之为士者何其幸，而圣人之经何其不幸也。①

理学的国家化可能限制了思想本身的自由发展，但却扩大了思想的传播和影响。为了写作八股文，士子们必须自小熟背儒经和程朱传注，幼小的心灵在一遍遍的诵读讲解中被熏陶和教化，原本具有多元可能性的思维方式在一次次的定向引导中被固化，在体会、揣摩圣贤口气和心理时不自觉地以圣贤自居和自励，其结果便是一方面有助于培养圣贤人格，另一方面也禁锢了独立思维和缩小了知识领域。朝廷通过政令规定时文的思想取径，有效地实现了理学的国家化，儒家（理学）思想嵌入到每一个读书人的意识深处，对他们的思维模式、行为模式、言说方式都产生了至大甚

---

① （明）赵时春：《赵浚谷文集》卷3《送郭行人旋序》，四库全书存目丛书集部第87册，第263—264页。

至是决定性的影响。

其次，八股时文是理学制度化和程式化的文本，这是相互关联的特性。单单从文体的角度看，许多人未尝不承认八股文也是文中之一体，少数人甚至认为时文可算作古文中之一体（唐宋派经明末艾南英直至清初桐城派一系，多有持此论者，详后），两者在文体形式上的差异，并不比古文中诸种文体之间（如箴、铭、颂、赞等有韵之文与序、跋、论、辩等无韵之文）的差异更大。但是，理学制度化的安排，是将八股时文作为一种考试使用的文体，考试的特性使它在写作上有别于一般的文章，而附加了文体属性之外的特点。比如，将八股文与科举考试的功名利禄挂钩，具有功利性的特点。明初统治者创立八股取士之制，固然不是为了造就学问家，而是为了选取具备纯正儒家道德人格的官员，但当八股文的功利价值占据上风，它可能具有的道德价值、学术价值和文学价值就都退居次席。应试者为利禄所诱而采取的诸种行为，可能造成学问空疏和道德败坏的后果，这就走到了其设立者初衷的反面。再如，考试尤其是较大规模的选拔性考试，必然要求具有客观的、明晰的、可操作的衡量标准，作为考试所使用的文体便自然需要有程式化的设计。文题范围、立论角度、代圣贤立言的言说方式等都是思想内容上的程式化；偶对的语式、起承转合的结构则是形式上的程式化。可以说，八股文不仅是古代文章中最为程式化的文体，也是考试文体中最为程式化的文体。对于程式化可能产生的弊端，时人保持了足够的警惕，明代会元章懋云："予谓举业务记诵，工文词，利禄计耳，此为人之学也。"① 吴宽则更为激烈地说："今之世号为时文者，拘之以格律，限之以对偶，率腐烂浅陋可厌之言。甚者指摘一字一句以立说，谓之主意。其说穿凿牵缀，若隐语然，使人殆不可识。……呜呼，文之敝既极，极必变，变亦必自上之人始。"② 这些批评当然有足够的现实依据，但考试文体的程式化自有其存在的必要理由。一个值得注意的现象是，同样是程式化的考试文体，为何我们对唐代的试律诗、律赋能较为宽容地看待，甚至认为它促进了唐诗的繁荣，而对八股文则较为苛严地指责其阻碍了古文

---

① （明）章懋：《枫山先生集》卷5《许宏济墓志铭》，商务印书馆《丛书集成初编》第2146册，第164页。

② （明）吴宽：《匏翁家藏集》卷39《送周仲瞻应举诗序》，影印四库全书第1255册，第342—343页。

的发展？如果负面的后果全部让一种文体来承担，而不究及制度和写作者本身的责任，至少是不够客观和公正的，实际上也部分开脱了这些因素的责任。后面的讨论注意从会元个体的时文写作入手，就是为了避免将问题笼统处理的偏失。

在简要梳理了明代时文和古文的义界与性质之后，笔者的结论是：两者在明代都是理学的载道之体，具有相同的精神根基。所不同的是，一者面向社会和日用，一者面向经典和考试；一者熔铸了作者的人格性情，一者体现了国家意志和圣贤口吻；一者偏于神气自然，一者注重法度程式。两者是同质而异构的关系，如果说古文是对现实中儒家之道的体验，属于第一文本的话，那么时文则是对经典和注疏中儒家之道（理学）的诠释，属于第二文本。而在高品位、高境界的时文和古文作者笔下，两者在本质上的趋同和互渗效应又当强于它们在形式、功能上的区别和差异，对于明代会元，多数应在这一范围内加以考虑。

二　同步异构的文体形态

在基本了解了明代时文和古文的义界与性质之后，我们进而可以讨论两者的作法和演变问题了。

在古人看来，作为道的表现的古文是不需要讲究作法的。先秦两汉之文不必说，那都是文随意生、文成法立的自然挥洒，即唐顺之所谓的"法寓于无法之中"（《中峰先生文选序》）。以唐宋古文而言，当时的创作者也少有言及作法的，韩愈只是教人涵泳于道德之域，悠游于书史之籍，养得气盛便自然言宜，创作者内在的人格修养充实深厚，发为文章便自然能够气势宏大、言语峻洁，也就是"有德者必有言"。苏轼更是将自己的写作状态描绘为风行水上、自然成文的诗意境界，那是一种"常行于所当行，常止于不得不止"的物之自则的状态。的确，先秦两汉和唐宋的古文大家并没有授人以多少遣词造句、谋篇布局的具体作法，但其人与文俱在，便足以令后世景仰与追效了。迨至南宋，古文创作已大不如前，但对古文作法的探讨却开始活跃，这表现在文话（包括论文语录）、专论、评本、选本的大量出现。究其原因，乃是由于前代古文创作成就的积累，需要也有可能对文章理论问题加以总结；再者就是从古文脱化而日渐定型、规范的时文写作要求借径于古文作法以指导其实际的写作。于是，从探讨古文作法进而指导时文作法，既极为自然，也从渊源上说明了时文与古文的同异关系。但直至明清，不论关于古文作法的论说多么繁复庞杂，其中关于文道、文气的主张始终居于主流、核心和统领的位置，文家们自然也不妨讲求具体的篇章字句之法，但总是力求超越形式而表现内在的精神（道），对文章法则的讲求也总是把握在适当的分寸之内。略举一例，如章学诚曾转述朱筠论文之旨云："有意于文，未有能至焉者。不为难易，而惟其是，庶几古人辞达之义矣。而平心迎拒，俸色揣称，其余事也，而其要乃在于闻道。不于道而于文，将有求一言之是而不可得者。"①

可见，不刻意讲求文字作法，是古文一脉相承的传统。如果一定要概括古文的作法的话，我们认为，它是一种从内在生发的作法，其基本的生成路径是：

道—体道之人—文之神气—文之章法—文之句法、字法

在这一过程中，道是根本，道内化于人；人是关键，人的德性修养、气质才识等运化于文中，成为文的神、气、格、韵，又外化为篇、章、字、句。如此，便形成了从内在生发而出的、既讲究可见之法又超越死法、定法而追求活法的古文作法。这是由古文作为道的人格化、社会化、日用化文本这一性质决定的。明代古文也是如此，其主流的发展线索是从开国派到台阁派到茶陵派到唐宋派及归有光，直至明末艾南英、吕留良而衍为清初桐城派，清晰而连贯，都具有内在的精神根基。即如最讲究文章作法的唐宋派，除了讨论开阖首尾、错综经纬之法外，仍然极为强调不可磨灭的"真精神"，将文道合一作为根本的价值尺度。

明代时文则不然。焦循说得很分明："古文以意，时文以形。舍意而论形，则无古文；舍形而讲意，则无时文。"② 古文重意，时文重形。从操作的层面来说，八股文采用的是一种外在规定的作法。比如，八股文题是既定的，作者的发挥便受到限制，既不能犯上也不能犯下，"善认题，

---

① （清）章学诚：《章学诚遗书》卷23《朱先生五十初度屏风题辞》，文物出版社1985年版，第230页。
② （清）焦循：《雕菰集》卷10《时文说二》，商务印书馆《丛书集成初编》第2193册，第155页。

故题外无文；善肖题，故文外无题"①。审题之后的破题、承题、起讲、入题、分股、过接、收结等部件都有规范的甚至是功令的要求，语句上的偶对、声调也有一定的规则，写作起来必须有所趋避。虽然八股文创立者的初衷也是希望应试者体道，但外在的体制要求往往容易掩盖内在的精神流露，代圣贤立言的语式特点又从形式上消泯了作者自己的声音。所以，明代时文的作法路径可以表示为：

  道（经典及其理学阐释）—文题—破题、承题、起讲（入口气）—股法—偶对、声调

  与古文不同的是，这一生成路径中的关键要素不是"体道之人"，而是"载道之题"，是圣贤们对道的表述，这就在创作者与道之间打了个折、拐了个弯。是自己体道还是圣贤体道，或是圣贤要求下的体道，抑或是以圣贤口吻体己之道，不易分清。代言主体（圣贤）的设置掩盖了作者自己的声音，而外在形式的要求又规定得相当严格，写作者的内在主体必须迁就和适应外在的规定。这种作法当然也是由时文的性质，即理学的国家化、制度化、程式化文本所决定的。

  综上，我们对明代时文和古文的性质及由此而决定的文章作法可以概括为：

  古文：理学的人格化、社会化、日用化文本——内在生发主导的作法

  时文：理学的国家化、制度化、程式化文本——外在规定主导的作法

  笔者认为，这一概括对明代古文与时文的关系具有较强的解释力。比如，当强调两者相同的精神根基时，未尝不可以承认时文与古文为一体之物，多数古文时文一体论者即着眼于义理层面而立论。如茅坤云："妄谓举子业，今文也，然苟得其至，即谓之古文亦可也。世之为古文者，必当本六籍以求其至；而为举子业者，亦当由濂洛关闽以溯六籍，

---

① （清）刘熙载：《艺概·经义概》，上海古籍出版社1978年版，第173页。

而务得乎圣人之精。"① 王世贞云："故夫善为时义者，未有不绎经而驱古者也。"② 类似的推赞时文的论说不在少数，而如果考虑到时文固有的功利性、程式化的一面，我们也可以对激烈的否定性言论甚至同一言说者的矛盾态度释然于怀。又如，为人熟知的"以古文为时文"和"以时文为古文"两个命题，既说明了古文与时文具有可以共通的基本性质，也说明了两者具有体性上的差异。简言之，若在时文创作中讲究从主体的内在道德出发的严肃的创作态度，讲究深厚的学养和才识，讲究气格、神韵的境界，力戒急功近利和词理空泛，即是"以古文为时文"的要义，也即在顾及外在规定的同时追求内在生发的作法。这有利于提高时文的品位，是较低品级的文体向较高品级文体的靠拢③，而作者也多半是自觉的。另一方面，"以时文为古文"则表现为在古文创作中强化正统意识，强化法度绳墨，尚对偶、讲音节、好议论而虚枵无实，这多是由于作者在不自觉中因习惯于迁就外在的规定而忽视了内在生发的作法。在明代，唐宋派古文家往往不免于此，黄宗羲称归有光的文章"时文境界，间或阑入"④，朱东润先生说："凡明代为唐宋派之古文者，以及清之方望溪，其文澄清无滓，得力于此，而其言之无物，不能为动荡排奡之文者，受病亦

---

① （明）茅坤：《茅鹿门先生文集》卷6《复王进士书》，续修四库全书第1344册，第544页。

② （明）王世贞：《弇州续稿》卷41《云间二生文义小叙》，影印文渊阁四库全书第1282册，第545页。

③ 中国古代文体不仅有体制、风格的差别，还具有品级的等差，如文的等级高于诗、诗高于词、词高于曲。破体为文之所以有争议，主要关涉体性风格，也与这种等级性有关。如以诗为词、以文为词、以词为诗、以文为诗等，吴承学先生对此有详论（《中国古代文体形态研究》第十五、十六章）。一般而言，品级较高的文体渗入品级较低的文体具有一定的合理性，反之则否。如陈廷焯即云："昔人谓诗中不可著一词语，词中亦不可作一诗语，其间界若鸿沟。余谓诗中不可作词语，信然；若词中偶作诗语，亦何害其为大雅？""诗中不可作词语，词中不妨有诗语，而断不可作一曲语。"（《白雨斋词话》卷5，人民文学出版社1959年版，第143—144页）有趣的是，并不是较高等级文体便能无阻碍地渗入较低等级文体，苏轼的"以诗为词"即被指为失去本色。但"以古文为时文"并不存在太大舆论上的障碍和非议，所见者唯有陈勾山云："文各有体，经义之体必以王、钱诸家为正。金、陈时引入时，为体之变。"（王葆心《古文辞通义》卷2引，武汉大学出版社2008年版，第55页）这是否可以说明两者虽体制不同，但体性上的文体差异并不大。

④ （清）黄宗羲：《明文案序上》，浙江古籍出版社2005年版《黄宗羲全集》第10册，第18页。

正在于此。"① 其实，若能将内在的生发与外在的要求相互结合，表里合一，形神兼备，"从心所欲"而又"不逾矩"，则无论是古文还是时文都可以写出高格调、高境界的篇章来。我们以这样的角度审视明代会元之文，或许才是合适的。

明代时文与古文既然同以理学作为精神根基，则两者之演化自然与明代理学的发展脉络和特征相关联。就演化的精神统系而言，大致经历了朱学—王学—王学左派—朱学的历程。就演化的特征而言，黄宗羲的论断对我们颇具启发意义。黄宗羲于明亡之后以保存一代之史为职志，他编撰《明儒学案》以存明代学术，编选《明文案》《明文海》以存明世文章，他对明代理学和文章都有广泛的涉猎和钻研，眼光独到，我们有意多引他的言论并加以阐发。

在《明儒学案·发凡》中，黄宗羲对明代理学的评价是：

> 尝谓有明文章事功，皆不及前代，独于理学，前代之所不及也。牛毛茧丝，无不辨晰，真能发先儒之所未发。程、朱之辟释氏，其说虽繁，总是只在迹上，其弥近理而乱真者，终是指他不出。明儒于毫厘之际使无遁影。陶石篑亦曰："若以见解论，当代诸公，仅有高过者。"与羲言不期而合。②

黄氏持论大异于《明史·儒林传》③，他肯定了明代理学在思维的精细化、惊警性方面超越前代，但在全面性、体系化方面则不及宋儒。正如余英时所说："从近世儒学的发展历程上看，宋代（包括元代）是一个阶段，明代是另一个阶段。概括言之，宋代的规模较广，而明代则所入较深。……其在心性之学上有突出的贡献，把'尊德性'领域内的各种境界开拓到

---

① 朱东润：《中国文学论集》，中华书局1983年版，第110页。清代以来批评"以时文为古文"或时文化的古文之言论，可参看王葆心《古文辞通义》卷2。邝健行对此有比较明晰的论述，《诗赋与律调》，中华书局1994年版，第209—213页。

② （清）黄宗羲：《明儒学案·发凡》，中华书局2007年版，第17页。

③ 《明史》卷282《儒林传》云："有明诸儒，衍伊、雒之绪言，探性命之奥旨，锱铢或爽，遂启歧趋，袭谬承讹，指归弥远。至专门经训授受源流，则二百七十余年间，未闻以此名家者。经学非汉、唐之精专，性理袭宋、元之糟粕，论者谓科举盛而儒术微，殆其然乎。"（中华书局1974年版，第7222页）《明史》馆臣与黄宗羲的歧异可能带有各自学术取向上的差异，但今人也多肯定明代理学的成绩。

了尽头。"① 明代理学的此一特点对明世文章无疑具有同构性的影响。进而再看黄氏对明代文章的把握，《明文案序上》云："有明之文莫盛于国初，再盛于嘉靖，三盛于崇祯。"② 这一概括是否准确尚可讨论，但他指出，明文有名篇名作却无名家，则基本是事实。联系黄氏前论明代理学之特点，我们难道不能得到一些启发吗？还是黄氏自己说的"计一代之制作，有所至不至，要以学力为浅深，其大旨罔有不同，顾无俟于更弦易辙也"③。

黄氏的深刻还不仅在于指出文人专注于场屋之文，以致古文创作大不如前（这是易代之际多数人反思之后的共识）。他更进一步看到时文可以给予古文、科举可以给予文化的重要的正面引导作用，并为明代末期这种作用的丧失而痛惜。在《李杲堂文钞序》中，他说："为说者谓百年以来，人士精神尽注于时文而古文亡。余以为古文与时文分途而后亡也。"④ 这是深刻、辩证而现实的意见，他不是破坏性、意气化地唾弃时文，而是建设性、理智地谋求两者的良性关系（黄氏还曾设计科举改革的方案，参见《明夷待访录·取士下》）。因此，与秦汉和唐宋时期的古文相较，明清的古文在整体上当然不如前二者，但在内容的条理性方面还是对前人有所超越的，这与同时期理学和时文的发展状况不无关联。

由此，我们似可将明代理学、时文、古文三者加以综合的考量，将它们的发展流程表示为如下的关系：

表 6-1　　　　　　　　明代理学、古文与时文的大致流程

	洪武	建文	永乐	宣德	正统	景泰	天顺	成化	弘治	正德	嘉靖	隆庆	万历	天启	崇祯
理学	朱学与政权之磨合		朱学独尊					朱学松动王学萌生		王学成立及传播		王学分化左派渐盛		朱学回复	
古文	开国派		台阁派					茶陵派		唐宋派独立派⑤		公安派		明末古文	
时文	初创期							成熟期		极盛期		变革期			

---

① 余英时：《中国思想传统的现代诠释》，江苏人民出版社 2003 年版，第 140 页。
② （清）黄宗羲：《黄宗羲全集》第 10 册，浙江古籍出版社 2005 年版，第 18 页。
③ 同上书，第 20 页。
④ 同上书，第 27 页。
⑤ 陈柱《中国散文史》总结明代散文派别云："五曰独立派，不旁古人，自写胸臆，陈白沙、王守仁之徒主之。"（江苏文艺出版社 2008 年版，第 214 页）熊礼汇《明清散文流派论》第四章对此派之文有较详论述。

表 6-1 在具有表述明晰性的同时，也不免会裁剪掉某些丰富的细节，无法反映一些复杂的关系，但在对大势的把握方面，还是有其价值的，所以我们再次使用了表格。但需要说明的是：（1）帝王世系的更替的确往往成为世风、学风、文风转换的关捩，但亦不可绝对，渐变是常识也是常态，上表以帝系为时间轴，只是就大致趋势而言。（2）在古文的演变中未列入秦汉派，是因为他们的复古主张重在形式，于思想实无所得亦无所主。"将一个文学运动限制在'法式'层面，并与思想、学说完全隔绝，其命运可想而知"①，秦汉派的文学实绩因此主要表现在不那么依赖于思想的诗歌领域。于古文，他们的句剽字拟甚至可以说丢失了古文"内在生发的作法"，而反有点形式化、程式化意味，但他们对"外在规定的"时文也不感兴趣，故在古文与时文两方面，秦汉派都不如唐宋派。（3）公安派与时代思潮的关系紧密，与之相应的思想潮流——王学左派也近乎走到了理学甚至儒学的边界，但"独抒性灵，不拘格套"的主张实在又与古文"内在生发"的人格要求具有某种同构性。就此点而言，小品文与古文的内在精神未尝不可相通。（4）明代时文发展的阶段性，最早由方苞在《钦定四书文》的凡例中加以梳理，后人基本沿袭之，我们亦取通说而稍加概括。至于时文每一阶段的特点及与理学、古文互动演化的关系，下述二节将以会元别集为例予以缕述。

总束此节，我们认为，明代时文与明代古文在精神本质上具有趋同性，在表现、作法、功能上具有互异性，在发展演变上具有一定的同步性，在创作主体的实践方面则具有互渗性和分层性，两者的关系是紧密而复杂的。要探讨明代时文语境之下的古文写作，会元别集提供了合适的典型文本。

第二节 时文正宗与古文正统

一般认为，明代八股时文的体制到成化年间方才最后定型（其过程当然是渐进的），在此之前可谓之初创阶段，大体沿袭宋元经义的作法，除破题、承题、起讲为固定部分外，正文部分或对或散，不拘定式，不尚

---

① 陈平原：《中国散文小说史》，上海人民出版社 2004 年版，第 144 页。

词华，惟以阐明义理为主，无意于为文。士子们立心正大，立言质实，皆能"恪遵传注，体会语气，谨守绳墨，尺寸不逾"①，这与当时平稳而缺少变化的社会精神生活适相吻合。朱学的独尊孕育了雍容典重而不免刻板的台阁古文，也鼓励了理充气足、平淡质朴的明初时文。时文外在规定的作法还刚刚起步，文词格式、起承章法都还服从于对道理本身的阐述，对经史诸子的泛览博学也被认为有益于为人与为文的深厚。这种风气培养出的士人虽不免于拘谨，但他们学有根柢，一临大节，往往能守正不阿，百折不回，自有一股刚直之气在，其优点和缺点是同样明显的，如黄子澄、黄观、李时勉、于谦、薛瑄、岳正等均是其中之佼佼者。理充气足、好为论议正是此时时文之风浸染于古文的表现。

一 守正与融通

正统元年会元刘定之素以博洽著称，其《呆斋稿》既收专门的学术论著如《周易图释》《宋论》等，单篇文章亦善于作论，往往出语警策。刘定之《呆斋前稿》中的策文内容广泛，针对性强，行文畅达，较少顾忌。至于《成化二年会试录序》（《续稿》卷2）这样的场面文字也不肯苟作，写得气格不俗。刘氏所上奏疏（《存稿》卷1）亦确能"事理明辨，文气壮伟"（彭时撰刘定之《神道碑》中语）。刘定之于成化二年入阁，其相业虽无足称道，但他的议论文字在明前期会元中却是突出的。正统十三年会元岳正秉性刚正迂直，不谙世故，又"博学能文章，高自期许，气屹屹不能下人"（《明史》本传），故仕途多舛，赍志以殁。岳正的八股文简朴平淡而古文则"高简峻拔"（李东阳《蒙泉公补传》），两者看似相反实则相成，都源自其简严的性情，只是表现于不同的文体和场合而已。其别集《类博稿》存文七卷，以序、记两体为主，文章以立论为骨，与明初八股名家讲究的取神、取骨、取理、取气若合符契②。岳正好于序文起首处先作论议，再述事由，文末又以论议足成之，形成夹叙夹议、以论带叙的结构习惯。其文章开首的论议颇有精彩之处，如《都门别意序》开篇写道：

---

① （清）方苞编，王同舟、李澜校注：《钦定四书文·凡例》，武汉大学出版社2009年版，第1页。

② （清）梁章钜：《制义丛话》卷2，上海书店出版社2001年版，第36页。

> 别，不足道也，壮夫不言别。别而有意，必有以也。夫自桑弧蓬矢之礼作，而别为丈夫之常，故抱被入直，顾婢子语不能休者，君子讥之。然人有同类，以义而聚，以道而求，以心而契，所赖者相资而成，相观而化，相容与而乐。一旦有彼此之适，在进修者无以考德而征行，则孰与切磋？在事功者无以并兴而偕作，则孰与有济？在心志者不能莫逆而忘嫌，则孰与安生？是以不能无离群去偶之思也。是故梁山烝民之雅作于周，河梁骊驹之典作于汉，南浦之歌作于齐，阳关之调作于唐。夫功德如吉甫，豪杰如李陵，文采如江淹、王维，岂区区为儿女子态者，何不安其常如此哉？其所存虽有小大之殊，然各有意也。①

这一段糅合了学养与才情的论议，紧扣题面的"别"而立说，收纵自如，层递自然而清晰，不失古文之格而略见时文训练的筋脉，可谓以时文入古文的范例。

经过近百年的科场实践，明代时文在成化前后已基本定型而成熟，不仅体制更为规整，内蕴和风格亦明确树立，前人对此多有总结，我以为清代何焯的一段话最为简括却赅备地概括了这种变化，何焯云：

> 成弘以前举业，以能熟记传注为尚，仅具对偶，固与帖括无异也。久而琼山、长沙在馆阁，颇病其不能解义，思创革文体，而其学亦足于召云命律，于是守溪、鹤滩出焉。以情纬物，以文被质，彬彬乎郁郁乎，自为一代之文，而非复宋元经义之旧矣。②

何焯所言不仅涉及成弘之文的代表作家和风格，也提示了它的来龙去脉。所谓"成弘法脉"的形成，不仅是考试文体自然发展的结果，也是人为推动的产物。成化以来，由于考生数量的增多和文题的重复，平淡简质的文章已难入试官之眼，也不利于阅卷效率，为文出奇制胜乃是士子必然的选择，文词化、技巧化之风开始蔓延起来。当道大佬对此表示了忧虑并进行了干预，相关言论如丘濬云"曩时文章之士固多浑厚和

---

① （明）岳正：《类博稿》卷4，影印文渊阁四库全书第1246册，第385页。
② （清）何焯：《义门先生集》卷10《两浙训士条约》，续修四库全书第1420册，第237页。

平之作，近或厌其浅易而肆为艰深奇怪之辞，韩欧之文果若是乎？……近或厌其循常而过为闳阔矫激之论"①；李东阳云"议经析理，细入秋毫，而大义或略；设意造语，争奇斗博，惟陈言之务去，而正气或不充"②；皇甫汸形容会试进士"咸逞雕篆之伎，缔笔札之交"③。为此，诸多衡文之士进行了努力，这一整饬文体的运动实际上延续甚久，明末钱禧追述道：

> 论文者首成、弘，而当时前后典文如徐时用、丘仲深、吴原博、李宾之、谢千嵩、王济之、张廷祥诸公，有厌古喜新、生心害政之忧。故其取士刊文，必以明经合传为主。所传诸程墨，凡理学题必平正通达，事实题必典则浑厚。明体达用，文质得中，彬彬称绝胜者，诸君子挽回之力也。④

其中，以丘浚和王鏊这对师生的作用最著。丘浚"主南畿乡试，分考会试皆痛抑之，及是课国子学，尤谆切告诫，返文体于正"（《明史》本传），他于成化十一年主持会试所取的会元王鏊具有文风标杆的作用，后人因称"明兴，举业尔雅，自丘文庄公知贡举始"⑤。王鏊也一如其师，以自己的创作和数度出任考官的机会改造文体，倡导明白正大的文风，《明史》本传谓其"程文魁一代，取士尚经术，险怪者一切屏去，弘正间文体为之一变"。以上事实提醒我们，明代时文的奇险化新变并不是到隆庆、万历时代才出现的，它是法久必弊的自然过程，出奇和守正是时文写作的不同路数，也是贯穿明代时文发展全程的推动力量之一，只不过隆万

---

① （明）丘浚：《重编琼台稿》卷8《会试策问》，影印文渊阁四库全书第1248册，第164页。

② （明）李东阳：《李东阳集》文后稿卷2《会试录序》，岳麓书社2008年版，第941页。

③ （明）皇甫汸：《皇甫司勋集》卷36《徐文敏公集序》，影印文渊阁四库全书第1275册，第748页。

④ （清）梁章钜：《制义丛话》卷4引，上海书店出版社2001年版，第57页。

⑤ （明）张弘道、张凝道：《皇明三元考》卷7"成化乙未科"，书目文献出版社1988年版《北京图书馆古籍珍本丛刊》第21册，第489页。

时的新变更加凸显了社会思想变动的背景。①

经过一番整饬和扬弃而确立的成弘时文之风,其典型的代表作者是王鏊和钱福,后人将之视为制义正宗,而尤以王鏊的影响为大。王鏊制义的特点是认理精深,行文畅达,裁对整齐,音调和谐,法足辞备,其沾溉后人之多,毋庸申论。俞长城极力推赞其成就云:"制义之有王守溪,犹史之有龙门、诗之有少陵、书法之有右军,更百世而莫并也。……于理学为贤,于文章为圣,于经典为臣,于制义为祖,岂非一代之俊英,斯文之宗主欤?"② 评价之高,几乎无以复加。值得注意的是,俞氏同样推重王鏊的古文创作,此论或许源自王鏊弟子唐寅,这位狂傲自负的才子对王鏊持弟子礼甚恭,称他为"文章海内第一,山中宰相无双",这里容有过誉,但清初黄宗羲在梳理明文脉络时亦云:

> 有明文章正宗,盖未尝一日而亡也。自宋、方以后,东里、春雨继之,一时庙堂之上,皆质有其文。景泰、天顺稍衰,成、弘之际,西涯雄长于北,匏庵、震泽发明于南,从之者多有师承。正德间,余姚之醇正,南城之精炼,掩绝前作。至嘉靖而昆山、毗陵、晋江者起,讲究不遗余力,大洲、浚谷相与犄角,号为极盛。万历以后又稍衰,然江夏、福清、秣陵、荆石未尝失先民之矩矱也。崇祯时,昆山之遗泽未泯,娄子柔、唐叔达、钱牧斋、顾仲恭、张元长皆能拾其坠绪。江右艾千子、徐巨源,闽中曾弗人、李元仲,亦卓荦一方,石斋以理数润泽其间。计一代之制作,有所至不至,要以学力为浅深,其大旨罔有不同,顾无俟于更弦易辙也。③

这里,黄宗羲所列出的明文(古文)统系涉及了五位会元,即匏庵(吴宽)、震泽(王鏊)、毗陵(唐顺之)、浚谷(赵时春)和荆石(王锡爵)(很明显,在黄宗羲的叙述中,明中期以前的文统多在馆阁,此后则否,此一问题后文将专门论及,在此不赘)。由此可见,王鏊在时文和古文两

---

① 成弘间的时文新变与规范性文风的确立,容或也有思想松动的背景,只是不如隆万间新学横行那般明显和剧烈,此一问题值得探讨,因与本论题关系稍远,暂且不作深论。
② (清)梁章钜:《制义丛话》卷4引,上海书店出版社2001年版,第56页。
③ (清)黄宗羲:《明文案序下》,《黄宗羲全集》第10册,浙江古籍出版社2005年版,第20页。

界都居于主流系统的核心位置。

虽然王鏊并不以制义作为自己传之后世的名山事业①，但他仍以古文的境界要求时文，如他所说："大抵举业虽非上乘之文，然以吾真实之心思，发圣贤真实之教诲，须将种种嗜欲尽情抛舍，种种伎俩尽情抹杀，而一意于文，专心凝习，用工久之，自有觉悟。"（《与顾生书》）②又说："吾辈为时文，不可翻阅讲章，亦不可专主传注，须澄神定虑，先将经书正文从容讽绎，务要见古先圣人立言之意，看得明白，然后胸中之真见发而为文，则不期精而自精矣。""夫文非艺也，本之吾心而发之于言，不可伪也。故看书明白，则词措而理显；养得深厚，则兴至而格立。神定者，其力专；理精者，其意彻。学也，而文在其中，故论文即道也。"（《答张元夫书》）③这些论述立足于创作主体的内在生发，既是对时文言，亦是对古文言，是在唐宋派的"以古文为时文"之先，即已揭出此意。而我们关注的是，王鏊在这一主张之下，其时文与古文两方面的创作情形。

王鏊的八股文相对于明初之文以及当时文风而言，实际上是双重扬弃之后的结果。从认题贴切、循理稳顺而言，他继承了明初之文的传统，但又摆脱了初期时文的注疏体，不求质朴而开始追求圆美；从裁对整齐、章法灵活而言，他从唐宋大家中悟得作文之法又吸收了时下之文的要素，但却避免了艰深奇峭而出之以婉畅，其长处正在于层次洗练而恰到好处，富有机法而不伤自然，臻于自然淡泊的境界。这些恐怕都源于其无分古今、唯求达理尽意的文学主张。王鏊的时文名作极多，《钦定四书文》选其文12篇，数量位列第三（首归有光、次唐顺之，见附录二）。如《周公兼夷狄驱猛兽而百姓宁》（会试墨卷）、《周公思兼三王以施四事》、《百姓足，君孰与不足》等作，都是循题立法，裁作两截，虚实正反，交互分股，开合收纵，析理精微。

对于古文，王鏊也持有一种双重扬弃的建设性的态度。一方面，他久

---

① 文徵明为王鏊作传云："少工举子文，既连捷魁选，文名一日传天下，程文四出，士争传录以为式。公叹曰：'是足为吾学耶？'"《甫田集》卷28《太傅王文恪公传》，影印文渊阁四库全书第1273册，第221页。

② （明）袁黄撰，黄强、徐姗姗校订：《游艺塾文规正续编》，武汉大学出版社2009年版，第173页。

③ 同上书，第175页。

居馆阁,致位通显,文名与李东阳并世①。对三杨以来的台阁古文,他心存尊敬,评价甚高,尝谓:"文章不难于奇丽,难于典则……明代作者代起,独杨文贞公为第一,为其醇且则也。"② 王鏊的古文也以典则淳雅为底色,但他又深知台阁末流肤庸萎弱的流弊,指出:"文如韩柳,可谓严矣,其末也流而为晦,甚则艰蹇钩棘,聱牙而难入;文至欧苏,可谓畅矣,其末也流而为弱,甚则熟烂萎薾,冗长而不足观。盖非四子者过,学之者过也。学之患不得其法,得其法则开合操纵,惟意所之,严而不晦也,畅而不浮也。文而至是,是可以入作者之室矣。"③ 这是比较通达平衡的见解。在取径上,他对韩愈推崇甚备,云"六经之外,昌黎公其不可及乎。后世有作,其无以加矣"④,其为文学韩、苏而较为广博,绝不像一般台阁古文那样一味宗欧而求平易。不过,立身循理始终是他的根本,故霍韬说他"早学于苏,晚学于韩,折衷于程朱"(《震泽先生集叙》)。另一方面,在晚年,王鏊对蓬勃兴起的复古派主张有所吸取和扬弃,故而文徵明谓其"晚益精诣,铸词发藻,必先秦两汉为法。在唐亦惟二三名家耳,宋以下若所不屑"(《太傅王文恪公传》)。王鏊认为"先秦文字无有不佳",但"圣贤未尝有意为文也",师古"若拘拘规效,如邯郸之学步,里人之效矉,则陋矣",善师古者应"师其意不师其词,此最为文之妙诀"(《震泽长语》)。总体来看,王鏊的古文观既较为正统,又不乏融通,他要求以经术为根柢,以人格、学养为关键,以善师古而自出己意为方法,追求典则正大、丽质兼备的风格。这是经由对台阁古文和七子古文的双重扬弃而达到的,与他对时文的双重扬弃具有同质性。

　　王鏊的古文创作与其主张是相符的,王守仁评其文曰"规模昌黎,以及秦汉,纯而不流于弱,奇而不涉于怪,雄伟俊杰,振起一代之衰"⑤,

---

　　① 文徵明《太傅王文恪公传》云:"时翰林以文名者,吴文定公宽、李文正公东阳,皆杰然妙一世。公稍后出,而实相曹耦。"
　　② (明)王鏊:《震泽集》卷13《匏翁家藏集序》,影印文渊阁四库全书第1256册,第272页。
　　③ (明)王鏊:《震泽集》卷14《容春堂文集序》,影印文渊阁四库全书第1256册,第280页。
　　④ (明)王鏊:《震泽长语》卷下,影印文渊阁四库全书第867册,第213页。
　　⑤ (明)王守仁:《王文成全书》卷25《太傅王文恪公传》,影印文渊阁四库全书第1265册,第692页。

《四库提要》谓之"湛深经术，典雅遒洁，有唐宋遗风"[1]，下面我们举例来看。赠序一体，王鏊往往有立意庄重正大者，如《震泽集》卷11《送修撰刘君归省序》云：

> 国家简文学之士聚之翰林。朝之百职，小大承序，日不暇给，而翰林独若无事焉。百职者，抡才计考，或不次拔居通显，而翰林独漠然，其若不任也，固将有大者远者焉。其以任之也，将任以大者焉，而安得不优之以闲；将任以远者焉，而安得不须之以久。故士居其闲，无羡乎其要；安其久，无羡乎其速，其殆有所养也。养之者，非曰养其尊重焉耳，又非曰修其词藻焉耳。养其器，充然其有容也；养其操，洁然其不缁也；养其识，粹然其足以辨也。三者君子之所养也，一旦而授之大者远者焉，则无不任也，是国家之意也。

此序乃送人归省而作，但却不从归省之孝思入手，也不从个人之交情下笔，而是站在国家设官建制的立场发言，开篇即"国家"云云，立论正大庄重，纯是馆阁声调。可见，由八股文的"代圣贤立言"转换到"代国家立言"（皇帝是当下的圣贤），确实是非常自然的事，细味文中语气，甚至有些敕文的感觉。短短两百余字，有描述、有分析、有层次推导、有结论，从中可见其因时文训练而培养出的逻辑思辨能力和裁对整齐的语言习惯。同卷《送王都宪序》一文则风貌有所不同。文章乃为进士同年王邦镇出任副都御史并巡抚延绥而作，作者绝去客套，径直从边备未修的三个方面即"无财也，无兵也，无将也"着眼，提出具体的解决办法，非常清醒地估计了各方面的现实弊窦，得出的结论是："盖其弊生于因、成于积，未有知其所由来者也。非得文武长才、刚毅不屈、风采可畏爱者为之，则其弊固未易猝改乎！"由此，则送者对于行者的赞许和期许就都在其中了。文章论事切实，发语警策，提炼精当，不像是赠序之文，倒像是对策之作。此文作于弘治九年，正当有明盛时，作者又官居翰院，却能居安思危，结思奇警，行文有奇气，非有伟抱者不能为，这正是其学习韩愈的结果，只是此文不像韩愈文章那样劲急，故力量也稍小。

---

[1] （清）永瑢等：《四库全书总目提要》卷171《震泽集》提要，中华书局1965年版，第1493页。

王鏊尝谓"吾读柳子厚集,尤爱山水诸记",他自己也好游山水,《震泽集》中对吴越山川多有描绘,其文亦受柳宗元峻洁之风的影响。如《静观楼记》云:

> 楼在山之下湖之上,又尽得湖山之胜焉。山自莫釐,起伏迤逦,有若巨象奔逸,骧首还顾,遂分为二。一转而南为寒山,郁然深秀,楼枕其坳;一转而北,复起双峰,亭亭如盖,末如长蛇夭矫,蜿蜒西逝。西洞庭俨然如屏,障列其前,湖中诸山或远或近,出没于波涛之间,烟霏开合,顷刻万状。登斯楼也,亦可谓天下之奇矣。(《震泽集》卷15)

可见,王鏊并非板起面孔的理学先生,也不仅仅是只知经济的内阁辅臣,他对自然山水有着鲜活的感受力,其文笔亦足以传达之。这段描写简峻而有层次,又富于形象性,笔力雅健,"严而不晦",颇见功力。正因为有自然的映照,王鏊古文中所传达的道就与其时文中所传述的道有了表现形态上的不同,有时两者的差异还不只是表现形态,也涉及内涵。王鏊晚年所作的《乐全说》(《震泽集》卷14)可为一例。此文自设问答,以申明自己的超然之乐,内云:

> 庄周氏之言曰:乐全之谓得志。所谓全者,孰全哉?全天乎?全人乎?全人者,有所乐而乐之者也;全天者,无所乐而乐之者也。全人者,得则喜失则悲。全天者不然,贫亦乐,富亦乐,出亦乐,处亦乐,无入而不自得焉,无入而不自乐也。是故观于天,见日月星辰烟云风雨,霜露之变,山岳之峨,江湖之流,乐也。观于人,见衣冠宫室城池庠序,献酬登降,弦诵歌咏,乐也。观于物,见草木之荣悴开谢,鸟兽之鸣噪,鱼龙之飞泳,乐也。然其乐果在是乎?箪瓢陋巷,颜子之乐也有不在箪瓢陋巷者;浴沂舞雩,曾晳之乐也有不在浴沂舞雩者。……吾之乐虽未及乎颜曾,则非轩冕之谓也,又非山水非风月花鸟之谓也。日洋洋焉,踽踽焉,俯仰乎宇宙之内,不知天地之有我、我之有身也、身之有心也,不知果乐欤?非乐欤?果全欤?非全欤?

此段对乐境的描绘，糅合了儒道共有的超然之思和理学光风霁月的境界，可谓渊宏博赡而又大音希声，行文极像苏轼《赤壁赋》的神韵又略具时文裁对整齐的痕迹。从理学取向而言，王鏊当然偏于正统的程朱一派，但因其所处之时代，政治既有所变乱，思想亦开始松动，王鏊所生长的吴中一带又是经济、文化特为活跃之区，故其不会不受到一定的影响。观其别集中《人心道心论》《性善对》等文，可知其于新学有所接触，王守仁读其《性善对》后说"王公深造，世未能尽也"（《明史》本传），即可见一斑。

王鏊的古文，因不离台阁正统，故而能典则雅驯，又因其不乏融通，故而能雄伟俊杰。再反观其时文，也是不离正统而不乏融通的，因其不离正统，故而认理精微，循题守正，又因其不乏融通，故而能机调圆美，无法不备。由内在生发而符合于外在规定，表里合一，是其时文与古文的共同特点，而其背后的思想根基则是"未尝有意为文"的态度以及朱学松动、王学萌生的潜在影响。作为时文正宗和古文正统的王鏊，典型地体现了两者的互渗和互益关系。

二 "以时为古"与"以古为时"

清代方苞说："至正、嘉作者，始以古文为时文，融液经史，使题之义蕴隐显曲畅，为明文之极盛。"① 前引黄宗羲之论明代古文，亦以嘉靖朝为明文再盛之时，可见明代时文与古文在嘉靖前后同步进入了新的阶段，其内在的嬗递关联，在嘉靖八年己丑科会元唐顺之身上表现得最为明显。与王鏊一样，唐顺之也是明代时文正宗的不祧之祖，"唐荆川代兴以后，天下始不称王、钱"②，而代之以"王、唐"之称。另外，唐顺之作为唐宋派的主要代表，以其自觉的道统、文统合一论成为明代古文谱系的主线人物之一。唐顺之这一地位的取得是其在时文风会中改造、超越既有文风的结果。

与成化十一年丘浚以整肃文体的态度录取王鏊为会元极为类似，嘉靖八年会试主考张璁录取唐顺之为会元，也有革除宿弊、厘正文体的用意。

---

① （清）方苞编，王同舟、李澜校注：《钦定四书文·凡例》，武汉大学出版社2009年版，第1页。

② （清）方苞编，王同舟、李澜校注：《钦定四书文·化治四书文》卷6钱福《春秋无义战》评语，武汉大学出版社2009年版，第85页。

张璁于嘉靖初所上《慎科目》一疏（《太师张文忠公集》奏疏卷3）指斥时文"竞为浮华放诞之言"，并提出了改革方案，矫正文体和选命京官出任各省乡试主考官是其中的主要内容。在此前后，夏言亦上书指出："近年以来，士大夫学为文章日趋卑陋，往往剽剟摹拟《左传》《国语》《战国策》等书，蹈袭衰世乱世之文，争相崇尚，以自矜眩。究其归，不过以艰深之词饰浅近之说，用奇僻之字盖庸拙之文。"① 很明显，正德末年以来矜奇眩异的时文之风，与成化间纯粹出于功利目的的求新求奇还略有不同，这种文风的流衍，在很大程度上与李梦阳等前七子"文必秦汉"的主张有关。此时的时文写作与古文一样，普遍存在着机械模拟《左传》《国语》《战国策》《史记》等秦汉典籍的倾向。七子的复古本是为了矫正台阁古文和时文中庸弱肤浅之病，哪知却又添上了剽袭模拟之弊和亢硬粗豪之失。唐顺之的中式在这一时风之中具有标杆的作用，李开先形容道："会试卷见者以为前后无比，气平理明而气附乎理，意深辞雅而意包乎辞。学者无长幼远近，悉宗其体。"② 礼部诸臣也进言，"窃见嘉靖八年会试录文，皆简古纯正，既不失祖宗之旧式，而于圣贤经义亦多发明，与古义无甚相远"③，因而有"是科初变文体"之说。唐顺之中式后因与座主张璁政见不合，并未任职于翰林院，此后更是两度罢黜，长期闲居，但他始终孜孜矻矻于八股文的写作和教学，"教学里中时有教学文，为吏部时有吏部文，为中丞时有中丞文，好学深思，至老不倦"④，晚年还选编《文编》，细加评点，示人以法。所以，无论从创作还是从批评而言，唐顺之都可谓是时文和古文新风的积极引领者、践行者。

细读《荆川先生文集》可知，唐顺之是在以道为骨、文道合一的理念下，从"道"和"文"两方面来改塑时文和古文的，从而完成了对台阁文风和七子文风的超越，下面分别言之。

---

① （明）夏言：《南宫奏稿》卷1《正文体重程式简考官以收真才疏》，影印文渊阁四库全书第429册，第420页。

② （明）李开先：《李开先集·闲居集》卷10《荆川唐都御史传》，中华书局1959年版，第621页。

③ （明）张居正等：《明世宗实录》卷127"嘉靖十年闰六月丁亥"条，台湾"中研院"1962年，第3019页。

④ （清）梁章钜：《制义丛话》卷5引俞长城语，上海书店出版社2001年版，第64—65页。

唐顺之首先从端正学风入手，致力于文风改革。他要求作文以经术为本，在《答廖东雩提学》中，他说："文与道非二也，更愿兄完养神明，以探其本原，浸涵六经之言以博旨趣，而后发之，则兄之文益加胜矣。"①他还提出"德艺合一"，认为"古人虽以六德、六艺分言，然德非虚器，其切实应用处即谓之艺；艺非粗迹，其精义致用处即谓之德"②。他认为七子派之所以只在字句、声音上仿古拟古，就是因为他们于理道上不讲求，中无所得，而矜奇眩异的时文之病，也是因举子对于圣经贤传没有真切体会，只能在形式上涂抹，所以应"读古儒先之书，反之于心，稍稍窥见理路，然后转向举业上去，亦以速归，不及竟矣"③。正因强调道对文的决定作用，所以以唐顺之为代表的唐宋派特为推崇宋代章，尤其是欧、曾的论理之文④，唐顺之更是唯曾巩是尊。他在《与王遵岩参政》中云："近来有一僻见，以为三代以下之文，未有如南丰；三代以下之诗，未有如康节者。"⑤ 在唐宋八家中，曾巩散文的道学气最浓，艺术性也最弱，唐顺之推崇曾巩之文，实是重道轻文的理学家见解。至于说邵雍之诗为三代以下第一人，则完全是自欺欺人的夸大之词。

　　如果唐顺之只是一般性地强调道对文的主导性，那么他并没有比他的理学前辈们提供得更多，但应该看到的是，唐顺之的理学取向有一发展的过程。最初是从程朱之学起步，而自嘉靖十一年结识王畿起，便对心学发生了浓厚兴趣。嘉靖十五年，王艮和王畿一同到宜兴拜访顺之，共同探讨心学，使顺之对心学更加精进，但对程朱之学亦未否定，本年他写给王立道的信中说："取程、朱诸先生之书，降心而读焉，初未尝觉其好也。读之半月矣，乃知其旨味隽永，字字发明古圣贤之蕴，凡天地间至精至妙之

---

① （明）唐顺之撰，黄毅、马美信点校：《荆川先生文集》卷5，浙江古籍出版社2014年版，第232页。

② （明）唐顺之撰，黄毅、马美信点校：《荆川先生文集》卷5《答俞教谕》，浙江古籍出版社2014年版，第195页。

③ （明）唐顺之撰，黄毅、马美信点校：《荆川先生文集》卷6《与张本静》，浙江古籍出版社2014年版，第250页。

④ 有学者认为，可将唐宋派称为崇宋派，如邝健行云："然则收缩范围，把唐宋派看成是宋派甚或欧曾派，似乎也未尝不可。"邝健行：《诗赋与律调》，中华书局1994年版，第188页。

⑤ （明）唐顺之撰，黄毅、马美信点校：《荆川先生文集》卷7，浙江古籍出版社2014年版，第299页。

理，更无一闲句闲语。"① 四十岁（嘉靖二十五年）是唐顺之思想的转折点，从此他潜心学道，砺志修行，完成了从文人向学者的角色转变，终成南中王门的代表人物。总之，唐顺之的学术思想以王学为基础，融合程朱之学，在心学中属于较为纯正的派别。唐顺之在强调道的同时，极为重视"真精神与千古不可磨灭之见"和"本色"，提倡"直据胸臆信手写出"，这就不是循规蹈矩于程朱陈见者所可想见的了，但这些提法又与王学左派的相似命题有内涵上的不同，可以说，顺之主张的"真精神"是内在的、经过自心体悟之后的天理，它与程朱所言的天理并无本质的不同，也与八股文的精神根基丝毫不悖。

基于此，唐顺之作文与评文皆妙于立意，强调以意为先，绳墨技巧次之。他劝友人考试阅卷要"不必论奇论平，论浓论淡，但默默窥其真精神所向。如肯说理用意，必是真实举子，如无理无意，而但掇取浮华，以眩主司之目，必是作伪小人，此是阅卷大关键"（《与冯午山》）②。他自己长于史学，博览旁搜，故为文能融经液史，指事类情，使义蕴隐显曲畅，但又不偏离正理，这就与明初以来那种"谨守绳墨，尺寸不逾"（方苞《进四书文选表》）的时文拉开了距离，开了新生面。如果说王鏊之文是以体制之正为世所宗，那么顺之之文则以入理之深被奉为圭臬。③ 如其《一匡天下》文（《钦定四书文·正嘉文》卷3），不只就本章章旨加以发挥，而联系到《论语·八佾》"管仲之器小"一节孔子论管仲僭礼之罪，对照而发，别有心裁，方苞评曰"洞悉三传，二百四十年时势了然

---

① （明）唐顺之撰，黄毅、马美信点校：《荆川先生文集》卷5《与王尧衢书》，浙江古籍出版社2014年版，第213—214页。顺之这一态度还与嘉靖初年的学术风气有关，明世宗上台后在思想和政治上加强了管控，曾多次下令禁止伪学——心学，因此，王守仁及其弟子对心学与朱学的相通一面强调得较多。

② （明）袁黄撰，黄强、徐姗姗校订：《游艺塾文规正续编》，武汉大学出版社2009年版，第178页。

③ （清）俞长城云："制义之兴始于半山，惜存文无多。半山之文，其体有二：或谨严峭劲，附题诠释；或震荡排奡，独抒己见。一则时文之祖也，一则古文之遗也。宗时文者流为王、钱，终于汤、艾；宗古文者流为周、归，终于金、陈。"（《制义丛话》卷3引，上海书店出版社2001年版，第47页）以此衡之，王鏊的时文作法仍重在谨严诠释，属于明初一路，不过时有变化而已。正因此，清初有人提出"王守溪时文笔气似不能高于明初人"的怀疑（《制义丛话》卷4，第56页）。方苞评王鏊制义有语云"层次洗发，由浅入深，题蕴既毕，篇法亦完"，这说明王鏊之文基本上不是那种开阖照应的局面，而开阖照应正是唐宋派古文家时文的特点。

于心，故能言之简当如此"。又如他的《匹夫而有天下者》二节文（《钦定四书文·正嘉文》卷6），既阐发经旨又融合己意，说明了继世之主的因素也是匹夫是否有天下的原因，发人所未发，正所谓"其妙可以意求"（方苞原评）。

《荆川集》中论理之文以尺牍为多，大多能不依不傍，真实有见，并非如钱基博所言那样"殊为不取"[①]，像著名的与茅坤论文的书信，从见解、辞气、语言等各方面来说，都可称一流。唐顺之又善于提炼观点，概括精当，有警策之效，如《中庸辑略序》云"古之乱吾道者，常在乎六经孔氏之外，而后之乱吾道者，常在乎六经孔氏之中"（《荆川集》卷10）。《永嘉袁君芳洲记》写橘，云"夫趣有所适则不必其地之所胜，意有所钟则不必其土之所珍"（《荆川集》卷8），其立意均令人眼前为之一亮。最具哲思与诗思的莫如《书秦风蒹葭三章后》（《荆川集》卷17）一文了：

> 嘉靖戊申秋七月廿五日夜，雷雨大作，万艘震荡。平明开霁，则河水增高四五尺矣。余与褚生泛小船如陈渡，临流歌啸，渺然有千里江湖之思。因咏《秦风·蒹葭》三章，则宛如目前风景，而"所谓伊人"者，犹庶几见之。且秦时风俗，不雄心于戈矛战斗，则养技于狯猲射猎。至其声利所驱，虽豪杰亦且侧足于寺人媚子之间，方以为荣而不知愧；其义士亦且沉酣豢养，与君为殉而不可赎，盖靡然矜侠趋势之甚矣。而乃有遗世独立，澹乎埃壒之外若斯人者，岂所谓一国之人皆若狂，而此其独醒者欤？抑亦以秦之不足与，而优游肥遁若后来凿坏羊裘之徒者，在当时固已有人欤？余独惜其风可闻而姓名不著，不得与凿坏羊裘并列隐逸传。然凿坏羊裘之徒以其身而逃之，蒹葭伊人者乃并其姓名而逃之，此又其所以为至也。噫嘻，士固有不慕乎当世之荣，而亦何心于后世之名也哉！因慨然为一笑，遂书以示褚生。

《蒹葭》一诗向来被视作情诗，唐顺之此文却独抒新见，将"伊人"解作

[①] 钱基博《中国文学史》云："（唐顺之）集中书牍最多，大半肤言心性，多涉禅宗，而喜为语录鄙俚之言，殊为不取。"东方出版中心2008年版，第705页。

遗世独立的醒者，立意顿高。试想，若无作者的"真精神"，哪来"伊人"的真人格呢！文章将古文之思理、小品文之趣味与诗歌之情韵融为一体，语极简净、思极深锐而韵极悠长，以之追配于韩愈、苏轼的杂文，是毫无愧色的。

  唐顺之改造时文和古文的另一方面是对文法的讲求。作为理学家，唐顺之出于心学内向化的致思路径，一方面对有意为文而滞于外务、本末倒置的作法保持着足够的警惕，并多次表示对自己早年溺于文词的悔愧①；另一方面，他又乐于谈论为文之法，其《董中峰侍郎文集序》（《荆川集》卷10）明确地阐述了秦汉之文与唐宋之文在"法"与"无法"上的联系和区别，指出了七子复古的病症所在。这两方面看似矛盾，实则不然，正因其极为重视思理，故也相应地重视表达思想的文理、文采。《文编序》（《荆上集》卷10）明确地说"不能无文，而文不能无法……圣人以神明而达之于文，文士研精于文以窥神明之奥""所谓法者，神明之变化也"。此处的"神明"指人的思维、精神，"神明之变化"即是思维之逻辑、精神之历程。作文是表现神明和神明变化的过程，也即思维逻辑化、条理化的过程，结构布局等章法就是神明变化的逻辑关系；反之，学文、赏文则是从逻辑性的语言形式反溯神明及其变化的过程。所以，唐顺之及唐宋派主张总结和运用前代文章的法度，进而体会文章的气脉，把握其中所蕴含的"真精神"，从而与七子派那种"决裂以为体，饾饤以为词"的字句功夫有所不同。

  开阖首尾、错综经纬的章法是唐宋派总结唐宋大家之文所得的技巧，对此，唐顺之有比较具体的描述，《董中峰侍郎文集序》一开头即以音乐为喻道：

    喉中以转气，管中以转声。气有湮而复畅，声有歇而复宣，阖之以助开，尾之以引首。此皆发于天机之自然，而凡为乐者莫不能然也。最善为乐者则不然，其妙常在于喉管之交，而其用常潜乎声气之表。气转于气之未湮，是以湮畅百变而常若一气；声转于声之未歇，是以歇宣万殊而常若一声。使喉管声气融而为一而莫可以窥，盖其机

---

  ① 唐顺之关于这方面的言论很多，如《与陈后冈参议书》《寄黄士尚》《答戚南玄》《与薛方山郎中》《答顾东桥少宰》（以上卷5）、《与刘寒泉通府》《与李中溪知府》《答王遵岩》（以上卷6）、《答蔡可泉》（卷7）等，限于篇幅，不详细列举。

> 微矣！……使不转气与声，则何以为乐？使其转气与声而可以窥也，则乐何以为神？

这里以声气的湮畅歇宣比喻文章的开阖首尾之节，以声气的转换之机比喻文章的经纬错综之迹。这些文法本从唐宋大家之文中体会而得，目的是指导时文写作，当然也会体现在古文写作之中，成为唐顺之时文与古文的共同特色。从源头和路径而言，这样作是"以古文为时文"，而从两者相似的表现而言，也可以说形成了时文化的古文。我们试举两例略作说明。

唐顺之的时文名作如《不揣其本而齐其末》两节题，中段云：

> 且夫两物相形而高下异焉，所以辨其高下者，未尝不兼本末而较之也。故寸木之与岑楼，其高下至易知也。今也不复揣其下之平，而但取其上之齐，是寸木固可使之高于岑楼矣。
>
> 今论礼者不究其本，而必曰礼食亲迎而已；论食色者不究其本，而必曰饥死与不得妻而已，是食色固可使之重于礼矣。任人之说，似亦无足怪者。
>
> 虽然，此特自其一偏而言之耳，而非所以道其常也。何者？两物相形，轻重异焉，所以辨其轻重者，未尝不等其轻重而较之也。故金之与羽，其轻重易知也。今以钩金之寡而较一舆羽之多，而谓足以概金羽之轻重也，岂理也哉？
>
> 今论理者不量其多寡，而必曰礼食亲迎而已；论食色者不量其多寡，而必曰饥死与不得妻而已，如是而谓足以较礼与食之轻重，又岂理也哉？任人之论，其不可也明矣。

以上四段分作两层意思，每层内部又是一实一虚，此即开阖首尾；两层之间的转换是为经纬错综，在结构上很是讲究，而行文中又并不刻意追求偶对，只用过接处的散句和一些语助虚词来呼应吞吐，遂使得气脉流畅，很有古文的意味。

顺之古文之作，如《赠蔡年兄道卿序》（《荆川集》卷11）中间一段议论云：

> 夫学者，非其才之足贵，而闻道之难。圣贤之道易以简，而学者每病其难闻，何也？其毋乃多歧误之欤。故学者必一其所志，而后精乎其进。百家众艺，莫不皆有可喜可慕，而皆可以附托于圣贤之道。后生耳目好奇而不择，方其力蓄而气锐，力蓄则必有所涌泄，非泛滥不足以肆；气锐则耻于一艺之不及，又安能夺其可喜可好而专事于淡乎无味之至道哉？其习之也，惟恐其不博，而不知博之适足以溺心；其罗而张之也，惟恐其不文，而不知文之适足以丧质。及其力刓于无所不搜，气竭于无所不恢，于是向之可喜可慕者，或如搏影而不可得，或得之又不足以理身而养性，而适以溺乎其心丧乎其质。于是始欲反之于道，则力已刓而不能果，气已竭而不可鼓。大率少年刚锐之士，不患乎进之难精，而常患乎志之不一。至于力刓而气竭，则虽或不患乎志之不一，而常患乎进之难精。

此段文字甚至可以用时文式的结构法来分析。第一句是文题，后一句为破题，紧接一句乃承题，从"百家众艺"开始是为起讲，然后层层推进转换，最后归结到"志之不一"和"进之难精"两点，呼应文题。行文在大段落中见开阖，在层次递进中见经纬，气脉畅通而又略事跌宕回旋，并非一注而下。加以长句的排比、虚词的管控，共同营造出有法可循的腔调，可谓是时文化的古文。但我们很难说唐顺之是有意以时文作法为之的，正如章学诚所言："夫艺业虽有高卑，而万物之情各有其至，苟能心知其意，则体制虽殊，其中曲折无不可共喻也。"①

像唐顺之这样在义理和文法两方面推进时文和古文创作的情形，在明代中期的会元中具有一定的代表性。其他会元如邹守益（正德六年会元）、林春（嘉靖十一年会元）偏于理性化，所为之文是纯粹理学家的文章；而如张治（正德十五年会元）、瞿景淳（嘉靖二十三年会元）则重视文法，表现出技术化的倾向，进而发展为隆、万时专讲机法的一派。

总体来看，成、弘、正、嘉四朝在政治上相对稳定而又潜含变乱，在学术上相对活跃而又不至失范，时文和古文都较能给对方以良性的影响而达到互渗和互益，所以出现了王鏊、吴宽、王守仁、钱福、唐顺之、茅

---

① （清）章学诚：《章学诚遗书·补遗》，文物出版社1985年版，第613页。

坤、归有光等时文与古文兼擅的大家，这是明代科举与文学互动最为积极的时期。

第三节 时文之变与古文之变

自隆庆、万历之后，明代社会经历了前此未有的复杂而全面的变化。一方面，经济生活中的商业化因素大潮涌动，民风、世风竞奢逐利，人欲被挑动，天理受到质疑；另一方面，王朝的政治秩序日渐混乱，腐败自上而下蔓延至整个官僚体系，统治危机进一步加重，政府对整个社会包括思想文化的控制力减弱。在这样的社会环境下，学风、士风、文风都发生了激烈而深刻的变革。时文受时代风会的影响尤为快捷，袁宏道说它"风行影逐，常居气机之先"①，明代后期的时文应和着社会的变迁而表现出与此前时文的较大差异。清代焦循因此以"正变"来概括这一过程："大抵化、治、正、嘉为正，而隆、万、启、祯为变。正者不过注疏讲义之支流，变者乃成知言论世之渊海。"② 隆万之后的科举时文，不仅在形式上趋新争奇，而且在言说内容方面有所突破，所谓"知言论世"，便不仅仅只是代圣贤立言而已，它要发出自己独立的声音和特点。这是受个性解放和思想解放的时代精神熏陶而发生的变化，在这一语境下产生的会元别集，也自有不同于以往的特点。

隆万以后时文之风的变化较此前更为多样和剧烈。最明显的是，由于写作个性的增强，内容和形式上的多样化十分明显，于是像王鏊、钱福、唐顺之那样，以一人之文笼罩一代的情况便不易出现了。时文正宗的脉系变得模糊，相应的，古文正统的谱系也蜕变而散落了。另外，时文流派却因此发展起来，隆万时的奇矫派、机法派，崇祯时的江西派、云间派、娄东派等都有很大声势，代表着一代文风，这既是时文自身发展的结果，也与晚明激烈的党争有着某种关联（云间派的复社、娄东派的几社都是东林后进）。可以说，是风格、现象和集团、派别，而不是个人在这一时段

---

① （明）袁宏道著，钱伯诚笺校：《袁宏道集笺校》卷54《陕西乡试录序》，上海古籍出版社1981年版，第1530页。

② 转引自龚笃清《明代八股文史探》，湖南人民出版社2005年版，第295页。

的文坛占据着时文和古文的主导地位①,因而会元群体或许仍然代表了一定的风会,但就个体而言,明后期会元对时风的表征性就不如王鏊、唐顺之等前辈那么全面而典型。在《钦定四书文》和《制义丛话》所选列的明代八股文名家中,会元在此一时段所占比重较前有所下降就说明了这一点(见附录二、三),尤其是启、祯两朝的会元,竟无一人一作入选《钦定四书文》,更可见出此时"八股学术重心下移,呈批评民间化的趋势"②。因此,我们只就众多变象中与会元及其别集相关联的环节试作探讨,而不拟对所有方面进行扫描。此外,明后期会元别集存世较少的现状也限制了我们论述的范围,这是需要加以说明的。

一　立意驳杂与求奇厌平

"晚明是这样一个时代:传统的束缚消失了,因为它们被认为是不合情理的,即令孔子生于当日,也会被预设为一定有新的想法;从约束中解放出来,人们充满了对新思想的兴趣和艺术创造的活力。"③由王学勃兴带动的思想解放运动迅速地在控制思想的科举取士上发生感应,不尽符合程朱理学的各种言辞和论调在时文写作中逐渐出现并进而形成风潮。隆庆间,心学人物徐阶(《明儒学案》将之列入"南中王门")、李春芳在内阁,王学开始直接进入时文④,此后更是益发而不可止。艾南英描述当时风气说:"士子谈经义辄厌薄程朱,为时文辄诋訾先正,而百家杂说、六

---

① 从个体性而言,甚至可以说,嘉靖最末一科(四十四年)进士及第的归有光是将时文正宗和古文正统聚于一身的标志性完结,而几年后他的去世,更具有某种象征性意味。按现行文学史的叙述,归有光之后在传统古文和时文两界享有隆誉的,或许只有艾南英,但其科名并不顺遂,后人因而有"文统在下"之说,如俞长城云:"庆历以往,文统在上;启祯以来,文统在下……明之盛也,琼山(丘浚)、西涯(李东阳)诸公,独辟宗风,震泽(王鏊)、毗陵(唐顺之)诸公,递传元脉,文统在上者也;及其衰也,霍林(汤宾尹)、求仲(韩敬)以不用而游于艺,千子(艾南英)、吉士(钱禧)以不遇而立其言,文统在下者也。"(《俞宁世文集》卷4《先正程墨序》,北京出版社1997年《四库未收书辑刊》第9辑第21册,第97页)

② 吴承学、李光摩:《八股四题》,《文学评论》2004年第2期。

③ 陈文新:《明代诗学的逻辑进程与主要理论问题》,武汉大学出版社2007年版,第93页。

④ 隆庆二年戊辰科会试,李春芳为主考,程文以阳明心学入文并用《庄子》语破题,首开风气。万历五年丁丑科,杨起元用禅学入文而获隽。关于八股文中参用王学、老庄和佛学、诸子思想的表现,参见顾炎武《日知录》卷18"举业""破题用庄子""科场禁约"等条。

朝偶语，与夫郭象、王弼、《繁露》《阴符》之俊句，奉为至宝。"① 为此，不断有大臣上书要求端正文体，朝廷亦不断下诏申明文体规范，但均无甚效果②。由于具有深刻的思想文化背景，这次文体的变化相较于成化、嘉靖时的类似情形，无疑更为剧烈，它打破了代圣贤口气立言的体制规定，而如果考虑到科举对于教育的巨大导引作用，这一变化对于学风、士风以及王朝的稳定，实在关系非轻。

对于大多数应举士子而言，非程朱的思想或许只是表现在随大流的名词套用上，但对于进士阶层尤其是会元这样的精英群体来说，思想的变动无疑是主要的，仅从隆万之后会元别集中涉及佛教的作品显著增多的事实，便可窥见一斑。如会元冯梦祯和陶望龄都具有居士身份，佛学修为不低，冯梦祯的《快雪堂集》收有佛经序跋 10 余篇，佛寺碑记 11 篇，给佛徒的赠序 7 篇，为佛徒所作传赞、塔铭 18 篇，为各类佛事活动所作募缘疏 25 篇，专门的涉佛文章近 80 篇。陶望龄《歇庵集》的情况也大体类似。其他像孙鑛、袁宗道、汤宾尹、吴伟业等人的别集中亦有不少涉佛文字。这些作品遍及佛教之人（赠序、塔铭、传赞）、事（募缘疏）、物（碑记、舍利塔），还包括书牍中大量的谈佛言论和诗词吟咏之作，几乎涵盖了传统古文的主要文体类别。佛教事象可谓全方位地介入到了会元的日常生活之中，这是此前的会元群体中所没有的现象。如果仍将古文视作理学的人格化、生活化文本，恐怕此时会元别集中古文的变化与时文一样，都是带有根本性的，即理学作为古文精神根基的地位有所动摇。

时文和古文中立意的日渐驳杂，说明了读书人愈益要求以自己的声音来发言，而不仅仅满足于用国家统一规定的程朱的声音来发言。也正是在这一意义上，李贽、袁宏道等新派人物对八股文多所肯定，甚至推许为"天下之至文"，如袁宏道认为：

> 天地间真文渐灭殆尽，独博士家言（指时文，引者注）犹有可取，其体无沿袭，其词必极才之所至，其调年变而月不同，手眼各

---

① （明）艾南英：《增补文定待序》，转引自龚笃清《明代八股文史探》，湖南人民出版社 2005 年版，第 390 页。

② （明）朱国祚、李廷机、冯琦等均曾上疏要求正文体，《古今图书集成·文学典》卷 181 引。

出,机轴亦异,二百年来,上之所以取士与士之伸其独径者,仅有此文。①

袁宏道力主代有升降而法不相沿,因此肯定时文和民歌,他以八股文的"趋时"来对抗卑今之士的"拟古",可算是一种论说的策略。这些现象形成了晚明文化界新旧杂糅的奇异景观。于是,以奇矫俗便成为时文求变的突出特点。万历十四年王锡爵主考会试,深厌平庸陈腐之作,所取之文多奇峭。② 此后三科所取会元之文(万历十四年袁宗道、十七年陶望龄、二十年吴默)大致皆主奇异,"穷思毕精,务为奇特"之文成为典范(方苞《钦定四书文·凡例》),"凌驾"之习渐开。一些依草附木之辈并无真见真识,却刻意求奇,务为谲怪,时人对此多有评论。万历间已是耄耋之龄的茅坤感叹,"近来举业已多务新奇,每一放榜,一番眩眼"③,曾任南京国子监祭酒的冯梦祯云"近世举业大都入于浮冗谲怪而不可卒救"④,"平淡必始于神奇,而伪平淡则反神奇。今之士薄伪平淡,竞趋伪神奇"⑤。其实,袁宗道、陶望龄等人为文重视议论阐发,常以想象补充发挥经书内容,行文上多用侧笔、倒提以显匠心,并不平平用力,而其关键在于自出己意。以陶望龄为例,他受王学濡染较深,师事周汝登,属于泰州学派一系,与三袁兄弟往还密切,是公安派的重要羽翼。陶望龄的时文议论新警,文气博大,常有溢出题旨传注之处。对于文章的奇与平,他却有超越于奇与平之上的看法,在给其弟陶奭龄的信中,他说:

> 今人不晓作文,动言有奇平二辙,言奇言平,诖误后生。吾论文

---

① (明)袁宏道著,钱伯城笺校:《袁宏道集笺校》卷4《诸大家时文序》,上海古籍出版社1981年版,第185页。

② 王锡爵为嘉靖四十一年会元,太仓人,与王世贞同乡,两人关系密切。陶望龄曾以落卷七篇求教于王世贞,王评曰"七艺平平",陶遂多为警拔峭刻之文,王锡爵取文之好奇是否与王世贞有关,尚待进一步研究。

③ (明)茅坤:《白华楼续稿》卷3《与胡举人朴庵书》,四库全书存目丛书集部第105册,第490页。

④ (明)冯梦祯:《快雪堂集》卷3《题许徼庵先生秦中订士录》,四库全书存目丛书集部第164册,第75页。

⑤ (明)袁黄撰,黄强、徐姗姗校订:《游艺塾文规正续编》,武汉大学出版社2009年版,第248页。

亦有二种，但以内外分好恶，不作奇平论也。凡自胸臆中陶写出者，是奇是平为好，从外剽贼沿袭者，非奇非平是为劣。……自古不新不足为文，不平不足为奇。熔范之工，归于自然，何患不新不古、不平不奇乎？时文虽小伎，然有神机，须悟得之。①

此信为指导其弟写作时文而作。陶望龄提出，奇与平、古与新并不是衡量文章的最高标准，"自胸臆中陶写出"的肺腑之言才是好文章。内（独创）外（剽贼）之别是陶氏讨论时文和古文的精义所在，这与袁宏道的性灵说如出一辙。这一意见，在时文领域，乃是针对以程朱之是非为是非的思想格套以及内无所见、声和影附的形式格套而发②；在古文领域，则是针对复古派诸子剽贼模拟的流弊而发，张扬的都是"即心即理"的主体精神。《歇庵集》卷3中相关言论还有不少，如：

> 匠心率意而为，逮心满意，极而至矣。（《阳辛会稿序》）
> 情务已出，而格由古造，其才富，故词博而工；其神完，故气和而王。（《马曹稿序》）
> 古之为文者，各极其才而尽其变，故人有一家之业，代有一代之制。……古不授今，今不蹈古，要以屡迁而日新。（《徐文长三集序》）

注重"自心""自得"是公安派诸人言说的共通点，但陶望龄"匠心""熔范之工"等说法又与袁宏道的"信腕信口"略有不同，而与袁宗道的"有一派学问，则酿出一种意见，有一种意见，则创出一般语言"③略为相近，都表现出理论上的某种圆融。

上引望龄家书作于万历十七年登第后，而万历二十二年其致书奭龄时又云：

---

① （明）陶望龄：《歇庵集》卷16《登第后寄君奭弟书五首》其三，伟文图书出版公司1976年影印万历三十九年王应遴真如斋刊本，第2338页。
② 袁宏道提出的"不拘格套"乃是针对七子的格调说而言，对体格和品格两方面都有所驳论，参见陈文新《明代诗学的逻辑进程与主要理论问题》，武汉大学出版社2007年版，第92页。
③ （明）袁宗道：《白苏斋类集》卷20《论文下》，上海古籍出版社2007年版，第285页。

> 文之平淡者乃奇丽之极，今人千般作怪，非是厌平淡不为，正是不能耳。来书云心厌时弊，思力洗之，甚善。但不可失之枯寂，恐难动人目，此是打门瓦子，亦不可大认真，切忌舍奇丽而求平淡，奇丽不极则平淡不来也。①

这是极为真实的袒露，既将八股时文视作表达心志的独立创作，又承认它的敲门砖作用，始终要顾及它动人眼目的实际功效，时文的功利性始终是其无法完全摆脱的写作动机。陶氏的真实是可爱的。袁宏道也有类似真实而可爱的表达："举业之用在乎得隽，不时则不隽，不穷新而极则不时。是故虽三令五督而文之趋不可止也，时为之也。"② 这些言语比较典型地体现了晚明师心派文人的时文观，他们虽看重时文却又不像艾南英那样标置过高，并不以之为安身立命之具，其言论本身即践行了不高论、不伪饰的求真作风。可以提出来讨论的是，陶望龄文中"奇丽不极则平淡不来也"一语，这涉及望龄较有特色的"偏至"论，他在《马曹稿序》(《歇庵集》卷3) 中云：

> 刘邵志人物尝言："具体而微，谓之大雅；一至而偏，谓之小雅。"盖以诗喻人耳，予尝覆引其论以观古今之所谓诗辞，求其具体者不可多见。因妄谓自屈宋以降至于唐宋，其间文人韵士大抵皆小雅之流，而偏至之器，惟人就其偏而后诗之大全出焉。夫人之性有所蔽，材有所短，短而蔽者，若穷于此，而后修而通者，始极于彼，此恒数也。古之人缘性而抒文，因能而效法，文以达意，法以达材。务自致于所通，而不求全于所短。……故其势充，其量满，其神理所至，自足以轶往古、垂将来。……偏师必捷，偏嗜必奇。诸君子者殆以偏而至，以至而传者与！众偏之所凑，夫是之谓富有；独至之所造，夫是之谓日新。

这与袁宏道在《叙小修诗》中所说的"天下之物，孤行则必不可无"

---

① （明）陶望龄：《歇庵集》卷16《甲午入京寄君奭弟书五首》(其一)，伟文图书出版公司1976年影印万历三十九年王应遴真如斋刊本，第2344页。

② （明）袁宏道著，钱伯诚笺校：《袁宏道集笺校》卷18《时文叙》，上海古籍出版社1981年版，第703页。

以及"极善其疵处"的价值取向是类似的。"偏"者，乃是作者一己之性、之材、之神、之理的独有之处；"至"者，则是创作之极境，唯有充分抒写一己之独特感受、发挥出迥异于他人的风格，才有望创作出轶往垂后的不朽之作。与袁宏道的感性锋芒相比，陶望龄的文章理气更重，更喜欢矜谈形而上的"人之性"，虽然其古文创作未必成功，也有其"疵处"，但这也正是他独有的偏至之奇，如《穷理尽性至命解》（《歇庵集》卷3）云：

> 凡所云理与性与命者，皆不得已而强名之者，凡言或形之而名倚以起，凡立言必救诸末流而还示之以先。理之名借欲起，天下多鬻其耳目而不能返。圣人曰"是不有处于欲先者乎"？而定其名曰理。性之名依习起，情恣而成流，流同而成俗，以为是固然耳。……命之名又倚理、性而起，言理者执而求之闻见，闻见者无穷之端也；言性者执而求之意识，意识者无尽之境也。……是故无欲为理，欲境尽则理名亦穷；非习为性，习染穷则性名随尽。

王夫之曾言及阅读陶望龄文章的体会，说："比阅陶石篑文集，其序、记、书、铭，用虚字如蛛丝冒蝶，用实字如屐齿粘泥，合古今雅俗，堆砌成篇，无一字从心坎中过，真庄子所谓'出言如哇'者，不数行即令人头重。"① 正如王氏的阅读体会，这段文字读来就有奇奥涩口之感，若说作者"无一字从心坎中过"恐怕是有些冤枉的，但此文"蛛丝冒蝶""屐齿粘泥"的毛病确实很明显。可见，不太注重先秦和唐宋古文传统的公安派，也的确未在传统古文领域有大建树，他们的主要成绩表现在诗歌和小品文方面。

从陶望龄的《歇庵集》来看，所谓时文求奇矫的内涵，乃在于求真，固如冯梦祯所云"余之衡士，不急体之正而急真"②。由文体之正转而变为主体之真，是晚明时文变化的大势，也是古文变化的大势，对时文"憎袭其语"（《题门人稿》，《歇庵集》卷14）与批评诗文"程意袭矩"

---

① （清）王夫之著，戴鸿森笺注：《薑斋诗话笺注》附录《夕堂永日绪论外编》第35条，人民文学出版社1981年版，第223页。

② （明）袁黄撰，黄强、徐姗姗校订：《游艺塾文规正续编》，武汉大学出版社2009年版，第248页。

则"谓之盗"(《方布衣集序》,《歇庵集》卷3)都是立足于斥伪而立论的,在这点上,冯梦祯、袁宗道、顾起元等人与陶望龄的立场是一致的。时文的新变既是晚明文学思潮的体现,反过来也促进了文人文学的新发展。

二 机法圆熟与藻思清隽

讲究机法是隆万时期八股文的重要特点。所谓机法,指文章的法度技巧,八股文本是极为讲究程式化的文体,创作者在长期的应用实践中总结出了一系列为文的形式技巧。隆万时期八股文坛的机法派则是离开古文、离开义理、离开气格等内在的要素,单从中式的墨卷尤其是会元的墨卷中比较孤立地讲求行文技法,从而形成了许多繁琐细密的作法,故又称为墨派或元脉派。此派由嘉靖三十三年会元瞿景淳开其端,瞿氏曾取陆树声、袁炜、许谷、林春、唐顺之等五位前辈会元的墨卷静思揣摩,以悟其文法,但瞿景淳还是强调"窥其意于笔墨蹊径之外"①,强调作者的学养的。而此后,李廷机(万历十一年会元)著《举业筌蹄》便专讲文章作法,董其昌(万历十七年会试第二)著《华亭九字诀》更集其大成。至万历后期,机法派便完全抛却学问不讲,只在虚理上着眼,在技巧上用力,虽能做到文题逼肖,但却空洞无物;行文虽然圆熟流美,但却理虚气委,此即方苞所谓:"隆、万兼讲机法,务为灵变,虽巧密有加而气体苶然矣……虽有机趣,而按之无实理真气者。"②

会元中较典型的机法派是万历乙未科的汤宾尹和辛丑科的许獬,两人的制义机法圆熟,运思巧妙,比较便于初学者,所以连时文名家汤显祖都特为称赞,将二人文稿合为一编,加以评点,以示儿辈与里中后生。明末郑鄤云:"昆湖(瞿景淳)之派,衍于田(一俊)、李(廷机),至宣城(汤宾尹)称大畅矣,万历之季,无不诵法宣城者。"③可见其影响之大。但由于偏重外在的形式法度,便极易滋长空疏不学的功利风气,这在汤、

---

① (明)袁黄撰,黄强、徐姗姗校订:《游艺塾文规正续编》,武汉大学出版社2009年版,第179页。

② (清)方苞编,王同舟、李澜校注:《钦定四书文·凡例》,武汉大学出版社2009年版,第1页。

③ (明)郑鄤:《峚阳草堂文集》卷7《明文稿汇选序·汤霍林》,四库禁毁书丛刊集部第126册,第379页。

许二人身上已现端倪，其追随者更是滥调成俗。因此，对汤、许的贬评亦不少，如钱谦益云"汤霍林开串合之门，顾伯升谈倒插之法，奉为金科玉律，莠苗稗谷似是而非，而先民之矩度与其神理澌灭不可复问，此举子之文之伪体也"①。阮葵生云"汤霍林宾尹以柔媚败度，文运至此而衰"②。王夫之云"若黄贞父（汝亨）、许子逊（獬）之流，吟舌娇涩，如鸲鹆学语，古今来无此文字，遂以湮塞文人之心者数十年"③。这些评价或许不免有偏颇之处，但观汤、许二人的别集创作，虚谈机法的确未给他们带来多少益处。

汤宾尹以巍科入仕后官居词林，后累官至南京国子监祭酒。他多次参与科考取士，后因坚持取韩敬为会元又卷入党争之中，终于为时论所劾而落职。汤宾尹的别集《睡庵稿》版本较多，总计约 36 卷，朱彝尊谓其"诗派近俚，罕足录者"④。文集中较可注意的是大量的制义集序。由于时文之名较大且爱接引后进，汤宾尹为友生写有不少制义集的序跋，共计 85 篇之多⑤，这些序文从文体本身而言并无突破，但却反映了当时的科举状况，具有史料价值。如《删选房稿序》（《睡庵稿》卷 3，以下只标卷数）论及时文的善与不善、遇与不遇之关系，揭示了有司取人"无常仪的"的混乱。《两孙制义引》《戴会魁稿序》（俱卷 3）、《陆伯子元兆阁草序》（卷 5）批评了一味追求奇崛的文风，为自己文章平熟的作法而辩护。《丁未同门稿序》（卷 3）、《历科乡会程墨序》《汤叔宁诸稿序》（俱卷 4）都涉及试官阅卷时应持的审慎态度。《选历科程墨漫书》（卷 6）反映了当

---

① （清）钱谦益：《牧斋有学集》卷 45《家塾论举业杂说》，上海古籍出版社 1996 年版，第 1508 页。
② （清）阮葵生：《茶余客话》卷 16 "明会元得人" 条，中华书局 1959 年版，第 476 页。
③ （清）王夫之著，戴鸿森笺注：《薑斋诗话笺注》附录《夕堂永日绪论外编》第 15 条，人民文学出版社 1981 年版，第 207—208 页。
④ （清）朱彝尊：《静志居诗话》卷 16，人民文学出版社 1990 年版，第 481 页。
⑤ 晚明会元别集中的制义序跋明显增多，冯梦祯《快雪堂集》收 46 篇、陶望龄《歇庵集》收 15 篇、杨守勤《宁澹斋全集》收 9 篇、陈名夏《石云居文集》收 65 篇。这一现象提示了丰富的文化信息，一方面可见明季文社和八股文稿本、选本出版的兴盛，另一方面也说明晚明会元多积极投身于时文教育和出版业中。除别集中的制义集序外，今存世者还有以会元署名的科举备考用书多种，汤宾尹、陶望龄、孙鑛、李廷机、冯梦祯、顾起元、施凤来、王锡爵等都是此中活跃者。在明代时刻本已大量消亡的今天，这些序跋和科举用书是宝贵的八股文批评资料和科举史料，值得重视。

时时文刻本太多太滥的状况。《韩求仲四书辨真稿序》（卷4）则对自己取中韩敬的情况有所交代和申辩。汤宾尹对士人科举心态的形容往往颇为到位，如云"迎世之心急而独行之思寡，独一举业哉！"（《两孙制义引》）、"学道者必先澌其功名富贵之心，而举业犹是焉。左念操觚右念揣世，逢不逢赏不赏之态百斗于胸，虽有慧心，不及发矣"（《秋水堂稿序》，卷4）。汤氏的时文与古文观都强调自性而发，具有时代特点，如云"文与政，皆吾所自行者也……凡吾者，自性自灵，自本自末，极拙者之一得可以圣，而竞巧者之百歧不可以至"（《王季重松龛稿序》，卷4）。这些提法并无不妥，只是汤氏本人的创作已不能如其所论，其后学更是将学问根柢抛开，空运机法，使得时文无根而虚浮，古文无根而萎弱。

万历二十九年会元许獬也是机法派的代表，他及第后入翰林院读书习文，不几年即病逝，仅三十七岁。许獬的时文既讲机法而不重根基，在词林习学又时日不多，故他对于诗古文辞一道所得甚浅。其别集《许钟斗文集》仅五卷，《四库提要》评云："是集大抵应俗之作，馆课又居其强半。盖明自正、嘉以后甲科愈重，儒者殚心制义而不复用意于古文词。洎自登第宦成，精华已竭，乃出余力以为之，故根柢不深，去古日远。况獬之制义，论者已有异议，则漫为古调，其所造可知矣。"① 所论大致不差。略举两例，以见一斑，如《关中李年丈制义序》（卷1）云：

> 关中古帝王之都，昔人称其水深地厚，人多凝重而质直，有雄伟奇杰之气，文亦宜然。然历二百余年来，其以古文辞有声者，后先相望，独于举业概未有闻也。岂学古之与趋时迥不同辙，而作者囿于风气，莫能兼斯二道欤？余尝谓趋时不工，不妨为古，然而既谓之时，则生今者自不可废。今年获与彼都人士游，如王茞甫、南思受诸君，皆美秀而文，与西北人不类，而文庞李君尤为流丽娴都，兼有江南之致。窃读而异之，毋亦风气与时变迁，山川所不能域，抑余所见皆间出，实非由风气致然耶？果其间出而非由风气致然，则是编也，故自足以传矣，其奚所俟余言。余方欲为古文未能，而独喜君西北人之能为今文也，故不辞而为之序。

---

① （清）永瑢等：《四库全书总目提要》卷179《许钟斗集》提要，中华书局1965年版，第1620页。

文中加点的词句皆不甚通达，或粗鄙（"水深地厚""今年"），或不合文法（"历二百余年来""生今者""毋亦"），或不合古文修辞习惯（"窃读而异之""所不能域""流丽娴都"）。又云"趋时不工，不妨为古"，似乎古文不拘形制便较时文容易作，此实为似是而非之论，至如文末说"余方欲为古文未能"倒是句实话。这篇文章古文之味不醇正，读来总让人觉得有几分别扭，像是新手所为，上引王夫之谓其"吟舌娇涩，如鸲鹆学语"的评价不无道理。又如同卷《王心斋先生传》，文句倒是基本通畅，但过于简略，只叙述了王艮谏父宿娼和拜师阳明两件事，对于王艮主要的学行旨趣则寥寥带过，或许作者认为这两件事最能体现王艮的精神，但过于渲染事父之孝却不免暴露王父之陋，似乎未得史法。我们不得不说，许獬在古文写作上的确不甚在行，倒是其馆课中的一些作品如《士品臣品辨》（卷2），因是论体文章，有机法口气可循，尚可一读。由此可见，晚明重视机法技巧的时文作法，与古文内在生发的作法最不相合，对于古文实在是有害而无益，这是此一时期会元别集中古文无甚可观的主要原因。

继万历末期的极度乱象之后，一系列振刷行动在明思宗上台之际开始进行。在政治上，是对阉党的大肆清算并进而演化为阉党余孽与东林后进的政争；在思想文化上，是对前一时期带有异端色彩的思想解放进行反思。"渊源于程朱理学的东林学派和以王学修正派面目出现的蕺山学派占据了主导地位"[①]，家国意识、群体道德和对秩序的重建等思想重新抬头。反映在时文和古文界，则是复古救正运动的展开，结文社、砺气节、讲古学、刻选本、议朝政、争是非等是其主要活动，复社、几社诸公和江西四子是其间的风云人物。在此时的各种意见中，古文与时文之别已不明显，两者趋于融合，只是各自的取径因派别而异。张溥、陈子龙等倾向于学习先秦汉魏六朝和唐，好发议论，现实性强，倾向于复古派；江西四子尤其是艾南英则倾向于学习宋代欧、曾等人，重经术，正统性明显，倾向于唐宋派。此一格局，即是《明史·文苑传》所云，"至启、祯时，钱谦益、艾南英准北宋之矩矱，张溥、陈子龙撷东汉之芳华，又一变矣"[②]。江西派之文因理深而难遇，陈、章、罗、艾诸人之科第都很不顺遂；而云间、

[①] 廖可斌：《明代文学复古运动研究》，商务印书馆2008年版，第370页。
[②] （清）张廷玉等：《明史》卷285，中华书局1974年版，第7307—7308页。

娄东诸子尚才情、矜藻思，因词华而易达，故科名较盛。在从天启五年至明亡的七科会试中，会元皆为江苏籍士人，吴伟业、陈名夏都是复社中人，在士子中影响广泛①，这在明代科举史上是空前的。

由于战乱等原因，明末会元别集存世甚少，仅曹勋、吴伟业、陈名夏三人有集可见。明代末科会元陈名夏的《石云居文集》的主体部分是为其选编的《国朝大家制义》所作的序文数十篇，这反映了当时文社活动的兴盛。重才情、学魏晋、好《文选》、善骈俪的特点在曹、吴二人的别集中显得尤为突出。曹勋、吴伟业的主要文学收获均在诗歌，曹诗吐属清幽，吴诗情韵藻艳，都体现了以才思取胜的时代风尚。作为复社骄子，吴伟业的文章在当时亦很知名，其业师张溥赞许他"文章正印，其在子矣"，遂收之为徒。后吴伟业果以会元、榜眼及第，被授予编修之职，制辞云"陆机词赋，早年独步江东；苏轼文章，一日喧传天下"（顾湄《吴梅村先生行状》），可见吴氏文名之重，只是后来为其诗名所掩，不大为人所注意了。其实，吴伟业的文章颇有特色，其才藻清隽之风与一般古文有异，实可代表当时的一种主流性的风格。

吴伟业之文好用排偶之语以显其才。如他为崇祯九年湖广乡试所作的程文《圣王修身立政之本论》（《吴梅村全集》卷56，以下仅标卷数）②，开首即以排语立论：

> 王者之道，于其内不于其外，于其实不于其文，于其虚不于其盈。知所以理性情，则高而能下矣；知所以处德位，则满而能损矣；知所以饬己而治人，则恭而能安矣；知所以尊道而重事，则慎而能止矣。

吴伟业作时文如此，作古文亦然。如《龚芝麓诗序》（卷28）逐一

---

① 正因此，后人多有以才思来概括天、崇之时文特点的，如高嶂《明文钞六编·天崇文》序云"有明一代之文相承相变，大抵化治以法胜，正嘉以理胜，隆万以巧胜，天崇以才胜"。周以清《四书文源流考》云"正嘉文简古，隆万则专攻乎法，天崇则悉骋乎才"。方苞《钦定四书文·凡例》所云"穷思毕精，务为奇特，包络载籍，刻雕物情"，也是此意。

② 本书所引吴伟业之作均据李学颖集评标校之《吴梅村全集》（上海古籍出版社1990年版），是本以《梅村家藏集》为底本，参校了《梅村集》及其他多种版本，并有辑佚，较为完备。

铺叙龚鼎孳的才华、性情、学识，大段的铺展开阖，极尽形容之能事，颇类骈文。《讲德书院记》（卷40）以大量四字句为文，不对而对，不偶而偶。《致云间同社诸子书》（卷54）以才华逞藻俪之辞，以学养行深厚之气，典故贴切，隽语含情，的确不愧其"庶几声华，总归吾辈"的自信，吴集中本就不多的几通书牍，多以此类风格见胜。不过，偶俪之文虽在描写方面具有优势，但若在行文中填塞较多的藻辞和故典，则会影响气韵之舒畅，如其《南中与志衍书》（卷54）的一段记游文字：

  过句曲，望五门，紫房石室之奇；登钟阜，谒孝陵，金支翠旗之气。讲舍倚鸡笼山，俯瞰台城，飞甍、驰道之观；回瞻帐殿，驳娑、骀荡之盛。拜表出龙光门列校以下，仗刀立直，望之如荼如墨如火，羽林侒飞之容；还过莫愁湖，都人张嬉水，采芙蓉，荐鲂鲤，桂棹兰桨之乐。信江左之巨丽，吾徒之胜事也。志衍亦羡我有此游乎？

此篇比之公安派的游记小品，诚有雅俗之别，但这类文章与晚明小品一样，都已不再是秦汉抑或是唐宋古文的风貌了。吴伟业较优秀的作品能将清隽的才思与藻艳的辞采相结合而具有雅韵，如《陆子咏月诗题词》（卷31）开头写道：

  九月既望，梅村艺瓜初罢，浊酒自宽。维时夜景融融，广除槭槭，木叶微坠，寒雁方来。叹素质之易亏，濯清晖而良苦，停杯问影，灭烛怜光。忽海上孤鹤之飞，得云间士龙之句。

这段情景交代为其后对陆子咏月诗的评赏作了铺垫，营造了与诗题类似的意境，可谓以诗为文，恰到好处。又如《赵孟迁诗序》（卷31）：

  孟迁酒人也，而长于诗。孟迁则曰："吾诗人也。"诗非酒不豪，非酒不恣，非酒不足以尽其淋漓恍忱、奔莽诞宕之致。吾取其诗读之，若是乎深有得于酒者。或曰：孟迁尝与军，当横刀会饮时，高吟瞠目，老兵詟坐。今虽袴褶不完，蹩躠焉为道旁所摧笑，然孟迁不以屑也。每痛饮大嚼，裸袒叫咷，摇头而歌，四座尽惊，意气自若。此其为人，忧患哀怒、机利变巧不入其胸中，而皆逃之于酒、托之于诗者耶！孟迁乎，吾乌足以知之？

寥寥数语便刻画出赵孟迁豪迈自若的形与神，颇有魏晋文章的气韵，堪称妙品。

四库馆臣对吴伟业的诗词甚为推崇，无论是其早年的"清丽芊绵"还是遭逢丧乱后的"激楚苍凉"，都认为有可观者，但对于吴氏的文章却说"惟古文每参以俪偶，既异齐梁又非唐宋，殊乖正格。……盖词人之作散文，犹道学之作韵语，虽强为学步，本质终存也"[①]。将吴伟业定位为"词人"，即以诗歌传世的"骚客"，认为其写作散文终不当行。在四库馆臣的观念中，词人骚客与道学先生各以韵语和散文为表达形式，诗文之分野便不仅仅在于有韵无韵的形式表现，更在于性情与性理的不同本质规定。

至此，我们再来反观前文所引黄宗羲的话，似乎需要加以补正，与其说明代"古文与时文分途而后亡也"，不如说古文与时文具有相似的嬗变路向，在明代会元群体的别集中，我们分明看到了这样的同步性。

---

① （清）永瑢等：《四库全书总目提要》卷173《梅村集》提要，中华书局1965年版，第1520页。

第七章

科名仕宦与文学写作

对于生活于明代以读书业儒为事的士子而言，其一生的升沉荣辱几乎全都系于一第。明代的仕宦，虽然号称多途并用，但实际上只有科举入仕才是最为人看重的正途。贫寒之家自然倚此改换门庭，簪缨世族也不免望之绵延福泽，屈抑于场屋的心理焦虑似乎不因为贫富贵贱而稍有区别。《万历野获编》以叙事详瞻客观而被誉为"明代野史未有过焉者"（朱彝尊语），其中专门记述了仕宦之家的应试情况。如"王李晚成"条记会元、辅臣王锡爵之子王衡中式的情形极为生动，内云"王辰玉发解时，名噪海内，后以口语两度不入试，或不竟试而出。至辛丑登第，则逾不惑矣，房师温太史语之曰：'余读兄戊子乡卷时，甫能文耳，不谓今日结衣钵之缘'，王为悯然掩袂"[1]。可见科举限人，不因贵贱而异趋。即便是那些具有一定的独立意志而又身有所长、可以不完全依凭仕宦而谋生的士人，其内心深处的功名情结和焦虑心理还是不能完全消除的，文徵明、祝允明、唐寅、徐渭等吴中狂士不还是屡蹶屡战吗？对于科举功名，他们始终都没有完全放下。或许只有到明末，像陈继儒焚弃儒士衣冠那样的举动才代表了一种新的社会力量和意识，但不久后的明清鼎革，却又将这种尚在萌芽中的力量和意识进行了重新整合和变形。

明代士人过于单一的人生价值实现途径，造成了多数士人自我评价和社会评价的高度体制化、同质化，这既是学优则仕的传统意识的积淀，也是包括文化思想在内的高度集权政体的自觉谋划。在这样的语境下来衡估会元群体的科名身份、地位及其在别集中的反映，就应对其整体的精英性、主流性抱有同情之理解，更应对个体的独特性、变异性保持珍视的眼光。当然，会元科名及与之相关的仕宦经历是我们认识问题的重点和

---

[1] （明）沈德符：《万历野获编》卷16《科场》，中华书局1959年版，第425页。

起点。

第一节 会元之任职与"馆阁写作"

在明代，不拘资格的用人政策只是作为一条原则或是在某一时期（如明初）存在而已，在总体上，官员铨选是依科名高下而定的，不同的科名出身具有相应的选官任职范围，中后期尤其如此。比如，秀才功名只具有一定的司法豁免权和经济优惠权却没有选官的资格；举人和监生一般是作为教职或地方的副职官员选用的；进士则主要出任京官和各地尤其是富庶地区的守令官。在这样的选官制度和惯例下，会元们会踏上怎样的仕途台阶呢？

一 明代会元的任职情形

会元是进士中的佼佼者，虽然他们还需要经过殿试的排名确认而不是仅凭会元的头衔被授职的，但一个显而易见的事实是，会元的殿试名次均靠前。从本书第二章表2—3可见，87位明代会元中有37人位列一甲三名（其中，状元9人），占42.5%，如再加上传胪（二甲第一名和三甲第一名）的13人，则有超过半数（50人，57.5%）的会元在进士功名的排名中获得巍科，如果再算上二甲较高的名次（比如前十），便有近八成的会元在殿试中名列前茅，因此获得选官的有利位置。另一方面，明代选官还有一个不成文的惯例，即向会元倾斜。例如，陆树声、冯梦祯都是恃才简傲的人，不肯趋奉权相严嵩和张居正，在庶吉士散馆授职时二人虽因而略有波折，但终以会元身份而得以留任于翰林院。故于慎行为陆树声所作墓志云"故事，南宫第一人，被选必授馆职"①，朱国桢对此亦感叹道："分宜虽贪，江陵虽愎，绝不令会元既入馆，复为它官，彼视一编修，只是本等官。"② 会元与翰林院编修之间，在明代确有一条绿色通道。

---

① （明）于慎行：《谷城山馆文集》卷22，四库全书存目丛书集部第147册，第632页。
② （明）朱国桢：《涌幢小品》卷10"留馆职"条，中华书局1959年版，第211页。又如，正德戊辰科会元邵锐被选为庶吉士，散馆时因耻与焦芳、刘宇之子为伍，具疏辞免编修职，其兄劝阻他说："以会元而得史职，亦多分耳，何辞为？"焦竑：《玉堂丛语》卷7《恬适》，中华书局1981年版，第235页。

初选官职时的较大优势，必然会影响到其后仕途的发展。笔者根据多种明代传记资料逐一考察了明代会元的仕宦经历（见附录四），从这份履历简况可以得到如下几方面的信息：（1）从任职级别来看，最终仕至一品的会元有8人，仕至二品的有14人，仕至三品的有13人，仕至四品的有10人，以上合计45人，占总数之半，其中有12位会元入阁，他们是：刘定之、商辂、岳正、彭华、王鏊、梁储、张治、袁炜、王锡爵、李廷机、施凤来、周延儒。一般而言，五品以上即属高级官员，在待遇和礼仪上均与五品以下者有别。① 功名越高仕途越显达，这在会元身上表现得较为明显。（2）从任职地域来看，会元担任京职（包括南京）的比例很高。只有15位会元有过地方任职经历，且多为贬谪降调（如岳正、邵锐、邹守益等），时间短暂，并非常态。（3）从任职部门来看，会元出身者以任职于翰林院、詹事府等清要衙门为主。按照明代的选官制度，以鼎甲三人及第的进士直接被授予翰林院修撰、编修等史职②，而非鼎甲出身的会元中也只有朱缙、陈中、叶恩、赵鼎、陈诏、姚夔、陈选、林春、许谷、吴默10人未被选为庶吉士（未考选庶吉士的科次不计），且多数为明前期庶吉士考选制度尚不正规所致。那些被选为庶吉士的会元则几乎全部留任于翰林院（只有杨相、洪英、赵时春三人例外）。所以，从整体来看，大部分会元都有任职于翰林院的经历，有些人还终身不离馆职，如黄子澄、刘定之、商辂、吴宽、王鏊、袁宗道等，他们在政治、学术、文学诸方面都颇有建树，成为相关领域的代表人物。而完全没有翰林院任职经历的会元不仅不多，且名声不显，只有姚夔（政事）、孙鑛（兵事）、林春（理学）、储罐（诗歌）、吴默（八股文）等几人具有影响。

由此可见，从"会元科名"到"翰苑职名"，进而表现为"道德文名"，这种身份与职业、声望之间的关联既符合王朝制度设计的逻辑思路，也是会元现实仕宦经历的概括描述。会元与翰林院之间有着显著的身份关联，会元与馆阁文人之间只有一步之遥。

明代翰林院始设于吴元年（1367），在明初，其建制多有变动，至洪

---

① 如明代翰林官员之间交往时，"以科（第）为序，同年以齿序，官至五品以上则不拘，故云五品不拘"（张位《词林典故》"本衙门交际"条）。又如，五品以上者逝后可立碑，用墓碑文，五品以下者，则只用墓碣文，至于墓志墓表则有官无官者皆可用。

② 一甲三人授予修撰和编修始于洪武二十一年戊辰科，并著为令，此后只有建文二年庚辰科鼎甲三人皆授修撰，其余皆如制。

武十八年确定为正五品衙门,形成了以学士、侍读学士、侍讲学士、侍读、侍讲、修撰、编修、检讨、五经博士、典籍、侍书、待诏、孔目等为层级的官制序列①,成为专司笔札文翰之事的机构。相对于前代而言,明代翰林院在性质、功能和地位方面既有继承,亦有创新。一方面,它剥离了唐宋翰林院储养医学、艺术等各类专门技艺人才的职能,而更为突出文学侍从的性质,正如王鏊云:"今翰林在外,虽非复唐宋之深严,然非文学之臣不预,无复工伎、茶酒、医官、杂流,跬步卿相,视唐宋为重矣。"②另一方面,明代翰林院又整合了唐宋以来翰林学士院、秘书监、史馆、中书舍人等衙署的职任,所谓"兼前代两制、三馆、二史之任"③,其职掌范围较广,主要职能有:(1)草制。黄佐云:"翰林职代王言……国朝两制悉归本院,非鸿儒历显秩者不可掌,而以中书主誊写。"④这就改变了前代由翰林学士和中书舍人分掌内、外制的格局。明代的内制包括制敕、诰命、册表、宝文、谕祭文、露布、祝辞、檄文、经筵讲章、揭帖等,种类十分繁多,外制则为文官诰敕。草制是命题作文,虽然每一种文体都有固定的格式,但仍要求具有很高的政策水平和文字能力。(2)顾问和进讲。翰林属文学侍从之臣,与皇帝关系密切,时常要预备对答,举凡经书义理、政务方针、文史疑难等都在顾问之列,这要求翰林官具有较全面的知识面和总体理解把握国家大政方针的眼光。⑤经筵和日讲是皇帝研习经史的活动,讲官由翰林院正官担任,我们在后面将专门涉及。(3)修书和试士。凡以王朝名义修纂的书籍如实录、史志等,例由阁臣领衔,翰林史官负责具体修撰,其他订辑经传,纂修玉牒、宝训等也是翰林职事。在廷试、会试、两京乡试中,翰林官是主要的主持者和阅卷官。

---

① 明代翰林官制沿革及各官职掌参见《明史》卷 73《职官二》、《殿阁词林记》卷 11、《翰林记》卷 1、《明会典》卷 174 等。

② (明)王鏊:《震泽长语》卷上,影印文渊阁四库全书第 867 册,第 203—204 页。

③ (明)周应宾:《旧京词林志》卷 3 "纪典上",四库全书存目丛书史部第 259 册,第 398 页。

④ (明)黄佐:《翰林记》卷 11《知制诰》,影印文渊阁四库全书第 596 册,第 973 页。

⑤ 《玉堂丛语》卷 1《文学》记景泰帝阅画,见龙有翼而飞者,以之问内阁,内阁不知。史官陈继引《尔雅》对曰"应龙"。同书又记世宗阅给事中张翀奏疏中有"矞宇嵬琐"四字,问内阁,不知。杨慎取《荀子·非十二子》篇以复。《尔雅》《荀子》皆非僻书,这反映了阁臣的狭陋,也说明了词臣以备君主顾问范围的广泛。参见(明)焦竑撰,顾思点校《玉堂丛语》,中华书局 1981 年版,第 28 页。

这两项职务要求翰林官具有较好的文字写作（包括时文写作）水平和文学分析鉴赏能力。从以上主要职掌来看，明代翰林院是集政治、学术、文化、教育等多方面功能为一体的综合性机构，地位十分重要。会元任职于翰苑，虽然品级并不算高，但一则无繁剧冗杂之务，二则升迁前景极佳①，是十足的"清华之选"。以文字为职事决定了他们将作为正统文化的主要代表，由此也塑造了会元笔下文字的基本面貌。

其实，明代翰林院最具特色之处不仅在于其职掌，而在于：（1）内阁的独特性。明代的内阁并不是独立机构，而是与翰林院关系复杂的一种职衔。《明会典》无内阁条目，而是附于翰林院衙门之中，明人有称内阁为翰林院"内署"的，而阁臣也多数由翰林官升任或兼任。随着内阁地位的提高，尤其是英宗正统之后翰林院衙署由禁中移至长安左门外，似乎也可将翰林院视作内阁的"外署"②。笔者倾向于认为内阁是翰林院的特殊部分，因此不能同意于清代昭梿将两者截然分开的看法③。政务性写作始终是翰苑职守的基本方面，也是会元职业写作的基本内容。（2）翰林院官的兼职，最主要的是与辅导、教育太子的詹事府、春坊、司经局互兼职事，以致东宫官与翰林官几乎是同一套班子，这就有利于融洽翰林官与后任皇帝的关系，并对翰林官本人的仕途产生积极影响。基于以上两点，明人多用"馆阁"一词指称包括翰詹内阁在内的王朝禁直机构④。（3）庶吉士的选拔、培养是明代科举制和翰林院官制的独创。内阁会同吏、礼二部在新科进士中择优考选若干人就学于翰林院，所谓"置之清华宥密之地，资之以图书之富，养之以饩廪之厚，责之以迟久之效，而需之以远大之用"⑤。庶吉士教育带有明显的政治导向性和人文素质性，从

---

① 关于翰林官的升迁参见《翰林记》卷5"迁转"和《万历野获编》卷10"翰林升转之速"。

② 王天有：《明代国家机构研究》，北京大学出版社1992年版，第70页。

③ 昭梿在《啸亭续录》卷1中说："明代设翰林院于东长安门外，视之与部院等，坐耗俸赀，毫无一事，惟以为入阁之阶。"（中华书局1980年版，第398页）

④ 如罗玘《馆阁寿诗序》（《圭峰集》卷1）云："今言馆，合翰林、詹事、二春坊、司经局，皆馆也，非必谓史馆也。今言阁，东阁也，凡馆之官，晨必会于斯，故亦曰阁也，非必谓内阁也。然内阁之官亦必由馆阁入，故人亦蒙冒，概目之曰馆阁。"（影印文渊阁四库全书第1259册，第7页）

⑤ （明）徐有贞：《武功集》卷3《送伊吉士序》，影印文渊阁四库全书第1245册，第113页。

《春明梦余录》所载徐阶为庶吉士订立的条约即可见其特点①。庶吉士享有优厚的文化资源、生活待遇和政治出路,其散馆之后,最优者留任翰林院,其次者授予科道之职,再次者进入中央各职能部门,很少有放外任的。可见,王朝设立此一制度的初衷,乃是为了弥补举业之学的知识欠缺,以储养一批能超越于政府实务(如各部行政事务)之上的国家综合性管理人才,庶吉士也因此被人视为"储相"。②这意味着国家对人才需求的方式已由明初的自发式和招聘式(如征召和荐举),进一步转变为储养式,从而更具计划性和可控性,会元因其科名较高,成为庶吉士人选的主要来源之一。

二 馆课与讲章:君、臣与治、道之间

在对会元之任职情形及特点有大略的了解之后,再来检视会元别集,其最为显著的"身份写作"大致有四类文字,一是馆课之作,二是经筵讲章之作,三是制敕之作,四是乡、会试录序。这些都是馆阁官员的职业性、公务性写作,从而与别集中大量的碑传、序记、诗赋等非职业性的私人写作有所区别(此私人性乃是相对于前述职业性而言的,并非指与社会性相对的个人私密性,如爱情等)。制敕主要见于瞿景淳、杨守勤的文集中,在吴宽、王鏊的别集中也略存一些,试录序是担任乡、会试主考或副主考官员的专属文字,是比较重要的科举史料,暂且不论。这里只对馆课和讲章作一考察。

馆课(包括内阁对庶吉士进行考核的"阁试")是庶吉士在翰苑学习的记录,由于一甲三人一般也随该科庶吉士一同学习③,故不论是位居

---

① (清)孙承泽《春明梦余录》卷32《大学士徐阶示新庶吉士条约》云:"诸士宜讲习四书六经,以明义理。专观史传,评骘古今,以识时务。而读《文章正宗》、《唐音》、李杜诗,以法其体制。并听馆师日逐授书稽考,庶所学为有用。其晋唐法帖亦须日临一二副以习字学。……每月馆师出题六道,内文三篇、诗三首,月终呈稿斧正,不许过期。初二日、十六日仍各赴内阁考试一次。"(北京古籍出版社1992年版,第508页)黄佐《翰林记》卷4《公署教习》亦有类似记录。

② 据统计,在明代164位阁臣中,由庶吉士出身者达128人,占78%。参见吴仁安《明清庶吉士制度述论》,《史林》1997年4月。

③ (明)黄佐《翰林记》卷14《考选庶吉士》云:"天顺以前,一甲三人与庶吉士同读书,成化后久废,至弘治丙辰始复旧规,自后皆因之。"(中华书局1985年版,第184页)即便从成化元年算起,至弘治丙辰(九年),其间考选庶吉士只有五科,可算是偶例,故明代鼎甲与庶吉士同时就学属于常例。

鼎甲还是被选为庶吉士，馆课在会元的文字生涯中都有其显著位置。但就现存会元别集来看，其数量并不多，大致有：黄观《黄侍中遗集》7篇，章懋《枫山先生集》1篇，钱福《鹤滩稿》7篇，袁宗道《白苏斋类集》17篇，陶望龄《歇庵集》56篇，顾起元《懒真草堂集》4篇，许獬《许钟斗文集》35篇，杨守勤《宁澹斋全集》39篇。不难发现，馆课在明后期会元的别集中保存较多，其中，袁宗道、陶望龄、杨守勤和许獬四人的馆课已具一定规模，且袁、陶、杨三人之作还是集中编辑成卷的。此外，会元、榜眼王锡爵编有《增订国朝馆课经世宏辞》和《皇明馆课经世宏辞续集》，是历科馆课选集；会元、榜眼施凤来编有《重校订丁未科翰林馆课全编》①，收万历三十五年庶吉士及鼎甲共21人之作。以上三书均含有会元之作，可作参考。这是会元馆课的基本情况。

从写作体制来看，馆课的文体相当多样，如奏疏、表、诰敕、诏、露布、檄、致语、议对、策、论、辨、考、解、说、序、记、传、评、颂、赞、箴、铭、赋、颂及古今体诗等，几乎涵盖了传统所谓古文辞的大部分文体类型，这表明，翰林院中的学习明显是与此前的举业相补充，并与此后的宦业相适应的。从应用类别来看，翰林馆课可略别为三种，即政务类的公文、学术类的论文和言志类的诗文。诏、诰、表、奏等公文是应用性最强、与翰林职任最为密切的文类，虽然士子此前亦略有染指，且科试第二场亦曾予考察，但仍远远不够，故公文训练是庶吉士习文的重要内容。作为典制文字，公文当然要求庄重典雅、正大明白，个性化不是此类文字的特点，狭义的文学性也不是它关注的重点。但我们读袁宗道的《拟辽东剿平东夷赐给总督蓟辽都御史诰文》（《白苏斋类集》卷8），读杨守勤的《拟汉武帝罢田轮台诏》（《宁澹斋全集》文部卷12）确能从谐畅的音调中体会出一种气象，感受到一种庄严的氛围，不失文学作品所应具有的兴发作用。馆课中的奏疏大多现实针对性强，不务空言，如陶望龄的《正纪纲厚风俗疏》（《歇庵集》卷12）总结风俗败坏的四端为"朝廷与臣工不交、大臣与小臣不交、大吏与有司不交、守令与百姓不交"，准确地揭示了万历中后期社会尖锐对立的状况，《议国计疏》（《歇庵集》卷12）则深忧切计于边患和内供，出语耿直，迫急之心可见。一般性地指

---

① 《增订国朝馆课经世宏辞》及续集为万历十八、二十一年周曰校刻本，有四库禁毁书丛刊本。《重校订丁未科翰林馆课全编》为万历三十七年金陵唐振吾刻本，《故宫珍本丛刊》据以影印。

责政务公文为陈词滥调并不合理，馆课中的公文习作对于了解会元之人格及时世并非毫无价值。

论、辨、考、说、解等学术性文章是会元在翰林院研习经史之学的心得，其主导的意识形态与此前的举业一脉相承。对于翰林院编纂经传书史和衡文取士的职能而言，此种学习尤为必要，即明成祖谕首科庶吉士所云"为学必造道德之微，必具体用之全，为文必并驱班、马、韩、欧之间"①。在国家统治意识规约下的学术写作，其目的在于演练台阁思维和形成平正雅洁的文风，使写作者逐渐树立起统治思想代言人的身份意识，相当自然地实现从此前举业的"代圣贤立言"到此后宦业的"代朝廷立言"的转换。学术独立性的缺席令此类文字以冠冕堂皇者居多，如许獬的《王者必世而后仁》《惟事事乃其有备》（《许钟斗文集》卷2）等篇，思理既乏深度，文字亦不新警，千篇只如一篇，读之令人欲睡。但也有一些篇章反映出作者和当世的思想现实，如袁宗道的《真正英雄从战战兢兢来》（《白苏斋类集》卷7）云：

> 夫收敛者，所以为恢弘，而有所不轻为者，乃其无不可为者也。……故夫号真英雄者，扃之至深，辟之至裕；钥之至密，张之至弘。有侗乎若童稚之心，而后有龟蔡之神智；有怯乎畏四邻之心，而后有貔虎之大勇。困衡胸中，口呿弗张，而后出其谋也若泉涌；踯躅数四，曳踵弗前，而后出其断也若霆发。其心俯乎环堵之内也，而后其才轶乎宇宙之外；其心出乎舆台之下也，而后其才驾乎等夷之上。

此等思维取径和运语方式，与一味冠冕堂皇已有所不同，倒是不乏老庄之文的神采意味，而此时的宗道，不也正倾心于道家养生之学吗？② 若再对读陶望龄《宁静致远论》（《歇庵集》卷7）中对动与静的诠解，当有助于我们对公安派早期思想的理解。袁宗道的《士先器识而后文艺》（《白苏斋类集》卷7）、陶望龄的《八大家文集序》（《歇庵集》卷3）都

---

① （明）黄佐：《翰林记》卷4《文渊阁进学》，影印文渊阁四库全书第596册，第890页。
② 袁中道《石浦先生传》谓："先生官翰林，求道愈切。时同年汪仪部可受，同馆王公图、萧公云举、吴公用宾，皆有志于养生之学，得三教林君艮背行庭之旨，先生勤而行焉。"（《珂雪斋集》，上海书店1989年版，第709页）

是馆课之作，同时也是公安派的重要文论。再如，杨守勤的《驳文中子好诈论》（《宁澹斋全集》文部卷12）针对世情之诈伪感叹道：

> 夫世风之靡也，奢胜俭侈胜约也。世情之日趋而日诡也，诈乱真也。始则薄树之标以厚收其誉，终则阳藉其誉以阴济其私。盖诈之害世，有甚于真奢真侈者矣。①

准确地概括了晚明奢靡之世风和假道学充斥的现象，我们不能因其为馆阁之笔，便无视其真实的价值。

至于会元馆课中的言志类诗文之作，大体不出应制、酬答、咏物、咏史、题画等范围，好的不多，即便是陶望龄这样后来较有诗名的作者，也是如此（陶望龄之诗后来的转变和进益与三袁的影响有关，此是后话，暂且不论）。稍可一读的有《帝京篇》《盆菊吟》《塞下曲》等（俱见《歇庵集》卷1），《塞下曲》其二云："寒沙月黑生残烧，陇水秋高足断云。谁上孤台夜吹笛，傍河胡帐几千群。"苍劲可诵，只是模仿王昌龄的痕迹过于明显，缺少自己的面目。诗歌最需性情，对于半生在举业中浮沉的士子而言，诗歌较文章离他们更远，会元亦不例外。馆课之诗强半为命题吟咏，是在预设的情境中抒发一种被规约的情志，颂圣歌德是其基调，勉强成篇为其常态，难入今人之眼也并不奇怪。

总体来看，会元馆课之作体现了庶吉士教育鲜明的文教特点，这既有利于培养人文素养较高的通识性人才，也因忽略实务的能力培养而使明代辅臣中的干才并不多见。会元馆课之作"文辞主典实不主浮华，体格贵雅驯不贵矫杰，议论贵切事情不必以己意为穿凿，歌咏意在寓规讽，不得以溢美为卑谀"②。这种训练所造成的模式化写作格套和风格，对馆阁文士的人品与文品都具有一定的形塑作用，从而对其别集中的其他文字也会产生微妙复杂的影响。

再说讲章。

与馆课首见于明代翰林院不同，讲章则前代已有。讲章是讲授经史时所用的文字依凭，也称讲义。作为一种文体，讲章大概兴起于北宋中期，

---

① （明）杨守勤：《宁澹斋全集》，四库禁毁书丛刊集部第65册，第510页。
② （明）杨守勤：《宁澹斋全集》文部卷2《馆阁录章叙》，四库禁毁书丛刊集部第65册，第258页。

与皇帝对儒学的讲习有直接关联，《词林典故》云："按讲义，自宋时已有之，宋范纯仁、刘安世等文集中，尚有经义数篇，盖即当时经筵所撰进者。但其体与明时不同，明日讲所进谓之直解。"① 在文体类别上，讲章属于下对上的文书之一，《渊鉴类函》云："凡下所上……四曰讲章"②，故可将之归入奏议一类。《四库全书》别集类中所收宋代讲章，除《词林典故》提到的范、刘二人外，还有南宋徐经孙《矩山存稿》和徐鹿卿《清正存稿》中的数篇，但这些讲章尚无定体，与奏疏差别不大，只是内容固定为疏解经句而已。元代诸帝对儒学兴趣不大，其时经筵既废，讲章亦随之绝迹。

明代科举之学兴盛，科举教育促使各类讲章大有市场并从而分化。一部分是随着科举教育的发达而出现的所谓坊刻的"高头讲章"，其接受对象为一般士子，所讲内容紧密围绕考试范围而定。此类讲章重在应试，期在捷售，功利性强，良莠不齐，其风气甚至波及学术著述。《四库提要》对一些经部著述的评论往往以之为戒，如《易传阐庸》提要云："皆循文衍义，冗沓颇甚，不出坊刻讲章之习。"③《易经疑问》提要云："率敷衍旧说，间出己意，亦了不异人。盖其学从坊刻讲章而入，门径一左，遂终身劳苦而无功耳。"④ 清代学者江永对此批评道："自讲章时文之学盛而注疏之学微，游谈无根，其弊也久。"⑤

另一部分则是传统的御用讲章，由翰林儒臣撰进，接受者为皇帝或太子及诸皇子。明代的御前讲书有经筵和日讲之别，前者更为正式，讲章为经筵所用，日讲则无。明太祖于登基前已有命儒士进讲经史之举，洪武三年，朱元璋在东阁听宋濂、王祎进讲《大学》传之十章，是为明代经筵之始，但在明英宗之前，进讲时间和内容皆不固定。经筵讲章须于进讲之前送呈御览，而内阁在其中握有裁定之权："讲官将进呈讲章，先期送内

---

① （清）鄂尔泰、张廷玉：《词林典故》卷3，影印文渊阁四库全书第599册，第476页。
② （清）张英、王士祯等纂：《御定渊鉴类函》卷69，影印文渊阁四库全书第983册，第768页。
③ （清）永瑢等：《四库全书总目提要》卷7《易传阐庸》提要，中华书局1965年版，第58页。
④ （清）永瑢等：《四库全书总目提要》卷8《易经疑问》提要，中华书局1965年版，第59页。
⑤ （清）江永：《乡党图考·例言》，学苑出版社1993年影印致和堂刊本，第8页。

阁看定封进，遂为例，然流弊多繁词颂美，渐失初意。"① 如顾清所进讲章即被阁臣删改，后收入《东江家藏集》时顾氏仍存其原文并加按语云："讲前一日送稿阁下，及当讲，则自'不敬'以下四十余字并已删去，一时讲过而木天留稿，遗笑将来。避忌至此，可为世道叹矣。"② 有勇气坚持个人学术见解的讲官对内阁之删改多有不满，陆深上书云："使讲章尽出内阁之意而讲官不过口宣之，此于义理深有未安，而交孚相感之道远矣。"③ 可见，经筵讲章一方面要讲说经义，关切世道，有裨于治理，对君主有所启沃劝谕；另一方面又不能无所避忌且需适当颂美，这是由于讲章接受对象而决定的文体属性。

御前进讲需要具备较为显赫的政治、文化身份，普通文人无此殊遇，明人别集中存有讲章的不过十数人而已。会元中有多人曾担任过经筵讲官，如吴宽"每东朝进讲，闲雅详明，意存讽谏，至理乱邪正之际，未尝不反覆为上诵之"（王鏊撰吴宽《神道碑》），可惜《匏翁家藏集》中未存其讲章。今会元别集中只存有刘定之、商辂、彭华三人的讲章，共42篇。

从内容上看，讲说《周易》22篇（均为刘定之进讲），讲说《尚书》15篇，讲说《论语》3篇，讲说《大学》2篇。刘定之习《易》，有家学渊源，其父刘髦专研《周易》，学者称石潭先生，定之亦以《易》学名家，其讲《易》之章独多，属于特例，而商辂、彭华皆讲说《尚书》。实际上，明代经筵以进讲《尚书》和《大学》居多④，《尚书》记载上古三代帝王之言行，与经筵的现实情境最为接近，《大学》在理学理论体系中居于核心地位，故此二书最受重视。

从体制来看，会元别集中的讲章反映了明代讲章文体的定型化、规范化，一般由四部分组成。第一，先以"这是……的意思"领起，介绍所讲述内容的出处、大义。第二，逐句解说原文字词、含义，不时穿插己见。第三，以"臣（以为如何如何）"荡开笔墨，联系现实，适当发挥，以期对君主予以鉴戒，但所论多为修身为治之大要，不宜过于具体。第

---

① （明）黄佐：《翰林记》卷9《讲章》，影印文渊阁四库全书第596册，第960页。
② （明）顾清：《东江家藏集》卷32，影印文渊阁四库全书第1261册，第735页。
③ （明）陆深：《俨山集》卷27，影印文渊阁四库全书第1268册，第168页。
④ （明）黄佐《翰林记》卷9《讲读合用书籍》云："儒臣进讲《四书》，以《大学》为先，《五经》以《尚书》为先。"（中华书局1985年版，第122页）

四,以"伏惟皇上(如何如何)"领起颂圣及勉励之语作为结束。上述42篇会元讲章之结构均是如此,无一例外。如果说开首的大义总述是起,其次的章句分疏是承,再次的发挥是转,最末的收束是合,那么讲章在结构上的程式化是非常明显的,这不能不说与科举时文具有一定的关联。讲章在语汇上亦形成了略为口语化的惯例,如"这是""伏惟"等,徐师曾总结讲章云:"首列训诂,次陈大义,而以规讽终焉。欲其易晓,故篇首多用俗语"①,俗语既是讲授通俗化的体现,也复现了经筵的现场感。

在风格方面,会元讲章以中规中矩、明白简要地讲说理学大义为旨归,以便于皇帝通晓、接受。醇正的内容和通俗的语句相配合,形成了雅正明白的风格,这与学术性、理论性的解经文章大为不同。刘定之《呆斋存稿》卷4对《周易》"象曰:明出地上,晋,君子以自昭明德"的讲说可为例证,其中段云:

> 盖天之生人本有一段光明之德,虚灵不昧,足以具众理、应万事,颇奈人为气质所拘,物语所弊,因此不明者有之。君子却自家去昭明那己之明德,使他依旧光明。然如何是昭明他?必须格物致知以知其理,诚意正心以体其理,然后己德之明无毫发之间不光辉,无纤芥之事不晓了也。②

此段以明白的言语对《周易》作了理学化的诠释。有时,讲章用语甚至通俗到口语化的程度,如彭华讲说《商书·说命》中"恭默思道"一段云:

> 这个心思未尝敢有顷刻忘了,乃于睡梦中间忽然见得上帝赐与我一个贤良好人,著他辅佐我,替我说话。高宗说了这个梦,乃详审梦中所见之人,画他形像,使人遍求于天下。果然有一个人唤作傅说,在傅岩居住,与梦中所见全然相似。③

讲词带有叙事性,口语化程度高,由此可以想见当时御前讲说的生动

---

① (明)徐师曾:《文体明辨序说》,人民文学出版社1962年版,第140页。
② (明)刘定之:《呆斋存稿》,四库全书存目丛书集部第34册,第155页。
③ (明)彭华:《彭文思公文集》卷1,四库全书存目丛书集部第36册,第667—668页。

情境。讲章必须顾及听讲对象的特殊性，对接受效果的考虑直接影响了其风格。不过，经筵的实际效用如何，最终还是要视皇帝的态度而定，明帝中只有开国的太祖、太宗及后来的宣宗、孝宗较为重视经筵，对其余诸帝而言，经筵的象征意义大于其实际效果。[①]

御前进讲是在特定的场合中将君臣关系转换为师生关系，以特定的讲说内容将"治统为大"转换为"道统为尊"，用特殊的言语风格对帝王进行儒学教育，这与学术性的经部著述不同，也与功利性的坊刻讲章不同。反观前文已引四库馆臣和江永的批评，则均是秉持纯粹学术的立场对之予以否定，这反映了清儒重学问的时代特点，但其实并未贴近经筵讲章的文体本质。会元讲章在学理上固然甚少发明，在结构和语言上虽然固守格套，但其价值却在于，它标识了进讲者的身份和荣耀，是体现国家权力拥有者和道统承续者相互尊重的一种方式，这正是我们关注讲章的用意所在。会元的功名层次、仕宦特点决定了他们较一般官僚有更多撰述讲章的机会，而现存于会元别集中的这些篇目，当然只是其中的一小部分。

李东阳曾归纳侍从文臣的作品类别说："有纪载之文，有讲读之文，有敷奏之文，有著述赋咏之文。纪载尚严，讲读尚切，敷奏尚直，著述赋咏尚富。惟所尚而各适其用，然后可以为文。然前数者皆用于朝廷台阁部署馆局之间，裨政益令以及于天下。惟所谓著述赋咏者，则通乎显隐。"[②] "前数者"无疑是职业性的，以上对馆课和讲章的分析试图说明的是，会元别集中的这类文字均打上了较强的职业印痕，属于典型的"馆阁写作"。著述赋咏之文能够通乎显隐则恰是私人性的说明，李东阳以"富"概之，是富丽？抑或是丰富？恐怕还是因时因人而异，这是需要进一步探讨的问题。

第二节　主导文风的馆阁之臣

考察职业性的"馆阁写作"，为观照会元别集中其他文字确立了一种

[①] 关于明代诸帝对经筵的态度可参见焦竑《玉堂丛语》卷3《讲读》、黄佐《翰林记》卷9。

[②] （清）黄宗羲：《明文海》卷235《倪文毅公集序》，影印文渊阁四库全书第1455册，第596页。

身份性的参照，从而使馆阁文学的升降成为讨论会元别集的合适视角。对明代馆阁（或称台阁）文学的估量，既不能只停留在对明初永乐至正统一段时期的认识，也不能因为馆阁的机构建制和文事职能与整个明代历史相终始，便将之作为一条延续甚长的线索来处理（实际上，关于翰林文章不堪一用的现象已见诸明人记载①）。若从朝廷政务性写作而言，"文归馆阁"当然一直未有大变，但若从引领文风走向的角度看，则这一判断大致只适用于弘治之前。弘治以后，郎署文人和非体制化文人相继主导文坛，馆阁文人被边缘化的程度越来越高，即所谓文柄下移。

馆阁文学在明初百余年主流地位的形成，既与政治经济、思想文化、社会生活的大势相关，也与科考方式、仕宦特点有关。一方面是科目不用古文而专试制义，使学子唯此一途是骛，在中式之前对古诗文的写作甚为隔阂，在观念上也将之视作"余事""杂学"（我们甚至可将进士及第或中举的年月大致作为某人开始从事诗古文创作的时间点）；另一方面则是士人入仕后所处岗位的不同有以致之。只有身居翰詹台垣，职司清简，方有精力从事于文翰，翰苑之职司范围又从正面加强了这一效果，从而形成"四方之人以京师为士林，而又以馆阁为词林"② 的局面。至于部曹及地方守令，因具体行政事务冗杂，便无此优越条件，吴宽形容部曹工作情形说："士大夫以政事为职者，率早作入朝，奏对毕，或特有事则聚议于庭，退即诸署率其属以治公务，胥吏左右持章疏，抱簿书，以次进，虽寒暑风雨不爽。当其纷冗，往往不知佳晨令节之已过也。盖勤于政事如此，又何暇于文词之习哉。"③ 刑部在诸部中算是事务较为清简的了，可王守仁在任职刑部时仍然"日事案牍，夜归必燃灯读五经及先秦、两汉书，

---

① （明）沈德符《万历野获编》卷24《京师名实相违》云："京师向有谚语云：'翰林院文章，武库司刀枪，光禄寺茶汤，太医院药方。'盖讥名实之不称也。"文事不竟也影响到时人对翰林政治前途的估价，同书卷10《吉士散馆》云："近来台省雄剧，复出词林上。每遇散馆，诸吉士多颙望留……此辈就中又以乌府为第一，闻其赛愿时，入台则用羊豕，入垣则用鸡鹅，若留作编检，仅用渎醪豆腐而已。今年值甲辰诸君散馆，有闲窥于吏部门者，见诸隶互相询答，一人问'汝主拜何官？'振声应曰'御史'；又问一人，徐对以'给事'；最后问一人，垂首半日不应，苦诘之，第长吁'照旧'二字而已。"（中华书局1959年版，第610、269页）

② （明）吴宽：《匏翁家藏集》卷40《中园四兴诗集序》，影印文渊阁四库全书1255册，第358页。

③ （明）吴宽：《匏翁家藏集》卷42《公余韵语序》，影印文渊阁四库全书1255册，第378页。

为文字益工。龙山公恐过劳成疾，禁家人不许置灯书室。俟龙山公寝，复燃，必至夜分，因得呕血疾"①。至于地方守令，其行政事务更是繁杂，我们熟知的如袁宏道，在吴县县令任上，曾多次不堪其苦地抱怨职司繁剧影响了山水文酒之趣。所以，文归馆阁实际上也是举业和宦业共同作用下的体制化的结果，会元别集便当作如是观，尤其是弘治以前更是如此。

一 学养、性情与政事的不同倾斜

明中期以前的馆阁文学在明代文学发展中居于主流的地位，对此，明人有自觉的共识，如黄佐《翰林记》卷19有"文体三变"之说，陆深《北潭稿序》则有更为周详的梳理：

> 惟我皇朝一代之文，自太师杨文贞公士奇实始成家，一洗前人风沙浮靡之习，而以明润简洁为体，以通达政务为尚，以纪事辅经为贤。时若王文端公行俭、梁洗马用行辈式相羽翼，至刘文安公主静崛兴，又济之以该洽，然莫盛于成化、弘治之间。盖自英宗复辟，励精治功，一代之典章纪纲，粲然修举，一二儒硕若李文达公原德、岳文肃公季方，复以经纶辅之，故天下大治，四裔向化，年谷屡登，一时士大夫得以优游毕力于艺文之场。若李文正公宾之、吴文定公原博、王文恪公济之并在翰林，把握文柄，淳厖敦厚之气尽还，而纤丽奇怪之作无有也。②

其中提到的会元出身的馆阁文学代表，便有刘定之、岳正、吴宽、王鏊四人，其他如商辂、彭华、陆钎、梁储、钱福等人也均有时名，对他们文字之业的考察有助于我们把握明中期以前文坛主流的风貌。

明初会元别集保存极少，黄观的《黄侍中遗集》为后人搜辑残佚之作而成，作品较少，吴溥的《古崖先生诗集》着意追求高古简淡，反映了明初直质朴拙的文学风格，与馆阁文风关系。可以作为代表的是正统元年丙辰科会元、探花刘定之的《呆斋稿》。定之字主静，号呆斋，江西永新人，年二十八中进士，历官翰林编修、侍讲等职，成化二年以工部侍郎

---

① （明）王守仁：《王文成全书》卷37附录黄绾撰《阳明先生行状》，影印文渊阁四库全书第1266册，第162页。

② （明）陆深：《俨山集》卷40，影印文渊阁四库全书第1268册，第246—247页。

兼翰林学士入阁，成化五年卒官，赠礼部尚书，谥文安。刘定之于政事上建树有限，最为人称道的是三次上疏建言，一为正统四年京城大水，定之应诏上陈十事，直指时弊；二为景帝即位之初，上言十事，纵论时局；三为景泰中疏言遣使与北虏交通之事。在英宗诸臣中，刘定之以才学敏博著称，《明史》本传谓其"尝一日草九制，笔不停书。有质宋人名字者，就列其世次，若谱系然"①。这既有翰苑学术训练和工作性质的原因，也与家学熏陶有关。其父刘髦精研《周易》，学行笃实，自小教育定之不轻为虚浮之文，当由博返约，故定之"自六经子史至小说杂技释老之书，无所不窥，终身犹成诵，非他人仿佛记忆者比"②，其著述赅博的学术性在明初馆阁诸臣中是较为突出的，《呆斋稿》因此显得博杂。《前稿》所收《十科策略》为其早年应举揣摩之作，广涉经史之学及国家事务各方面，文风雄健而切实，"能言人所不言，隐然有苏氏父子笔力"③，以至家传人诵，故定之于及第前已享有文名，由此亦可知当时举业之文尚具活力。《呆斋存稿》更为驳杂，其中《代祀录》为天顺元年刘定之代英宗至嵩山进香时所作日记体游记，于述行之余间附考证，但却笔致清通，可读性强。刘定之的学术研究有两个重点，一是《周易》研究，一是宋史研究，在当时都具有一定影响，故吴宽在为他所作《挽章》中称道"羲经千古学，《宋论》一生心"④。其宋史研究的主要建树即《宋论》一书，《呆斋存稿》中存《宋论》三卷，按两宋帝系人各一篇，实为人物史论。如对宋徽宗崇尚老氏，反复极言其危亡之祸，以古鉴今之意甚明。其他史论短篇如《苏子瞻》一文：

> 宋仁、英以前用差役而民不扰，王安石用雇役，民始扰矣。司马君实废雇用差，虽苏子瞻亦喋喋不已，岂稍欲中立于荆、温两间，冀免后患邪？观其为哲宗言臣，私忧神宗励精之政渐致隳坏，理财疏而

---

① （清）张廷玉等：《明史》卷176，中华书局1974年版，第4696页。

② （明）刘宣撰刘定之《行状》，徐咸编《皇明名臣言行录》前集卷10。故宫博物院编：《故宫珍本丛刊》，海南出版社2001年版第60册，第158—159页。

③ （明）彭时撰刘定之《神道碑》，见焦竑《国朝献征录》卷13。周骏富编：《明代传记丛刊》，台北明文书局1991年版第109册，第449页。

④ （明）吴宽：《匏翁家藏集》卷15《刘文安挽章》，影印文渊阁四库全书第1255册，第112页。

边备弛，故撰策问欲以感动圣意，子瞻之情殆可见也。然其后惠、儋之贬，罪子瞻全佐助温而不贷其略护向荆，则昔者之言徒为向背，亦可益哉？子瞻作君实神道碑，深美其诚，盖自觉诚之未如君实者也。①

定之人物史论善于由迹原心，作平情之论，不为激矫之言，文识兼茂，语简情洽，可算其文集中的代表之作。赅博之外，作为馆阁文家，刘定之仍不脱春容平易、典雅温厚的主流文风，《退思八咏诗序》（《续稿》卷1）、《晦庵先生诗集序》（《续稿》卷4）都可为代表。诗歌更非刘定之所长，他虽曾有据案立赋百首应制七绝的敏异，但"榛楛勿翦，亦由于此"②，应制之作的速成与速朽几乎是同一件事。今观刘定之别集中之诗作，大都平平，曾为刘定之任教习时的庶吉士门生李东阳，在为其师之集作序时亦言："譬之山焉，必出云雨、产宝玉、生材木禽兽，而朽株粪壤亦杂乎其间，斯足以为岳为镇；譬之水焉，吞吐日月，藏蓄鱼龙，变现蛟蜃，而污泥浊潦来而不辞，受之而无所不容，斯足以为河为江为海。"③翰苑文家短于诗情的痼病，在刘定之《呆斋稿》中是比较明显的。

如果说正统首科会元刘定之是以学养渗入馆阁主流文风的代表的话，正统末科会元岳正则在文中较多流露了自我性情和遭际，从而使其别集《类博稿》更具个性化的色彩。岳正仍然相当重视文的载道职能，认为："六经，古文也。古文不明，六经乌乎明哉？"（《类博稿》卷4《送杨孟平序》）④ "文，士之末也，不深于道者，不足以知之。……道不深而强自诬曰：我知文，何异乎审音以聩，鉴色以盲"（卷5《浙水较文诗序》）⑤，这与三杨以来的主流文道观并无二致。但另一方面，岳正在其写作中又表现出与时流不尽相同的倾向，他曾在《答归德徐晟书》（《类博稿》卷7）中自述说："窃比古之作者，私谓得其门户，未敢自信也。于是尝出之以验于人人，然而有非之者，有笑之者，有顾左右而若不闻之

---

① （明）刘定之：《呆斋续稿》卷2，四库全书存目丛书集部34册，第195页。
② （清）永瑢等：《四库全书总目提要》卷175《呆斋集》提要，中华书局1965年版，第1557页。
③ （明）刘定之：《呆斋稿》卷首，四库全书存目丛书集部34册，第223页。
④ （明）岳正：《类博稿》，影印文渊阁四库全书第1246册，第384页。
⑤ 同上书，第396页。

者。间有曰：'小生新进而能，然亦可也。'而仅许之者，未有许之如古作者"①，表现出立异于流俗的自信与自觉。对于诗，他也表达了不屑于捆缚于外在形制的意见，说："作诗既要平仄，又要对偶，安得许多工夫？"② 不以空泛的载道来规范诗古文的写作，而是将性情、遭际坦然地表现于笔下，是岳正诗古文的主要特点，也使他的职业性写作与非职业性写作之间有了合理的差异。岳正作于及第前后的《肋庵记》就坦直地表述了自己的个性：

> 肋生既三黜于礼部，始大知惧己之未至，乃谋所以增益之者，作为小庵，聚经史图籍于中，因以所自号肋者名之。……以吾自视，虽无过于古人，亦无甚愧于今人也。奈何柔者谓吾强，和者谓吾戾，愿者谓吾狂，通者谓吾执，庸者谓吾深，巧者谓吾拙，知者谓吾憨，同者谓吾别。一言或唱，和者盈百，是以动辄致挫，言斯召慝，其为窘且辱也，亦甚矣。乃不知饮恨发愤，屏旧图新，以否易泰，用讪求信。方且据庵危坐，玩图味书，口是心然，略不嗟容，岂神灵鬼怪左执阴迷，颠倒揉乱，役役于斯？不然何好何乐而甘为之不辞欤？抑尝思之，吾之窘辱也，实肋之无得；吾之好乐也，实肋之可惜。故既以自喻，而又以辱吾之室。③

岳正于正统三年中举，此后三次应礼部会试皆落第，直至正统十三年才进士及第。此文以"肋生"自称，于挫辱不以为意，反而放笔自嘲，并自信"无甚愧于今人"，并不打算改换"强、戾、狂、执、深、拙、憨、别"的个性，反倒"口是心然"，执之不悔。岳正是顺天漷县（今北京市通州区）人，曾祖、祖、父三代皆为武职出身，地域和家世对其性情影响甚大，叶盛说他"言论洒洒，动循矩度，居家孝弟，交朋友有始终之谊。平生性刚而志高，抱负经济，不轻屈下人，有古豪杰之风"④。

---

① （明）岳正：《类博稿》，影印文渊阁四库全书第 1246 册，第 421 页。
② （明）李东阳：《麓堂诗话》，丁福保辑《历代诗话续编》本，中华书局 1983 年版，第 1385 页。
③ （明）岳正：《类博稿》卷 7，影印文渊阁四库全书第 1246 册，第 412—413 页。
④ （明）岳正：《类博稿》附录叶盛撰《墓志铭》，影印文渊阁四库全书第 1246 册，第 456 页。

以这样的个性发为诗文，便自然"高简峻拔""雅健脱俗"，与一般的馆阁之体有异了。其古诗《短短床》（二首）云：

> 短短床，太局促。徒能坦郎腹，未得展郎足。纵郎有意为合欢，床短安能荐郎宿。
> 太局促，短短床。流苏若不长，兰麝无馨香。郎欲招妾妾不来，可怜春色空辉光。①

两诗完全是北朝民歌质直坦率的情调，虽不避声色却不是那种淫靡的香艳，而是自然舒展的情欲，我们不妨称之为"豪艳"。再如《公子行》：

> 刻丝袴褶雕碎琼，勒金叱拨行地龙。青春挟弹东城东，翻身一发堕两鸿。巘痕乱点障泥红，哑哑血口喷腥风。六街一顾千人空，意气谁论贯月虹。道傍半语隐喉中，似闻慎莫犯乃翁。②

诗歌粗线条地勾勒出西北侠少的形象，用语劲峭而奥涩，虽不免粗糙，却颇为切合古体之作的古意与古韵。

岳正为人刚正而坦直，不善于将顺韬晦，叶盛说他"人有不可意事，虽权贵人，当言即言之，无宿藏而不知察。以故爱君者虽多，卒不能胜夫嫉君者之众也"（《墓志铭》）。以这样的性情本不适合身居宥密之地，偏生其忠荩之心又恰好符合君主的要求，为英宗所看重。于是，在英、代两朝翻覆变换的政局中，岳正的陡起骤落遂成为书生从政的典型悲剧。英宗复辟之后，曹吉祥、石亨等人挟功骄恣，排挤正人，英宗颇有难制之忧，故拔擢时任翰林修撰的岳正入阁，欲对曹、石有所牵制。但岳正负气敢言，急心报主，岂是曹、石对手，不出一月即遭贬窜，还差点性命不保。曹、石败后，英宗本欲大用岳正，但又为李贤所嫉，终蹶而不振。这些宦途遭际在《类博稿》卷2中有较真切的反映，如《天顺元年七月十一日左迁钦州同知，十四日出城，亲交无敢送者，钦天监漏刻博士马敬瞻遗诗一首，宿张家湾舟中用韵》《十七日诣潊南，辞先墓有感》《八月五日狱

---

① （明）岳正：《类博稿》卷1，影印文渊阁四库全书第1246册，第358页。
② 同上书，第358页。

中作》等诗作，情怀苍茫、意绪坦荡，人诗合一，颇具有力度。

由岳正的仕履和个性来看，他的确与三杨、胡俨、金幼孜、曾棨等久居台阁的重臣不同，后者可谓是政治家型的文人，可以归属于这一类的会元还有早岳正一科的商辂。商辂是明代唯一的高中三元者，曾于景泰和成化年间两度入阁，为人宽厚谨重，在议定慈懿太后祔葬及抑止汪直专权等事上，较见节概。比之岳正，商辂的《商文毅公集》更典型地体现了清要之臣的春容平正，同时也流露出馆阁诗文在三杨高峰过后的啴缓庸弱之病。《四库提要》对商、岳二人别集的评价也有见于此，对商集，《提要》只寥寥一语云"多馆阁应酬之作，不出当时啴缓之体"①，而对岳集则评述较多，如谓"其文章亦天真烂漫，落落自将。……正统成化以后，台阁之体渐成啴缓之音，惟正文风格峭劲，如其为人。东阳受学于正，又娶正女，其《怀麓堂集》亦称一代词宗，然雍容有余，气骨终不逮正也，所谓言者心之声欤！"②李东阳的文章是否不如岳正，尚可商榷，但四库馆臣对商、岳二人文集的褒贬是公允而分明的。商辂文集中的确较少佳作，像《草庭诗序》《两溪先生诗集序》（俱《商文毅公集》卷4）、《八城社学诗序》（《商文毅公集》卷5）等都只是空泛地强调理学根基，重复言志载道的旧话。稍可一读的如《凝翠楼诗序》（卷5）云："主人与客日饮于此，时值溪雨初霁，岚风袭人，清气可掬，足以舒畅情怀，超然出乎埃氛之外者。而禽鸟上下，云霞出没，同一光景中，诚佳致也"③，能以简淡之笔写景达情，较具韵致。但较之岳正《江山秋霁图记》《湖山吟趣记》等篇中的景物描写，却有眼界和心界的广狭之别。诗歌方面，商辂所作不多且又常落俗套，在诗中，他频频称美科第盛名，诸如"甲第才名重""及第登朝事圣明""甲第青春早著名""登瀛自昔称嘉会""登科况自少年时"等语句往往冲口而出，反复感颂，读之令人生厌。是故，金学曾在为商辂文集作序时只能在最后回护道："论文毅之不朽在社稷，不在文章，是知文毅哉！"

可以作为对读的，还有景泰五年甲戌科会元彭华的《彭文思公文

---

① （清）永瑢等：《四库全书总目提要》卷175《商文毅公集》提要，中华书局1965年版，第1557页。

② （清）永瑢等：《四库全书总目提要》卷170《类博稿》提要，中华书局1965年版，第1487页。

③ （明）商辂：《商文毅公集》，四库全书存目丛书集部第35册，第61页。

集》。身为名臣彭时的族弟，彭华同样官运显达，久居馆阁，自翰林编修而侍读而学士，并于成化末年入阁。但与乃兄不同的是，彭华为人峭厉险谲，用数机深，与万安、李孜省交结，倾排异己不遗余力。不过，这些在其文集中丝毫未见痕迹，集中应制酬答之作温厚和易，序记碑传之作理正辞明，显出一副衮衮大臣的体度。在其自述心志的《玉堂白发人记》中，彭华高自位置道：

> 国家承平百余年，富贵之家，犬马饱菽粟，妓妾余锦绮，梁栋被文绣，侈然自肆以为乐。而我茕茕愚昧，乃独以世为忧，几如所谓杞国之人者。且职在言语文字间，虚縻廪禄，未尝有一毫之及民，几如所谓太仓之鼠者，以此战兢，朝夕不宁。此白发之所以与日俱多也。①

文中的忧煎恳迫之心，若与国史所载彭华诸事迹对看，几乎难以相信出于同一人之手，文如其人，有时亦不尽然。这里既有彭华个人的有意遮饰，还有另一个原因，即长期的馆阁生涯使其不自觉地形成了固有的致思路径和文风套路，即使在"非身份写作"中也习惯性地保持了类似的语调，或者说"官腔"。只有在更为感性的私人文字中，才可能稍有变异，如《祭淮儿文》和《祭亡室封淑人李氏文》（俱《彭文思公文集》卷6）两篇祭文，只叙细事常情，委婉真切，其力度反大于馆阁之笔，两文居于文集最末，称为彭华集中的压卷之作也未尝不可。

二 馆阁与山林的平衡

一种与政治紧密相关的文风，必与政治的变动同趋。土木之变、夺门之变令正统之后的时势已非仁宣之盛，三杨等人的和平典雅之风日渐与时不称，馆阁主流文风发生了演变和调整。商辂、彭华等志不在文，固守旧辄而已；刘定之的博洽、岳正的峻拔只能算是变体，影响有限（尤其是岳正）。而随着弘治年间朝政的改善，李东阳、程敏政、吴宽、王鏊、谢铎等馆阁之臣对文风的改造和提升，使馆阁文学形成了三杨之后的又一高潮，会元并状元吴宽是其中值得注意的人物。

---

① （明）彭华：《彭文思公文集》卷3，四库全书存目丛书集部第36册，第695页。

吴宽，字原博，苏州人，成化八年以状元及第，此后一直在馆阁任职达三十二年之久，虽曾入直东阁，但未预机务而是专掌诰诏，是典型的馆阁巨笔。在成化、弘治之际，吴宽与李东阳、王鏊等同是主流文风的代表者，对吴氏诗文的基本评价也恰好来自于他的这两位同道。李东阳云"其为诗，深厚浓郁，脱去凡近，而古意独存。其为文，典而不俗，郁而不泛，约诸理义，以成一家之言"①；王鏊云"公为文，不事追琢，独严体裁，蕴藉简淡，理致悠长。为诗，用事浑然天成，不见痕迹，沉着高壮，一洗近世尖新之习"②，其文风与三杨的温厚春容、典则平正既相承接又有区别。之所以如此，有吴宽个人在古文学习上的努力。他在及第之前便厌薄举业时文，甚至"不复与年少者争进取于场屋间"，而是广涉历代文章，究心于其"立言之意，修词之法"（《旧文稿序》）③，打下了扎实的文字基础。及第后，吴宽又自觉扬弃了吴中文风轻佻、市井的一面④，积极向馆阁之风靠拢。

　　我们所关注的，是吴宽在文学思想上的资源。与吴宽同乡又同仕于馆阁的知交王鏊（两人及第仅相距一科），在为其所撰神道碑及文集序言中，多次提及吴宽"素有古学""公好古，力学至老不倦""颇好苏学"，此论一出，其后的《列朝诗集》《四库总目》等皆沿其说。着意于古学，势必与现行的"今学""俗学"——体制化的理学——存在差异，而"苏（蜀）学"偏于自然和艺术化的文章风格在北宋学术中又恰与张载、二程有所不同。虽然吴宽并未在学术上有何建树，但其别集中的一些意见亦可见其趋向，其对科举的态度，即是一例。如果说在《送周仲瞻应举诗序》（《匏翁家藏集》卷39）和《旧文稿序》（《匏翁家藏集》卷41）中，吴宽还只是表达了对时文"拘之以格律，限之以对偶，率腐烂浅陋可厌之言"⑤的形式化文风的反感，从而与丘濬要求"正文体"的呼声并无二致

---

　　① （明）吴宽：《匏翁家藏集》卷首李东阳序，影印文渊阁四库全书第1255册，第3页。

　　② （明）王鏊：《震泽集》卷22《资善大夫礼部尚书兼翰林院学士赠太子太保谥文定吴公神道碑》，影印文渊阁四库全书第1256册，第354页。

　　③ （明）吴宽：《匏翁家藏集》卷41，影印文渊阁四库全书第1255册，第365页。

　　④ （明）李东阳《麓堂诗话》云："原博之诗，浓郁深厚，自成一家，与亨父、鼎仪皆脱去吴中习尚，天下重之。"（第1393页）。此即朱承爵《存馀堂诗话》所谓浑厚沉着，"无漫然嘲风弄月之语"。参见何文焕辑《历代诗话》，中华书局2004年版，第790页。

　　⑤ （明）吴宽：《匏翁家藏集》卷39《送周仲瞻应举诗序》，影印文渊阁四库全书第1255册，第342页。

的话，那么在《耻庵记》、《汤阴县儒学修建记》（俱《匏翁家藏集》卷31）、《绿野书院记》（《匏翁家藏集》卷38）、《壬戌会试录序》（《匏翁家藏集》卷43）等文中，吴宽已经开始反思举业之学与圣贤之学的背离关系了。如云"夫自科举之学兴而词章之学废，自词章之学盛而后圣贤之学微，其弊非一日矣""古之学校养士以明道德，后世学校养士以取科第，是果同乎？"这些议论说明，吴宽立足于主体道德的张扬而对科举诱人以利禄之途的弊端保持了相当的警醒，这一立场与三杨时代台阁文臣对科举、文教事业以颂赞为主的基调便有所不同，反而与一些在野文人的论调不谋而合。

同是会元出身并曾任职于翰苑但终被放逐而久居林下的章懋，也有类似的态度，略检章懋《枫山先生集》，便可发现如《登第后寄乡先生》（《枫山先生集》卷2）、《与张冬官用载》、《与李冬官一清》（俱《枫山先生集》卷3）、《书室铭》（《枫山先生集》卷4）、《许宏济墓志铭》（《枫山先生集》卷5）、《送吾教谕翕之天长序》（《枫山先生集》卷7）等数篇文字皆涉及此一问题。与章懋遭际相似的直谏者罗伦、庄昶，都具有短暂的馆阁背景，但对科举和体制化的理学均已秉持一定的批评态度。由这一点看，身为馆臣的吴宽、王鏊的思想可说已具有明显的在野倾向和视角①，但馆阁身份令吴宽的批评立场又并不全然是民间化的。陈文新先生认为，明代前期的儒学"经历了由在朝的儒学到因袭的儒学再到乡愿哲学这样一个发展过程"，薛瑄和丘濬是因袭的儒学和乡愿哲学的代表。②像吴宽、王鏊这样既具有清要身份又能较早感应时代变化的馆臣，当然没有延续乡愿哲学的腐套，但也没有走得更远。对科举，吴宽就作调和折中之论云"然则后世之学校，明道德者，其心也；取科第者，其迹也。夫以道德为科第，庶几无忝为学校，而足为人之观法"③。

或许应当充分注意的是，山林气对吴宽馆阁身份及其文学创作产生的

---

① 王鏊对科举的反思在《震泽集》卷13《瓜泾集序》、卷26《钱隐君墓表》、卷33《拟皋言》及《震泽长语》中的相关言说可见一斑。王鏊、吴宽、章懋、罗伦、庄昶等人是较早从制度方面（而非仅在时文风格方面）对明代科举有所批评的人。

② 陈文新：《明代诗学的逻辑进程与主要理论问题》，武汉大学出版社2007年版，第3—7页。正因为因袭，在薛瑄从祀孔庙的问题上，当时朝臣曾经有过异议和争论。

③ （明）吴宽：《匏翁家藏集》卷31《汤阴县儒学修建记》，影印文渊阁四库全书第1255册，第249页。

影响。在野的山林是与在朝的台阁、廊庙相对的文化概念，明人较早论及山林与台阁的相对意义的是宋濂，其在《汪右丞诗集序》中区分二者之别云："山林之文，其气枯以槁，台阁之文，其气丽以雄。"① 陈文新先生注意到了山林诗与台阁诗的矛盾运动在明代诗学演变上的重要意义，指出"台阁和山林成为严格意义上的流派，乃是明代文学进程中具有划时代意义的文学现象"，认为"茶陵派从台阁体中脱颖而出，正是李东阳兼取台阁与山林的结果"②。李东阳对台阁与山林的区别及有意吸取山林资源以改造台阁风格的努力，的确是自觉的，相关言论如"朝廷典则之诗谓之台阁气，隐逸恬淡之诗谓之山林气，此二气者，必有其一，却不可少""作山林诗易，作台阁诗难，山林诗或失之野，台阁诗或失之俗，野可犯，俗不可犯。"③ 在李东阳看来，山林之清雅恬淡正是平衡或疗救台阁之富贵世俗的对症之药。

作为茶陵羽翼的吴宽，也有类似的明确表述。在《石田稿序》中，吴宽认为：

> 尝窃以为穷而工者，不若隐而工者之为工也。盖隐者，忘情于朝市之上，甘心于山林之下，日以耕钓为生，琴书为务，陶然以醉，倏然以游，不知冠冕为何制，钟鼎为何物。且有浮云富贵之意，又何穷云？是以发于吟咏，不清婉而和平，则高亢而超绝。④

在吴宽看来，隐于山林对人格的完成和诗格的完美似乎都具有特殊的价值。因此，吴宽认为唐人之作之所以高不可及，乃是"由其蓄于胸中者有高趣，故写之笔下往往出于自然"⑤，而本朝高启能"成皇明一代之音"，亦由其"胸中萧散简远，得山林江湖之气"。⑥ 吴宽对软媚庸俗文风

---

① （明）宋濂：《文宪集》卷6，影印文渊阁四库全书第1223册，第396页。
② 陈文新：《从台阁体到茶陵派——论山林诗的特征及其在明诗发展史上的意义》，《文学评论》2008年第3期。
③ （明）李东阳：《麓堂诗话》，《历代诗话续编》本，中华书局1983年版，第1384、1387页。
④ （明）吴宽：《匏翁家藏集》卷43，影印文渊阁四库全书第1255册，第384—385页。
⑤ （明）吴宽：《匏翁家藏集》卷44《完庵诗集序》，影印文渊阁四库全书第1255册，第397页。
⑥ （明）吴宽：《匏翁家藏集》卷49《题重刻缶鸣集后》，影印文渊阁四库全书第1255册，第451页。

的警惕，似较李东阳更为自觉而一贯，在《医俗亭记》中，他坦言"余少婴俗病"，并以林中翠竹的种种品性激励自己克制诸如"量之隘、行之曲、志之卑、节之变"等各类俗情俗病，以审美化的姿态树立坚劲的节操①。吴宽身居魏阙之后，仍一直心慕山林，馆阁身份意识的淡化和审美意识的强化构成对比态势。

馆阁写作因以君主和政治为核心，以体制化的理学为思想基础，难免功利性和世俗性，要在其中表现独特的主体意识，的确不易。相反，山林之士由于物质条件的相对贫瘠，唯可依凭和极意凸显的便是主体精神的超越。他们远离朝堂，或者砥砺于道德节操，或者钟情于艺术审美，主体精神境界的提升倒是有助于形成"涤陈薙冗"的"一家之论"②。吴宽《家藏集》中鲜明的审美表达，也正是他吸取山林之气以淡化馆阁之风的结果。与李东阳一样，吴宽也有嗜诗之好③，《家藏集》中诗作达1500余首之多，举凡风晨雨夕、节令嘉会、亲丧友别等皆发之于吟咏，其中当然不乏酬应的旧套，但清雅脱俗、沉着厚重之作亦随处可见。如《喜雨四首》其一、其二写道：

> 雨挟风潮势未休，何人对此独忘忧？桔槔挂壁农夫坐，起舞茅檐忽打头。
>
> 农家勤动自新春，怪见平畴有断纹。孺子何曾知稼穑，过庭沾湿亦欣欣。④

在富于生活气息的场面中，将久旱逢雨的欣喜生动地传达出来，绝去雕琢，自然亲切。诗人对外在景物、人事的观察得益于一颗敏感的诗心，《清明日园中见杏花初开》也是这样的佳作：

---

① （明）吴宽：《匏翁家藏集》卷31，影印文渊阁四库全书第1255册，第242页。
② （明）李东阳：《李东阳集》文稿卷9《倪文僖公集序》，岳麓书社1984年版，第128页。
③ 李东阳在《麓堂诗话》中记其与吴宽以"斑""般"等险韵为诗，往复酬答奉和各五首，可见嗜诗溺诗之一斑。丁福保编：《历代诗话续编》，中华书局1983年版，第1394页。
④ （明）吴宽：《匏翁家藏集》卷6《喜雨四首》，影印文渊阁四库全书第1255册，第41页。

  疏花寂历似残红，病眼摩挲望欲空。已恨泹开无细雨，却愁吹落有狂风。物华又报清明节，人世真成白发翁。为语天工须索性，剩将春色慰人浓。①

  清明时节的春阳开泰与祭死怀终，最令人产生生死交集的感触。杏花还只刚刚初开，诗人便已生狂风吹落之愁，这种"惜春长，怕花开早"的情怀是主观而艺术的。如果说富贵福泽之气自然引人生发乐感的话，那么审美思维当与悲感具有某种天然的联系，吴宽身居庙堂之上，却深识此味，他曾说"诗以穷而工……穷者其身厄，必言其悲，则所谓工者，特工于悲耳"②。

  如果说吴宽的近体诗流丽雅致，有一种蕴藉之美，那么他的歌行之作则表现得开阖收纵，散发出一种宏放之美。如《送胡彦超》写道：

  年过四十不作官，还将短发笼儒冠。平生一经已烂熟，胡为挟入桥门观。前年乡书名始刊，曲江又避春风寒。重来桥门住三载，打头矮屋聊盘桓。朝韭暮盐不满盘，何须古人劝加餐。日高对案笑扪腹，自有五色之琅玕。侧身西北望长安，眼中一朵红云团。天门欲往涩如棘，若比蜀道尤云难。嗟哉出处谁得似？颇似吴下吴生宽。吴生作诗忽盈纸，送君还到春闱里。春闱多士多如蚁，勿将老少分忧喜。君不见韩昌黎、张童子，同是陆公门下士。昌黎文章如曒日，童子声名逐流水。人生传世有如此，区区科第何难耳！③

  此诗声情坦荡，自然畅发，流转似水，其中融入了自己蹭蹬场屋的感受。既是一首富于美感的送行励志之作，也是一首颇有认识价值的科举诗。

  吴宽的艺术好尚还表现在书法和绘画上，《家藏集》中有大量的题画诗和书画题跋，表现出高超的艺术眼光和文字功力，为明代其他馆阁文臣的别集所不常见，也标示了吴宽文人型政治家的身份。王世贞曾评价吴宽

---

  ① （明）吴宽：《匏翁家藏集》卷17《清明日园中见杏花初开》，影印文渊阁四库全书第1255册，第120页。
  ② （明）吴宽：《匏翁家藏集》卷43《石田稿序》，影印文渊阁四库全书第1255册，第384页。
  ③ （明）吴宽：《匏翁家藏集》卷2，影印文渊阁四库全书第1255册，第17页。

"如学究出身人，虽复闲雅，不脱酸习"①，其实，较为浓厚的文人气，正是吴宽改造翰苑文风的支点。如这首《送沈良臣》：

> 杏苑春风后，车尘带落花。儒衣初出郭，御扁旧传家。《易》许丁宽讲，《诗》从沈约夸。扁舟明日路，江上暮云遮。②

诗略带馆阁体度，但运语造境，力求避俗，体现出受到较高文化熏习的痕迹，若指此为"酸习"，恐怕王世贞的批评是有派别的意气因素在内的。

吴宽之文，王鏊谓之"纡徐有欧之态，老成有韩之格"③，是准确的。如卷32的《虚庵记》，从致思到结构都努力学习苏轼，但一种娓娓道来的口吻却不脱欧文的纡备之气，而缺少东坡那种韵趣，这说明馆阁宗欧的传统在吴宽之文中仍有较显明的体现。《匏翁家藏集》中最有特色的文章是那些短小精致的题跋，如《跋天全翁词翰后》（《匏翁家藏集》卷49）、《题山行杂录后》（《匏翁家藏集》卷52）等，都是不弱于晚明小品的佳制，颇值一读。

吴宽（也包括王鏊）的别集淡化了馆臣的政治身份而强化了个人色彩，他们力求在世用与审美、载道与言志之间寻求平衡，显示出向复古主义过渡的征兆。由于政治地位、学术背景和文学观念等原因，在学术和文学方面，吴宽、王鏊的笔下都不脱馆阁之风，而又兼带山林之气。在成化、弘治这样的转变时期，他们引领了潮流，但很快即被前七子的复古思潮所超越。

第三节 应和潮流的清华之士

文归馆阁局面的形成，大而言之与国家政局、意识形态等宏观因素相关联，具体而言又与科举考试（举业）和职司特点（宦业）相关，因而文柄下移也与这些因素的变动关系最为密切。弘、正之际，明代政治生

---

① （明）王世贞：《艺苑卮言》卷5，见丁福保辑《历代诗话续编》，中华书局1983年版，第1033页。
② （明）吴宽：《匏翁家藏集》卷9，影印文渊阁四库全书第1255册，第62页。
③ （明）吴宽：《匏翁家藏集》卷首王鏊序，影印文渊阁四库全书第1255册，第3页。

活、社会风习、学术文化等都发生了显著的变化。以科举考试而言，时文流行既久所滋生的空泛、僵化之弊，已日渐为人们所认识，"正、嘉作者始能以古文为时文"（方苞《钦定四书文·凡例》）的选择，正是针对时弊的一种反应。以古文为时文，即将古文的若干特点融入时文之中，如注重说理的深刻、注重畅达的气势、注重句法的变化。从功利的角度言是为举业之学寻求更为宽泛的滋养，但从客观的效果看，却促进了古文之学的流行。仅以会元而言，前述吴宽于未及第之前即酷嗜古文词，赵宽、赵时春、许谷、陈栋、曹勋等亦然。赵宽"性警敏绝人，幼读书，数行俱下。及长，工诗及古今文，同邑莫旦奇其才"①。赵时春"居常以伊、傅自况，耻就科举……十岁为古诗赋文论，一挥立就，思若泉涌"②。许谷丙戌科下第，卒业南雍，从顾璘学古文，从吕柟学道学。③ 陈栋"十二岁诵古文词，晓诸史故实"④。曹勋"少负异才，行笃孝友，从高攀龙讲学论道，研讨今古文，行冠一时"⑤。可见，明中期以后，古文词随着科举教育的发达而为广大士子所诵习（当然，有所接触和染指与创作出较高水平的文字之间，仍有相当距离），古文之学与举业之间非但不是水火不容的关系，而且互相启发，互相渗透。

另一方面，翰林院对学术文化及文学的专擅局面亦大为改变。黄佐云："成化以后学者多肆其胸臆，以为自得，虽馆阁中亦有改易经籍以私于家者，此天下所以风靡也夫。"⑥ 这是日渐活跃的思想现实渗入学术管理机构的结果。而孝宗对文治的着意讲求，也令文事活动在馆阁之外有了较大的生存空间，前七子的文学复古运动兴起于弘治朝的郎署之间，并非偶然。李梦阳回忆说："曩余在曹署，窃幸侍敬皇帝。是时，国家承平百三十年余矣，治体宽裕，生养繁殖……百官委蛇于公朝，入则振珮，出则鸣珂，进退理乱，弗婴于心。盖暇则酒食会聚，订讨文史，朋讲群咏，深

---

① 清乾隆《吴江县志》卷26《人物》，乾隆十二年刻本。
② （明）周鉴：《明御史中丞浚谷赵公行实》，吴志达主编《中华大典·文学典·明清文学分典》，凤凰出版社2005年版，第544—545页。
③ （明）姜宝：《前中顺大夫南太常少卿石城许公墓志铭》，吴志达主编《中华大典·文学典·明清文学分典》，凤凰出版社2005年版，第462页。
④ 清光绪《南昌县志》卷31《人物志二》，民国二十四年铅印本。
⑤ 孙静庵：《明遗民录》卷23，浙江古籍出版社1985年版，第179页。
⑥ （明）黄佐：《翰林记》卷11《禁异说》，影印文渊阁四库全书第596册，第982页。

钩赜剖，乃咸得大肆力于弘学，於乎亦极矣！"① 其时主持文柄的李东阳也很重视汲引后进，以其友生为主的茶陵派便不限于翰林文士，也有部分郎署成员（虽然不多），复古派的生长与李东阳的这种扶持是有关系的。而馆阁之文不能与时俱进，仍然固守标准化、单一化的格套，正是其在明后期活跃的文学运动中日渐处于边缘的原因。冯梦祯曾以自身经历说："丁丑夏，余滥选中（庶吉士），则所习者惟兼治一经与《文章正宗》、唐诗而已，心益薄之。所试诗若文，惟贵清浅和平而不贵深练宏远。"②

上述因素的合力共同促成了明中期以后馆阁文学的衰落，它已经不像此前那样，居于王朝文化生活的核心与主流位置（当然，这不是就钦命纂辑的高文典册和政府公文等"馆阁写作"而言）。清代赵翼曾列举明代非翰林出身的知名文人，基本上都是在明中期以后出现的（不包括元明之际的文人）③。在这一状态下，明中期以后任职于馆阁的会元，自然也还能在政治上有所建树，如霍韬、王锡爵、周延儒等。但在学术和文学方面，已不居于主潮的中心，即便是其中最知名的人物，如袁宗道和吴伟业，也是如此。袁宗道为其弟的锋芒所掩，他并没有以馆阁文臣的身份维护馆阁文风对文坛的影响力，反倒追随在李贽之后，以其非体制化的创作倾向，说明了馆阁文学的穷途末路。④ 吴伟业身际两代，科名很高，但在明亡之前他追随娄东二张，在社事和诗文方面并非坛主。鼎革之后，吴伟业方成为东南士林领袖，世人一般将其视作清初作家。相反，基本不在翰苑供职的会元中，亦有邹守益、唐顺之、孙𬭎、冯梦祯等佼佼者出现，实又较中期以前为多。

---

① （明）李梦阳：《空同集》卷52《熊世选诗序》，影印文渊阁四库全书第1262册，第475—476页。

② （明）冯梦祯：《快雪堂集》卷2《刻历科词林馆课序》，四库全书存目丛书集部第164册，第59页。

③ （清）赵翼著，王树民校证：《廿二史劄记校证》卷34《明代文人不必皆翰林》，中华书局1984年版，第782—783页。

④ 据钱谦益《列朝诗集小传》丁集云，宗道在馆中与陶望龄、黄辉等厌薄王、李之习，标新竖异，力排假借盗窃之失。但这似乎只是个人行为，并未带动馆阁文风的发展。同书丁集下"黄少詹辉"又云："尔时馆课文字，皆沿袭格套，熟烂如举子程文，人目为翰林体。及王、李之学盛行，则词林又改步而从之，天下皆消翰林无文。"（清）钱谦益：《列朝诗集小传》，上海古籍出版社1983年版，第5808页。

一 在茶陵与前七子之间徘徊

基于上述诸因,明中期以后会元别集对时代文风的反映,便已经没有此前会元别集那样典型和明显。别集中的馆阁文学,总体上已游离于文学主潮之外,在文坛上的影响不大。我们先看看一般被列作茶陵派中人的储巏和鲁铎的情况。

储巏,字静夫,号柴墟,江苏泰州人。成化十九年乡试、次年会试皆第一,殿试为二甲首,是科因未考选庶吉士,故储巏被授予南京吏部主事之职,进郎中,调北部。擢太仆少卿,进本寺卿。正德二年改左佥都御史,总督南京粮储,召为户部侍郎,督仓场,有政声。刘瑾用事,储巏愤而引疾去官。后起用为南京户部侍郎,改吏部。正德八年卒于官。关于储巏在文学上的派别归属,目前仍有争议①,他虽未尝任职于翰林院,但受李东阳提携,诗风亦与东阳有相近之处。他在弘治朝的郎署文学倡和活动中曾经相当活跃。李梦阳《朝正倡和诗跋》云:"诗倡和莫盛于弘治,盖其时古学渐兴,士彬彬乎盛矣,此一运会也。余时承乏郎署,所与倡和则扬州储静夫、赵鸣叔……诸在翰林者,以人众不叙。"②当时参与倡和者既有曹郎亦有翰林,人数不少,声势颇盛,李梦阳首举即称述储巏,可见其颇为活跃。对此,朱彝尊的评价是:"当日倡和,文懿实居其首。及李、何教行,执政欲加摈斥,文懿以文章复古,为国家元气,极其扶植,得不倾陷。风雅蔚兴,斯人攸赖。今之论诗者鲜及之,论世者所当表微也。"③ 所谓"执政"者,当指李东阳,此中涉及茶陵派与前七子的交恶,这段公案暂且不论。由此可知,前七子文学复古运动发自于郎署,在早期与茶陵派不甚可分,在主张和创作上都曾有相互影响之处。储巏在其间,自然不能不受到双重的影响,其《柴墟文集》即表现出不尽一致的创作风貌。

一方面,与李梦阳等曹郎的相互砥砺,使储巏的诗作具有"诗力雄

---

① 廖可斌将之列为茶陵派的主要成员之一(《明代文学复古运动研究》,上海古籍出版社1994年版,第46页),黄卓越认为储巏非典型茶陵派(《明永乐至嘉靖初诗文观研究》,北京师范大学出版社2001年版,第101页)。

② (明)李梦阳:《空同先生集》卷59,影印文渊阁四库全书第1262册,第543页。

③ (清)朱彝尊:《静志居诗话》卷8,人民文学出版社1990年版,第226页。

厚，迥异台阁之体"① 的一面，如《送杭东卿》：

飞楼突兀挂明河，西北云山入槛多。绝顶危巢敧鹳雀，夹城流水带蒲荷。清商掠树惊秋到，明月看人奈别何。坐抚佳辰怀远道，送君须待醉时歌。②

王夫之评此诗云："典雅有局度，可堪大制作。成弘中，西涯之末流一变而为狂俗……公生其时，不染其疫疠之风，可谓豪杰之士矣。"③ 诗歌所选取的意象阔大苍茫，用极富感染力的动词如"挂""入""掠"等加以点化，令人眼目一亮。尤其是"明月看人奈别何"一句，不言人望月，反言月窥人，情怀随视角而跳脱出来，愈见旷放。又如《金台》一首：

万里长风动薜萝，眼中燕赵共山河。趣程未办登高赋，问俗犹传击筑歌。乔木几经荒冢尽，斜阳偏傍故台多。黄金不解纵横厄，疑有冥鸿避网罗。④

诗将白描与典实互用，具有贯穿古今的时空厚度，"万里""山河""斜阳"等语在造境方面所表现的风格，与前七子所追求的盛唐的格调是相符的。

另一方面，储巏对于秀逸意象的倾心使其诗具有典雅清润的特点，这与七子派的意气发露之作有着明显的差异。如《春晦连日风雨赠别》其三：

病较芳时晚，春含晦日阴。晓钟人不寐，旧雨客难寻。院湿蛛丝重，庭虚乌迹深。平明添好况，移竹满西林。⑤

---

① （清）陈田辑撰：《明诗纪事》丙签卷8，上海古籍出版社1993年版，第1059页。
② （明）储巏：《柴墟文集》卷3，四库全书存目丛书第42册，第420页。
③ （清）王夫之：《明诗评选》卷6，河北大学出版社2008年版，第355—356页。
④ （明）储巏：《柴墟文集》卷2，四库全书存目丛书第42册，第411页。
⑤ （明）储巏：《柴墟文集》卷1，四库全书存目丛书第42册，第405页。

此诗同样是纯用现成景物的送别之作，但情调与《送杭东卿》迥异，抒情主体已由豪杰之士变为清韵之士，在对日常细物的精微观察、抚摸中透露出清幽闲逸的韵致，故《四库总目》谓储巏之诗"规仿陶韦，文亦恬雅"①。有时，储巏又将敛抑和发露相结合，表现出某种刚柔并济的意味，比如《有怀》云：

> 冷坐谁为伴，清谣夜不眠。怀人千里共，看月几回圆。秦塞连云戍，荆门下峡船。幽怀兼病抱，依旧析津年。②

以较为辽阔的意象来涵容诗人缠绵悱恻的情愫，与张九龄《望月怀远》的意味颇近。顾璘说储巏的诗"冲澹沉郁，兼晋唐之风"③，即指此类作品。

由储巏的《柴墟文集》，我们大致可以看到前七子复古浪潮中的一个特点，即在推尊唐诗的基础上，注重情思和意象，这是茶陵派和七子派都认同和倡导的，也是《柴墟文集》的基调。但储巏的独特在于，他为人能介然自守，较有气节，不似李东阳的另一得意门生邵宝那般滑软④；他又非馆阁中人，故与前七子的意气有些相近，其别集中自我的形象是明显的。不过，他的才力终不如李梦阳富健，且又受知于李东阳甚深，故未能像前七子那样脱离茶陵而自树坛坫，他最终只是应和于茶陵和前七子两个浪峰之间而已。

晚于储巏近20年登第的鲁铎也是受李东阳赏识的清华之士，但无论在政治上还是在文学上，他都较前者显得更为单纯一些。身为湖广景陵人的鲁铎，算是李东阳的同乡，在弘治十五年进士及第时，他已经42岁了，而且从举人获到进士及第，其间有16年之久，长期乡居又功名不顺的经历，对于其思想性格及文字写作应有相当之影响。入仕后，鲁铎以庶吉士身份在翰林院学习，深得李东阳赞许，后来李濂为其别集作序时曾回忆

---

① （清）永瑢等：《四库全书总目提要》卷171《柴墟斋集》提要，中华书局1965年版，第1562页。
② （明）储巏：《柴墟文集》卷1，四库全书存目丛书第42册，第402页。
③ （清）朱彝尊：《明诗综》卷29引，影印文渊阁四库全书第1459册，第743页。
④ 顾璘曾经拜谒邵宝，欲有所请益，邵宝对他说："子立身，当以柴墟为法。"（事见《明史》卷286）可见，邵氏本人亦不讳言自己与储巏在立身方面的差异。

道:"初,公入翰林,文正公时在内阁,每阁试,辄置公前列,自谓恨相知之晚。而文正公初度也,诸翰林咸以恃寿公,即席赋诗,有'功收调燮善声色,疏乞归休有岁年'之句,文正公击节嘉叹,以为乡邦有人。"①鲁铎的祝寿诗写得平平,不过是酬应旧套,将李东阳的道德、功业、文章及年寿凑合于一处,故大得其欢赏。散馆后,鲁铎被授予翰林编修,曾出使安南。正德二年迁国子监司业,累擢至祭酒。大概于正德七年前后以病告归。②嘉靖初,鲁铎被荐起复为原官,以病辞,不赴。嘉靖六年卒,谥文恪。③

鲁铎性情朴拙内敛,不乐喧剧,史谓其在翰苑时,"谢绝交友,沉潜学问,以清节著闻"④,所以他基本上没有参与以前七子为主的文学倡和活动。而且在其出仕的十年间,正是复古派因政治立场与李东阳发生冲突而逐渐脱离茶陵卵翼的时期⑤,性格、年龄及与李东阳的密切关系都决定了鲁铎与七子们没有太多的交集。今观《鲁文恪公文集》,仅有《送康德涵奉母还武功诗序》(卷7)一文涉及与自己同榜的状元康海,此文作于弘治十六年,彼时刘瑾尚未用事,茶陵派与七子的歧异尚未表面化,且诗序并非一对一的私交,而是同人共聚、赋诗以别的产物。因此可以说,鲁铎在政治和文学上都是追随李东阳的,但又不是茶陵派的中坚人物,本分为人、笃实为官、淡于仕情,是他的基本信守,其《鲁文恪公文集》即是此种性情与身份的反映。

实在,是鲁铎文字的主要特点,对现实问题的切实关注即是其表现之一。《送张汝谐令六合序》针对同年进士被授予县令而似乎屈才一事,鲁铎认为:

> 夫仕而亲民者莫如县令,事之难为者亦莫如县令。盖在吾上者,

---

① (明)鲁铎:《鲁文恪公文集》卷首李濂序,四库存目丛书集部第54册,第6页。
② 鲁铎告归之年,史传所记不详,今据其《止林记》(《鲁文恪公文集》卷6,四库存目丛书集部54册,第89页)一文云:"晚得一第,为禁近官十年,及疾,得请归。又十年,大司寇林见素诸名公暨两都台谏诸贤皆论荐,称与过情",鲁铎登第在弘治十五年,十年后为正德七年,又十年后为嘉靖元年,此年林俊等有复起之荐。故可知鲁铎告归约在正德七年前后。
③ 鲁铎官止祭酒,为从四品,依例无谥,但以其清节,朝廷特与赐谥。
④ (清)查继佐:《罪惟录》列传卷15下,浙江古籍出版社1986年版,第2206页。
⑤ 廖可斌先生认为弘治十五年至正德六年是复古运动的高涨阶段,也是与茶陵派脱钩,走向独立与成熟的阶段。见《明代文学复古运动研究》,上海古籍出版社1994年版,第76页。

皆得以臧否于我，而在吾下者，又皆以其所欲与恶望我焉。一失其心则上尤下怨，虽欲一日安于其位，有不可得。拂乱其所为，思愁其心，是亦历风霆、犯霜雪之类也。自是而往，则天下之事，不以胜当为忧矣。古者不由守令，不拟台省，非无谓也。①

文章不作高论，而是如实描绘守令之职的艰难之状，没有长期乡居的观察和感受是说不出的。鲁铎感叹"不由守令，不拟台省"的古制，无疑也是针对明代馆臣、阁臣不谙时务，没有地方行政事务经验的现实而发的。又如《与执政论时政书》作于国子司业任上，洋洋洒洒2500余字，详细地申述了"当今之时，其大坏极弊者莫若士气，故如救焚拯溺不可少缓者，莫如养士气"的观点。文中对于士气士习的种种颓败，一针见血地概括道"郡县弟子则识与年进，机以类从，见闻愈多则私智愈炽，阅历愈久则机械愈熟"，最后提出养士气的关键在于"善择守令"和"慎选师儒"两方面②。此文从大处着眼、从细处着论，文风平实质朴，理足气充，典则正大，能体现茶陵派在文章方面的特点。

对现实的关注也反映在鲁铎的一些诗作中，如《三农苦》写道：

　　高秋报淫雨，宵昼声浪浪。山村早焦槁，自无卒岁望。原田所灌溉，糜烂无登场。泽农陷巨浸，什一罹死亡。贫者为耕治，鬻儿管种粮。乃今益穷迫，骨肉矧异方。……未论死沟壑，官租何由偿。仰首向天泣，旻天但苍苍。③

在身居高位的会元别集中，这样得自底层视角的写实笔墨确乎少见，其他如《寒夜吟》（《鲁文恪公文集》卷1）、《邯郸道中次韵》（《鲁文恪公文集》卷2）等都是如此。这类作品继承汉魏古诗的写实传统，表达了一个有良知的居乡士绅的悲悯心怀，也体现了知识精英的自我期许和眼光。

优裕的政治和经济地位同样也反映在鲁铎的写作之中。告病家居后，他修筑了自己的园庭——己有园，在其中流连光景，悠游卒岁，鲁铎有大量形制短小、冲口而出的近体绝句反映了此一生活内容，鲁集中今存绝句

---

① （明）鲁铎：《鲁文恪公文集》卷8，四库存目丛书集部第54册，第112页。
② （明）鲁铎：《鲁文恪公文集》卷10，四库存目丛书集部第54册，第133—135页。
③ （明）鲁铎：《鲁文恪公文集》卷1，四库存目丛书集部第54册，第15—16页。

170余首，大多数乃是摹写其园庭中的景物、人事，不乏清隽可读之作，如《即事》："洞口桃花满意红，生憎蜂蝶太匆匆。山禽那更来捎蝶，打著浓枝半欲空。"① 陈田谓之"诗存质朴而时有风趣"②。

悠游自适的文字在明中期以后的会元别集中其实是具有普遍性的，它从另一角度体现了会元群体的精英身份，尤其是那些因为某种原因脱离官场或是任职于南京清闲部门的会元，更是如此。他们不必为生计着忙，也没有冗务缠身，清贵的社会地位令他们能够保持优雅闲裕的姿态，而在心学盛行后，注重主观感性要求的社会思潮起到了心理解放的作用，在追求自适的浪潮中，他们是既有"心"（主观条件）亦有"力"（客观物质条件）的群体。嘉靖年间活跃于诗坛的许谷便是其中的一位典型代表。

许谷是嘉靖十四年会元，字仲贻，号石城，上元人。历任户部主事、吏部郎中，升南太常少卿。在朝廷对官员的考察中以"不及"被降谪为两浙运副，转为江西提学佥事，升南尚宝司卿。又以大察被罢归，闲居南京30年，万历十四年以83岁高龄卒。作为会元，许谷因殿试名次不高（二甲第11名）而未能进入翰林院，其后的仕途也不显达，曾两度在官员考核中被降职，估计与其洒落不羁的性格有关。许谷生于南京、仕于南京，又赋闲于南京，六朝繁华之地的文化氛围令其诗心灵透，能充分感受和应和文学风潮的变动；而优裕的社会地位和生活状态，又令其有充分的时间和心力从事文化活动。许谷的诗文集今存《省中稿》《容台稿》《符台稿》《归田稿》等几种，所作以诗为主，文章极少，不论仕与隐，他都倾心于性情的抒写。关于许谷的诗学统系，康大和为其《省中稿》所作序中有说明：

> 弘、德以来，擅名江左者，则有若顾华玉氏、徐昌谷氏、刘元瑞氏，号江东三才，与关中李献吉、信阳何景明齐名当代，……嘉靖以来，则又有余同年陈玉泉氏、许石城氏，亦擅诗名于江东，沨沨乎接武顾、徐，希踪何、李者也。③

许谷从学于顾璘，而顾璘是复古派的重要诗人，与同乡、前七子之一

---

① （明）鲁铎：《鲁文恪公文集》卷4，四库存目丛书集部第54册，第60页。
② （清）陈田辑撰：《明诗纪事》丁签卷9，上海古籍出版社1993年版，第1255页。
③ （明）许谷：《省中稿》卷首，四库全书存目丛书第104册，第1页。

的徐祯卿诗风颇近。对于徐祯卿与李、何的不同诗风，顾璘认为："三人各有所长，李气雄，何才逸，徐情深，皆准则古人……李主杜，何主李，徐主盛唐王、岑诸公"①。由徐祯卿而顾璘而许谷，都是南京诗坛的主盟人物，他们一脉相承地宗尚盛唐王、孟一派优雅闲远的风格。因而许谷的诗作在整体上体现了复古派推尊盛唐之风的主张，他的《明妃词二首》云：

> 黄屋和亲意，红颜入虏情。心摧回纥马，梦断上林莺。朔气朱弦动，胡尘玉面生。翠华瞻渐远，空忆属车声。
> 捐宠辞龙陛，含愁赴貉乡。花飞颜共堕，天远恨俱长。碛草连沙白，关云出塞黄。多情汉宫月，流影照坛裳。②

诗以朔方苍劲的景物烘托昭君幽怨的离情，刚柔相兼，哀而不伤，是典型的盛唐声调，也颇似王维早年的雄浑之作。许氏诗作中更多的则是清幽古澹的风格，如《夏日独坐偶成用韵》：

> 竹叶清堪挹，榴花红可怜。舒长南陆景，自在北窗眠。鸥向波心浴，莺从谷口迁。升沉吾不问，恬淡或延年。③

既不用典，用语也极为简淡，作者自在自适的风雅闲态跃然而出。许谷在"日与亲戚朋友赋诗饮酒，尽山水园林之乐"（吴自新《归田稿序》）④中心态平和淡定，诗中的山林气是身居庙堂之高者所难得拥有的。但许氏的诗情却又并不枯槁，而显得清雅优裕，与踸踔场屋、穴处岩居的寒士是不同的。

嘉靖诗坛承李、何复古余波之后，诗学宗尚有多元化的倾向，对前七子流弊的反思，促使大家在盛唐之外寻求更广泛的取法资源。王世贞对此的描述是："嘉靖之季，尚辞者酝风云而成月露，存理者扶感遇而敛咏

---

① （明）顾璘：《顾华玉集》之《息园存稿文》卷9《与陈鹤论诗》，影印文渊阁四库全书第1263册，第602—603页。
② （明）许谷：《省中稿》卷2，四库全书存目丛书第104册，第15页。
③ （明）许谷：《归田稿》卷3，四库全书存目丛书第104册，第118页。
④ （明）许谷：《归田稿》卷首，四库全书存目丛书第104册，第74页。

怀，喜华者敷藻于景龙，畏深者信情于元和，亦自斐然，不妨名世。"①胡应麟亦有类似意见："嘉靖诸子……改创初唐，斐然溢目……既复自相厌弃，变而大历，又变而元和，风会所趋，建安、开宝之调，不绝如线。"② 可见，取法于六朝、初唐和中唐是当时诗坛的风尚，许谷在这一潮流中也表现得颇为活跃。其诗作（尤其是近体）颇有似六朝、初唐者，如《无题四首次玉泉韵》：

> 碧波金桨试轻舟，袚服新装镜里浮。风外荷花香不断，沙边鸂鶒去还留。谁家挟弹消清昼，时向垂杨控紫骝。幽恨满怀何处写？独搴芳芷漫夷犹。
> 漫天明月桂香飘，无奈参商隔此宵。丹凤城边惊捣练，碧梧亭畔学吹箫。水添铜漏更筹永，凉沁罗衣露气骄。闻说衡阳多雁足，封题何事益寥寥？③

诗歌意象繁复绵密，遣词绮丽，颇具形式美。对此，朱彝尊注意到了地域因素："许公家建业，自能为六朝语"④，而姜宝为许谷所作墓志铭则从交游角度加以说明，与许谷相劘切的同年进士袁裘、屠应埈等都是嘉靖前期学习初唐诗风的主要代表，许谷受其影响十分自然。

与许谷交游者中还有皇甫涍兄弟，他们在嘉靖诗坛以追步钱起、刘长卿等大历、中唐诗人为取向，许谷诗集中也不乏受此影响的作品。如《不寐》（《归田稿》卷四）云：

> 枕簟宜秋爽，其如不寐何？角声风外断，蛮语耳边多。往事嗟棋局，雄心愧太阿。自伤投散后，但益髻丝皤。⑤

此诗颔联极意锤锻，"断""多"等字惊警地传达出由远及近、此起彼伏

---

① （明）王世贞：《艺苑卮言》卷5，《历代诗话续编》本，中华书局1983年版，第1024页。
② （明）胡应麟：《诗薮》续编卷2，上海古籍出版社1979年版，第351页。
③ （明）许谷：《容台稿》，四库全书存目丛书第104册，第52页。
④ （清）朱彝尊：《明诗综》卷47引，影印文渊阁四库全书第1460册，第147页。
⑤ （明）许谷：《归田稿》卷4，四库全书存目丛书第104册，第123页。

的声响所引起的心理感受，整体情调、格局都与中唐钱、刘一派的诗风相近。朱彝尊《静志居诗话》还引其另一首《偶成》，云："新作鱼盐吏，遥辞龙虎都。乾坤无弃物，江汉有潜夫。短笠三山雨，扁舟八月鲈。兹怀何日遂，把酒意踟蹰。"① 在抑郁之中渗入了闲旷，取境造语稍复自然。

透过许谷的诗歌创作，我们可以看到，会元若不在馆阁中为名臣，则可以栖居林下，悠游于诗酒，在文艺创作（尤其是诗歌）中追求风雅自适。与许谷类似的还有万历二十六年会元顾起元和崇祯元年会元曹勋，二人皆不以仕进为意而倾心于诗，其别集中文字的闲适意味十分明显。

二 名士名师两不妨

时至隆万，心学的流布更为广泛而深入，且又与佛学、道家养生之学相互渗透，形成所谓"新学"，社会思潮和民风士风愈加开放、活跃，与明前期的刻板、保守反差极大。在这一文化氛围中，翰林院既失去了对文风的主导作用，又在坚守程朱理学的统治意识形态方面显得力不从心。王学人物徐阶、冯梦祯、焦竑、董其昌、袁宗道、陶望龄、黄辉等在馆阁中大讲性命之学，而他们主持各级科举考试时，也在体制内有意推助"阳明心学"。故《明史》所云"嘉、隆而后，笃信程、朱，不迁异说者，无复几人矣"②，虽不免有夸张，但与事实相差不至太远。

反映到文学上，一个极其引人注目的现象是，此时翰林文臣的"身份写作"与其"非身份写作"间的差异越来越大，不仅是形制上的不同，更重要的是思想和风格上的区别。明后期会元别集中将馆课之作加以标识的作法，即是这一现状的反映。袁宗道的《白苏斋类集》和陶望龄的《歇庵集》（二十卷本）都将馆课文字单列成卷，后人也许认为那是炫示馆臣身份的一种表现，但其作者和编者，却正是以此表示这类文字与自己的真实情怀和才具有所不同。我们可以就陶望龄略作说明，其名作《游五泄》六首，诗思飞动，妙想联翩，如云：

> 十里骨立山，洗濯无撮土。遥源杳何处，落地名第五。客来泉亦喜，舞作千溪雨。赤脚立雨中，衣沾瞖厓树。廿年成始至，重游在何

---

① （清）朱彝尊：《静志居诗话》卷12，人民文学出版社1990年版，第344页。
② （清）张廷玉等：《明史》卷282《儒林传》，中华书局1974年版，第7222页。

许？凭君铁锥书，一破苍苔古。①

这样的诗句真可谓翻新斗奇，妙象丛生，诗前的小序亦清新优美，耐人咀嚼，与其馆课诗文的陈腐僵滞如出两人之手，无怪乎陶氏要感叹："吾本懒人，投入闹市，百冗交集，兼以代言之职应答不遑，意甚苦之。"② 又勉戒其弟云："学于四方者曰闻见在京师也，之京师者曰翰林也，又取其有时名与其曹所推者，则其人吾见之矣，其未必足以裨于吾弟也。"③ 翰林词臣的馆阁写作已不具备新意和活力，于此可见一斑。

袁宗道和陶望龄都是晚明会元中的翘楚，又同是公安派的代表人物，学界对他们已关注较多，人详我略，可以不必赘论。与他们同时的会元冯梦祯亦颇具典型意义。梦祯字开之，号真实居士，浙江秀水人。万历五年登第后选为庶吉士，散馆后授编修。后在京察中以浮躁被谪，补广德州判，擢行人司副、尚宝司丞，升南京国子司业，拜南祭酒。梦祯为人端直，重视气节，及第之初即因同情抗论张居正的邹元标而为当道所忌，差点不能留任馆职。任编修时分校礼闱，又不受请托而得罪于人，以此被排挤出朝。④ 此后，冯梦祯在南监着意造就士类，深受后生礼敬，但阔略酬对，又为曹郎所不满。梦祯便辞去，于杭州孤山筑快雪堂，歌啸湖山之间，出入儒释二道，结交多方胜友，一时负东南名士之望，成为晚明较活跃的文化名人。有《快雪堂集》《快雪堂漫录》《历代贡举志》等传世。

明代会元除了任职于翰苑从而在政治及学术、文章上有所建树外，出任国学官员、职掌教化也是常见的一种仕途经历和身份，前如吴溥、章懋等都以此显名，冯梦祯在任南京国子监祭酒时，是一位颇得诸生敬服的名师。由于会元负时文之名，在任祭酒之前，向梦祯请益举业者就已不少，

---

① （明）陶望龄：《歇庵集》卷2，伟文图书出版有限公司1976年版，第176—177页。

② （明）陶望龄：《歇庵集》卷15《辛丑入都寄君奭弟十五首》（其一），伟文图书出版有限公司1976年版，第2351页。

③ （明）陶望龄：《歇庵集》卷15《登第后寄君奭弟书五首》（其四），伟文图书出版有限公司1976年版，第2341页。

④ 梦祯不受请托事，见李维桢所作《冯祭酒家传》，内引梦祯语云："官家惟科举一端为最公，某虽不敏，何敢首为乱阶？即以此得谪，荣于九迁矣。"钱谦益作冯梦祯墓志铭未言具体事迹，只云："（梦祯耿傲）江陵殁，执政精求史馆中觚角崭出能齾牙异同者，及其未翼也而翦之，公坐是谪，终以不振。"陈文新主编：《中国文学编年史·明中期卷》，湖南人民出版社2006年版，第505页。

罢去编修后"士及门者愈众,以清谈为筐篚,神机为币帛而已。即之貌温温然,听之言亹亹然"①。任职南雍后,梦祯更专意于造就人才,督课甚严且有恩义,李维桢《冯祭酒家传》对此有较详细的描述:

> 至则进诸生于庭,督诲之……辰入酉归,手一编与诸生等。诸生横经捧手,如墙而进,洪钟应叩,津梁不疲。得片语寸长,口之不置。即有瑕,不以掩瑜,务在奖成。……评阅去取益慎重……期年文体一新,天下翕然宗之。经所评目,卒为通人,不可胜数。②

钱谦益为冯梦祯所作墓志铭亦有相似记述。冯梦祯之所以能为名师,一是由其会元的举业盛名所致,二是由其严格而又坦诚关爱的师德师风所感召。如此师儒,自然受到学子爱敬,以至于梦祯后为曹郎所倾排时,诸生数千人争留之,有"愿冠铁冠,挟鈇斧,杀身以直公"者,差点闹出学潮。

梦祯的名师身份反映在文字上,除著有教育史性质的《历代贡举志》外,当时"诸生刻时义者必索序真实居士"③,故《快雪堂集》中有大量为程文、墨卷、课业等科举出版物所作的序文。这些篇什既是梦祯身为名师、桃李满园的明证,也反映了冯氏的科举观、时文观,是重要的科举文献。冯梦祯主张为文醇厚正大,反对浮冗谲怪之风,如云"时方趋谲怪而居士语平实无奇,相信者甚寡"④,又并不赞同以佛禅入文,云"今之操觚者竟以禅语入文而文病,又以文字说禅而禅亦病"⑤。他在为山东乡试所作的程策第三问(《快雪堂集》卷24)中,还较为系统地阐述了明代科举文风的变迁,以及学术与文章的相互关系,颇具理论深度。而在《皇明四书文纪序》中则坦陈自己对于科举教育的严肃态度:

---

① (明)李维桢:《大泌山房集》卷66《冯祭酒家传》,四库全书存目丛书集部第152册,第147页。

② 同上。

③ (明)冯梦祯:《快雪堂集》卷3《序吴养之时义》,四库全书存目丛书集部第164册,第83页。

④ (明)冯梦祯:《快雪堂集》卷3《序项生经义》,四库全书存目丛书集部第164册,第80页。

⑤ (明)冯梦祯:《快雪堂集》卷3《序郑元夫举业近草》,四库全书存目丛书集部第164册,第82页。

廷坚与余素以笔砚相劘切，至彼此遇合，各修其业不衰，课子授徒与经生无异，不以敲门砖弃之，而当其执管时，呕心凝神，务求作者之意，以适于甘苦疾徐之节。神情宁厚，声态宁薄，要以不愧先辈典刑而止也。①

梦祯将科举取士视作抡才大典，将时文视作关系士品的风标，无怪乎其有拒绝请托的刚正态度，这是其能成为名师的信念保障。

与担任学官时所表现出的名师风范不同，冯梦祯在为人、为文方面则不乏晚明名士的风度。在思想上，钱谦益谓其"师事盱江罗近溪，讲性命之学，居丧蔬素，专精竺坟，参求生死大事。紫柏可公以宗乘唱于东南，奉手抠衣，称辐巾弟子，钳锤评唱，不舍昼夜"②。冯梦祯接受王学左派，又参求佛禅老庄，体现了晚明文人三教合一的思想风尚，其所交游的僧俗两界之友如云栖、达观、憨山、屠隆、沈懋学、管志道、袁黄、董其昌、虞淳熙等都是活跃一时的文化名流，亦有大致相近的旨趣。冯梦祯入佛甚深，作为居士佛徒，其佛教因缘在其别集中有多处表现，如《日记》（《快雪堂集》卷47至卷62）、书牍、志铭等记录了他与各类佛友的交往，碑记、募缘疏、经序等则可见其参与佛事活动的广泛和甚深的佛学修养，学界对此已有所研讨，不烦赘言③。需要补充说明的是，对冯梦祯与老庄之学的因缘，今人估计尚有不足，如黄卓越认为："冯梦祯前期虽也有过一长段佛、道杂存的思想经历，但道教的因素在其思想结构中所占比率较小，并渐渐淡薄。"④ 对此有稍作辨析的必要。

由执着于个体感性生命而企慕道教的养生全真之学，到转入佛学，从更深的心性高度寻求解悟，这是晚明文士思想变迁的一般轨迹，而会通了佛、道的阳明之学则作为一种基调和底色存在于其间。多数晚明文士在入佛之前都曾有过学道的经历（袁宗道、陶望龄皆是如此），但道家思想与道教不能等同，士人学道而对道家思想尤其是庄子之学深有体会，则可能

---

① （明）冯梦祯：《快雪堂集》卷3，四库全书存目丛书集部第164册，第88页。

② （清）钱谦益：《牧斋初学集》卷51《南京国子监祭酒冯公墓志铭》，台湾文海出版有限公司1986年版《近代中国史料丛刊》三编，第1300页。

③ 参见黄卓越《明中后期文学思想研究》之附录一《冯梦祯与晚明东南佛教》，北京大学出版社2005年版，第266—283页。

④ 黄卓越：《明中后期文学思想研究》，北京大学出版社2005年版，第278—279页。

将其融入思想深层,并与佛禅结合而具有较长期的影响。如李贽有《老子解》《庄子解》,袁宏道有《广庄》,袁中道有《导庄》,陶望龄有《解庄》,谭元春有《遇庄》等著述,都并不因作者转向佛学或主要精研佛学而失去意义。在冯梦祯与道教的关系中,的确曾批评好友屠隆盲目追逐、沉溺于仙道之学(《快雪堂集》卷39《与屠长卿》),但那主要是针对道教的成仙梦想和玄门中的杂流道士而言的,并未否定道家。相反,从其别集中不难寻绎到若干深受道家影响的痕迹。

其一,冯梦祯自号"真实居士"。佛家以空、幻否定真、实,守真葆真是道家的终极理想,"实"则又含有儒家的笃执意味。所以,这一名号可谓是融合儒释道三家名相的结果,颇能反映梦祯的思想实际。

其二,冯梦祯自言其心路云:"余弱冠时所遭多变,掩户日读庄文郭注,沉湎濡首,废应酬者几尽两月。嗣遂如痴如狂,不复与家人忤,亦遂不与世忤,一切委顺萧然。至今后读佛乘,渐就冰释,然则庄文郭注其佛法之先驱耶?!"① 可见,礼佛后的梦祯并未弃去庄学,而是加以会通而已。冯氏论文亦以真为宗,如云:"夫叠石为山以寄丘园之适,非不穷工极妍,而终无真趣,为其非造物所成也。即造物所成矣,一树一石,姿态之巧,玩之可以解饥劬、畅心神,况大此者耶?故余之论文以真为宗,一语之真,充之,启口皆真矣;一言之真,充之,掇体皆真矣。"② 以真为宗即以自然为宗,这是老庄的基本理念。

其三,冯氏的诗文随性而发,脱略格套。其门人顾起元谓之"好独行其意,沉郁澹雅,简远冲夷,称心而言,尽兴而止"③,《四库总目》亦云其"皆喜于疏快,不以刻镂为工,而随意所如,无复古人矩矱矣"④。《快雪堂集》存诗仅二卷,但才情艳发,颇见名士风流,如《忆姬人》:

客游数改期,不为桃花堤。离衾淹昼雨,梦驾怯春泥。芳草远犹

---

① (明)冯梦祯:《快雪堂集》卷1《庄子郭注序》,四库全书存目丛书集部第164册,第50页。

② (明)冯梦祯:《快雪堂集》卷3《序四子采真录》,四库全书存目丛书集部第164册,第84页。

③ (明)冯梦祯:《快雪堂集》卷首顾起元序,四库全书存目丛书集部第164册,第2页。

④ (清)永瑢等:《四库全书总目提要》卷179,中华书局1965年版,第1614页。

绿，柔条近更迷。妾心宁自苦，愁杀乱莺啼。①

又如《无题四首》其二：

> 读罢新词齿颊香，从今梦亦为花忙。郁金堂里春无限，安得如君锦绣肠。②

诗语清丽疏朗，诗情袅娜缠绵，与公安诗风有相近之处，足见真名士之风流。朱彝尊《静志居诗话》云："冯公儒雅风流，名高三席，归田之后，间娱情声伎，筝歌酒筵，望者目为神仙中人。"③ "神仙中人"之类的称赏，常见于时人对冯氏的评价之中，"神仙"云云，自是道家的话头。

在冯氏的文章中，有一篇《羽童墓志铭》值得一读。此文乃其为曾经蓄养的一只名为羽童的雌鹤所作，对其来历、习性、经历、结局等的叙述，都像是对于一位朋友生平的交代。其中述及闲逸之乐，有云：

> 余妇亲噉食之逾月，比至拙园，或岁余不见，见辄鸣舞就之，啣衣投怀，或反喙向胸而触。余妇曰：是识我求食耳。故最喜为羽童营食。余至亦然，努唇向之，作声则长鸣相应，声彻云表。或久不至，则飞鸣追逐，徘徊顾盼，若甚喜者数，至则又不然。人有窥园或阑入，辄高鸣以警守者，遇童竖则追影而啄之，或伤额颅，流血被面，大人则否，故童竖甚患苦之。④

鹤，向为仙家所好，蓄鹤当然是清雅之举，而妇为营食、啄伤童竖等细节又不乏人间情味。这是一篇既真实又超拔的佳作，它以形象化的叙述表达了晚明士人在俗世中寻求超脱的价值取向。

冯梦祯别集中的文字表达与其现实中的名士姿态是一致的，他耿介自适的性情与推尚真趣的自然观，都与魏晋名流的风度神似。时人对其行迹的描述也大致趋同，如顾起元云"归筑蒲园于西湖之上，日与友人啸咏

---

① （明）冯梦祯：《快雪堂集》卷64，四库全书存目丛书集部第165册，第123页。
② 同上书，第114页。
③ （清）朱彝尊：《静志居诗话》卷15，人民文学出版社1990年版，第447页。
④ （明）冯梦祯：《快雪堂集》卷14，四库全书存目丛书集部第164册，第246页。

于其中，间命轻船，载歌儿吹箫度曲，荡漾六桥三竺间，人望之飘飘然若神仙也"（《快雪堂集》卷首序），丁元荐云"登临胜赏，四座雄风，景物陆离，才情横溢。或掀髯高咏，或兀坐冥契，或程量千古，或感愤世局，或与名流衲子微言妙解，片语只字绰有余韵"（《快雪堂集》卷首序）。名士化的会元冯梦祯，不仅在晚明文士中具有代表性，而且与明前期名臣化的会元形成对照。其"身份写作"与"非身份写作"的巨大差异表明，非体制化倾向已由明代前期的局限于地域（如苏州）和个人，演变为普遍性、整体性的现象。作为知识精英的会元群体在人生价值、社会角色、个人心态等方面都发生了巨大变化，其中所折射出的文化信息丰富而耐人寻味。

第八章

明代中期科举的个案研究

自宪宗成化至穆宗隆庆五朝，共历107年（1465—1572），是明代历史上稳定发展而又潜伏着变化的中期阶段。其间，既有孝宗的"弘治中兴"和世宗前期的革弊布新，也有武宗的宠阉乱政和世宗后期的权臣暗斗。百余年中，朝局起伏颇大，实则隐含了明代后期政治发展的一些走向。就科举取士而言，明代中期是明代科举史的成熟鼎盛阶段，表现在考试及相关制度完备、科举文体定型、科举教育更为普及、应试者范围和人数扩增等诸方面。对明代中期科举进行专门研究尤其是个案性研究，有助于深化明代科举史、政治史、教育史、文化史、文学史的认识。

第一节 王鏊的意义

在明代科举史和文学史上，王鏊都是一位不能忽视的人物。就科举而言，王鏊不仅以乡试第一、会试第一、殿试第三的优异成绩成为典型的科举精英[①]，而且以其牢笼百代、无法不备的制义程文，为明清两代的衡文试官、应试举子和各类选家所普遍推崇。王鏊是八股文定型成熟后第一位具有宗师地位的人物，对后世产生了广泛深远的影响。就文学而言，王鏊生活的15世纪后半期至16世纪前20年，正是明代文学由台阁体到茶陵派再到前七子等相继嬗递、叠交的活跃时期。王鏊虽不是各个潮流的核心人物，但他身当其时，又身居文化高官之位，故与各个文学思潮和创作之

---

① 在明代科举史上，乡试、会试和殿试皆得头名，即所谓"连中三元"（解元、会元、状元）者，只有正统十年乙丑科的商辂一人。次之者，则有永乐十年壬辰科的林志和正统四年己未科的杨鼎二人，皆为乡试第一、会试第一、殿试第二。故从有明一代276年的科举考试成绩来看，王鏊可排名第四，而其对后世科场的影响之大则远在前三人之上。

间都有一定之瓜葛,无疑是这一阶段整体文学现象的重要个体。对王鏊进行研究,可以从科举、政治、文学、文化等多角度介入,具有多重价值。

王鏊的著作,据清宣统《太原家谱》卷18下《王鏊年谱》所述有十种之多,《四库全书总目》著录王鏊著作六种,即《震泽集》三十六卷,入集部;《震泽长语》二卷,入子部;《史余》一卷,入史部存目;《春秋词命》三卷,入集部总集类存目;《震泽编》八卷,入史部存目;《姑苏志》六十卷,入史部。除去编纂,今可见的王鏊自撰之作有《震泽集》《震泽长语》《震泽纪闻》三种,前一种为诗文集,后二种为笔记。今人吴建华以此三种为主,搜辑遗佚之作近五十篇,点校为新的《王鏊集》(上海古籍出版社2013年版),这是首次将王鏊的诗文、笔记汇集出版。以此为基本文献,可以对明代中期科举作出怎样的解读呢?

一 科举之制

王鏊自成化十一年(1475)二十六岁以进士第三人及第入仕,直至正德四年(1509)六十岁辞官归隐,前后三十五年间,除去乞假省亲及丁内、外忧的几年外,一直在京任职,长期担任翰林院、詹事府职事,后转任吏部,寻以吏部侍郎兼翰林院学士入阁。在任期间,王鏊先后担任过成化二十三年和弘治三年的会试同考官,担任过弘治五年应天乡试主考、弘治九年和正德三年的会试主考,还曾担任过弘治十五年的会试知贡举官。因此,王鏊对明朝的科举制度有着直接、密切而深入的接触,这集中表现在他对科举弊端的感受和对科举制度改革的设想上。

明代的文官选用,号称"进士、举贡、杂流三途并用,虽有畸重,无偏废也"①,而自明中叶之后,实际情况却是:三途虽无偏废,但畸轻畸重之别有若天壤。王鏊对此深有感触,在为弘治九年会试所作《会试录后序》中,他指出:

> 进士之选,今日之所甚重焉者也。历代用人,有明经、贤良、孝廉、博学宏辞诸科,而进士为重。至我朝,又加重焉。馆阁之选,于是焉取之;台、省、寺、院,于是焉取之;方岳郡县,于是焉取之。

---

① (清)张廷玉等:《明史》卷69《选举志一》,中华书局1974年版,第1675页。

不由是者，不谓之正途。①

在选官上，进士出身者具有很大优势，升迁前景也远优于其他途径入仕者。这一状况自明代中期开始日渐突出，重要部门、职务例由进士出身者担任，具体情形是：

> 自一甲外铨部，随阙注选。二甲，内主事，外州牧。三甲，内评事、行人、博士，外县令。皆据一时名氏，后先为差，而给事、御史则简拔用之。其简拔非必尽以行义、文学、知识也，独察之貌言之间。②

进士即便是被选为地方县令，也是"上官殊礼示优，政成，召入为御史，达官往往有之"。可见，吏部在选官时主要依据的是待选者的功名等次，其他因素则较少考虑。

独重进士的科举选官状态造成的负面后果是多方面的，最直接的便是人才的淹滞。王鏊亲身所见的就有好几位学博才高的士子未得一第，愤志以殁。如与他同乡又曾为同学的吴鸣翰、吴德润二人，都是少俊聪颖，诗文字画不俗的才华出众之士，但皆因屡试不售，无所施用其才。吴鸣翰"不及贡以卒"，吴德润虽"循次以贡试大廷，入太学"，但当时循次为监生已历数年，由监生入仕又需待选数年，所得者不过杂职佐贰而已。对此暗淡人生，吴德润"挹然迟之"，认为"吾年已非少，又如是焉，吾且入木，又乌能待彼哉？"③于是，乃拂衣归隐，再也不事进取了。虽然乐志田园也未尝不是一种人生价值，但对于国家社会而言，却不得不说是一种人才的浪费。与"二吴"相似的，还有"少负奇气，议论伟然"的皇甫信和"深于经学而笃于行"的黄簏。皇甫信为文数千言立就，其才不输于王鏊，亦与其一同受知于苏州知府丘霁，但八试应天皆不第，待得循次贡入太学时，已"病不能行矣"，次年便卒于家中。黄簏偃蹇青衿二十

---

① （明）王鏊著，吴建华点校：《王鏊集》卷11，上海古籍出版社2013年版，第196页。
② （明）王鏊著，吴建华点校：《王鏊集》卷12《送翁希曾知浮梁序》，上海古籍出版社2013年版，第206页。
③ （明）王鏊著，吴建华点校：《王鏊集》卷30《吴德润墓志铭》，上海古籍出版社2013年版，第415页。

年，贡入太学后又待次铨部十余年，行将任职之际却染病而亡了。①

以上现象并非偶例，它反映出从明代中期开始，科举仕途日渐壅滞，而学校教育也越来越变为朝廷牢笼士子的工具。如弘治十七年，南京国子监祭酒章懋上奏修举学政事宜，中言：

> 岁贡诸生，先在各处府州县学为附学、为增广，亦既有年，然后得廪。其廪膳必二十余年、或三十年而后得贡。迨贡入国学，远者十余年，近亦三五年而后拨历。又历事一年而挂选。通计前后年数，已及五六十岁，又待选十余年而后得官，则其人已老，多不堪用，因而死亡者亦不少矣！②

章懋作为最高学官，所言当是南方地区的普遍情形。证之以七应乡试而不得一第的文徵明的描述，可知所言不虚。文徵明在正德十三年写的《三学上陆冢宰书》中言及贡举之滞才现状说："略以吾苏一郡八州县言之，大约千有五百人。合三年所贡，不及二十，乡试所举，不及三十。以千五百人之众，历三年之久，合科、贡两途而所拔才五十人……几何而不至于沉滞也？"③ 文氏本人即是到五十四岁才以贡生身份被授予翰林待诏而入仕的，好在他得享耄龄，不然也只能白首青衿徒留余恨而已。④

如果说在朝的章懋、在野的文徵明以奏疏和书牍反映了明代中期科举之弊的某个方面的事实，那么，王鏊通过与自己关系亲近的几位才士的人生遭际，不仅深致悲慨，而且进行了理性的反思。随着政治地位的提升，他还对科举制度的改革提出了设想。

在《容庵葛君家传》中，王鏊表现出明确的问题意识："世之用人者，临事每以乏才为叹，而才之伏于下者，又以不得用为难。两相求而不

---

① （明）王鏊著，吴建华点校：《王鏊集》卷29《皇甫成之墓志铭》、卷25《黄和仲墓表》，上海古籍出版社2013年版，第413、362页。

② （明）章懋：《枫山章先生集》卷1《举本监弊政疏》，新文丰出版社2008年版《丛书集成新编》第67册，第18页。

③ （明）文徵明：《甫田集》卷25，上海古籍出版社1987年版，第584—585页。

④ 文徵明是明代中期以苏州为中心的江南才士群体的一员。这一群体中，早于王鏊的沈周、吴宽等人，晚于王鏊的祝允明、唐寅、文徵明、陆粲、黄省曾等人和王鏊之间存在着或亲或疏的师、友、生的关系。他们的交游情况，参见苏州大学晏景中2008年硕士学位论文《王鏊交游初探》和浙江大学刘俊伟2011年博士学位论文《王鏊研究》。

相值，何哉？"答案其实很简单，就是要不拘一格地选才和用人。王鏊在回溯本朝太祖太宗"时时意外用人……取之非一途"之后指出：

> 降及后世，一唯科目是尚。夫科目诚可尚也，岂科目之外更无一人乎？有人焉，不独不为人知，即举世知之而不见用，非不欲用，不敢用也。一或用焉，则群起而咻之，用者亦且自退缩。前后相戒，谨守资格，甚便且安。是故下多遗才，朝多旷事，任法之过，端至是哉！①

王鏊清醒地认识到，考试选才因为有相对客观的评价标准和公正性的制度保障，可以"甚便且安"；而不拘一格地选用人才，则因主观性因素的增加，可能会导致"群起而咻之"，在操作上具有难度。这就需要从取士之制上加以设计，找到平衡。王鏊因此对于唐宋时期特为兴盛、至明代已成绝响的制科之制颇为推崇，在其著述中多次论及，用心甚挚。

在《拟皋言》一文中，王鏊对设科取士之法进行了历史性的反思权衡。既看到了"古之通经者，通其义焉耳。今也割裂装缀，穿凿支离，以希合主司之求。穷年毕力，莫有底止。偶得科目，弃如弁髦"的古今差异，又认为进士之科不能轻易更革，因为"其学正矣，其义精矣。所恨者，其途稍狭，不能尽天下之才耳"。所以他提出"欲于进士之外别立一科，如前代制科之类"的想法，但文中未及细论。② 其后，他又在正德皇帝继位之初，草时事疏一通，将"讲学、延下、用人、节用"四事作为当务之急郑重提出。对于"用人"，他的设想是：

> 天下固有瑰奇超卓之材不能事科举之学者，往往遗之。……臣愚，欲于科、贡之外略效前代制科或博学宏词之类，以待非常之士。或旁通五经，或博极子史，或善诗赋，兼工书札，不问有官无官，皆得投进。每六年一举，所取不过十余人。其翘然出类者，储之翰林，或以簉庶吉士之选，次以备科，次以备道，又次以备部属中书等官。

---

① （明）王鏊著，吴建华点校：《王鏊集》卷23《容庵葛君家传》，上海古籍出版社2013年版，第333页。

② （明）王鏊著，吴建华点校：《王鏊集》卷33，上海古籍出版社2013年版，第467—470页。

先有官者，视所宜而加其秩，庶可以网罗遗才。……武臣亦然。或骁勇绝人，或骑射出众，或谋略著闻，皆选置边将幕下，待其有功，不次拔擢，庶缓急之际不至乏才。①

这一看法，明显地带有理想化的复古意味，与同一时期文坛上出现的前七子的复古主张一样，都是通过效法前代贤圣以改革时弊的努力。相同的思路反映了共同的规律，那就是：法行既久必弊，弊则求变。而在传统中国，因为历史的悠久绵长，崇古厚古的思维在士人中特别突出。这使他们在因弊求变时，往往将目光投向丰厚的历史遗产，但是因为各种条件的限制，理想化的复古美意很难转化为现实场景。前七子的理论主张未尝不激动人心，但他们的实际创作却难臻佳境；同样，王鏊虽以阁臣之位有此论列②，但因"同列者皆迎合附和且有与为表里者"，王鏊独立其间"度必不能挽回"，故此一《时事疏》最终"未及上"，当然也就没有见到任何反馈。其后，虽然明廷和朝臣多次明确申明选官的"三途并用"政策，但未从根本上改变局面，明代科举"独重进士"的偏向没有逆转地愈演愈烈，直至明亡。③

二 科举之事

因曾在翰林院长期任职，王鏊对于具体的科举事务是比较熟悉的。在这方面，值得提出加以讨论的，是他对科举考试公正性的强调以及由此延

---

① （明）王鏊著，吴建华点校：《王鏊集》卷19《时事疏》，上海古籍出版社2013年版，第283页。

② 正德元年四月王鏊服阕，应召回京任职，升吏部左侍郎。十月，以吏左侍兼翰林院学士入阁办事。刘俊伟《王鏊年谱》将此奏疏系于正德元年五月，然揣此疏语气，应为入阁后所作。

③ 在这方面，明世宗曾颇想有所作为。嘉靖八年，礼部尚书方献夫等以灾异陈言，世宗谕以"进士、举人、监生并用……一体擢用奖劝，上司不许自为轻重之别，庶几可多获人才"（《明世宗实录》卷97"正月丙寅"条）。嘉靖十年，下诏复"三途并用"之制，以改变"人尚浮辞，不修实行，蠹国害民者在在有之"的局面（《明世宗实录》卷121"正月庚寅"条）。嘉靖四十四年，御史张士佩上言资格之弊，世宗有旨复申"朝廷为官择人，原不拘资格"（《明世宗实录》卷544"五月戊子"条）。可惜万历之后，独重进士的局面更为失衡，积重难返，且资格与朋党牵纠结，二者"牢不可破，而国事大坏矣"（顾炎武《日知录》卷17"进士得人"条）。相关研究参见田澍《嘉靖革新研究》（中国社会科学出版社2002年版）、郭培贵《论明代中后期铨选的独重进士》（《河南师范大学学报》2003年第5期）。

伸出来的科举政治的倾向性问题。

王鏊对科举考试公正性的强调，不仅表现在思想认识和言语文字上，而且付诸刚正的践行。有三件事值得注意。一是成化二十年甲辰科会试，时在翰林院任职已近十年的王鏊按资历当同考会试。试前有举子以千金为贿，欲通关节。此人先期已获阁臣万安、刘吉许诺，本想区区一名试官不难买通，孰料王鏊竟断然回绝，表示"当国者可，吾固不可"。王鏊因此得罪了万安等人，未能参与此科会试阅卷，但一时"物议骇然，人自是知公清节矣"①。二是弘治五年，王鏊被任命主考应天府乡试，南京守备太监蒋琮有门客应试，请人说项，以势相胁，王鏊竟疾言峻拒，声明"当今公道，惟科目一事。吾受命主试典文，所知者文字耳，馀非所知也"。蒋琮因此心怀憾恨，欲以他事弹劾王鏊，但终无果。王鏊在为此科乡试录所作序文中磊落地向朝廷表示"顾臣浅陋，恐不能尽职，惴惴焉无以称明诏，委任是惧。然所谓公无私者，臣不佞，窃以为近之"②。值得注意的是，后来成为八股文名家的顾清和五应秋闱的江南才士祝允明都于此科中式，王鏊对他们的答卷评价甚高，欣喜于科举得人。但可惜的是，王鏊的同乡同学、颇有才华的吴鸣翰却再次落榜，王鏊对此深为愧憾，特作《愧知说》感叹云：

> 於戏！永叔之于刘晖，子瞻之于李豸，去取之间，果有非人力所及者，其将谓之何哉？然君不以是罪予，其意曰："有法焉，非子之过。"予之所以自解者亦曰："有法焉，非予过也。"而平日所谓知者，何如哉？③

由此可见，王鏊在典试过程中的确是秉公办事，没有因私人关系而败坏国家法度。

以上二事说明，为了维护科举取士的公正性，王鏊不仅敢于得罪权臣，也敢于得罪权阉。要知道，后者在明代尤其是中期之后权势日渐膨

---

① （明）王鏊著，吴建华点校：《王鏊集》附录《太傅文恪公年谱》，上海古籍出版社2013年版，第726页。

② （明）王鏊著，吴建华点校：《王鏊集》卷10，上海古籍出版社2013年版，第191页。

③ （明）王鏊著，吴建华点校：《王鏊集》卷14，上海古籍出版社2013年版，第231页。

胀,孝宗在有明诸帝中虽以贤明著闻,然亦有宠信内珰李广之事。① 权监蒋琮留守南都,"公卿至者皆先通姓名,否则不得入",而王鏊拒绝其请托,是冒着一定风险的。

王鏊坚持科举考试公正性的另一件事影响更大、意义更深。

正德三年,王鏊以阁臣身份被任命为会试的主考官及廷试读卷官。此科取士颇有一些可议之处,因为它是在刘瑾及其党羽当权的情况下进行的,科举的公正性与政治的倾向性纠缠在了一起。先是刘瑾为便于登进私人,而对会试考官施压。据王世贞《弇山堂别集》载:"或传会试锁院后,刘瑾以片纸书五十人姓名欲登第,主司不敢拒,唯唯而已。瑾曰:'先生辈恐夺贤者路耶?'即开科额,三百五十人皆上第。"② 王世贞谨慎地将此事作为传闻记载,未予置评。不过,除了少数几科特殊情况外,明代科举会试所取人数基本上定额为三百人,此科所取有三百五十人之多,应该事出有因。如果传闻属实,那么,一则可见刘瑾权势煊赫,片言即可变更科举成宪;二则王鏊作为主司"虽不敢拒",但"唯唯而已"之间,是不是也有所推脱呢? 不然,刘瑾怎么会顾忌"恐夺贤者路"而以增加录取名额的变通之法来达到登进私人的目的呢? 或许正因为有此难言之衷,王鏊在此科《会试录序》中,特别向新进士们讲了一通"事君之道",他说:

> 盖事君之道,先其实而后其名,怯于利而勇于义。所谓先其实者,位有崇卑,居之必求无忝乎其职;事有难易,行之必求无负乎其心。所谓后其名者,时然后言,言取其当而已矣,非务以为奇;当官而行,行取其方而已矣,非苟以为异。所谓怯于利者,所当得欤则寡取之,无以盈溢逾其分;非当得欤则峻绝之,无以阘昧伤其洁。所谓勇于义者,见义惟允,立志斯定,勿以毁誉得失夷险贰其心,渝其操。是事君之道也。③

---

① 刘俊伟《王鏊年谱》(浙江大学出版社2013年版)于弘治十一年十月条下引旧谱谓"初,李广得幸于上,朝士多附丽取宠。广败,赃贿狼藉,大臣多被点污,惟公绝无一迹",可见王鏊平素清介自守。
② (明)王世贞:《弇山堂别集》卷82《考试考二》,中华书局1985年版,第1565页。
③ (明)王鏊著,吴建华点校:《王鏊集》卷12,上海古籍出版社2013年版,第214页。

从行文看，文章明显地带有经义文的体式特点。思维周密，偶对精切而又骈散相兼，齐整中透出一股气韵。虽然说的是大道理，但细绎起来，未尝没有作者自明深心的意味在，尤其是"行之必求无负乎其心""勿以毁誉得失夷险贰其心"等语，不当泛泛读之。

取额增加只是此科考试可议处之一，更有甚者则是阁臣焦芳、兵部尚书刘宇各有一子入试，按回避原则，焦芳、刘宇都应不参与阅卷，但武宗特许芳、宇二人仍为廷试读卷官。不仅如此，焦芳必欲其子位列一甲，因此与王鏊发生激烈冲突，引发了关于政治上的南人、北人之争，甚至导致了王鏊后来的辞官归隐。他在《震泽纪闻》卷下《焦芳》一条中，对焦氏甚为不耻，叙其子焦黄中的中式经过云：

> 芳子黄中，亦傲狠不学。举戊辰进士，芳必欲置之一甲，鏊不可，遂大恨，所以中伤者无不至矣。尝言于谨曰："宋人有言'南人不可为相。'"且为图以进。谨然之，始不悦南士。芳不独党于其乡，凡闻一北人进，喜见于色；一南人退，亦喜见于色。①

焦芳借宋元以来政治上的南北之争向身为南方人的王鏊发难，他向刘瑾的进言产生了两个后果，一是朝廷增加了陕西、河南等省乡试的解额，且涉及南北分卷录取的平衡问题②；二是王鏊写了《南人不可为相论》予以回应。王鏊此文的立场是："惟贤与佞何地无之？南贤用南，北贤用北，亦在人君审择之而已。"③人君审择的原则在于"至公"。但如何才能"至公"？南、北之界限应不应作为标尺之一？却不是简单的肯定或者否定能够解决的。

中国的南北问题涉及政治、经济、军事、文学、社会、文化等多个领

---

① （明）王鏊著，吴建华点校：《王鏊集》，上海古籍出版社2013年版，第639页。
② 各省的乡试解额问题既是教育水平不均衡的表现，也是维护各地教育公平的手段，同时还体现了政权分配的平衡原则。此次乡试解额增加乃因刘瑾、焦芳分别为陕西、河南人之故，据《明武宗实录》卷36"正德三年三月壬戌"条："陕西增三十五名为百，河南增十五名为九十五，山东增十五名，山西增二十五名，俱九十。且以会试分南北中卷，额数不均，自今中卷内，四川解额亦添与十名，并入南卷，其余并入北卷。南北均取一百五，著为定规。"（第868页）这一变动的幅度和影响都不小，刘瑾败后才恢复原态。
③ （明）王鏊著，吴建华点校：《王鏊集》卷33，上海古籍出版社2013年版，第467页。

域，甚为复杂。明代的南北问题有一个突出的特点，即与科举上的南北分地录取之制互为表里、互相作用。从洪武朝的"南北榜"事件，到宣德、正统间会试的南、北、中分地而取，直至景泰五年成为定制，明代科举逐渐探索出一套分地域录取以扩大统治基础、增强各地凝聚力、平衡政治权利、维护教育公平的有效制度。而正是因为南北分地录取的科举之制承载了如此多的功能，故相关领域、相应集团的权益之争便极有可能表现在科举考试、科举选官等环节中来。

可以举一个例子。学界已经注意到，明代中期前七子的崛起与科场上的南北取士之争有一定关联。陈文新、郭皓政等认为："明朝开国以来，文坛和科场长期处于南方文人的掌控之下。以吴中地区为代表的江南文化和以江西地区为代表的宋型文化，轮番占据文坛的主流。……至弘治时期，前七子先后考中进士，开始在文坛崭露头角。他们倡导'文必秦汉，诗必盛唐'，明显带有以北方文风主导全国文坛的意味。"曾为弘治朝内阁首辅的名臣刘健（河南洛阳人）"对前七子的崛起有直接作用"，而馆阁领袖李东阳、吴宽在名义上是前七子的座师，但因政治上的南北之争以及文风上的南北之异，使他们相距甚远。① 以科举与政治的视角来理解前七子的复古主张，可以得到比以往更深入而全面的认识。

我们关注的是，王鏊在这场南北之争中的政治态度。应该说，他在《南人不可为相论》中的表态是真诚的，这从他退居林下后写给时任吏部尚书的苏州同乡陆完的信中，也可以得到证明：

> 铨曹自昔所重，入国朝尤重，而南士居之者颇鲜。若吾苏，则自昔无之，而始见于今也，可不谓盛乎？……然又有一焉，自昔北人得志，每摈乎南；南人得志，亦稍效尤。数年来，遂成南北之党。愿公勿似之。②

身为南人，王鏊却劝告同乡陆完勿私党南士，这源于他的个人秉性。王鏊多次自陈"予与世寡谐，人亦鲜与谐者。立朝几四十年，日接天下士，

---

① 陈文新主撰：《明代文学与科举文化生态》第二章第二节，高等教育出版社2016年版，第69—79页。

② （明）王鏊著，吴建华点校：《王鏊集》卷36《与陆冢宰书》，上海古籍出版社2013年版，第511页。

而所与友者才四五辈"①。其婿徐缙对他的感受是"性沉静，寡言笑。与人交，简而若严，自不敢干以私"(《行状》)，其后学文徵明对他的评价是"公为人敦悃靖谧，与世寡与，而能以道自胜"。② 以王鏊这种以道自任、孤傲寡合的性情，面对政治上的南北之争，自然会表现出独立不党的姿态。

细读《王鏊集》及相关史料不难发现，王鏊在政治、哲学、文学等方面都有相当的地位和建树，但是他始终不曾居于相关领域的核心，虽然他有这种可能和实力。何以如此？笔者认为，正是他的个性使然。王鏊憨直孤傲的性格体现在哲学思想上，就表现为坚守传统儒学，折中朱、陆而不盲从；体现在文学上，就表现为强调道德与学养，不偏重于唐宋或秦汉一方。思想上的不随、政治上的不党、文学上的不浮、为人上的不苟，使他不可能居于各个圈子的核心。

尽管王鏊在戊辰科会试和廷试中与刘瑾、焦芳等有所周旋，但刘瑾动辄以矫旨行事，其气焰远非前代权珰可比，结果焦芳、刘宇之子终以二甲第一和第四的名次考中进士。一时舆论对此颇有不满，晚明沈德符在《万历野获编》中曾记载当时轶事一则：

> 放榜后，以取舍不惬士心，流谤入禁中。大内演戏，优人为主司问答状，或讥其不公，则对曰："王良天下之贱工也，安所得佳文字？"盖以良为梁（储）也。是科或传刘瑾以片纸书五十人姓名入闱，主者有难色，瑾特为增额五十名，其事未必真，而刘宇之子仁、焦芳之子黄中俱以奸党冒上第，又传奉黄中等八人为庶常，俱非常之事，士子之肆诮固宜。③

可以想见当时舆论的压力。以王鏊不善于弥缝将顺的性情，他与刘瑾、焦芳之流的共事是比较痛苦的，故终于在正德四年以衰病为由上疏辞

---

① （明）王鏊著，吴建华点校：《王鏊集》卷23《东冈高士传》，上海古籍出版社2013年版，第323页。

② （明）文徵明：《甫田集》卷28《太傅王文恪公传》上海古籍出版社1987年版，第661页。

③ （明）沈德符：《万历野获编·补遗》卷2"科场·士子谤讪"条，中华书局1959年版，第862页。

官,时年六十。王鏊一生的仕宦,可谓毁誉皆在科举,由此亦可说明:明代科举对于政治、对于士人的影响是巨大而深远的。

三 科举之文

成化、弘治年间,是明代科举制义之文由定型而成熟的时期,其典型的代表作者是王鏊和钱福,而尤以王鏊的影响更大。值得注意的是,后人同样推重王鏊的古文,对明代文章颇有研究的黄宗羲在梳理明文脉络时,曾胪列所谓"有明文章正宗":

> 有明文章正宗,盖未尝一日而亡也。自宋、方以后,东里、春雨继之,一时庙堂之上,皆质有其文。景泰、天顺稍衰,成、弘之际,西涯雄长于北,匏庵、震泽发明于南,从之者多有师承。正德间,余姚之醇正,南城之精炼,掩绝前作。至嘉靖而昆山、毘陵、晋江者起,讲究不遗余力,大洲、浚谷相与犄角,号为极盛。万历以后又稍衰,然江夏、福清、秣陵、荆石未尝失先民之矩矱也。①

其中,成、弘时期的代表者是李东阳(西涯)、吴宽(匏庵)和王鏊(震泽)。可见,王鏊在制义时文和传统古文两方面都居于主流系统的位置。而笔者关注的是:作为"制义之祖"的王鏊怎样看待科举文章?他对时文与古文的关系有何认识?

王鏊并不以制义程文作为自己传之后世的文字之业。文徵明为王鏊作传说:"(鏊)少工举子文,既连捷魁选,文名一日传天下,程文四出,士争传录以为式。公叹曰:'是足为吾学耶?'"②王鏊在辅导后进学子举业时,也绝不从篇章、字句的层面立说,而是鼓励学子应有高远的精神境界和深厚的经史学养,其说如下:

> 夫文非艺也。本之吾心而发之于言,不可伪为也。故看书明白,则词措而理显;养得深厚,则兴至而格立。神定者其力专,理精者其

---

① (明)黄宗羲:《明文案序下》,《黄宗羲全集》第10册,浙江古籍出版社2005年版,第20页。

② (明)文徵明:《甫田集》卷28《太傅王文恪公传》,上海古籍出版社1987年版,第662页。

意彻。学也，而文在其中，故论文即道也。……盖以时文为时文，而不以我去为时文。终日翻来覆去，只是几句旧时文中说话。(《答张元夫书》)

  大抵举业虽非上乘之文，然以吾真实之心思，发圣贤真实之教诲，须将种种嗜欲尽情抛舍，种种伎俩尽情抹杀，而一意于文，专心凝习，用工久之，自有觉悟。(《与顾生书》)

  汝辈做举业，须先打扫心地，洁洁净净，不使纤毫挂带。然后执笔为文，不论工拙，定有一段潇洒出尘之趣。……若不理会自己，而专于旧时文上东涂西抹，虽能窃取科第，终非上乘举业。①(《示馆中诸生》)

王鏊批评当时科场的应试之文是"变讲说为词章，而于圣贤立言之旨，有茫然不测其故者矣"，故谆谆告诫说：

  吾辈为时文，不可翻阅讲章，亦不可专主传注，须澄神定虑，先将经书正文从容讽绎，务要见古先圣人立言之意，看得明白，然后胸中之真见发而为文，则不期精而自精矣。②

这些论述，立足于创作主体内在精神的生发，是以传统古文的标准来衡量、指导时文的创作，可谓在唐宋派"以古文为时文"之先，即已揭出此意。而且，王鏊身体力行，在担任考试官时"取士尚经术，险诡者一切屏去。弘正间，文体为一变"。③

  王鏊的主张是有感而发、应时而起的。明代中期的科举之文，一方面定型立体，形成了所谓"成、弘法脉"；另一方面也在随时应变，滋生出功利化、应试性的流弊。从朝廷的反映，即可见一斑，如成化十三年，明廷令"出题较文并刊录文字必须依《经》按《传》，文理纯正"④；弘治

---

① (明)王鏊著，吴建华点校：《王鏊集》补遗，上海古籍出版社2013年版，第536、534页。
② (明)王鏊著，吴建华点校：《王鏊集》补遗《答张元夫书》，上海古籍出版社2013年版，第536页。
③ (清)张廷玉等：《明史》卷181《王鏊传》，中华书局1974年版，第4827页。
④ (明)刘吉等：《明宪宗实录》卷173"成化十三年十二月辛亥"条，第3128页。

七年，礼部申明"作文务要纯雅通畅，不许用浮华险怪艰涩之词答策，不许引用谬误杂书"①；弘治十二年，严禁民间书坊刊行《京华日钞》《论范》《文衡》等科举应试用书，而将经、传、子、史等书及圣朝颁降制书一一对正印行②；正德十年，给事中徐文溥奏言科举事宜，言及"近日主司务为谲怪，或割裂文义，或偏断意旨""近时时文流布四方，书肆商人藉此贾利，士子假此以侥幸，宜加痛革"。③凡此，皆说明明代中期的科举之文已因功利因素之侵蚀而不能体现写作者的思想内蕴，朝廷"正文体"的要求不是到隆、万之后王学盛行才出现的。

从思想取向而言，王鏊当然偏于正统的程朱一派。但因其所处之时代在政治上有所变乱，在思想上有所松动，故其不会不受到一定的影响。反映到文章上来，就表现得较为融通。他的古文，因不离台阁正统，故而能典则雅驯，又因其不乏融通，故而能雄伟俊杰，即所谓"纯而不流于弱，奇而不涉于怪，雄伟俊杰，振起一代之衰"④。他的科举时文也是不离正统而不乏融通的，因不离正统，故而认理精微，循题守正，又因其不乏融通，故而能机调圆美，无法不备。两方面合而观之，达到了四库馆臣所称美的"时文工，而古文亦工也"⑤的境界。

在明代中期，像王鏊这样古文与时文俱佳的作者，还有吴宽、赵时春、唐顺之、归有光、茅坤等人。他们将科举时文与传统古文视作一体之两面，所谓"一体"，即为文的本体——道，他们认为科举时文与传统古文只是文以载道的形式不同而已。前者表现为对道（通过述道之经）的记诵、解释和表述，后者表现为对道（通过体道之人）的体认、践履和传播。因此，时文与古文的互渗互济便是一件自然的事。

---

① （明）李东阳等：正德《明会典》卷77《礼部三十六·学校二·科举·乡试·事例》，上海古籍出版社1987年版，影印文渊阁四库全书第617册，第744页。

② （明）李东阳等：《明孝宗实录》卷157"弘治十二年十二月乙巳"条，第2827页。

③ （明）杨廷和等：《明武宗实录》卷132"正德十年十二月乙亥"条，第2630页。

④ （明）王守仁：《王文成公全书》卷25《太傅王文恪公传》，影印文渊阁四库全书第1265册，第692页。

⑤ （清）永瑢等：《四库全书总目》卷171《震泽集》提要，中华书局1965年版，第1493页。

第二节 弘治朝之科举与会元

明孝宗弘治皇帝在位18年，国家政治较为清明，政局稳定，一时号称"弘治中兴"。因其个人在明代诸帝中最为信守儒家正统道德，因而备受后世史家肯定。明人称颂本朝列圣时，除开国的太祖太宗外，往下便数到孝宗，晚明朱国桢甚至认为"三代以下称贤主者，汉之文帝、宋之仁宗与我明之孝宗皇帝"，评价之高，几无复加。就对文臣的礼遇、交流（如定期的经筵、日讲和不定时的召对、议政）以及个人的道德水准而言，孝宗在明帝中的确堪称模范，当代史家对此亦肯定道："弘治时期在传统上被人认为是君臣之间有良好感情与和谐关系的一个时代"，"明朝再也没有其他皇帝能像他那样采取正确的态度，克制他的愤怒，和一心一意地去尽为君之道的更重的责任"。① 良好的君臣关系使得国家政令和社会氛围处于一种相对平稳、开明、和谐的运行状态，有一种向上勃发的气象。

一 弘治朝之科举史事

以科举取士而论，弘治一朝也颇有值得称道之处，比较重要的科举史实有以下诸端值得注意。

1. 对会试录取的地域性原则加以裁定。弘治二年七月，由礼部尚书耿裕奏准均平取士之法，"谓今后会试取士，请仍照宣德年所定南、北、中之数，南取六，北取四，中取二，以为常"②。会试分地域按比例录取是明代科举的创制，有利于平衡各地教育资源和巩固统治基础，增强各地方对朝廷的凝聚力。这一做法起于仁、宣之际，但此后时行时辍，至"弘治二年复从旧制，嗣后相沿不改"③。科举制度最大的优势，即在于"一以程文为去留"的公平性，但各地教育、文化水平之间具有客观差

---

① ［美］牟复礼、崔瑞德：《剑桥中国明代史》，中国社会科学出版社1992年版，第377、388页。

② （明）李东阳等：《明孝宗实录》卷28"弘治二年七月丙子"条，台湾"中研院"1962年校印本，第624页。

③ （清）张廷玉等：《明史》卷70，中华书局1974年版，第1698页。

异，若机械地仅以卷面优劣定高下，则对于落后地区的文化发展、政治权益将造成消极影响，长此以往，恶果难料。故在会试中分地取人，是在更高的层次上实现公平性的原则。

弘治朝科举的公平性在会元的地域分布上，亦可约略见出。此朝会试开科年份分别为弘治三、六、九、十二、十五、十八年，共开科六次，所取六位会元钱福、汪俊、陈澜、伦文叙、鲁铎、董玘（各人具体信息详后文"弘治会元科第信息表"）分别来自南直隶、江西、北直隶、广东、湖广、浙江六个行政区，既有江西、南直隶、浙江等传统的科举优势地区，亦有北直隶、广东等科举水平相对较弱的地区。若与明代其他时段会元的地域分布相比较，弘治朝会元地域分布的广泛性是非常突出的。① 与之对比的是同期的六位状元之籍贯。同期状元中，钱福、毛澄、朱希周、顾鼎臣皆为南直隶人，伦文叙为广东人，康海为陕西人，明显不如会元分布广泛，其原因主要是殿试不再区分应试者之地域，而是自由竞争。这有力地说明了分区录取政策的必要。弘治时期，以科举教育和科举考试为表征的各地文化发展水平相对均衡，没有形成垄断，正是国家步入良性发展的表现之一。

有一个事实或许值得注意，即明代诗文由出生于陕西的李梦阳、康海以及河南的何景明（皆北地）带来新的变化，也是发生在弘治时期。应该说，这与此前即已推行的分区域取人的科举考试政策具有一定关联，明代文学的发展与科举地域的相关性问题值得学界更为深入的探讨。

2. 对会试、殿试之制加以完备，保障措施有力。弘治七年八月，礼部奏准会试费用分担方案以及增添执事官三员、誊录生员二百名等事。② 此令于弘治九年丙辰科始行，由浙江、江西、湖广、四川、福建各取乡试所用余银一百两，山东、山西、河南、陕西及应天府各八十两送部，以助会试之费。此举改变了以往仅由顺天府承担会试费用的旧例，既减轻了京畿负担，又保证了会试经费的及时到位，使相关考试事宜更便推进。这是会试规模扩大的必然要求，执事、誊录人员的增加亦说明了此点，进而反

---

① 据统计，明代总计87位会元的地域分布为：南直隶27人，浙江19人，江西16人，福建8人，湖广5人，广东4人，北直隶4人，陕西3人，山东1人。湖广、广东、北直隶三地在弘治期间各出会元1名，充分说明了这一时期各地科举水平的相对均衡。关于高端功名的产生与分区录取政策的关系，是比较复杂的问题，有些材料尚待挖掘。

② （明）李东阳等：《明孝宗实录》卷91"弘治七年八月丙子"条，第1677页。

映出国家科举教育的普及和文化水平的提升。与会试规模扩大直接相关的则是关于举人应试次数和署职教官的举人可否应试的问题。弘治二年八月，大学士刘吉等奏言举人三入会试而不中者，不许再入试。随后，举人林润等因此令猝然下达，不及备办，奏请宽限一科①（由此亦可见，为了参加三月举行的会试，举人们需于前一年的乡试之后即动身前往京师）。实际上，举人应试次数的限制并没有被严格执行，至弘治三年十二月，礼科给事中王纶奏请撤销三应会试的限制，礼部"以纶所奏切于治体"，孝宗遂"从之"。② 会试规模的扩张和保障措施的加强，其积极的效果便是中式者更具竞争力，则作为会试榜首的会元对于国家科举水平的代表性无疑是更强了。

殿试之制在弘治期间亦有所改进。一是自成化二十三年丁未科开始，改常例"三月朔日"为"三月望日"举行，从而使应试者和组织者都有更为充裕的准备时间。二是弘治三年，刘吉等奏准将读卷时间由一日增为二日，至殿试第四日发榜，"庶得各竭考校之力"③。殿试进程的延缓有利于提高考核质量，减少状元产生的偶然性因素。一个明显的效果是：在弘治朝六位会元中，有两人在随后的殿试中连捷榜首，即弘治三年庚戌科的钱福和弘治十二年己未科的伦文叙。这说明，会元的确是科举场上最为优秀的应试者。扩大来看，明王朝共开科举89次（以殿试计），有9人连中会、状二元，除钱福、伦文叙外，其他7人分别是洪武朝1人（辛未科黄观）、正统朝1人（乙丑科商辂）、成化朝1人（壬辰科吴宽）、万历朝4人（甲辰科杨守勤、庚戌科韩敬、癸丑科周延儒、己未科庄际昌）。可见，这一现象比较集中地出现于成弘时期（3人）和万历后期（4人），前者反映了科举的公正和兴盛，后者则情形特殊。当皇帝怠政、阁臣互争之时，取士之权亦成为党争的焦点，阁臣把持会、殿二试，自然较易产生连连高中的结果了，这无疑是万历末年诸事多弊的表现之一。同一现象的不同内因是颇值得玩味的。

3. 庶吉士考选成为定制。庶吉士是仅次于鼎甲的科举功名，是明代

---

① （明）李东阳等：《明孝宗实录》卷29"弘治二年八月戊子"条，第641页；卷30"弘治二年九月己卯"条，第677页。

② （明）李东阳等：《明孝宗实录》卷46"弘治三年十二月戊辰"条，第933页。

③ （明）张元忭：《馆阁漫录》卷7，余来明、潘金英校点《翰林掌故五种》，武汉大学出版社2009年版，第462页。

科举的创制之一，它源于洪武，形成于永乐，定制于弘治。弘治六年四月，给事中涂旦、大学士徐溥分别上言庶吉士考选之制，孝宗采纳之，命今后内阁会同吏、礼二部考选。① 徐溥所进奏言，是明代庶吉士制度的重要文献，广为史家所引，《明史》卷70《选举志二》亦大段采录。此奏虽被允准，但观后来所行，并非尽如其言。如"一次开科，一次选用"，自弘治六年至崇祯十六年，明廷开科共51次，其中考选庶吉士仅34次，弘治朝即有己未科（弘治十二年）未考选；又如"每科所选不过二十人"，亦不确，后有多科分别选取了30余名庶吉士。可见，考选庶吉士虽已成定制，但人为因素仍较大。

此外，值得注意的是弘治六年癸丑科庶吉士考选的程序。自此科开始，庶吉士的初选权在礼部，即"是岁始令先投诗文，礼部择可取者送考"②，"是科以前，凡选庶吉士，必预呈窗课于内阁，略仿宋制科例，谓之投献。是后恐徇私，不许"③。可见，由内阁还是由礼部来初选庶吉士，并非无关紧要，反映的是阁权和部权的竞争，而因六部对皇帝负责，也就间接反映了阁权（相权）与君权的矛盾。此事虽为局部之细节，但亦可由小窥大。弘治朝的六位会元，除钱福、伦文叙、陈澜、董玘四人名列鼎甲而被直接授予翰林院修撰、编修之职外，其余二人（汪俊、鲁铎）均被选为庶吉士，并在散馆时留为编修。可见，会元在庶吉士考选和散馆授职时具有相当的优势，这正如于慎行为嘉靖十九年辛丑科会元陆树声所作墓志所云，"故事，南宫第一人，被选必授馆职"④。

4. 对科场的严格管理。可举二事为例，一是弘治十二年己未科会试唐寅科场案。此案牵及名臣程敏政和名士唐寅，虽属冤案，但明廷对科场作弊的严厉惩治是态度鲜明的。陈文新等撰《明代科举与文学编年》于此年二月、三月、四月、六月条下连续引录了《明孝宗实录》《弇山堂别集》《明史》《梧塍徐氏家谱》《馆阁漫录》《垂光集》《文章辨体汇选》《国朝献征录》《廿二史札记》等数种文献，清晰地将此案的前后因果呈

---

① （明）张元忭：《馆阁漫录》卷7，余来明、潘金英校点《翰林掌故五种》，武汉大学出版社2009年版，第466—467页。

② （明）王世贞：《弇山堂别集》卷82《科试考二》，中华书局1955年版，第1563页。

③ （明）查继佐：《罪惟录》志卷18《科举志》，浙江古籍出版社1986年版，第830页。

④ （明）于慎行：《谷城山馆文集》卷22，四库全书存目丛书集部第147册，第632页。

现了出来。① 其中，华昶的悻进、程敏政的冤愤、唐寅的疏放都很鲜明。

另一科场事件亦值得玩味。弘治十五年壬戌科会试，因礼部尚书傅瀚有疾，左侍郎张升出公差，右侍郎焦芳有子入试，例应回避，故以吏部右侍郎王鏊为知贡举官。焦芳因有子入试，故不担任会试贡举官，亦不任殿试读卷官，只任提调官之一（本科会试诸职事官员见《弘治十五年进士登科录·玉音》）②，其子焦黄中此科亦未中式，由此可见明廷对防范大臣子弟夤缘中式的严格。但至正德三年戊辰科时，焦芳之子再次入试，时已为内阁大学士的焦芳却得武宗特允，担任殿试读卷官。是科，焦芳之子焦黄中、刘宇之子刘仁均以高等及第（黄中为二甲第一，刘仁为二甲第四）。这一结果是焦芳阿附权阉刘瑾所致，此事引发了翰林、阁臣与内臣间的斗争。两相对看，焦芳之子在弘治朝的不中与在正德朝的高中，正可见出孝宗与武宗两朝科举的差异，也可见出孝宗与武宗父子的不同。

5. 科举文献保存较好。明代专门的科举文献如各类科举录等，今多数为浙江宁波天一阁的特藏，这些科举名录有许多都是海内孤本，长期庋之高阁，一般人难得一睹。近年来，随着科举研究的发展，已有多种科举文献整理出版，给研究工作带来了便利。弘治一朝的《进士登科录》，天一阁藏有弘治三年、六年、十五年、十八年等四科（宁波出版社2006年影印出版）。弘治九年登科录今存台湾图书馆（已影印收入屈万里主编《明代登科录汇编》，学生书局1969年影印出版），弘治十二年登科录今上海图书馆见存。合而观之，弘治朝六科《进士登科录》今俱存，根据这些原始科举文献，可以方便地得到六位弘治会元的相关科第信息。为叙述简便，今列表如下：

表 8-1　　　　　　　　　　弘治会元科第信息表

姓 名	户籍	生卒年	享年	户役	学籍	习经	乡试		会试			殿试名次
							科次	年龄	科次	年龄	主试官	
钱福	南直松江华亭	1461—1504	44	匠籍	监生	书	成化二十二年丙午	26	弘治三年庚戌	30	徐溥 汪谐	一甲第1名

---

① 陈文新、赵伯陶等：《明代科举与文学编年》，武汉大学出版社2009年版，第1304—1310页。

② 同上书，第1323页。

续表

姓名	户籍	生卒年	享年	户役	学籍	习经	乡试 科次	乡试 年龄	会试 科次	会试 年龄	会试 主试官	殿试名次
汪俊	江西广信弋阳	1468—1528后	约61	民籍	监生	书	弘治二年己酉(解元)	22	弘治六年癸丑	26	李东阳 陆简	二甲第42名
陈澜	北直顺天宛平	1473—1507	35	民籍	府学生	易	弘治八年乙卯(经魁)	23	弘治九年丙辰	24	谢迁 王鏊	一甲第3名
伦文叙	广东广州南海	1467—1513	47	民籍	监生	易	弘治二年己酉	23	弘治十二年己未	33	李东阳 程敏政	一甲第1名
鲁铎	湖广承天景陵	1461—1527	67	民籍	监生	书	成化二十二年丙午	26	弘治十五年壬戌	42	吴宽 刘机	二甲第5名
董玘	浙江绍兴会稽	1483—1546	64	军籍	监生	易	弘治十四年辛酉(经魁)	19	弘治十八年乙丑	23	张元祯 杨廷和	一甲第2名

表8-1可作多方面论析,前文已经部分用及,今提出讨论者有三:(1) 6人中有5人为监生中式,这说明国子监教学水平在全国具有绝对的优势;(2) 有3人为乡试的解元或经魁(前五名之一),这说明会元的确具有拔尖的科举实力,其登第绝非偶然;(3) 6人平均的中举年龄为23岁,中进士年龄为29.6岁,都是风华正茂之年,这部分(因样本不大)说明了弘治时期的科举尚未臃滞人才。

二 钱福与董玘:从弘治会元看时文风尚

以文学言,明人对弘治一朝的赞许之辞极多,如云:"国朝自弘治间,诗学始盛"①,"我明文章之盛,莫极于弘治时"②,"自孝皇在位,朝政有常,优礼文臣,士奋然兴高者,模唐诗,袭韩文"③。如果对明代八股文史稍有了解,便不难承认,这些赞辞移用于评价弘治前后的举业之文,也大致不差。晚明八股名家钱禧便说:

论文者首成、弘,而当时前后典文者如徐时用、丘仲深、吴原

---

① (明)顾璘:《息园存稿·文》卷9,影印文渊阁四库全书第1263册,第602页。
② (明)康海:《对山集》卷3,影印文渊阁四库全书第1266册,第342页。
③ (明)崔铣:《洹词》卷11,影印文渊阁四库全书第1267册,第636页。

博、李宾之、谢于乔、王济之、张廷祥诸公，有厌古喜新、生心害政之忧，故其取士刊文，必以明经合传为主。所传诸程墨……明体达用，文质得中，彬彬称绝盛者，诸君子挽回之力也。①

钱氏所推之为"诸君子"的如徐溥、吴宽、李东阳、谢迁、王鏊、张元祯等人，皆主持过弘治一朝的会试（见表8-1），而丘浚（仲深）则于成化十一年主考会试，其所取的会元王鏊更是标志着八股文文体和文风的确立和成熟，对后世时文产生了极大之影响。一般说来，八股文是到成化之后才最终定型的，而"制艺之盛，莫如成弘"② 也是常识，那么八股文体与中国古典文学演变中诸如四言诗、楚骚、辞赋、传奇小说、通俗小说等一样，也是一经成立便产生了经典的作家和风格的一种文体。而在其发生、确立、鼎盛、衰变、复振的曲折过程中，作为每科会试标杆的会元之文无疑具有很强的代表性，尤其是在明中期，其线索更为清晰。

会元对时文风尚的代表意义是明显的。弘治首科会元钱福与王鏊并称"钱、王"，一同体现了所谓的"成、弘法脉"。钱福字与谦，号鹤滩，南直隶松江华亭（今上海）人。早慧，七八岁即能属文，随父寓居京师时，受教于杨一清、李东阳。成化二十二年，钱福中举，随后卒业太学，弘治三年连中会、状二元。钱福的举业文字广为流传，与之前的王鏊和之后的唐顺之齐名。钱福性情坦夷，不立涯岸，酷好饮酒，以才自恃。这样的个性在官场上较易得罪人，故在授职翰林修撰后仅历一考（京官为六年），即于弘治十年引疾致仕，年尚不及四十。自后，钱福益肆意于山水文字之间，纵酒成病，因而不起，年仅四十四。

对钱福之文，《制义丛话》卷4记俞桐川之语云："钱鹤滩少负异才，科名鼎盛，文章衣被天下，为制义极则。……鹤滩之文，发明义理，敷扬治道，正大醇确，典则深严。"③ 正大典则是成弘时文的基本风格特征。深谙举业之道的袁黄比较这一时期有代表性的时文名家，认为："弘正间，当以钱与谦福、顾东江清为总。东江脉正气清，如万里长空，纤云绝点，而意味差薄；鹤滩举业极细，闭阖起伏，曲尽变态，而少轩昂弘远之气。其于济之，皆具体而微者也。"（《游艺塾续文规》卷4《了凡袁先生

---

① （清）梁章钜：《制义丛话》卷4，上海书店出版社2001年，第57页。
② （清）梁章钜：《制义丛话》卷12，上海书店出版社2001年，第231页。
③ （清）梁章钜：《制义丛话》卷4，续修四库全书第1718册，第556页。

论文》)① 袁黄的评述比较了钱福与其挚友顾清的文风异同，并认为二者都具有王鏊时文的格局，只是气象稍小而已。所谓"闭阖起伏，曲尽变态"的极细之处，概指钱氏爱于"名物度数之繁，声音笑貌之末，皆考据精详，摹画刻肖，中才所不经意者，无不以全力赴之"（《了凡袁先生论文》引俞桐川言）的行文习惯，这其实是追求典则而"恪遵传注，体会语气，谨守绳墨，尺寸不逾"（方苞《钦定四书文·凡例》）的一种表现，其效果是才华雅赡而意度谨严，正是钱福体现成弘时文的特出之处，钱氏名作《非帷裳，必杀之》可为代表。

追求用典而只清题面、不及其他的作法，也易招致后人非议。凌义远所谓"钱鹤滩风骨不减守溪，惜文多小品，而微伤刻镂"（《名文探微》)②，还是较为客气的说法。至清初王夫之，则批评道："钱、王出，以钝斧劈坚木手笔，用俗情腐词，着死力讲题面，陋人始有津济，翕然推奉，誉为'大家'，而一代制作，至成、弘而扫地矣。"③ 王船山之论，容或可议，即以清人而言，钱谦益的分析或许更为充分一些。在《家塾论举业杂说》中，钱谦益将明代时文分为举子之文、才子之文、理学之文三类，各类又有真伪之别。其描述才子时文的特点是："心地空明，才调富有，风樯阵马，一息千里，不知其所至，而能者顾诎焉。"④ 牧斋举以为例者，正以钱鹤滩居首。钱福学高识博，足称才子，其阔视一世、不解涯岸的轻肆和文不起草、挥之辄去的率意都是此一才性的表现，我们看其殿试对策也可见一斑。⑤ 所以，钱福之文既与王鏊一道体现了成弘正脉，又具有自己的面目，以其波澜横溢而又典则精详的风格对后世产生着影响。

在弘治会元中，堪与钱福并论的，要数董玘。玘字文玉，号中峰，浙江会稽人。以榜眼及第，授编修。因忤刘瑾，转官刑部、吏部主事，刘瑾败后复原官，累擢至詹事兼翰林学士。嘉靖初，迁吏部左侍郎，为胡明

---

① （明）袁黄著，黄强、徐姗姗校订：《游艺塾文规正续编》，武汉大学出版社2009年版，第217页。

② （清）梁章钜：《制义丛话》卷12，续修四库全书1718册，第649页。

③ （清）王夫之：《薑斋诗话笺注》，人民文学出版社1981年，第200页。

④ （清）钱谦益：《牧斋有学集》卷45《家塾论举业杂说》，四库禁毁书丛刊集部第116册，第335页。

⑤ （明）钱福：《鹤滩稿》卷6，四库全书存目丛书集部第46册，第235—241页。

善、汪鋐所劾，遂致仕。清初俞长城在论及明代会元之承递时，于成、弘二朝特为标举三人，云："成、弘二朝会元，皆能名世。文之富者，为王守溪、钱鹤滩、董中峰三家。王、钱之体正大，中峰之格孤高。王、钱之后，衍于荆川，终明之世号曰'元灯'。中峰以后，其传遂绝，三百年来未尝有问津者。"① "正大"固然是成弘时文的一般格局，"孤高"则具有更为个人化的特色，只不过董玘的孤高与前述顾清的"脉正气清""纤云绝点"一样，是以平淡作为底子的，与万历时期求奇矫求新异的时文之风有别。钱禧对此深有认识，云："万历（十一年）癸未以前，会元墨卷多平淡之篇。平淡而兼深古，惟成、弘以上有之。"② 追求平易，不故为惊人之论，是董玘对时文的基本看法。袁黄曾手录其师薛应旂的一则论文语录，颇有意味：

> 来斐泉汝贤，乡、会皆第二，而其文实得会元正传。予选贡后，举业颇负盛名，自谓海内无与伍者，因斐泉尹丹阳，持所业见之。斐泉阅毕，语予曰："举业者，雄羔之饰，专欲利中耳。然文有可魁可元者，有不可魁元而但可成名者，又有文不甚工，而极利中者，有好文字而必不可中者，子之文乃好而不中者也。"予闻之甚骇，请问其故，斐泉适欲迎候上司，因约再见而悉言之。予一夜不能安寝，明晨具衣冠请教，斐泉曰："业师董中峰乃举业宗工也。童年入京遍谒诸老，其所传授甚正，有批点程墨一帙，开关启秘，洞示要领，凡文字工拙之由，得失之故，靡不具备，因取一帙授予曰：'依此必中矣。'予手录而熟玩之，其所取诸程墨中间，多有予所素鄙，以为不足采者。从头细阅，乃知彼所取者，在规矩之中，而予所期者，在意见之外，乃知至奇至妙之理，只在寻常说话中，而稍涉玄远者，主司不录也。乃知彼为利捷之文，予所作者用意虽深，而未必利也。朝而讽，暮而绎，出入必携之。年余，始觉吾之文与彼之文同出一辙，遂联捷矣。今以授二生，可熟复之。"浙江先年前辈，学术纯正，文章典雅，虽语之举业，亦从浙中得来，而陵迟至于今日，浮靡鄙陋，不复

---

① （清）梁章钜：《制义丛话》卷12，续修四库全书第1718册，第648页。
② 同上书，第650页。

可观，良可叹也。（《游艺塾续文规》卷1《方山薛先生论文》）①

这则记述通过几层转引之语，道出了董玘"至奇至妙之理，只在寻常说话中"的为文理念，且据此可勾勒出一条师弟授受线索，即董玘（中峰）→来汝贤（斐泉）→薛应旂（方山）→袁黄（了凡），则俞长城所谓"中峰以后，其传遂绝，三百年来未尝有问津者"，也并非确论，董玘之文风还是有所承传的。

同是袁黄论文之语，在《游艺塾文规》卷1《文须请教前修》一条中，袁氏详述了自己遍拜唐顺之、薛应旂、瞿景淳等名师之经历。内中一些信息值得注意，如云"知此二人（唐、薛）同以理学为宗者"，"方山出以示予（指董玘所批点之程墨），予早暮服膺，始知举业自有的传""方知瞿也、唐也、薛也三先生之文，同一杼轴也"。②唐顺之是明代古文唐宋派的代表，也是明代正、嘉时文的巨擘，而算是董玘再传弟子的薛应旂，既与唐顺之"同以理学为宗""同一杼轴"，那么董氏于唐宋派及正嘉时文之关系便可见一斑了。同书同卷《国家令甲》一条也印证了此一事实，袁氏云："董中峰所批成弘间程墨，其立说皆远胜朱传。即唐、薛、瞿三师之文，皆洞见本源，发挥透彻，此举业正宗也。"③将董玘与唐、薛、瞿三人并列，其间渊源有自。

实际上，从年辈来看，六位弘治会元中，前五人皆生于15世纪60年代（或70年代初），谢世于正、嘉间，独有弘治末科会元董玘生于80年代而活到了嘉靖二十五年（见表8-1），应该算是晚一辈的人。而正嘉时文的代表中，王慎中、赵时春于嘉靖五年登第，唐顺之于嘉靖八年登第，薛应旂、诸燮于嘉靖十四年登第，茅坤于嘉靖十七年登第，陆树声于嘉靖二十年登第，瞿景淳于嘉靖二十三年登第，嘉靖朝前期是唐宋派活跃于文坛的阶段。所以，不难推断：董玘虽只直接参与了正德六年、嘉靖五年的会试和嘉靖元年的应天府乡试（出任同考官、主考官），但他对正、嘉文章甚或唐宋派的影响无疑是切实的。因此，与其前辈会元们相较，董玘之文便稍有些差异，这表现在沟通时文与古文的法度方面。一个事实是：唐

---

① （明）袁黄著，黄强、徐姗姗校订：《游艺塾文规正续编》，武汉大学出版社2009年版，第183—184页。

② 同上书，第9—10页。

③ 同上书，第11页。

宋派最为重要的主张之一——法度论，即由唐顺之在《董中峰先生文选序》一文中提出，此文是对董氏文章之法的发挥议论，唐顺之还参与了董玘文集的编辑，这绝不是偶然的因缘。于是，在弘治会元中，从首科的钱福至末科的董玘，便隐然可见时文于成弘正嘉之际的风格流变，即由重气格到重法度的转换。

三　举业与宦业的关联：以会元汪俊为例

作为文官选拔之制，科举不仅决定着时文走向，并进而影响于整个文学的风貌，更重要的，它对文官集团之政治分野具有相当的导引作用。由科举而形成的座主门生、同年同门关系是极重要的一种社会关系和资源，尤其是在以较高等第中式而进入政府中枢机构任职的文臣中，科第对于仕途之顺厄更是所关匪轻。史家所谓"非进士不入翰林，非翰林不入内阁"①，"凡词林五品以下，俱论科不论官"②等俱是成文或不成文的规则。我们在弘治朝会元仕宦履历中，亦可见出此种印记。

典型的莫过于弘治六年会元汪俊及其部分进士同年。《明史》卷191汪俊本传主要叙述的，是汪俊在嘉靖初大礼之议中作为礼部尚书的表现，以彰显其"立朝光明端介"之行。其实，在正德初年刘瑾弄权之时，还只是翰林编修的汪俊就已经卷入了核心政争之中。汪俊会试的座主是声誉隆盛的李东阳，及其被选为庶吉士，李东阳又担任教习之一，汪、李二人关系自然不一般，汪俊在仕途上的进退立场因之与李东阳有甚深牵连。李东阳在驱除刘瑾阉党一事上，的确不如刘健、谢迁坚决，有贪权恋栈之嫌，其任首辅后，亦有阿顺因循刘瑾及其党羽焦芳之处。因此，李东阳受到士论诟病便不尽然为冤屈，但他与焦芳等的矛盾斗争却也一直未断，只是较为深隐而已，作为门生的汪俊自然站在恩师一边。

焦芳之子焦黄中进士及第一事，是明代科举史上变乱成制的有名事件，很多史籍对此记之甚详。其中，李调元《制义科琐记》所述甚有意趣：

> 正德三年戊辰，刘瑾党焦芳子黄中与殿试，芳意必欲得第一，以

---

① （清）张廷玉等：《明史》卷70，中华书局1974年，第1701页。
② （明）沈德符：《万历野获编》卷14，中华书局1959年，第377页。

托东阳。既而得二甲第一，芳怒，斥读卷诸官为部属，而授其子以检讨。芳本不通，犹置高第者，李东阳应酬意也。芳以故恨李，时时诟骂，瑾问之曰："黄中昨日在吾家，试《石榴诗》甚拙，顾恨李耶？"乃已。瑾败，芳及子俱削为民。①

据此，刘瑾似尚存公理，焦芳则纯为谋取私利者。焦芳之子不得鼎甲，身为首辅的李东阳必有干系，而出其门下的翰林词臣亦当与有力焉。正德三年五月，南京国子监司业缺员，吏部推举编修温仁和、检讨周祯补任，尚书许进以之咨问内阁，"焦芳欲挤编修汪俊南，盖以俊为东阳所厚，且疑戴大宾（此科探花）之得及第，以为俊所取士，阴相汲引，而使其子黄中不得列名一甲，甚恨俊，且移怒东阳"，李东阳却答云："北司业为鲁铎，南则用在铎后者补之。"鲁铎、温仁和、周祯皆为弘治十五年进士，而汪俊则为弘治六年进士，远非"在铎后者"，李东阳的答复无疑否定了焦芳意欲排挤汪俊于南监闲曹的企图，故焦芳"及闻东阳之举不及俊，遂大詈于厥下"②。由此，当可见出李东阳与汪俊师弟之间相互助益的密切关系。

因此事衔恨于心的焦芳果然未即干休。正德四年，刘瑾以翰林院官慢己，欲调之外任，经张彩劝解，其意已平，而焦芳父子认为可趁此排挤"素有仇隙者，乃密以名投瑾，从谀成之"。其中，"顾清、汪俊、王九思、徐穆、吴一鹏、李廷相、崔铣、温仁和、穆孔晖、汪伟、翟銮、易舒诰、贾咏、刘龙、陆深、李继先以未谙事体，令量调外任及南北部属，扩充政务。……升调翰林侍读吴一鹏于南京刑部，侍读徐穆于南京礼部；编修顾清于南京兵部，汪俊于南京工部，俱员外郎；编修贾咏、李廷相于兵部，温仁和于户部，刘龙于礼部，翟銮于刑部，崔铣于南京吏部，陆深于南京礼部，检讨王九思于吏部，汪伟、穆孔晖于南京礼部，易舒诰于南京户部，俱主事；编修董玘于成安，詹事府主簿李继先于元城，俱知县。上皆从之。复令改玘为刑部主事"。③ 汪俊由编修（正七品）外调为南工部

---

① （清）李调元：《制义科琐记》卷2《斥读卷官》，续修四库全书第829册，第577页。
② （明）张元忭：《馆阁漫录》卷9《正德三年》，《翰林掌故五种》，武汉大学出版社2009年版，第506页。
③ （明）张元忭：《馆阁漫录》卷9《正德四年》，《翰林掌故五种》，武汉大学出版社2009年版，第510页。

员外郎（从五品），品秩虽升而职权实降，其他人亦皆类似。值得注意的是，此数人皆为弘治进士，顾清、吴一鹏、汪俊、徐穆为弘治六年进士，刘龙为弘治十二年进士，加上此前反阉甚烈的李梦阳亦是弘治六年及第者，则完全可以说，李东阳的门生（李为弘治六年、十二年会试主考官）和下属（翰林院与内阁关系复杂）是反阉的主要势力。平心而论，在明代"以内（监）制外（廷）"的官制结构下，面对武宗和刘瑾那样的主子和同僚，处于李东阳的位置实非易事，除非罢职不干，要干便不免隐忍待变。包括会元汪俊、董玘等在内的弘治进士们对阉党的冲击，说明李东阳并非毫无作为。我们以往对愤而去位的刘健、谢迁充满了敬意，而贴近历史，似乎也应对留任的李东阳多几分了解之同情。

正因汪俊的政治立场与座师李东阳一致而与焦芳相左，故在刘瑾败后，汪俊等外调翰林文臣立即被召复原职（刘瑾下狱在正德五年八月丁酉，仅八日后即有复职之命）。此后，汪俊由编修而侍读而侍读学士而礼部侍郎而吏部侍郎而礼部尚书，直至在大礼议中因忤世宗之意而被夺官，终卒于家。隆庆初，明廷为议礼诸臣平反，赠汪俊少保衔，谥文庄。汪俊的仕途虽因刘瑾乱政和大礼之议而两度生波，但会元科名为其奠定了较好的升迁平台，而其政治立场又与当道大佬（如李东阳）保持一致而与多数文臣进退同步，故终其一生，任职基本不离京门，是比较顺遂的。

以上，我们仔细梳理了弘治朝科举及会元的一些情况，通过个案分析想说明的是：明代中期实为明代科举发展历程中最为成熟的一个时期，这不仅体现在录取人数的众多，更表现为选才质量的提升。会元作为全国性考试——会试的榜首，可以代表科举文风的走向和国家的最高科举水平，他们的仕宦之路也被打上了科举政治的甚深印痕。

结　　语

前文已述，对明代会元群体及其别集进行深入研究是对现有明代科举与文学研究不足的回应。这些不足之处主要在于：一是较重视专门的科举与文学文献，而对于散见于明人别集中的科举和文学资料还挖掘利用得不够；二是对科举文体与文学文体的相关性研究略显表面化，欠深入；三是对科举群体的研究多局限于地域群体，对科举功名群体的关注不多。笔者对以上几个方面作了尝试性的探索，得出几点基本看法。

1. 明代多级别、连续性的考试层级体系与单一化、程式化的考试内容、评价标准，令会元等高端科名稀缺难得。会元因而享有较高的政治地位、较大的社会名声和较优裕的经济条件。他们是国家主流思想文化的精英代表，但又不免存在思想正统、知识结构单一的缺陷。

2. 会元的集部文字中含有大量与科举相关的内容，对于研究科举史具有重要的文献价值和认识价值。我们对科举考试情形、科举社会关系、科举制度反思、科举教官职业等几个方面的问题进行了梳理和探讨，以期丰富和活化史部文献对明代科举的描述。

3. 以实际功用和形式体制来写作和划分文体，是会元创作的主导思维。公用性和纪事性文类在数量上占有绝对优势。科举类文章在会元别集中数量虽不多，但类别甚广，结撰上可为典式，尤其是策文，充分体现了会元的经济之学。

4. 会元别集中的古文可作为考察明代古文与时文交互影响和演变的典型文本。明代古文可以视作理学的人格化、社会化、日用化文本，明代时文可以视作理学的国家化、考试化、程式化文本。明代古文与八股时文在创作主体上合一，在精神根基上趋同，在作法、功能上互异，在发展演变上互渗。研究明代科举文学，除了关注八股文、策论等科举文体外，还应关注在科举背景下的其他文学文体的创作。对科举文学的概念，可以有不同层次的理解。

　　5. 会元别集体现了举业与宦业间的关联。翰林馆课和经筵讲章等"馆阁写作"是这一关联的直接显现，至于会元的非职业写作，则以明中期为界分为两段。前一阶段"文在馆阁"，会元因其地位、身份而表现出居于政治和文化主流地位的态势；明中期以后"文柄下移"，会元并不处于时代文化潮流的核心，但作为文化精英，他们仍然感受、应和着时代风潮的变化。会元群体文化身份的这一阶段性特点，正是明代正统文化流变的表征。

　　如果将会元的诗文作品置于整个中国文学的历史流程中来看，应该说，除个别人之外它们并不占有突出的位置，尤其是在现代意义的中国文学研究观念中，则更是如此。但是，如果转换一下视角，它们便表现出不容忽视的典型价值。笔者尝试以科举和文学的眼光来审视这些时代精英们的写作，看到的景观或许会有别于既有的文学史论断。

　　以科举的眼光看，明代会元别集可以提供的信息至少有三个方面。

　　其一，是精英写作的正统性。作为科举选官之制的既得利益者，明代会元们长期浸淫于理学化的社会氛围和写作惯例之中，其思维方式、价值观念和文体选择都不自觉地形成了固有的范式，既受主导性文化思潮的推引，又代表着正统文化的发展样态。即便是会元中较为新锐者如冯梦祯、袁宗道、陶望龄等人，也很难自外于正统理学的价值坐标，时代及个体身份没有给他们提供更为超前的文化条件。会元别集中的大量文章所涉及的人与事，基本上局限于中上层社会圈，即以赠序和碑志传状两类文体来看，就很少有一般贩夫走卒成为文章之主体的（为同年、同官之身为布衣的父母、戚属所作篇什，另当别论）。而不应忘记的是，明代会元（以及相当部分的进士）多是平民家庭出身的，其三代以内有仕宦经历的人并不多，这在第二章表2—3"户役"一项中可以略见一斑。与反映于他们别集中的社交群体两相对照，便足以说明科举之制确有改换门庭的作用。在上述两类文体中，写作者用以评人论事的价值标准，也相当一致地以礼义廉节、君臣父子等天道伦常为依归，散发出较为浓厚的正统气息（此一用语不含贬义），这一状况不能不说与明代理学化的科举教育关系密切。正统的规约甚至体现在写作者对于文体的选择方面，别集中五、七言近体诗的独多和词曲的独少便是突出的表现。"诗尊词卑"的观念之所以强固，源自政治化的诗教传统，而科名层级的差别和八股时文的体制又有助于这一观念的不断复制。①

其二,是文章写作中的修辞化倾向。与先秦两汉之文和唐宋之文两座古文高峰相较,明清时代的文章在整体上没有超越前人,但却于文思和意脉的条理、细密、连贯等方面具有自己的特点,也即更加有意地注意文章的修辞。这些变化是从南宋开始的,其直接的契机正是科举考试文体的写作训练,对传统古文和诗歌产生了一定的影响。负面来看是两者的互损互耗,正面来看却也有互益和互补。就会元而言,如积极倡导"以古文为时文"的唐顺之,在其文章中便时常可见时文理路和气脉的痕迹。如《户部主事陈君墓表》一文畅叙同乡同年之谊,用排比之语反复渲染唱叹,将人生聚散之意分为四层婉转说出,极尽吞吐之致,如云:

> 呜呼!此可以知人生之若浮,与天地之为逆旅矣,而何怪其然也欤?然方其聚也,则为欢然以喜;其散也,则为之慨然以忆;其罢而去也,则或为之怅然以唁;其没而不可作也,则或为之唏嘘流涕以悲,亦有情者之所不能已欤!②

其心思条理之细密、层次之清晰、法度之谨严,俱见匠心,足以说明时文训练对于文章写作具有良好影响。会元别集中此类情况还有不少。诗歌受到时文的正面影响,前人已有见及,如王士禛云:"予尝见一布衣有诗名者,其诗多有格格不达,以问汪钝翁编修,云:'此君坐未尝解为时文故耳。'时文虽无与诗古文,然不解八股,即理路终不分明。"③力主神韵诗说的王士禛,犹且对诗文之"理路"如此看重,则至少就运思和结构而言,八股文及于文学之影响,也并非是全无益处的。钱锺书先生对此亦肯定地说:"亦中理,一言蔽之,即:诗学(poetic)亦须取资于修辞学

---

① 颇为推尊词体的陈廷焯仍然认为"诗词一理,然不工词者可以工诗;不工诗者断不能工词。故学词贵在能诗之后,若于诗未有立足处,遽欲学词,吾未见有合者",又云"古人词胜于诗则有之,如少游白石皆然。未有不知诗而第工词者。王碧山张玉田辈,诗不多见,然必非不工诗者。即使碧山辈诗未成家,不能卓立千古,要其为词之始,必由诗以入门,断非躐等"。(陈廷焯:《白雨斋词话》卷7,人民文学出版社1959年版,第179页)其中,后一则已近乎臆测和强词夺理,陈氏尚且如此,其他将词视为小道者,则更可以想见。

② (明)唐顺之著,黄毅、马美信点校:《唐顺之集》卷16,浙江古籍出版社2014年版,第706页。

③ (清)王士禛:《池北偶谈》卷13"时文诗古文"条,中华书局1982年版,第301页。

(rhetoric)耳。五七字工而气脉不贯者，知修辞学所谓句法（composition），而不解其所谓章法（disposition）也。"①

以往，我们较多强调八股文对文学创作的负面影响，而对于其正面的影响似乎注意得不够，明代会元别集中的诗文作品可以作为很好的例证，这方面还有不小的研究空间。

其三，是别集中丰富的科举史料。明代会元别集中蕴含了较为丰富的科举史料，对明代政治、教育、文学、出版等多方面的研究都极具利用价值，比较集中和突出的有：为地方儒学所作之修建记、碑记、题名记；为教育官员所作之赠序、墓铭；为乡、会试所作之试录序；为各类科举出版物所作之序言；大量送人应试、贺人中式、慰人落第之诗歌；同年、同馆、师友间酬应交往之诗文。这些还只是数量较大的种类，至于随处可见的科举现象，更是多不胜数。比如，本书第一章中曾涉及的明代士子的习经倾向，除去步趋宋儒之因素外，尚有地域性和家族性的因素（因传统中国社会有聚族而居的特点，地域性与家族性又往往相互关联）。李开先在为李舜臣所作墓志铭中便说，"邑（指章丘，李开先与李舜臣齐名，同为章丘人，引者注）西存有兒宽墓，宽故邑人，从欧阳生授《尚书》，复以授子孙，世所谓欧阳氏学，故邑生治《书》者十有七八也"②。会元别集中的相关材料则有：吴宽《鲍翁家藏集》卷34《三辰堂记》云："士之明于经者，或专于一邑，如莆田之《书》，常熟之《诗》，安福之《春秋》，余姚之《礼记》，皆著称天下者，《易》则吾苏而已。"唐顺之《荆川集》卷10《训导殷翁墓志铭》云："布政公（殷翁曾祖，引者按）故以《诗》举进士，为无锡首。其后《诗》学既废，而邑中诸经师往往以《尚书》教授于是，翁乃别授《尚书》。"陶望龄《歇庵集》卷14《春秋

---

① 钱锺书：《谈艺录》第72则"诗与时文"，生活·读书·新知三联书店2007年版，第596页。另外，时文训练对词藻之运用有所讲求，这亦对古文写作产生影响。略举一例，如曾国藩指点其子曾纪泽云："尔作时文，宜先讲词藻，欲求词藻富丽，不可不分类抄撮体面话头。近世文人如袁简斋、赵瓯北、吴谷人，皆有手抄词藻小本，此众人所共知者。……昌黎之记事提要、纂言钩玄，亦系分类手抄小册也。尔去年乡试之文太无词藻，几不能敷衍成篇，此时下手工夫，以分类手抄词藻为第一义。"（《曾国藩全集·家书（一）》，岳麓书社1985年版，第480—481页）曾国藩为古文大家，在他看来，韩愈的文章富于词藻，而时文写作也切不可忽略此点，两者是共通的。当然，重视词藻还有来自骈文写作的修辞传统，并不尽由时文所致。

② （明）李开先：《李中麓闲居集》卷8《大中大夫太仆寺卿愚谷李公合葬墓志铭》，四库全书存目丛书集部第93册，第26页。

义小引》云："陶氏世受《春秋》而吾曾大父以还独传《易》……盖吾宗之以《春秋》名于世久矣……世俗皆言陶氏《春秋》有秘本。"这些都说明，明代儒生习经的选择不是随意的，是具有地域性和家族传承的，其中所涉及的科举学、地理学、社会学等问题很有探讨的价值。

以文学的眼光来看明代会元们的别集，必须强调的是，不能仅仅局限于形象性、情感性、形式性等所谓纯文学观念，而应更加切近古人对于文学的实际看法，否则只能是削足适履或者愈说愈远。郭英德先生认为古人之文学观念并非单纯的抒情、辞藻、音韵、修辞之学，而是一种源自宇宙之初，体现自然之道，旁及天地万物，使天人相互沟通，使人伦达臻至善的精神文化现象。① 实际上，这即是《周易》所揭示的"化成天下"的"人文"，因而不妨将人文性视作中国传统文学观念的核心内涵，它既可以含摄形象性、情感性、形式性等狭义的文学观念，又包含着更为丰富的、整体的文化内涵。用人文性的文学眼光来看会元别集，可以得到一些启发。

首先，是明显的用世性。会元别集中的大量诗文基本上皆因某种现实人、事之需而作，纯粹的理论探讨和谐谑怡情的文字不是没有，但分量极少，而且在编集体例上，越是应用性强的篇章越受到重视。地位最高的是奏议、诏令、策论等用于君臣之间的政治公务性文字；其次则是赠序、书牍、序跋、杂记等用于友朋之间的社会事务性文字；再次则是传状碑志、颂赞哀祭等用于人鬼之间的文字；吟咏性情的诗歌亦多数牵涉现实人事，具有社交作用。可以说，强烈的用世意识是包括会元在内的中国古代士人进行文学创作的首要动机，体现的是儒家的入世精神和人文情怀，通经也好为文也好，其目的是致用。会元笔下的文字具有强烈的用世意味，会元别集的现实性很明显；相对而言，其审美性则似显不足，如在王锡爵、霍韬等人的文集中，公务性的奏议、书牍文字占有相当的比重。而个别人物如吴宽、袁宗道、吴伟业等亦能将用世性和审美性相结合。我们研讨会元别集的目的之一，即是以人文性的观念来进行古代文学研究的尝试。

其次，是人与文合一的个体性。既然将文学视作一种涵盖甚广的精神文化现象，则其人文性的表现，除了社会性的人事应用之外，便还与创作

---

① 郭英德：《中国古代文体学论稿》，北京大学出版社2005年版，第54页。

者的个体生命直接关联。以明代会元而言，性情、识见、学养各有偏至者，不乏其人。如成化首科会元章懋，是一位"以德学显而不以吏事名"的程朱理学践履者，其《枫山先生集》体现出简重朴直、不作高论、不尚雕饰的风格。即使是《中秋赏月赋》这样的庶吉士阁试之作，也少见颂圣之声，而是"窃怪夫少年之偷闲兮，宁能为时物而解颜"，甚至提到"彼间阎之饥馑兮，十室九空"①，在当道者看来，这实在不免有些煞风景和过于拘谨了。同为理学家的邹守益的写作，则充分体现出以讲学传布师说的用心。其《东廓先生集》不仅以论学书牍数量最多，而且在一些赠序、题跋、杂记类文章中，他也好以自设问答的形式汇引诸说，逐层深入论析，阐明己意。文章的议论性、抽象性都比较强，又不常用第一人称之"予""余"等字，而惯以"东廓子""东廓山人"自称，这些都可概见其平日讲学的声容风范。又如，袁宗道作为新文艺思潮的代表者之一，为文虽不及其弟宏道有锋芒，但却具有识见沉稳的优长，其《真正英雄从战战兢兢中来》《士先器识而后文艺》（俱《白苏斋类集》卷7）、《论文》（《白苏斋类集》卷20）等文都以识见不凡而又辞气温厚见长，其打动人心的力量反而更大。我们看其在馆阁之中仍作有《毛颖陈玄石泓楮素传》（《白苏斋类集》卷8）这样近于谐谑的文字，便可知道新的时代思潮对于其为人与为文的影响了。至于才情之发越，会元中亦因人因时而异，岳正之落落悲壮，吴宽之典雅深醇，赵时春之豪荡自肆，许谷、顾起元之闲雅澹逸，吴伟业之哀感顽艳，都是个性鲜明、突出的。可以说，别集文字是会元身世、人格的显现，读其文便知其人，从这一意义而言，会元别集的人文性无疑胜过他类著述。

嘉靖会元唐顺之曾经感叹，当时"屠沽细人，有一碗饭吃，其死后则必有一篇墓志铭。其达官贵人与中科第人，稍有名目在世间者，其死后则必有一部诗文刻集，如生而饭食，死而棺椁之不可缺。此事非特三代以上所无，虽唐、汉以前亦绝无此事"②。明人文集之多，的确数倍于前代，32卷的《千顷堂书目》中，别集即占12卷，共著录约4000余种，今人所辑《明别集版本志》著录3600余种，已失传而不可考知者尚不在其

---

① （明）章懋：《枫山章先生集》卷9，商务印书馆1935年版《丛书集成初编》本，第359—360页。

② （明）唐顺之著，黄毅、马美信点校：《唐顺之集》卷6《答王遵岩》，浙江古籍出版社2014年版，第276页。

列。在如此之多的明人别集中，我们考察的 40 余家会元之作实在不多，但其典型价值和意义不容忽视。以科举和文学的眼光来看，它们是独特的文本，对于深化和开掘相关领域的研究颇具启发意义，我们所作的努力，只是一种尝试而已。

附录一

《全明词》及《全明词补编》失收会元词作辑录

采桑子（并序）
刘定之

予同年友陈布政尚勉解组归老于鸿江，予为作采桑子词，言其隐居春秋之景，于四时犹欠夏、冬日，待尚勉自述。昔欧阳永叔赋归田乐，亦与梅圣俞各方二时，盖与人乐乐之意也。

其 一

鸿江归趣春时好，花映阶墀。柳拂涟漪，对景偏堪把酒卮。　　腰金暂解□船卸，斜插柳枝。细数垂丝，不堪绿荫渐渐移。

其 二

鸿江归趣秋时好，丹桂才芳。金菊又香，倚醉从教两鬓霜。　　昔年宦业逢昭代，考选才良。总治炎荒，晚景偷闲却胜忙。

——《呆斋续稿》卷2

大享燕乐歌五首应制
张治

御銮歌

秋色漫龙城，百谷登，万宝呈。明堂享礼庆初成，万国同欢感圣情。尧仁广运，舜孝难名。黎庶颂升平，天下文明。

水龙吟

万宇秋声转玉墀，开宝陛荐神鳌。凤楼高处，云护六龙，移风翻翠葆，晴曛赤羽，仙乐从天至。玉殿风传俎豆香，周礼备，舜谟光。从来贤圣，充此万几康。帝心右享，民心忻畅，圣谟如天样。

太清歌

仙掌日华浮动，看万年枝上，瑞色葱茏。考鼍钟、玉笙吹凤，锦瑟盘龙。仰吾皇、圣德隆，孝思无穷。紫云香驾御微风，宸居穆穆，千灵拱，钧天广乐长供奉，万载皇家统。

上清歌

桂殿玲珑，金风吹度萧韶下。瞻五色，云车驾。圣人孝德光华夏，琼卮玉斝泛流霞，鸿福无涯。

开天门

彩云流，玉宇澄清候，乾坤山河如绣，千官同醉凤凰楼，周镐日，汉汾秋。

——《张龙湖先生文集》卷15

附录二

《钦定四书文》所选

明代制义名家及篇数

时期	名家及篇数	会元人数篇数比例	
		人数比	篇数比
化治文 29人 57篇	李时勉1、薛瑄2、蔡清2、顾清3、罗伦3、商辂1、钱福6、吴宽2、顾鼎臣1、李东阳3、王鏊12、杨慈1、赵宽1、王恕1、李梦阳1、王守仁3、储巏1、罗玘1、岳正1、程楷1、孙绍先1、靳贵1、董越1、崔铣1、丘浚2、唐寅1、董玘1、朱希周1、陈献章1	9人 31%	26篇 45.6%
正嘉文 31人 112篇	归有光34、王锡爵2、薛应旂2、唐顺之21、张居正2、吴嶔1、孙升1、王樵4、诸燮1、许孚远4、邹守益1、金九皋1、茅坤4、汤日新1、王慎中1、王世懋2、钱有威2、瞿景淳6、周思兼1、陆树声2、张元2、傅夏器2、陈栋2、王世贞1、潘仲骖1、项乔1、尤瑛1、陈思育1、江汝璧1、唐龙1、胡定2	7人 22.6%	36篇 32.1%
隆万文 48人 106篇	黄洪宪6、胡友信12、顾允成2、方应祥5、邓以赞3、陶望龄6、冯梦祯3、孙鑛1、赵南星4、张以诚2、汤显祖7、吴化1、董其昌4、归子慕5、周宗建1、钱岱1、王衡1、邹德溥3、郭正域1、孙慎行1、刘一焜1、王尧封1、马恋1、顾天埈1、吴默2、石有恒1、方大美1、万国钦1、张鲁唯1、黄汝亨1、顾宪成5、王士骕1、沈演2、葛寅亮1、潘士藻1、张榜1、林奇圣1、张栋1、姚希孟1、苏浚1、徐日久2、田一俊1、许獬1、郝敬1、魏大中1、李继贞1、李维桢1、左光斗1	7人 14.6%	17篇 16%
启祯文 42人 211篇	陈际泰58、杨以任8、金声31、黄淳耀20、熊开元1、章世纯14、罗万藻9、艾南英8、夏允彝3、陈子龙11、钱禧4、吴韩起1、刘侗2、徐方广6、沈宸荃1、沈几1、夏思1、李愫1、张采1、吴堂2、刘曙1、袁彭年1、张家玉1、侯峒曾1、徐孚远1、凌义渠1、谭元春1、杨廷麟2、王绍美1、马世奇2、郑鄤1、张溥1、方以智1、罗炌1、李模1、黎元宽1、路振飞1、吴云1、曾异撰1、尹奇逢1、高作霖1、杨廷枢1	无	无
总计	150人486篇	23人 15.3%	79篇 16.3%

附录三

《制义丛话》卷末《题名》所列

明代制义名家

时期	名家	会元比例
洪武至天顺朝	刘基、黄子澄、刘三吾、杨溥、杨荣、姚广孝、于谦、丘浚、商辂（共97年29科9人）	2人 22.2%
成化弘治朝	林瀚、吴宽、王鏊、蔡清、邵宝、钱福、顾清、唐寅、伦文叙、林庭㭿、王守仁（共41年14科11人）	4人 36.4%
正德嘉靖朝	邵锐、唐皋、汪应轸、季本、张经、海瑞、王慎中、罗洪先、唐顺之、梁怀仁、郑晋、林春、吕本、王樵、许谷、薛应旂、诸燮、嵇世臣、茅坤、叶经、归有光、高拱、瞿景淳、王世贞、张居正、胡正蒙、林爄、王任用、杨继盛、胡友信、邓圭洁、傅夏器、孙溥、王锡爵、许孚远、章礼、陈栋、胡定（共61年20科38人）	9人 23.7%
隆庆万历朝	黄洪宪、田一俊、杨起元、李廷机、邓以赞、方大美、苏浚、孙鑛、赵南星、顾宪成、刘廷兰、万国钦、魏允中、钱㮅、邹德溥、汤显祖、吴修、吴道明、陶望龄、王衡、董其昌、吴化、郝敬、吴默、黄汝亨、魏光国、汤宾尹、孙慎行、曹学佺、王畿、骆日升、许獬、张以诚、刘宗周、王纳谏、李光元、韩敬、钟惺、张寿朋、钱士鳌、王士骕、方应祥、袁黄、黄道周、姜曰广、顾锡畴、李若愚（共54年18科47人）	9人 19.1%
天启崇祯朝	文震孟、章世纯、金声、何楷、左懋第、叶绍袁、项煜、华琪芳、凌义渠、艾南英、黄文焕、熊开元、罗万藻、谭元春、章淳、沈几、夏曰瑚、黎元宽、曹勋、杨廷枢、刘侗、陈际泰、陈孝威、陈孝逸、陈子龙、吴伟业、杨以任、马世奇、陈名夏、章日炌、林垐、李青、孙淡一、黄廷才、黄淳耀、王毓蓍、徐方广、钱禧、包尔庚、彭宾、王自超、史可法、李腾芳、方以智、徐麟高、周钟、丘义（共24年8科47人）	5人 10.6%
总计	277年89科152人	29人 19%

附录四

明代会元仕宦简况

俞友仁：长山县丞→山西佥事

黄子澄：修撰兼春坊官（东宫伴读）→少詹兼修撰→太常卿→太常卿兼翰林学士

施显：前军都督府断事署北平按察司事（谪远州）→江西道御史（卒官）

黄观：修撰→尚宝司卿→礼右侍→礼部右侍中兼尚宝司卿

彭德：侍读（坐事除名）

宋琮：御史→海门训导→刑科给事中→詹事府录事→翰林检讨

吴溥：编修→修撰→国子司业（卒官）

杨相：庶吉士→刑部主事（早卒）

朱缙：仕至刑部郎中

陈璲：庶吉士（永乐九年选）→检讨（引疾归十五年）→广西按察佥事提督学政（丁忧）→服除改江西

林志：编修→修撰→侍读→右春坊谕德兼侍读

洪英：庶吉士→礼部主事→吏部主事→吏部考功郎→山东左布政→左都御史抚山东→右都御史抚浙（忤中官致仕）

董璘：庶吉士→编修（以母老归养）→修撰（忤王振归）

陈中：登第后归家→户部主事（宣德间授）→户部员外郎（考满致仕）

叶恩：刑部主事→池州知府

赵鼎：主事（恳疏省亲，归家三载卒）

陈诏：福建道御史→云南道御史→巡按辽东、山东、陕西、广西→四川按察副使→佥都御史抚浙

刘哲：未授官，卒

刘定之：编修→侍讲→侍讲兼洗马→侍讲兼右庶子→通政司左参议兼侍讲→左参兼侍讲学士→太常少卿兼侍读学士→工侍兼翰林学士（成化二年入阁）→礼左侍兼学士

杨鼎：编修（进学东阁）→御史→侍讲兼中允→户右侍→户左侍→户部尚书

姚夔：吏科给事中→南刑右侍→南礼右侍→礼右侍→礼左侍→吏左侍→礼书→吏书（卒官）

商辂：修撰（进学东阁）→侍读→侍读学士（景泰元年入阁）→兵侍兼左春坊大学士兼太常卿兼翰林学士（英宗复辟后除名）→以原官入阁（成化二年）→户书兼翰林学士→户书兼文渊阁学→吏书兼文渊阁学→吏书兼谨身殿学

岳正：编修→右春坊赞善兼编修→修撰（天顺元年入阁，寻谪钦州同知，改成肃州）→兴化知府

吴汇：庶吉士→编修→国子司业（英宗复辟，告归）

彭华：庶吉士→编修→侍读→侍讲→侍读学士（摄詹事府事）→翰林学士→詹事兼学士→吏左侍兼学士（成化二十二年入阁）

夏积：南刑部主事→南刑部郎中（寻以疾卒官）

陈选：御史（巡按江西、督学南畿）→河南按察副使→河南按察使→广东布政使（忤镇守中官，被诬死）

陆钶：编修→修撰→谕德（侍东宫讲读）→太常少卿兼侍读（得疾归，早卒）

章懋：庶吉士→编修（以谏张灯谪）→南京大理寺评事→福建佥事（谢归20余年）→南祭酒（引疾归）→南太常、南礼侍（皆不就，以南礼书致仕）

费訚：庶吉士→编修→国子司业→左谕德（仍理司业事）→祭酒→少詹兼侍读→詹事兼侍读学士→礼右侍（卒官）

吴宽：修撰（侍孝宗东宫）→右谕德兼侍讲→左庶子→少詹兼侍读学士→吏右侍→吏左侍兼学士（掌制诰、侍武宗东宫）→礼书兼学士（掌詹事府）

王鏊：编修→侍讲→右谕德兼侍讲→左谕德兼侍讲学士→少詹兼侍读学士→吏侍（丁忧）→吏侍兼学士（武宗元年入阁）→户书兼文渊阁学

梁储：庶吉士→编修兼司经局校书（侍孝宗东宫）→侍讲→洗马（侍武宗东宫）→翰林学士→少詹兼学士→吏右侍兼学士→吏左侍兼学士→吏书兼学士（掌詹事府）→南吏书→吏书兼文渊阁学（正德五年入阁）→进建极殿学、华盖殿学

赵宽：刑部主事→刑部员外郎→刑部郎中→浙江提学副使→广东按察使（卒官）

储巏：南吏部考功主事→南吏部郎中→吏部郎中→太仆少卿→太仆卿→左佥都御史（督理南京粮储）→户右侍→户左侍（督理仓场）→南户侍→吏侍（卒官）

程楷：庶吉士→编修（卒官）

钱福：修撰（以京察下等，引疾归）

汪俊：庶吉士→编修→南工部员外郎→编修→侍读学士→礼右侍→吏左侍→礼书

陈澜：编修→修撰

伦文叙：修撰→右春坊右谕德兼侍讲

鲁铎：庶吉士→编修→国子司业→南祭酒→祭酒（谢病归）→南祭酒

董玘：编修（不附刘瑾，被黜）→成安知县→刑部主事→吏部主事→编修（刘瑾败后复官）→侍读→左春坊左谕德兼侍读（乞归养）→侍讲学士→詹事兼学士→吏侍兼学士

邵锐：庶吉士→编修（刘瑾败后谪官）→宁国府推官→南吏部主事→南礼部员外（以疾归）→江西提学佥事→福建提学副使→湖广参政→河南按察使→山东左布政→广东右布政→太仆卿

邹守益：编修（逾年告归，与王守仁军事，嘉靖初始赴官）→广德州判→南礼部郎中（考满，引疾归）→南吏部郎中→洗马→太常少卿兼侍读学士（掌南翰）→南祭酒

霍韬：（及第后归娶）兵部主事→少詹兼侍讲学士→詹事兼学士→礼书（掌詹事府，固辞）→吏侍→南礼书→礼书协掌詹事府

伦以训：编修（归娶并侍养）→修撰→谕德→南祭酒

张治：庶吉士→编修→左春坊赞善（丁忧）→右春坊谕德→翰林学士→南吏侍→吏右侍→吏左侍兼学士（掌院事）→南吏书→

礼书兼文渊阁学（嘉靖二十八年入阁）

李舜臣：户部主事→吏部主事→吏部员外郎→户部员外郎→户部郎中→江西提学佥事→南司业→南尚宝卿→应天府丞→太仆卿（未任，被解职）

赵时春：庶吉士→户部主事→兵部主事（黜为民）→编修兼校书（黜为民）→兵部主事→山东佥事、副使→佥都御史抚山西（与寇战败，去职）

唐顺之：庶吉士（选而复罢）→兵部主事→吏部主事→编修（罢归）→编修兼春坊司谏（黜为民）→南兵部郎中→太仆少卿→右通政→右佥都御史抚淮

林　春：户部主事→礼部主事→吏部主事→吏部郎中

许　谷：户部主事（丁忧）→吏部主事、员外郎、郎中→南太常少卿→两浙盐运司运副→江西提学佥事→南尚宝卿

袁　炜：编修→侍读→侍讲学士→礼右侍兼侍讲学士→礼右侍兼学士（加太子宾客）→礼左侍兼学士→吏侍兼学士→礼书兼学士→户书兼武英殿学（嘉靖四十年入阁）

陆树声：庶吉士→编修→南司业→左谕德掌南翰→太常卿掌南监（引疾不拜，此后所授之职皆不赴）

瞿景淳：编修→侍读→左春坊谕德兼侍读→侍读学士（掌翰院）→太常卿（领南监事）→南吏侍→礼侍兼学士

胡正蒙：编修→侍读→太常卿（管国子监事）

傅夏器：吏部主事→吏部郎中

曹大章：编修（以忤严世蕃致仕）

金　达：编修→国子司业

蔡茂春：兵部主事→兵部郎中→归德知府→降州同→累迁至南礼部郎中

王锡爵：编修→南司业（寻转北）→右春坊中允→右谕德掌南翰→右庶子→侍讲学士→祭酒→少詹→詹事兼侍读学士→礼右侍→礼书兼文渊阁学（万历十二年入阁）

陈　栋：编修→右赞善（侍神宗东宫，早卒）

田一俊：庶吉士→编修→侍讲→礼侍兼侍读学士（掌院）

邓以赞：编修（以疾归，授中允，不赴）→南祭酒→南礼右侍→南

吏右侍

孙鑛：兵部主事→礼部主事→吏部郎中→太常少卿→右通政→都御史抚山东→刑左侍→兵左侍（经略蓟辽、加右都御史）→南兵书

冯梦祯：庶吉士→编修（以浮躁谪）→广德州判→行人司副→尚宝丞→南司业兼右谕德（掌南院）→南祭酒兼右庶子

萧良有：编修→修撰→中允（管司业事）→洗马→谕德兼侍讲→庶子兼侍读→祭酒

李廷机：编修→修撰→右春坊中允兼修撰→洗马兼修撰→谕德兼侍讲→庶子兼侍读→祭酒→少詹兼侍读学士→南吏侍→礼左侍兼侍读学士→礼书兼东阁学（万历三十五年入阁）

袁宗道：庶吉士→编修→春坊中允→右庶子

陶望龄：编修→中允→谕德→祭酒（母老，归养，卒）

吴默：兵部主事→礼部主事→尚宝丞→尚宝司少卿→通政司参议→左参政→太仆卿

汤宾尹：编修→中允（署司业）→谕德→庶子→南祭酒

顾起元：编修→南司业（掌南院）→南祭酒→南吏侍→吏侍兼侍读学士→少詹事（不赴）

许獬：庶吉士→编修（早卒）

杨守勤：修撰→左中允→右谕德兼讲读→右庶子

施凤来：编修→礼书兼东阁学→吏书兼中极殿学（入阁）

韩敬：修撰→行人司副

周延儒：修撰→右中允（掌司经局）→少詹（掌南院）→礼右侍→礼书兼东阁学改文渊阁学（崇祯二年入阁，六年引疾归）→吏书兼中极殿学（崇祯十四年入阁，十六年赐自尽）

庄际昌：修撰→谕德兼侍读→庶子兼侍读

刘必达：庶吉士→编修→中允（明亡殉节）

华琪芳：仕至少詹事

曹勋：庶吉士→（累至）翰林学士→礼侍（明亡不仕）

吴伟业：编修→南司业→中允→谕德→庶子→少詹（顺治二年南明授）→（明亡）秘书院侍讲、祭酒（顺治十二年清廷征授）

李青：兵部主事→礼部主事

吴贞启：不详

杨琼芳：中书舍人→吏科给事中

陈名夏：编修→修撰兼户、兵二科给事中→（明亡）复原官（清廷授）→吏侍兼侍读学士→吏书→弘文院大学士→秘书院大学士（署吏书）（顺治十一年赐绞）

主要参考文献

一 著作

B

［美］本杰明·艾尔曼：《经学·科举·文化史——艾尔曼自选集》，中华书局2010年版。

C

（明）储巏：《柴墟文集》，四库全书存目丛书本。

（明）曹大章：《曹太史含斋先生文集》，四库全书存目丛书本。

（明）曹勋：《曹勋大诗草》，故宫珍本丛刊本。

（明）晁瑮，徐𤊹：《晁氏宝文堂书目 徐氏红雨楼书目》，上海古籍出版社2005年版。

（明）程楷：《明断编》，丛书集成新编本。

（明）陈名夏：《石云居文集》，四库全书存目丛书补编本。

（明）陈名夏：《石云居诗集》，四库全书存目丛书本。

（清）陈田：《明诗纪事》，上海古籍出版社1993年版。

（清）陈第：《世善堂藏书目录》，书目文献出版社1994年版。

褚斌杰：《中国古代文体概论》，北京大学出版社1990年版。

崔建英辑：《明别集版本志》，中华书局2007年版。

陈文新：《明代诗学》，湖南人民出版社2000年版。

陈文新主编：《中国文学编年史》，湖南人民出版社2006年版。

陈文新：《明代诗学的逻辑进程与主要理论问题》，武汉大学出版社2007年版。

陈文新等：《明代科举与文学编年》，武汉大学出版社2009年版。

陈文新等：《明代文学与科举文化生态》，高等教育出版社2016年版。

陈水云、陈晓红校注：《梁章钜科举文献二种校注》，武汉大学出版社2009年版。

陈长文：《明代科举文献研究》，山东大学出版社2008年版。

陈书录：《明代诗文的演变》，江苏教育出版社1996年版。

陈宝良：《明代儒学生员与地方社会》，中国社会科学出版社2005年版。

陈柱：《中国散文史》，江苏文艺出版社2008年版。

陈平原：《中国散文小说史》，上海人民出版社2004年版。

D

（明）邓以瓒：《邓定宇先生文集》，四库全书存目丛书本。

（清）丁立中：《八千卷楼书目》，海王邨古籍书目题跋丛刊本。

F

（明）冯梦祯：《快雪堂集》，四库全书存目丛书本。

（明）冯梦祯：《快雪堂漫录》，丛书集成新编本。

（明）傅夏器：《重刻叔祖锦泉先生文集》，四库未收书辑刊本。

（清）方苞编，王同舟、李澜校注：《钦定四书文校注》，武汉大学出版社2009年版。

（清）傅增湘：《藏园群书经眼录》，中华书局1983年版。

傅璇琮：《唐代科举与文学》，陕西人民出版社1986年版。

傅璇琮，施纯德编：《翰学三书》，辽宁教育出版社2003年版。

方孝岳：《中国文学批评 中国散文概论》，三联书店2007年版。

樊树志：《晚明史》，复旦大学出版社2003年版。

G

（明）高儒：《百川书志》，上海古籍出版社2005年版。

（明）归有光：《震川集》，文渊阁四库全书本。

（明）顾起元：《遁园漫稿》，四库禁毁书丛刊本。

（明）顾起元：《客座赘语》，凤凰出版社2005年版。

（明）顾起元：《懒真草堂集》，四库禁毁书丛刊补编本。

（明）顾起元：《雪堂随笔》，四库禁毁书丛刊本。

（明）顾起元：《蛰庵日录》，四库全书存目丛书本。

关文发、颜广文：《明代政治制度研究》，中国社会科学出版社1995年版。

顾廷龙：《章氏四当斋藏书目》，北京图书馆出版社 2007 年版。

郭培贵：《明史选举志考论》，中华书局 2006 年版。

郭培贵：《明代科举史事编年考证》，科学出版社 2008 年版。

龚笃清：《明代八股文史》，岳麓书社 2015 年版。

郭英德：《中国古代文体学论稿》，北京大学出版社 2005 年版。

郭英德、张德建：《中国散文通史》（明代卷），安徽教育出版社 2013 年版。

郭万金：《明代科举与文学》，商务印书馆 2015 年版。

H

（明）黄观：《黄侍中遗集》，民国 7 年胡子正铅印本。

（明）霍韬：《渭崖文集》，四库全书存目丛书本。

（明）黄宗羲：《明儒学案》，中华书局 1985 年版。

（明）黄宗羲：《黄宗羲全集》，浙江古籍出版社 1994 年版。

（明）黄宗羲：《明文海》，中华书局 1987 年版。

（明）何良俊：《四友斋丛说》，中华书局 1959 年版。

（清）黄虞稷：《千顷堂书目》，上海古籍出版社 2001 年版。

（清）何文焕：《历代诗话》，中华书局 1981 年版。

黄明光：《明代科举制度研究》，广西师范大学出版社 2000 年版。

黄卓越：《明永乐至嘉靖初诗文观研究》，北京师范大学出版社 2001 年版。

黄卓越：《明中后期文学思想研究》，北京大学出版社 2005 年版。

黄强：《八股文与明清文学论稿》，上海古籍出版社 2005 年版。

黄仁生：《日本现藏稀见元明文集考证与提要》，岳麓书社 2004 年版。

J

（明）焦竑：《国史经籍志》，书目文献出版社 1994 年版。

（明）焦竑：《玉堂丛语》，中华书局 1981 年版。

（明）焦竑：《献征录》，上海书店 1987 年版。

简锦松：《明代文学批评研究》，学生书局 1989 年版。

金诤：《科举制度与中国文化》，上海人民出版社 1990 年版。

K

孔庆茂：《八股文史》，凤凰出版社 2008 年版。

L

（明）刘定之：《呆斋稿》，四库全书存目丛书本。

（明）刘定之：《否泰录》，丛书集成新编本。

（明）鲁铎：《鲁文恪公文集》，四库全书存目丛书本。

（明）梁储：《郁洲遗稿》，文渊阁四库全书本。

（明）陆树声：《陆学士杂著》，四库全书存目丛书本。

（明）李廷机：《李文节先生燕居录》，四库禁毁书丛刊本。

（明）李舜臣：《愚谷集》，文渊阁四库全书本。

（明）李维桢：《大泌山房集》，四库全书存目丛书本。

（清）刘熙载：《艺概》，上海古籍出版社1978年版。

（清）莫友芝：《邵亭知见传本书目》，中华书局1993年版。

李圣华：《晚明诗歌研究》，人民文学出版社2002年版。

李树：《中国科举史话》，齐鲁书社2004年版。

林夕主编：《中国历代著名藏书家书目汇刊》，商务印书馆2005年版。

刘海峰：《科举学导论》，华中师范大学出版社2005年版。

陆德海：《明清文法理论研究》，上海古籍出版社2007年版。

廖可斌：《明代文学复古运动研究》，商务印书馆2008年版。

鲁小俊，江俊伟校注：《贡举志五种》，武汉大学出版社2009年版。

罗宗强：《明代文学思想史》，中华书局2013年版。

罗宗强：《明代后期士人心态》，中华书局2019年版。

P

（明）彭华：《彭文思公文集》，四库全书存目丛书本。

Q

（明）钱福：《钱太史鹤滩稿》，四库全书存目丛书本。

（明）瞿景淳：《瞿文懿公集》，四库全书存目丛书本。

（清）钱谦益：《绛云楼书目》，海王邨古籍书目题跋丛刊本。

（清）钱谦益：《列朝诗集》，中华书局2007年版。

（清）钱曾：《读书敏求记》，书目文献出版社1984年版。

（清）钱曾：《述古堂书目》，海王邨古籍书目题跋丛刊本。

（清）钱曾：《也是园藏书目》，海王邨古籍书目题跋丛刊本。

屈万里主编：《明代登科录汇编》，学生书局1969年版。

屈万里：《"中央图书馆"善本书目初稿》，联经出版事业公司 1981 年版。

启功等：《说八股》，中华书局 2000 年版。

钱茂伟：《国家、科举与社会》，北京图书馆出版社 2004 年版。

齐如山：《中国的科名》，辽宁教育出版社 2006 年版。

S

（明）商辂：《商文毅公集》，四库全书存目丛书本。

（明）商辂：《商文毅公疏稿》，文渊阁四库全书本。

（明）商辂著，孙福轩编校：《商辂集》，浙江古籍出版社 2012 年版。

（明）孙传能、张萱：《内阁藏书目录》，书目文献出版社 1994 年版。

（明）孙鑛：《书画跋跋》，文渊阁四库全书本。

（明）孙鑛：《月峰先生居业次编》，四库禁毁书丛刊本。

（明）施凤来选编：《历科会解元脉》，故宫珍本丛刊本。

（明）沈德符：《万历野获编》，中华书局 1959 年版。

（清）孙承泽：《春明梦余录》，上海古籍出版社 1993 年版。

（清）邵懿辰、邵章：《增订四库简明目录标注》，上海古籍出版社 1979 年版。

沈津：《美国哈佛大学哈佛燕京图书馆中文善本书志》，上海辞书出版社 1999 年版。

施廷镛：《中国丛书综录续编》，北京图书馆出版社 2003 年版。

T

（明）唐顺之：《荆川先生文集、外集》，四部丛刊初编本。

（明）唐顺之：《荆川集》，文渊阁四库全书本。

（明）唐顺之著，黄毅、马美信点校：《唐顺之集》，浙江古籍出版社 2014 年版。

（明）汤宾尹：《睡庵稿》，四库禁毁书丛刊本。

（明）陶望龄：《陶文简公集》，四库禁毁书丛刊本。

（明）陶望龄：《歇庵集》（16 卷），明人论著丛刊本。

（明）陶望龄：《歇庵集》（20 卷附录 3 卷），续修四库全书本。

（明）田一俊：《钟台先生文集》，四库全书存目丛书本。

（明）谈迁：《国榷》，续修四库全书本。

谭家健：《中国古代散文史稿》，重庆出版社 2006 年版。

W

（明）吴宽：《匏翁家藏集》，四部丛刊初编本。

（明）吴宽：《平吴录》，丛书集成新编本。

（明）王鏊：《震泽集》，文渊阁四库全书本。

（明）王鏊：《震泽纪闻》，丛书集成初编本。

（明）王鏊：《震泽长语》，笔记小说大观本。

（明）王鏊著，吴建华点校：《王鏊集》，上海古籍出版社2013年版。

（明）文征明：《甫田集》，文渊阁四库全书本。

（明）汪俊：《濯旧稿》，四库全书存目丛书本。

（明）王守仁著，吴光等编校：《王阳明全集》，上海古籍出版社1992年版。

（明）吴讷、徐师曾：《文章辨体序说　文体明辨序说》，人民文学出版社1962年版。

（明）王世贞：《弇山堂别集》，文渊阁四库全书本。

（明）王锡爵：《王文肃公全集》，四库全书存目丛书本。

（清）吴伟业：《绥寇纪略》，笔记小说大观本。

（清）吴伟业著，李学颖集评标校：《吴梅村全集》，上海古籍出版社1990年版。

王民信等：《中国历代诗文别集联合目录》，台北联经出版事业公司1981年版。

王重民：《中国善本书提要》，上海古籍出版社1983年版。

王道成：《科举史话》，中华书局1988年版。

吴智和：《明代的儒学教官》，学生书局1991年版。

王天有：《明代国家机构研究》，北京大学出版社1992年版。

吴承学：《中国古代文体形态研究》，中山大学出版社2000年版。

王凯旋：《明代科举制度考论》，沈阳出版社2005年版。

汪小洋、孔庆茂：《科举文体研究》，天津古籍出版社2005年版。

吴志达主编：《中华大典·文学典·明清文学分典》，凤凰出版集团2006年版。

王水照编：《历代文话》，复旦大学出版社2007年版。

王日根：《中国科举考试与社会影响》，岳麓书社2007年版。

王葆心：《古文辞通义》，武汉大学出版社2008年版。

X

（明）徐乾学：《传是楼书目》，海王邨古籍书目题跋丛刊本。

（明）许榖：《省中稿》《容台稿》《符台稿》《二台稿》《许太常归田稿》，四库全书存目丛书本。

（明）许獬：《许钟斗文集》，四库全书存目丛书本。

（明）萧良有：《玉堂遗稿》，四库全书存目丛书本。

谢巍：《中国历代人物年谱考录》，中华书局1992年版。

Y

（明）岳正：《类博稿》，文渊阁四库全书本。

（明）岳正：《蒙泉杂言》，丛书集成新编本。

（明）姚夔：《姚文敏公遗稿》，四库全书存目丛书本。

（明）袁炜：《袁文荣公诗略》，四库全书存目丛书本。

（明）袁黄著，黄强、徐姗姗校订：《游艺塾文规正续编》，武汉大学出版社2009年版。

（明）袁宗道：《白苏斋类集》著上海古籍出版社2007年版。

（明）杨守勤：《宁澹斋全集》，四库禁毁书丛刊本。

（明）于慎行：《谷山笔麈》，中华书局1984年版。

（清）于敏中、彭元端：《天禄琳琅书目、续编》，上海古籍出版社2007年版。

（清）永瑢：《四库全书总目》，中华书局1965年版。

姚觐元：《清代禁毁书目》，商务印书馆1957年版。

袁震宇、刘明今：《明代文学批评史》，上海古籍出版社1991年版。

阳海清：《中国丛书广录》，湖北人民出版社1999年版。

严绍璗：《日藏汉籍善本书录》，中华书局2007年版。

余来明、潘金英校点：《翰林掌故五种》，武汉大学出版社2009年版。

Z

（宋）朱熹：《朱子语类》，中华书局1986年版。

（宋）朱熹：《四书章句集注》，中华书局1983年版。

（明）章懋：《枫山先生集》，丛书集成初编本。

（明）章懋：《枫山集》，文渊阁四库全书本。

（明）章懋：《枫山先生语录》，丛书集成初编本。

(明) 张治:《张龙湖先生文集》,四库全书存目丛书本。
(明) 赵宽:《半江赵先生文集》,四库全书存目丛书本。
(明) 赵时春:《浚谷集》,四库全书存目丛书本。
(明) 赵时春:《稽古绪论》,续修四库全书本。
(明) 邹守益:《邹守益集》,凤凰出版社 2007 年版。
(明) 张瀚:《松窗梦语》,中华书局 1985 年版。
(清) 朱彝尊著,黄君坦校点:《静志居诗话》,人民文学出版社 1990 年版。
(清) 朱彝尊:《明诗综》,文渊阁四库全书本。
(清) 张廷玉等:《明史》,中华书局 1974 年版。
(清) 谷应泰:《明史纪事本末》,上海古籍出版社 1994 年版。
(清) 赵翼:《陔余丛考》,河北人民出版社 1990 年版。
(清) 章学诚著,叶瑛校注:《文史通义校注》,中华书局 1994 年版。
朱保炯、谢沛霖:《明清进士题名碑录索引》,上海古籍出版社 1980 年版。
周骏富辑:《明人传记丛刊》,明文书局印行。
翟国璋:《中国科举辞典》,江西教育出版社 2006 年版。
祝尚书:《宋代科举与文学考论》,大象出版社 2006 年版。
祝尚书:《宋代科举与文学》,中华书局 2008 年版。
张思齐整理:《八股文总论八种》,武汉大学出版社 2009 年版。
[日] 佐藤一郎:《中国文章论》,上海古籍出版社 1996 年版。
上海图书馆编:《中国丛书综录》,上海古籍出版社 1982 年版。
引得编纂处编:《八十九种明代传记资料综合引得》,中华书局 1987 年版。
北京图书馆古籍出版编辑组编:《北京图书馆古籍珍本丛刊》,书目文献出版社 1988 年版。
编辑委员会编:《中国古籍善本书目》,上海古籍出版社 1989 年版。
编辑部编:《天一阁藏明代方志选刊》,上海古籍出版社 1961 年版。
编辑部编:《天一阁藏明代方志选刊续编》,上海书店 1990 年版。
中国科学院文献情报中心选编:《稀见中国地方志汇刊》,中国书店 1992 年版。
"中央图书馆"编:《"中央图书馆"善本序跋集录》,1994 年版。

"中央图书馆"编：《明人传记资料索引》，中华书局 1987 年版。

故宫博物院编：《故宫珍本丛刊》，海南出版社 2000 年版。

二 论文

［美］艾尔曼：《中华帝国后期的科举制度》，《厦门大学学报》（哲学社会科学版）2005 年第 6 期。

安娜：《明代时文阅读研究》，博士学位论文，东北师范大学，2017 年。

柴志明：《试论科举文化熏陶下的明代文人》，《浙江大学学报》（社会科学版）2004 年第 3 期。

陈长文：《明代科举取士中的时务策研究》，硕士学位论文，河南大学，2001 年。

陈广宏：《"古文辞"沿革的文化形态考察》，《文学遗产》2012 年第 4 期。

陈计飞：《明代科举功名终身化研究——基于身份赋予的视角》，硕士学位论文，曲阜师范大学，2016 年。

陈水云、黎晓莲：《陈名夏的八股文批评述略》，《武汉大学学报》（人文科学版）2010 年第 1 期。

陈文新：《从台阁体到茶陵派》，《文学评论》2008 年第 3 期。

陈文新、付一冰：《明代文学与科举关系研究述评》，《教育与考试》2015 年第 1 期。

陈文新、郭皓政：《从状元文风看明代台阁体的兴衰演变》，《文学遗产》2010 年第 6 期。

陈文新、郭皓政：《明代状元别集文体分布情形考论》，《文艺研究》2010 年第 5 期。

陈文新、江俊伟：《论明代"御用文人"的文学活动》，《齐鲁学刊》2013 年第 2 期。

陈之林：《明代〈会试录〉研究》，硕士学位论文，福建师范大学，2017 年。

丁修真：《举人的路费：明代的科举、社会与国家》，《中国经济史研究》2018 年第 1 期。

丁修真：《决科之利：科举时代专经现象述论——兼论科举人才的地理分布》，《华东师范大学学报》（教育科学版）2015 年第 4 期。

龚笃清：《试述明代前期八股文对文学的影响》，《中国文学研究》2005年第1期。

龚宗杰：《晚明文法汇编的编刊与文章学演进》，《文学遗产》2018年第2期。

郭皓政：《明代状元与文学》，博士学位论文，武汉大学，2008年。

郭培贵：《明代府州县学教官选任来源的变化及其原因和影响》，《河南师范大学学报》（哲学社会科学版）1991年第4期。

郭培贵：《明代进士家族相关问题考论》，《求是学刊》2015年第6期。

郭培贵：《明代科举的发展特征与启示》，《清华大学学报》（哲学社会科学版）2006年第6期。

郭培贵：《明代科举各级考试的规模及其录取率》，《史学月刊》2006年第12期。

郭培贵：《明代科举中的座主、门生关系及其政治影响》，《中国史研究》2012年第4期。

郭培贵：《明代庶吉士群体构成及其特点》，《历史研究》2011年第12期。

郭万金：《明代科举格局与士人出处》，《晋中学院学报》2012年第1期。

何炳棣：《明清进士与东南人文》，《中国东南地区人才问题国际研讨会论文集》，浙江大学出版社1993年版。

何玉军：《明代科举与诗歌》，硕士学位论文，苏州大学，2004年。

［日］鹤成久章：《明代会试判卷标准考》，《考试研究》2010年第1期。

李光摩：《八股文与古文谱系的嬗变》，《学术研究》2008年第4期。

李军：《明代文官制度与明代文学》，博士学位论文，南开大学，2013年。

李义英：《明代乡、会试考试官研究》，硕士学位论文，东北师范大学，2014年。

刘海峰：《"策学"与科举学》，《教育学报》2009年第6期。

刘海峰：《科举学与科举文学的关联互动》，《厦门大学学报》2012年第6期。

刘俊伟：《王鏊研究》，博士学位论文，浙江大学，2011年。

刘明鑫：《论明代鼎甲进士排名中的非理性因素》，《莆田学院学报》2014年第4期。

刘廷乾：《明人别集编辑观——以明代江苏文人存世别集为例》，《江南大学学报》（人文社会科学版）2014年第1期。

刘晓东：《晚明科场风变与士人科举心态的演变》，《求是学刊》2007年第5期。

刘尊举：《"以古文为时文"的创作形态及文学史意义》，《文学评论》2012年第6期。

刘尊举：《明代选举制度与八股文的文化职能》，《北方论丛》2009年第6期。

潘峰：《明代八股论评试探》，博士学位论文，复旦大学，2003年。

邱进春：《明代"贡士"小考》，《武汉大学学报》（人文科学版）2006年第1期。

田澍：《明代八股文文体述论》，《西北师范大学学报》（社会科学版）2004年第6期。

汪维真：《明清会试十八房制源流考》，《史学月刊》2011年第12期。

王伟：《唐顺之文学思想研究》，博士学位论文，北京语言大学，2008年。

王尊旺：《明代庶吉士考论》，《史学月刊》2006年第8期。

吴承学：《简论八股文对文学创作与文人心态的影响》，《文艺理论研究》2000年第6期。

吴承学：《明代八股文文体散论》，《中山大学学报》（社会科学版）2000年第6期。

吴承学：《中国文章学成立与古文之学的兴起》，《中国社会科学》2012年第12期。

吴承学、李光摩：《八股四题》，《文学评论》2004年第2期。

吴宣德、王红春：《明代会试试经考略》，《教育学报》2011年第1期。

余来明：《唐宋派与明中期科举文风》，《武汉大学学报》（人文科学版）2009年第2期。

余祖坤：《古文评点向清代别集的渗入及其文学史意义》，《文学遗产》2019 年第 5 期。

张德建：《正文体与明代的思想秩序重建》，《文学遗产》2019 年第 1 期。

张晶：《阐释：作为古代文论的提升途径》，《文学遗产》2019 年第 1 期。

张连银：《明代科场评卷方式考》，《安徽史学》2006 年第 4 期。

张连银：《明代乡试、会试评卷研究》，硕士学位论文，西北师范大学，2004 年。

章宏伟：《明代科举与出版业的关系——以汤宾尹为例》，《学习与探索》2013 年第 12 期。

赵善嘉：《明清科举与文学》，《上海师范大学学报》1992 年第 1 期。

赵子富：《明代学校、科举制度与学术文化的发展》，《清华大学学报》（哲学社会科学版）1995 年第 2 期。

周丹：《明代会试主考官研究》，硕士学位论文，江西师范大学，2016 年。

周科南：《浙江现存明清牌坊的建筑形制及相关问题研究》，硕士学位论文，浙江大学，2017 年。

朱迎平：《策论：历久不衰的考试文体》，《上海财经大学学报》2002 年第 6 期。

朱子彦：《论明代中期的科举改革——以嘉靖朝为中心》，《探索与争鸣》2010 年第 12 期。

祝尚书：《论科举与文学关系的层级结构》，《华南师范大学学报》（社会科学版）2010 年第 1 期。

后　记

　　我对明代科举与文学的关注始于十年前。在负笈珞珈的日子里，我参与业师陈文新先生主持的大型文化出版工程《历代科举文献整理与研究丛刊》的编撰，具体协助文新师完成《明代科举与文学编年》一书的资料工作。在此过程中，我接触了大量明代科举文献，因之对明代科举与文学的相关性问题有了初步的感性认识和思考。在文新师的指导和鼓励下，我以《明代会元别集考论》为题撰写博士学位论文并获得顺利通过。答辩时，戴建业老师、谭邦和老师、陈顺智老师、陈水云老师、程芸老师都对拙文给予了充分肯定，也提出了一些建设性的意见。2013年，我以博士论文为基础申报了国家社科基金项目并获得批准，这促使我对明代科举与文学的复杂关系进行了更深入的思考。目前展现出来的这部文稿，便既是对学位论文的深化，也是对项目研究过程的交代。

　　对科举与文学的研究，有利于突破固有文学研究范式，深入中国文学的实际语境，建立中国文学研究的有效方法。拙稿仅以会元这一功名群体为视角，对科举语境中的明代文学做了一些个案性的研究尝试。由此深深感受到，中国文学的入世性、道德性、涵容性是其独立不群之特点，也是其固有魅力之所在。若从文以载道的角度讲，这亦正是中国传统文化精神的体现。

　　作为项目成果，拙稿的写作历时较长，其间有各类公私事务的忙碌，有其他研究任务的穿插。当然，也不能尽免个人杂念的侵扰。此中得失，自非一部书稿可以涵盖。要特致谢忱的是两位业师。硕士阶段的导师刘上生先生一直关心我的学习和生活，不断给予帮助和鼓励，又欣然为拙稿赐序，多所谬奖，使我倍感温暖。陈文新先生是我的博士导师，在他的引导帮助下，我得以领略学术研究的奥义。本书的写作亦得到了陈师的直接指导和关怀，先生又特为赐序予以肯定，令我备受鼓舞。两位先生皆是严谨笃实的师者,也是和蔼温厚的长者,门下受益良多。他们的期许,是我继续努力前行的重要动力。

  本书的部分章节曾在《历史档案》《武汉大学学报》《人文论丛》《文艺评论》等刊物发表,特为说明并表示感谢。感谢中国社会科学出版社慈明亮老师专业、敬业的工作,使得本书在疫情期间仍然能够顺利面世。至于家人一如既往的支持,则早已化作日出日落的陪伴和穷达不易其心的理解,若说感念,又岂是寥寥几句言语所可以传达。

周 勇
2020 年 7 月